행정소송실무의 **기초**

행정소송실무의 기초

황태윤 · 박우근

전북대학교출판문화원

머리말

행정소송을 수행하는데 기본적으로 요구되는 것은 행정소송법, 행정심판법, 공익사업보상법, 국가배상법, 행정절차법, 정부조직법, 지방자치법, 국가계약법, 국유재산법, 공유재산법, 행정대집행법, 정보공개법, 개인정보보호법, 행정조사기본법 등의 법률과 행정소송의 원고적격 · 대상적격 · 소의 이익, 행정처분의 취소 · 당연무효, 재량권의 일탈 · 남용, 하자의 승계 · 치유 등의 판례법에 대한 이해이다. 이 책은 행정소송의 수행에 필요한 관련 법률과 판례들의 중요 내용을 효과적으로 학생들에게 전달하기 위한 것이다. 이를 위하여 학설은 가급적 필요한 경우에 한하여 각주로 정리하여 소개하였다. 이 책을 통해 행정소송실무를 수행하는데 필요한 기초 지식을 얻고 나서 토지수용, 노동관계, 사회보장, 정보공개, 건축, 환경, 조세, 재개발 · 재건축 등 개별 행정소송의 영역에 대한 구체적 지식을 습득하길 바란다.

2015. 9. 3.

목 차

제1편

行政과 行政法

제1장 행정

Ⅰ. 행정이라는 단어 자체는 공동목표를 설정하고, 그 공동목표를 달성하기 위한 체계적이고 통일적인 업무수행 방법을 만들어 그 방법에 의하여 업무를 수행하는 것을 의미하는데, 이러한 의미에서이 행정은 국가나 지방자치단체 등 공적 조직은 물론 일반기업이나 민간조직에서도 행해지는 것이다. 그런데 행정학이나 법학에서 다루는 행정은 일반기업이나 민간조직에서 행하는 사적 영역에서의 행정이 아니라 국가나 지방자치단체 등 공적 조직이 수행하는 공행정을 의미한다.

Ⅱ. 법학의 대상으로서 행정의 개념은 권력분립 이론을 전제로 한다. 입법(立法)은 국회가 일반적・추상적 법규범을 만드는 것을 말하고, 사법(司法)은 중립적인 법원(法院)이 국회가 만든 법규범의 적용을 통해 분쟁을 해결하는 재판작용을 말한다. 순수한 의미에서의 立法과 司法을 제외한 국가 권력의 작용이 행정이다. 그 중 행정부에 속하는 국가기관과 지방자치단체에 의해 이루어지는 작용만을 전형적인 행정이라 할 수 있다. 즉 국가 또는 지방자치단체가 개별적・구체적으로 의회가

제정한 법률의 규율을 받으면서 시민들을 상대로 공익 목적으로 행하는 적극적 활동을 행정 개념의 중심이라 할 것이다. 司法이 주로 재판절차를 통하여 분쟁해결을 위하여 법을 적용하여 판단하는 작용임에 반해 행정은 적극적으로 법을 적용하여 사회질서를 형성해 나가는 작용이다.

Ⅲ. 행정소송의 대상이 무엇인가라는 관점에서 볼 때는, 헌법재판소의 위헌법률심사에 의하여 다툴 수 있는 국회의 입법과 상급법원의 상소(항소·상고·항고)재판에 의하여 다툴 수 있는 법원의 재판을 제외한 모든 국가나 지방자치단체의 직·간접적인 공익실현을 위한 활동을 행정이라 할 것이다.

제2장 행정법

Ⅰ. 국가와 지방자치단체가 행하는 행정작용의 분야는 매우 다양하다. 개별 행정작용의 영역을 규율하는 법률, 법규명령, 행정규칙도 그에 따라 매우 다양하다. 다양한 개별 행정에 관한 법규들을 통일적으로 설명하는 것은 매우 어려운 일이지만, 행정에 관한 다양한 법규들 속의 있는 공통된 속성을 파악하는 직업은 개별 법규의 의미를 해석하고, 그 해석을 기초로 구체적 업무를 수행하여야 하는 일선 공무원들과 행정 분쟁 해결을 위하여 법적 판단을 내려야 하는 법관들에게 꼭 필요한 것이다. 따라서 행정에 관한 다양한 개별 법률들을 해석하는데 실질적 도움을 줄 수 있는 내용을 모아 행정법이라는 이름으로 하나의 체계를 구성하는 것은 의미가 있다.

Ⅱ. 행정법은 행정에 관한 법률 전체를 말한다. 행정법은 행정조직법, 행정작용법, 행정구제법으로 구별할 수 있다. 행정조직법은 행정작용의 주체인 국가 및 지방자치단체의 조직 및 권한에 관해 규정한 법을 말

한다. 헌법 제96조는 "행정각부의 설치·조직과 직무범위는 법률로 정한다"고 규정하고, 이에 근거하여 정부조직법이 제정되어 있다(행정조직법정주의, 행정권한법정주의). 행정조직법정주의를 취하고 있지만 정부조직에 관한 세부적 사항은 법률에서 구체적 범위를 정하여 명령에 위임할 수 있다(헌법 제75조, 제95조). 행정주체가 사인에게 대외적으로 영향력을 미치는 작용을 행정작용이라고 하며 이와 관련한 법들을 통칭하여 행정작용법이라 부른다. 경찰관직무집행법, 식품위생법, 도로교통법, 도로법, 전염병예방법, 건축법 등 대다수 행정법규가 행정작용법에 속한다. 행정작용법은 요건부분과 효과부분으로 구성되어 있다. 행정주체의 행정작용에 대한 시민들의 권리구제에 관한 법을 행정구제법이라고 부르는데, 국가배상법, 공익사업법, 행정심판법, 행정소송법이 행정구제법이다.

행정구제법은 이미 발현 행정현실을 대상으로 한 구제절차이므로, 행정조직과 행정작용에 관한 법률들이 직접 행정에 관한 법률이다. 행정조직법은 정부조직법과 지방자치법 등으로 내용이 쉽게 한정 된다. 따라서 행정작용법이 행정법학을 이루는 주요 내용이며, 행정작용법을 다시 개별 행정법에 공통적으로 적용될 수 있는 내용을 뽑아 하나의 체계로 구성한 「일반」행정(작용)법과 행정의 각 영역에 따라 관련 법률을 모아서 분류한 특별행정(작용)법으로 나눌 수 있다. 일반행정법은 법률유보, 위임입법, 기속행위와 재량행위, 행정계획, 행정계약, 행정절차, 행정강제, 행정벌, 행정조사, 과징금 등을 내용으로 하며, 특별행정법은 경찰법[1], 사회보장법[2], 건축법[3], 도시정비법[4], 조세법[5],

---

1) 경찰법 제1조(목적) 이 법은 국가경찰의 민주적인 관리·운영과 효율적인 임무수행을 위하여 국가경찰의 기본조직 및 직무 범위와 그 밖에 필요한 사항을 규정함을 목적으로 한다.
경찰관 직무집행법 제1조(목적) ① 이 법은 국민의 자유와 권리를 보호하고 사회공공의 질서를 유지하기 위한 경찰관(국가경찰공무원만 해당한다. 이하 같다)의 직무 수행에 필요한 사항을 규정함을 목적으로 한다. ② 이 법에 규정된 경찰관의 직권은 그 직무 수행에 필요한 최소한도에서 행사되어야 하며 남용되어서는 아니 된다.
경찰공무원법 제1조(목적) 이 법은 국가경찰공무원의 책임 및 직무의 중요성과 신분 및 근무 조건의 특수성에 비추어 그 임용, 교육훈련, 복무, 신분보장 등에 관하여 「국가공무원법」에 대한 특례를 규정함을 목적으로 한다.

환경법[6], 경제법[7] 등으로 각기 하나의 독자적 법학 영역이 된다.

Ⅲ. 행정법이 법학의 한 분야로서 의미를 가지는 가장 큰 이유는 행정실무에서의 법적 판단과 행정소송에서의 분쟁해결에 기준을 제공하는 것에 있다. 그 기준은 민사법과 다른 면이 있다.[8] 私人 간의 법률관계를 다루는 민사법은 사인 사이의 이익 조정이 주요 관심사이다. 하지만 행정법이 다루는 법률관계는 공익[9]과 사익이 충돌하는 영역이고, 이

---

2) 사회보장기본법 제1조(목적) 이 법은 사회보장에 관한 국민의 권리와 국가 및 지방자치단체의 책임을 정하고 사회보장정책의 수립·추진과 관련 제도에 관한 기본적인 사항을 규정함으로써 국민의 복지증진에 이바지하는 것을 목적으로 한다.

3) 건축법 제1조(목적) 이 법은 건축물의 대지·구조·설비 기준 및 용도 등을 정하여 건축물의 안전·기능·환경 및 미관을 향상시킴으로써 공공복리의 증진에 이바지하는 것을 목적으로 한다.

4) 도시및주거환경정비법 제1조(목적) 이 법은 도시기능의 회복이 필요하거나 주거환경이 불량한 지역을 계획적으로 정비하고 노후·불량건축물을 효율적으로 개량하기 위하여 필요한 사항을 규정함으로써 도시환경을 개선하고 주거생활의 질을 높이는데 이바지함을 목적으로 한다.

5) 국세기본법 제1조(목적) 이 법은 국세에 관한 기본적이고 공통적인 사항과 위법 또는 부당한 국세처분에 대한 불복 절차를 규정함으로써 국세에 관한 법률관계를 명확하게 하고, 과세(課稅)를 공정하게 하며, 국민의 납세의무의 원활한 이행에 이바지함을 목적으로 한다.

6) 환경정책기본법 제1조(목적) 이 법은 환경보전에 관한 국민의 권리·의무와 국가의 책무를 명확히 하고 환경정책의 기본 사항을 정하여 환경오염과 환경훼손을 예방하고 환경을 적정하고 지속가능하게 관리·보전함으로써 모든 국민이 건강하고 쾌적한 삶을 누릴 수 있도록 함을 목적으로 한다.

7) 독점규제 및 공정거래에 관한 법률 제1조(목적) 이 법은 사업자의 시장지배적지위의 남용과 과도한 경제력의 집중을 방지하고, 부당한 공동행위 및 불공정거래행위를 규제하여 공정하고 자유로운 경쟁을 촉진함으로써 창의적인 기업활동을 조장하고 소비자를 보호함과 아울러 국민경제의 균형있는 발전을 도모함을 목적으로 한다.

8) 행정소송에 의할 경우 본안에서 공법적 규율에 의하여 판단되며, 민사소송에 의할 경우 사법적 규율에 의하여 판단된다. 공법적 규율은 포괄적 규율에 의한 균질성 내지 평등성 확보, 공공복리 지향성, 결과의 예측가능성, 결과의 강제력 내지 관철력이라는 장점과 획일성, 비탄력성, 비적응성이라는 단점을 가지고 있다 할 수 있고, 사법적 규율은 상황관련적 세부적 조정력, 규율수단으로 의무와 인센티브 선택가능성, 과실상계를 적용할 수 있는 장점이 있고, 그 규율이 특정한 내용과 결과를 지향하지 않고 이를 시장과 사적 자치에 맡김으로써 결과를 예측하기 어렵다는 단점이 있다(박정훈, "공·사법 구별의 방법론적 의의와 한계-프랑스와 독일에서의 발전과정을 참고하여-", 공법연구 37권 3호, 한국공법학회, 2009. 2, 102-103면 참고)

9) 공익은 특정의 단체나 집단의 이익이면서 사회의 모든 구성원들이 필요로 하는 이익도

영역에서는 특정 상황에서 공익을 어떻게 정의하느냐의 문제가 그 기준을 정하는데 있어 가장 중요한 작업이다. 공익 개념을 구체화하기 위하여 개별 사안에서의 정의의 구체화와 가치배분이 가장 중요한 관심사가 될 수밖에 없다. 이 작업은 개별 분쟁 해결에서 끝나는 것이 아니라 한 국가의 미래를 형성하는 작업이기도 하다. 공익은 내용과 절차를 분리할 수 없다. 내용이 아니라 법을 만드는 과정 자체가 공익 결정의 정당성을 제공한다.[10] 공익개념의 구체화는 입법, 집행, 소송 모든 과정에서 이루어지는 문제이다.

국회와 정부, 법원 중 누가 주도적으로 공익 개념을 형성할 것인지는 각 국가의 현실에 따라 다르다. 프랑스는 공익이 무엇인지의 결정을 행정부에 맡기고 있고, 따라서 행정소송 역시 법원이 아니라 행정부에 속한 행정재판소가 맡는다. 독일은 2차 세계대전 이후 법원이 이 역할을 수행한다. 미국은 공법과 사법의 구분이 없고, 소송에서 국가와 사인의 구분도 인정하지 않기 때문에, 기본적으로 이 역할을 최종적으로는 법원이 맡고 있기는 하지만, 수많은 행정부 소속 위원회가 일정 한도에서 행정 · 입법 · 사법 기능을 모두 수행하고 있기 때문에 공익이 무엇인지를 결정하는 1차적 역할을 정부가 가지고 있다고 할 수 있다.[11] 이는 회사법, 자본시장법, 공정거래법 영역에서 압도적인 미국의 영향을 받고 있는 우리나라에서 중요한 의미를 가지고 있다 할

포함하여야 한다(Virginia Held, 「The Public Interest and Individual Interest」, New York & London: Basic Books Inc. Publishers, 1970, p.4.)

10) 김동훈, 「한국 헌법과 공화주의」, 경인문화사(2011), 210면 "공익 확보의 관건은 일단 그 내용보다는 그것을 확보하기 위한 과정 혹은 절차의 합법성과 공정에 있다고 할 수 있다. 절차의 보장은 형식적인 기회의 개념이 아니라 실질적인 가능성의 문제라고 해야 한다. 다원주의 사회에서의 공익은 절차의 합법성과 공정성에 의해 담보되며 시민의 적극적인 참여, 토론 및 양보에 의해 결정되는 것이라 할 수 있다."

11) 김유환, "영미에서의 공익개념과 공익의 법문제화", 법학 제47권 3호, 서울대학교 법학연구소(2006. 9.), 76면에 의하면 미국의 시민공화주의 입장에 선 학자들은 '정부는 공익에 대한 합의를 실현하여야 하며, 그 합의는 사회적 약자를 포함하여 다양한 가치를 가진 사회의 모든 구성원의 숙의에 의하여 이루어져야 한다.'고 주장하며, '그 숙의의 과정에서 서로 다른 이해관계가 공동선을 향하여 변화할 수 있는 가능성을 전제한다.'고 한다.

것이다.[12] 수많은 우리의 행정법률이 미국의 입법을 그대로 모방하고 있지만, 우리 판례법은 독일식 이론은 그대로 답습하고 있는데, 여기서 발생하는 모순과 갈등은 더 이상 피할 문제가 아니다.[13]

Ⅳ. 행정법은 일반공법이다. 개별 행정 영역에 적용되는 방대한 실정법의 해석에 있어 공법적 사고를 기를 수 있는 틀을 제공하는 것이 행정법이기 때문에, 실정법의 법해석방법론으로서는 행정법이 일반공법이며, 개별 행정법령 해석에 있어 그 근거가 되는 내용을 보충하고 강화하는 논리를 제공하는 것이 헌법이라 할 것이다.[14]

Ⅴ. 실무에서 행정법의 法源은 법률, 대통령령, 총리령, 부령, 조례・규칙, 판례법이다. 法源은 재판에서의 판단기준을 의미한다. 法源은 재판에서의 판단기준이기 때문에 행위규범으로서도 기능한다. 복잡하고 다양한 여러 행정작용들의 위법성을 소송에서 판단하는 주된 기준은 위 法源 중에서 법률로 제정된 행정절차법과 행정법의 일반원칙이라고 설명되고 있는 비례원칙・평등원칙・신뢰보호원칙・부당결부금지원칙 등을 근거로 개별 사안에 맞게 형성된 판례법이다.

제3장 공법관계와 사법관계

Ⅰ. 행정상 법률관계는 크게 公法관계와 私法관계로 나누어진다. 공법관계의 경우에는 통상 행정주체의 우월적 지위가 인정되고 행정소송으

---

12) 자본시장법, 공정거래법 영역은 종래 민사법에 가깝거나 제3의 영역이고, 세법 역시 권력관계가 아닌 채권채무관계로 보아야 하므로 더 이상 전통적인 행정법 영역이 아니라는 견해가 많지만, 이들 법률은 언제나 행정법의 가장 중요하고 핵심적인 영역을 이루는 것들이다. 국가의 운영자금을 강제적으로 거두고, 시장상황에 맞추어 경제정책의 방향을 결정하며, 시민생활에 막대한 영향을 미치는 기업집단의 위법행위를 통제하는 것은 현대 국가에서의 가장 중요한 행정영역이다.

13) 박정훈, "행정법과 법철학", 「행정법의 체계와 방법론」, 박영사(2005), 85면.

14) 박정훈, "행정법교육의 목표와 방향", 전게서, 64-67면.

로 관련 분쟁을 해결한다. 이에 반해 사법관계의 경우에는 행정주체에게 우월적 지위가 인정되지 않고, 대등한 지위를 가지는 당사자 사이의 분쟁인 이상 분쟁 해결도 민사소송에 의한다. 또한 공법관계에는 법치주의, 비례원칙, 평등원칙 등 공법원리가 작용하고, 사법관계에는 사적자치, 과실상계, 전형계약 등 사법원리가 작용한다. 공법상의 불법행위에는 국가배상법이 적용되지만, 사법상의 불법행위에는 민법이 적용된다.

Ⅱ. 공법관계와 사법관계의 구별은 공법과 사법의 구별이다. 공법과 사법의 구별 기준에 대하여 공익의 실현을 위한 것이 공법이고, 사익의 실현을 위한 것이 사법이라는 견해(이익설), 권력적 지배복종관계를 규율하는 법이 공법이고, 비권력적 대등질서관계를 규율하는 법이 사법이라는 견해(성질설, 복종설), 행정주체를 한쪽 당사자로 하는 법률관계를 규율하는 법이 공법이고, 사인상호간의 법률관계를 규율하는 법이 사법이라는 견해(구주체설), 귀속주체의 상이성에 따라 구분하는데 공권력의 담당자인 행정주체에 대해서만 권리를 부여하거나 의무를 부과하는 경우에는 공법관계이고, 모든 권리주체에게 권리를 부여하거나 의무를 부과하는 경우에는 사법관계라는 견해(신주체설, 귀속설)가 주장된다. 대법원은 주체설을 기준으로 성질설과 이익설도 고려하는 입장이다. 따라서 행정청이 공권력을 가진 우월적 지위이거나 또는 공익 목적을 위한 행위의 경우 이를 공법관계로 보고, 일부 공법적 규율을 받고 있다 하더라도 사경제주체로서 행하는 행위는 사법관계로 보는 것이 대법원판례의 기본 입장이라 할 수 있다.

Ⅲ. 공법관계에는 權力관계와 非權力관계가 있으며, 사법관계에는 國庫관계와 行政私法관계가 있다. 권력관계는 국가가 시민에게 조세의무를 부과하거나 군복무를 명하거나 건축허가신청을 거부하는 등 일방적으로 명령·강제하는 관계를 뜻한다. 이러한 권력관계가 전통적인 행정법 영역이다. 국가는 시민에게 명령·강제 등 처분을 함에 있어서 정

해진 행정절차에 따라야 하며, 시민은 명령·강제 등의 처분에 대하여 행정소송으로 다툴 수 있다. 비권력관계는 명령·강제 등 권력적 수단을 이용한 일방적 처분이 아닌 경우의 행정작용을 의미한다. 행정지도나 행정조사가 이에 해당한다. 사법관계는 행정주체와 시민 사이에 사법상 계약으로 체결되는 법률관계를 뜻한다.[15] 사법관계 중 행정주체가 물품구매·건설도급·폐수처리·오물수거 등을 위하여 사인과 계약을 체결하는 경우를 국고관계라 하고, 국가의 자본이 투여되거나 법률상 독점적 지위를 보장 받는 공법인 또는 주식회사와 시민이 전기·수도[16]·가스공급계약, 운수[17]·우편[18] 이용 계약을 체결하는 경우를 행정사법관계라 한다. 행정사법은 사법형식에 의한 공행정을 말하는 것으로 생존배려에 필수적인 분야의 경우 행위의 형식이 私法상 契約이지만, 일정 한도에서 공법적 통제가 필요하다는 생각에서 만들어진 개념이다.

15) 국가를 당사자로 하는 계약에 관한 법률(국가계약법), 지방자치단체를 당사자로 하는 계약에 관한 법률(지방계약법), 국유재산법, 공유재산법 등의 적용을 받는다.

16) 수도법 제68조 제1항

17) 철도사업법 제22조 제1호

18) 우편법 제38조 제1항

제2편

行政이 지켜야 하는 法原理

제1장 법치행정원칙

Ⅰ. 국가와 지방자치단체의 행정작용은 법률의 근거 하에서 법률에 구속되어야 한다는 것을 법치행정의 원리라 한다.[1] 이는 '행정에 대한 법의 지배'를 의미한다. 여기서 법률은 의회에서 제정된 형식적 의미의 법률를 말한다. 국민의 권리·의무를 제한할 수 있는 법규적 효력을 창설할 수 있는 것은 국회가 제정한 법률뿐이며, 행정부는 법률에 의한 수권이 없는 한 스스로 국민의 권리·의무를 제한하는 법규를 만들 수 없다. 법률은 행정보다 우위에 있으며 행정작용은 법률에 위배되어서는 아니 된다.

Ⅱ. 행정작용의 어느 범위까지 법률에 근거하여야 하는지에 대하여 다수설은 국민의 권리와 의무에 영향을 미치는 행정작용 중 본질적으로 중요한 부분은 법률의 근거를 요한다는 중요사항유보설을 취하고 있다. 헌법재판소도 국민의 권리와 의무에 영향을 미치는 행정작용 중

1) 헌법 제37조 2항은 "국민의 모든 자유와 권리는 국가안전보장·질서유지 또는 공공복리를 위하여 필요한 경우에 한하여 법률로써 제한할 수 있으며, 제한하는 경우에도 자유와 권리의 본질적인 내용을 침해할 수 없다"고 규정하고 있다.

본질적으로 중요한 부분은 법률의 근거를 요한다는 입장으로 같은 견해를 취하고 있다.[2)]

제2장 평등원칙

Ⅰ. 평등원칙은 행정작용을 함에 있어서 특별한 정당하고 합리적 사유가 존재하지 않는 한 상대방인 국민을 공평하게 처우해야 한다는 것이다. 평등의 원칙은 헌법 제11조 제1항 평등권 조항에서 도출된다. 모든 법적 규율로서의 국가작용은 항상 그 규율대상인 국민을 차별대우하는 결과가 되기 때문에, 평등원칙은 그러한 법적 규율의 정당성 또는 합리성의 근거에 대한 입증책임을 국가에게 부여하는 역할을 수행한다.[3)]

Ⅱ. 관련 판례

1. 대법원 2007.10.29. 선고 2005두14417 전원합의체 판결 "구 개발제한구역의 지정 및 관리에 관한 특별조치법 시행령 제35조 제1항 제2호 (다)목에서는 공익시설 중 전기공급시설, 가스공급시설, 유류저장 및 송유설비에 대하여 개발제한구역 훼손부담금의 부과율을 100분의 20으로 정하고 있는 반면, 같은 항 제3호에서는 집단에너

2) 헌법재판소 1999. 5. 27. 98헌바70 "오늘날 법률유보원칙은 단순히 행정작용이 법률에 근거를 두기만 하면 충분한 것이 아니라, 국가공동체와 그 구성원에게 기본적이고도 중요한 의미를 갖는 영역, 특히 국민의 기본권실현과 관련된 영역에 있어서는 국민의 대표자인 입법자가 그 본질적 사항에 대해서 스스로 결정하여야 한다는 요구까지 내포하고 있다(의회유보원칙). 그런데 텔레비전방송수신료는 대다수 국민의 재산권 보장의 측면이나 한국방송공사에게 보장된 방송자유의 측면에서 국민의 기본권실현에 관련된 영역에 속하고, 수신료금액의 결정은 납부의무자의 범위 등과 함께 수신료에 관한 본질적인 중요한 사항이므로 국회가 스스로 행하여야 하는 사항에 속하는 것임에도 불구하고 한국방송공사법 제36조 제1항에서 국회의 결정이나 관여를 배제한 채 한국방송공사로 하여금 수신료금액을 결정해서 문화관광부장관의 승인을 얻도록 한 것은 법률유보원칙에 위반된다."

3) 박정훈, "행정법의 법원", 「행정법의 체계와 방법론」, 박영사(2005), 136-137면.

지공급시설을 포함한 다른 공익시설들에 대하여 훼손부담금의 부과율을 100분의 100으로 정하고 있는바, 집단에너지공급시설과 전기공급시설 등은 모두 다수의 사용자에게 에너지를 공급하여 생활의 편의를 충족시키는 역할을 하는 공익시설들로서 에너지를 수송하는 시설들이 그 주요 부분을 차지하고 있고, 이러한 시설들은 개발제한구역이 도시 주위를 둘러싸고 띠 형태로 지정되어 있어서 도시 지역 밖에서 안으로 혹은 그 반대방향으로 에너지를 공급하기 위해서는 개발제한구역을 통과해야 하는 경우가 많아 개발제한구역 밖의 토지에 대한 입지 선택이 가능한 학교 등 다른 공익시설들과는 그 사정이 다른 점, 위와 같은 시설들의 설치는 주로 배관을 지중에 매설한 후 그 지표면을 다시 원상복구시키는 방식으로 이루어지는 것이어서, 다른 공익시설들에 비해 개발제한구역에 대한 훼손의 정도가 크지 않기 때문에 개발제한구역 훼손부담금의 제도적 취지상 다른 공익시설들보다 훼손부담금의 부과율을 낮게 정할 필요가 있으며, 이 점에서는 집단에너지공급시설과 전기공급시설 등의 사이에 아무런 차이가 없는 점, 그뿐만 아니라, 집단에너지공급시설과 전기공급시설 등은 공급하는 물질(에너지)만 다를 뿐, 그 설치공사의 내용과 방법이나 그에 관한 기술적 측면의 규제 내용 등이 동일하거나 유사하고, 그 외 도로법 등 다른 각종 행정법규에서도 점용료나 원인자부담금 등의 산정·부과 및 감면 등에서 같게 취급하고 있는 등 사실상의 차이도 찾아보기 어려운 점 등을 종합하여 보면, 위 시행령 제35조 제1항 제3호에서 집단에너지공급시설에 대한 훼손부담금의 부과율을 전기공급시설 등에 대한 훼손부담금의 부과율인 100분의 20의 다섯 배에 이르는 100분의 100으로 정한 것은, 집단에너지공급시설과 전기공급시설 등의 사이에 그 공급받는 수요자가 다소 다를 수 있음을 감안하더라도, 부과율에 과도한 차등을 둔 것으로서 합리적 근거 없는 차별에 해당하므로 헌법상 평등원칙에 위배되어 무효이다."

2. 대법원 2008. 11. 20. 선고 2007두8287 전원합의체 판결 “원래 폐기물부담금은 정책실현목적 부담금인 동시에 원인자 부담금으로서의 성격을 가지고 있기 때문에 부담금을 부과함으로써 달성하려는 정책목적과 그 부과대상 사이에 보다 긴밀한 상관관계가 있을 것이 요구되는 점, 행정청으로서는 제조업자가 제품출고실적에 관한 자료를 제출하지 아니하거나 수입업자가 납부대상 여부를 확인받지 아니한 때 또는 납부된 폐기물부담금의 금액이 납부하여야 할 폐기물부담금의 금액과 다른 경우 등에는 정확한 폐기물부담금을 산출하기 위하여 조사·확인을 하여야 하는데, 이 때 제조업자와 수입업자 모두 합성수지 투입량에 관한 자료를 제출하여야 한다는 점에서 양자 사이에 본질적 차이가 있다고 보기 어려운 점, 수입 플라스틱제품에 투입되어 있는 합성수지의 양은 수입업자로 하여금 이를 신고하고 그 증빙자료를 제출하도록 하는 등으로 확인할 수 있는 방법이 있으며 행정청이 사후에 그 신고내용을 조사·확인하는 데 크게 기술적 난점이 있다고 보이지 않는 점 등을 종합하여 보면, 종가제에 의할 경우 행정청이 폐기물부담금의 부과·징수 등의 사무를 처리하는 데 다소 편리한 점이 있다 하더라도 이러한 사정만으로는 앞서 본 바와 같은 수입업자에 대한 차별을 정당화할 만한 사유는 되지 못한다. 이 사건 조항에서 플라스틱제품의 수입업자가 부담하는 폐기물부담금의 산출기준을 제조업자와는 달리 아무런 제한 없이 그 수입가만을 기준으로 한 것은 수입업자를 제조업자에 비하여 과도하게 차등을 둔 것으로서 합리적 이유 없는 차별에 해당한다. 따라서 이 사건 조항 중 ‘수입의 경우 수입가의 0.7%’ 부분은 헌법상 평등원칙을 위반한 입법으로서 무효이고, 그러한 이상 이에 근거하여 산출된 폐기물부담금을 부과한 피고의 이 사건 처분도 위법하다.”

제3장 자기구속원칙

Ⅰ. 자기구속원칙이란 행정청이 동종의 사안에서 기존의 선례가 있는 행위를 하는 경우 합리적 이유가 없는 한 기존 선례와 동일한 결정을 하도록 스스로 구속당하는 원칙을 말한다. 자기구속원칙은 재량행위의 영역, 판단여지의 영역, 법으로부터 자유로운 영역 등 행정청에게 판단 또는 결정의 자유가 있을 때 문제된다.

Ⅱ. 자기구속원칙은 재량준칙과 관련하여 특히 의미가 있다. 즉, 행정규칙은 원칙적으로 행정부 내부의 조직과 활동을 규율할 목적으로 제정된 일반·추상적 규범으로 국민에 대한 대외적 효력이 없는 것이나, 행정청이 재량준칙을 설정하면 행정청은 자기구속 원칙에 의해 합리적 이유 없이 재량준칙에서 벗어난 행정행위를 할 수 없게 되므로 국민은 이러한 재량준칙에의 위배를 가지고 행정청에 이의를 제기할 수 있게 됨으로써 간접적인 대외적 효력이 발생하게 되기 때문이다.

Ⅲ. 자기구속원칙은 그 순기능으로 행정청의 재량행위에 대해 선례에 따른 동등한 대우를 요구함으로써 행정청의 자의를 방지하고, 행정통제와 국민의 권리보호의 효과를 가져 오기도 하지만, 역기능으로 그로 인해 행정의 재량행위 영역이 좁아짐으로써 행정의 탄력적 운용이 훼손되고 행정활동의 경직성을 초래하며, 재량준칙의 경우 행정부 스스로 대외적 효력을 가지는 행정입법을 정립하는 셈이 되어 권력분립원칙에 반할 소지가 있는 위험이 있다.

Ⅳ. 불법의 평등은 인정될 수 없기 때문에 행정선례는 적법해야만 하고 따라서 불법한 선례에 대해 이를 반복해 줄 것을 요구하는 경우에는 자기구속원칙이 적용되지 않는다. 기존 관행으로부터 벗어나야 될 특수한 사정이 있는 경우의 종래 행정관행으로부터의 이탈은 자기구속원칙에 반하지 않는다할 것이다.

V. 관련 판례

1. 헌법재판소 2001. 5. 31. 99헌마413 결정 "행정규칙은 일반적으로 행정조직 내부에서만 효력을 가지는 것이나, 행정규칙이 법령의 규정에 의하여 행정관청에 법령의 구체적 내용을 보충할 권한을 부여한 경우나 재량권행사의 준칙인 규칙이 그 정한 바에 따라 되풀이 시행되어 행정관행이 이룩되게 되면, 평등의 원칙이나 신뢰보호의 원칙에 따라 행정기관은 그 상대방에 대한 관계에서 그 규칙에 따라야 할 자기구속을 당하게 되는 경우에는 대외적인 구속력을 가지게 되는바, 이러한 경우에는 헌법소원의 대상이 될 수도 있다."

2. 대법원 2009. 12. 24. 선고 2009두7967 판결 "상급행정기관이 하급행정기관에 대하여 업무처리지침이나 법령의 해석적용에 관한 기준을 정하여 발하는 이른바 행정규칙이나 내부지침은 일반적으로 행정조직 내부에서만 효력을 가질 뿐 대외적인 구속력을 갖는 것은 아니므로 행정처분이 그에 위반하였다고 하여 그러한 사정만으로 곧바로 위법하게 되는 것은 아니고, 다만 재량권 행사의 준칙인 행정규칙이 그 정한 바에 따라 되풀이 시행되어 행정관행이 이루어지게 되면 평등의 원칙이나 신뢰보호의 원칙에 따라 행정기관은 그 상대방에 대한 관계에서 그 규칙에 따라야 할 자기구속을 받게 되므로, 이러한 경우에는 특별한 사정이 없는 한 그에 위반하는 처분은 평등의 원칙이나 신뢰보호의 원칙에 위배되어 재량권을 일탈·남용한 위법한 처분이 된다.....그러나 위 법리 및 기록에 의하면, 행정청 내부의 사무처리준칙에 해당하는 이 사건 지침이 그 정한 바에 따라 되풀이 시행되어 행정관행이 이루어졌다고 인정할 만한 자료를 찾아볼 수 없을 뿐만 아니라, 이 사건 지침의 공표만으로는 원고가 이 사건 지침에 명시된 요건을 충족할 경우 사업자로 선정되어 벼 매입자금 지원 등의 혜택을 받을 수 있다는 보호가치 있는 신뢰를 가지게 되었다고 보기도 어렵다.....그럼에도 불구하고 원심은 그 판시와 같은 사유만으로 이 사건 처분에 피고가 재량권을 일탈·남용한 위법이 있

다고 판단하였으니, 이러한 원심판결에는 행정의 자기구속의 원칙 및 행정규칙에 관련된 신뢰보호의 원칙에 관한 법리를 오해하고 재량권의 일탈·남용에 관한 채증법칙을 위배한 잘못이 있으며, 이는 판결에 영향을 미쳤음이 명백하다."

3. 대법원 2013. 11. 14. 2011두28783 판결 "구 '부당한 공동행위 자진신고자 등에 대한 시정조치 등 감면제도 운영고시' 제16조 제1항, 제2항은 그 형식 및 내용에 비추어 재량권 행사의 기준으로 마련된 행정청 내부의 사무처리준칙 즉 재량준칙이라 할 것이고, 구 '독점규제 및 공정거래에 관한 법률 시행령' 제35조 제1항 제4호에 의한 추가감면 신청 시 그에 필요한 기준을 정하는 것은 행정청의 재량에 속하므로 그 기준이 객관적으로 보아 합리적이 아니라든가 타당하지 아니하여 재량권을 남용한 것이라고 인정되지 않는 이상 행정청의 의사는 가능한 한 존중되어야 한다. 이러한 재량준칙은 일반적으로 행정조직 내부에서만 효력을 가질 뿐 대외적인 구속력을 갖는 것은 아니므로 행정처분이 이를 위반하였다고 하여 그러한 사정만으로 곧바로 위법하게 되는 것은 아니고, 다만 그 재량준칙이 정한 바에 따라 되풀이 시행되어 행정관행이 이루어지게 되면 평등의 원칙이나 신뢰보호의 원칙에 따라 행정기관은 상대방에 대한 관계에서 그 규칙에 따라야 할 자기구속을 받게 되므로, 이러한 경우에는 특별한 사정이 없는 한 그에 반하는 처분은 평등의 원칙이나 신뢰보호의 원칙에 어긋나 재량권을 일탈·남용한 위법한 처분이 된다."

제4장 비례원칙

Ⅰ. 비례원칙이란 행정의 목적과 그 목적을 실현하기 위한 수단의 관계에서 그 수단은 목적을 실현하는데 적합하고 또한 최소 침해를 가져오는 것이어야 하며, 아울러 그 수단의 도입으로 인해 생겨나는 침해가 달

성하려고 하는 공익을 능가하여서는 안 된다는 원칙을 말한다.[4] 비례의 원칙은 적합성의 원칙, 필요성의 원칙, 상당성의 원칙이 단계적 구조를 이루고 있다. 적합성의 원칙은 행정청이 취하는 수단은 추구하는 목표의 달성에 법적으로나 사실상으로 유용한 것이어야 한다는 원칙이다. 필요성의 원칙은 수단은 설정된 목적을 실현하기 위하여 필요 이상으로 행해져서는 안된다는 원칙으로, 발생하는 피해를 가능한 최소한으로 해야 한다는 의미에서 최소 침해의 원칙이라고도 한다. 상당성의 원칙(협의의 비례원칙)이란 취하는 수단이 공익상 필요와 그로 인해 침해되는 사익을 비교·형량하였을 때 공익상 필요가 더 큰 경우에만 정당화 될 수 있다는 원칙으로 공익상 필요와 침해되는 사익간의 상당한 균형을 유지해야 한다는 것을 의미한다.

Ⅱ. 행정대집행법 제2조는 대집행의 요건으로 '다른 수단으로써 그 이행을 확보하기 곤란하고 또한 그 이행을 방치함이 심히 공익을 해할 것으로 인정되는 경우'라고 규정하고 있어 대집행의 요건으로 필요성의 원칙과 협의의 비례원칙을 직접적으로 요구하고 있다.

Ⅲ. 비례의 원칙은 급부행정 분야와 관련해서는, 급부는 급부의 목적 달성에 적합하여야 하고(적합성의 원칙), 목적 달성에 필요한 만큼의 급부만 행해져야 하며 효과 없는 급부가 행해져서는 안되고(필요성의 원칙), 전체적으로 보아 그에 따른 불이익과 실현하려는 결과 사이에 적정한 비례가 유지되어야 한다(상당성의 원칙)는 과잉급부금지의 원칙으로 표현된다. 주된 행정행위에 부관을 부가할 때도 그로 인해 사인에게 지나친 부담을 주게 되는 경우에는 그러한 부관은 비례 원칙 위반으로서 금지된다.

4) 대법원 1997. 9. 26. 96누10096

Ⅳ. 경찰비례의 원칙

1. 경찰권 발동은 소극적 질서유지 차원에서 필요최소한의 범위 내에서 공익과 사익이 비례하는 범위 내에서 이루어져야 하는데, 이를 경찰비례원칙이라 한다. 이에 대해 경찰관직무집행법 제1조 2항은 이를 직접 규정하고 있다. 경찰처분은 위험의 방지, 예방, 질서 유지에 있기 때문에 위험이 방지되면 바로 경찰처분을 그쳐야 하고, 시간상 과잉이 있게 되면 안 된다. 이를 시간상 과잉 금지라고 하며, 경찰 비례원칙의 한 내용을 이룬다.

2. 경찰 비례의 원칙의 한 내용으로 경찰책임의 원칙이 다루어진다. 경찰책임의 원칙이란 경찰권 발동은 긴급한 필요가 있는 경우를 제외하고는 원칙적으로 경찰책임자에 대해서만 발동되어야 한다는 원칙으로 경찰권 발동의 상대방과 관련된 문제이다.

3. 경찰책임은 행위책임, 상태책임, 혼합책임으로 구분할 수 있다. 경찰책임자가 사망하거나 물건이 양도된 경우 상속인 또는 양수인이 경찰책임을 승계하는지가 문제된다. 경찰상 행위책임은 특정인의 위험야기행위라는 고유한 행위에 대한 자기책임이고 따라서 특정인의 사망으로 종결된다고 보아야 할 것이므로 상속인이나 양수인에게 승계되지 않는다 할 것이다. 그러나 상태책임은 물건의 상태로 인해 발생하는 책임이므로 일신전속성과는 상관없이 물건의 이전, 양수와 함께 상태책임도 원칙적으로 승계가 된다할 것이다.

4. 행위책임이란 사람에 의해 공공의 안녕과 질서에 위해가 발생하는 경우의 경찰 책임을 말한다. 이 경우의 사람의 행위는 고의 또는 과실이 있을 것을 요하지 않는다. 또한 사람의 행위는 작위 또는 부작위도 구분하지 않는다. 행위자의 행위능력도 요구하지 않는다. 사람의 행위와 경찰상 위해 사이에는 인과관계가 존재해야 하는바, 이러한 인과관계의 판단기준에 대해 직접원인제공설은 원칙적으로 경찰위해 상태를 직접적으로 제공한 사람에게 경찰 책임이 있다고 주장

한다. 이에 반해 상당인과관계설은 경찰 위해 상태에 대해 일반경험칙에 비추어 상당한 정도의 영향을 미쳤다고 인정되는 경우에는 경찰 책임이 있다고 한다. 상당인과관계설은 경찰행정은 통상 예측하기 어려운 상황에서 발생하는 경우가 많은데 상당인과관계설에 의하면 경찰책임을 대부분 부인할 수밖에 없어 문제이므로, 직접원인제공설이 타당하다할 것이다. 행위무능력자에 대한 법정대리인의 책임, 피용자의 행위에 대한 사용자의 책임은 모두 자신의 행위가 아니라 자신의 감독·후견 하에 있는 자들의 행위에 대해 부담하는 부가적인 경찰책임이다. 이는 그들의 지배 영역에서 발생하는 위해에 대해 그들이 책임을 지는 것이 경찰행정 목적의 달성을 위해 불가피하기 때문에 인정되는 것이므로 그들이 자신의 감독·후견 책임을 다하였다 하여 면책되는 것이 아니다.

5. 상태책임이란 물건에 의해 공공의 안녕과 질서에 위해가 발생하는 경우의 경찰 책임을 말한다. 이는 물건의 상태로부터 발생하는 것이므로 그 물건을 사실상 누가 지배하였는지에 따라 경찰책임자가 결정된다. 사실상 지배자는 물건의 임차인, 수취인뿐만 아니라 절도·강도범 등을 포함해 정당한 권원 여하를 불문한다. 한편, 이 경우 물건의 소유자는 부가적인 책임을 지게 된다. 물건의 상태와 경찰 위해의 발생에 대해 인과관계가 인정되어야 한다. 이 경우의 인과관계의 판단기준 역시 행위책임에서와 같이 학설대립이 있으나 직접원인제공설이 지배적인 견해이다. 소유자는 통상 사실상의 지배자일 경우가 많지만, 그렇지 않을 경우에도 소유자는 상태책임을 진다. 다만, 이는 사실상의 지배자에 대해 부가적으로 지게 되는 책임이다. 한편, 소유자는 자신의 처분권이 법률상 또는 사실상 전혀 영향을 미치지 않는 경우에는 상태책임이 없다. 따라서 물건을 도난당한 경우 소유자에게 귀책사유가 없는 때에는 사실상의 지배자인 절도범만 상태책임을 질 뿐 소유자는 그에 대해 아무런 책임을 지지 않게 된다. 소유권자의 상태책임은 물건의 양도로 책임을 면하게 되고 양수인이 새

로운 상태책임을 지게 된다. 그러나 소유권의 포기의 경우에는 상태책임을 원칙적으로 계속 부담하게 된다. 상태책임은 원칙적으로 경찰상 위해의 원인에 관계없이 자신이 지배하는 물건의 상태로 인한 위험에 대해 책임을 지는 것이다. 따라서 그 원인이 자연적인 현상으로 발생했든, 우연에 의해 발생했든 상관없이 상태책임을 지게 된다. 그러나 경찰상 위해가 재산권의 통상의 이용에 의해 나오는 경우에는 상태책임이 없다고 할 것이다. 통상의 이용에 의한 것은 직접적인 원인 제공으로 볼 수 없기 때문이다. 또한 소유권자 등이 전혀 예측할 수 없는 비정상적인 상황에서 발생하는 상태책임인 경우, 가령 회피할 수 없는 자연재해로 인한 경우 또는 제3자의 유책한 행위로 인해 발생한 경우 등에는 소유권자 등은 상태책임에서 배제된다고 보아야 할 것이다. 다만, 이 경우에도 경찰상 긴급한 상황에 해당하는 예외적인 경우에는 형식적 경찰책임의 수명자가 될 수는 있다.

6. 동일한 위험이 다수의 책임자에 의해 발생하는 경우에 누구를 경찰권 발동의 대상으로 할 것인가의 문제가 발생한다. 이것을 다수 책임자의 경합이라고 한다. 이는 행위책임과 상태책임이 서로 동시에 경합하는 경우에 주로 나타난다. 이 경우 원칙적으로 경찰권 발동의 대상은 위해를 가장 효율적이고 신속하게 제거할 수 있는 자를 상대로 경찰권이 발동되어야 할 것이다. 다만, 이 경우 비례의 원칙에 위배되어서는 아니 된다. 부차적으로 경찰상 위해에 보다 더 중대한 위해를 제공한 사람이 경찰권 발동의 대상이 될 수 있다. 경찰권 발동의 대상이 된 사람이 경찰 책임을 진 경우에 이를 이행하지 않은 다른 책임자들에게 비용 등을 부담하게 할 수 있는지가 문제되는데, 다수의 책임자 중 어느 한 사람에게만 경찰권이 발동된 경우 그는 다른 책임자들에게 민법상의 연대책임 규정 또는 사무관리 규정을 유추적용해 비용상환을 구할 수 있다고 할 것이다.

V. 관련 판례

1. 대법원 1985. 11. 12. 85누303 "행정청이 면허취소의 재량권을 갖는 경우에도 그 재량권은 면허취소처분의 공익목적 뿐만 아니라 공익침해의 정도와 그 취소처분으로 인하여 개인이 입게 될 불이익을 비교교량하고 그 취소처분의 공정성을 고려하는등 비례의 원칙과 평등의 원칙에 어긋나지 않게끔 행사되어야 할 한계를 지니고 있고 이 한계를 벗어난 처분은 위법하다고 볼 수밖에 없다."

2. 대법원 2000. 4. 7. 98두11779 "제재적 행정처분이 사회통념상 재량권의 범위를 일탈하였거나 남용하였는지 여부는 처분사유로 된 위반행위의 내용과 당해 처분행위에 의하여 달성하려는 공익목적 및 이에 따르는 제반 사정 등을 객관적으로 심리하여 공익침해의 정도와 그 처분으로 인하여 개인이 입게 될 불이익을 비교교량하여 판단하여야 할 것이다. 그런데 이 사건에 있어서와 같이 국민의 건강을 보호증진함을 목적으로 하는 의료법 및 의료기사등에관한법률의 제정 취지와 의료인이나 의료기사인 방사선사의 업무가 일반국민의 생명·건강에 직접적으로 영향을 미치는 점 등을 고려하면 이 법의 규정을 엄격히 지켜 국민건강을 위해하는 요인을 사전에 제거할 필요성이 크다 할 것이고, 무면허의료행위에 대하여 의료법 제66조에서 5년 이하의 징역 또는 2천만 원 이하의 벌금에 처하도록 규정함으로써 형사처벌의 대상이 되는 의료법 위반행위 중 그 법정형이 가장 높게 되어 있어 무면허의료행위의 위법성은 다른 의료법 위반행위보다 더욱 무겁다 할 것이며, 또한 이 사건 기록에 의하면, 원고 1은 조영제 주사행위를 직접 수행할 수 없는 불가피한 사정이 있었던 것으로 보이지 아니한 상황에서 사전에 환자의 상태를 살피거나, 부작용발생에 대비한 조치를 취하지 아니한 채 방사선사인 원고 2에게 지시하여 위중한 상태에 있었던 환자에게 안전성이 보장되지 않은 조영제를 주사하게 하였고, 원고 2는 병원의 주사요령에 관한 규정이 정하는 바에 따라 예상치 못한 사고에 대비한 응급처치준비를 제

대로 하지 아니한 채 주사행위를 한 후 환자가 사망하였음을 알 수 있으므로 그 위반행위의 내용 및 결과가 결코 가볍다고 할 수 없는 점 등을 고려하면 원심이 내세우는 제반 사정을 감안한다고 하더라도 피고가 이 사건 처분으로 달성하고자 하는 공익목적이 원고들이 이로 인하여 입게 될 불이익보다 결코 가볍다 할 수는 없다. 그럼에도 불구하고 원심이 이러한 점에 대하여 살피지 아니하고 그 판시와 같은 사정만을 들어 이 사건 처분을 재량권을 남용하였거나 그 범위를 일탈한 것이라고 단정하였으므로 이는 결국 재량권의 남용 및 그 범위의 일탈에 관한 법리를 오해함으로써 판결에 영향을 미친 위법이 있다고 할 것이다."

3. 대법원 2006. 4. 14. 2004두3854 "제재적 행정처분이 재량권의 범위를 일탈하였거나 남용하였는지 여부는 처분사유로 된 위반행위의 내용과 그 위반의 정도, 당해 처분에 의하여 달성하려는 공익상의 필요와 개인이 입게 될 불이익 및 이에 따르는 제반 사정 등을 객관적으로 심리하여 공익침해의 정도와 그 처분으로 인하여 개인이 입게 될 불이익을 비교·교량하여 판단하여야 한다. 지방식품의약품안전청장이 수입 녹용 중 전지 3대를 절단부위로부터 5cm까지의 부분을 절단하여 측정한 회분함량이 기준치를 0.5% 초과하였다는 이유로 수입 녹용 전부에 대하여 전량 폐기 또는 반송처리를 지시한 경우, 녹용 수입업자가 입게 될 불이익이 의약품의 안전성과 유효성을 확보함으로써 국민보건의 향상을 기하고 고가의 한약재인 녹용에 대하여 부적합한 수입품의 무분별한 유통을 방지하려는 공익상 필요보다 크다고는 할 수 없으므로 위 폐기 등 지시처분이 재량권을 일탈·남용한 경우에 해당하지 않는다."

4. 대법원 2012. 11. 15. 2011두31635 "지방자치단체를 당사자로 하는 계약에 관한 법률(지자체계약법) 제7조 제1항, 제2항, 제31조 제1항 및 조달사업에 관한 법률(조달사업법) 제5조의2 제1항, 제2항 등 관련 규정들을 모두 종합하여 보면, 지방자치단체의 장이 조달청장에

게 수요물자 구매에 관한 계약 체결을 요청한 경우 그 계약사무의 처리에 관하여는 지자체계약법이 적용되고 그 계약의 이행 등과 관련한 입찰 참가자격 제한에 관한 권한은 지자체계약법 제31조 제1항에 따라 지방자치단체의 장에게 있다고 할 것이다. 제재적 행정처분이 재량권의 범위를 일탈하였거나 남용하였는지 여부는 처분사유로 된 위반행위의 내용과 그 위반의 정도, 당해 처분에 의하여 달성하려는 공익상의 필요와 개인이 입게 될 불이익 및 이에 따르는 제반 사정 등을 객관적으로 심리하여 공익침해의 정도와 그 처분으로 인하여 개인이 입게 될 불이익을 비교교량하여 판단하여야 한다. 원심 판결 이유에 의하면, 원심은 피고가 이 사건 계약을 통하여 납품받고자 한 장비는 각종 재난현장에서 인명구조를 위한 119구조장비로서 각종 재난에서 국민의 생명과 안전에 직접적인 관련을 가지는 것이어서 장비의 안전과 품질이 매우 중요하다고 볼 것이라는 사정을 비롯한 판시 사정들을 종합하면, 이 사건 부정당업자 입찰 참자자격 제한처분에 재량권 일탈·남용의 위법이 있다고 볼 수 없다고 판단하였다."

5. 대법원 2013. 9. 12. 2012두28865 "제재적 행정처분이 사회통념상 재량권의 범위를 일탈하였거나 남용하였는지 여부는 처분사유로 된 위반행위의 내용과 당해 처분행위에 의하여 달성하려는 공익목적 및 이에 따르는 제반 사정 등을 객관적으로 심리하여 공익 침해의 정도와 그 처분으로 인하여 개인이 입게 될 불이익을 비교·형량하여 판단하여야 한다. 이 경우 제재적 행정처분의 기준이 부령의 형식으로 규정되어 있더라도 그것은 행정청 내부의 사무처리준칙을 규정한 것에 지나지 않아 대외적으로 국민이나 법원을 기속하는 효력이 없으므로, 당해 처분의 적법 여부는 위 처분기준만이 아니라 관계 법령의 규정 내용과 취지에 따라 판단하여야 한다. 따라서 그 처분기준에 부합한다 하여 곧바로 당해 처분이 적법한 것이라고 할 수는 없지만, 위 처분기준이 그 자체로 헌법 또는 법률에 합치되지 않거나 그 기

준을 적용한 결과가 처분사유인 위반행위의 내용 및 관계 법령의 규정과 취지에 비추어 현저히 부당하다고 인정할 만한 합리적인 이유가 없는 한, 섣불리 그 기준에 따른 처분이 재량권의 범위를 일탈하였거나 재량권을 남용한 것이라고 판단해서는 안 된다. 그런데 원심판결 이유와 원심까지 채택된 증거에 의하여 알 수 있는 여러 사정에 비추어 보면, 아래에서 보는 것처럼 피고가 이 사건 처분을 함에 있어 적용한 허위청구비율의 산정 방식, 즉 분모의 진료급여비용총액을 조사 대상 기간 동안 당해 의료기관에서 지급받은 모든 영역의 진료급여비용 등 총액이 아니라 허위청구가 적발된 당해 영역의 진료급여비용 등 총액만을 적용하여 산정하는 것이 반드시 부당하다고 볼 수는 없다....피고가 원고의 의사면허자격정지기간을 정하면서 원고의 허위청구가 적발된 영역에 속하는 자동차보험진료수가 합산액만을 진료급여비용총액으로 삼아 허위청구비율을 산정한 것을 부당하다고 할 수 없다. 그리고 원고에 대한 조사 대상 기간과 그동안의 원고의 자동차보험진료수가총액 및 총허위청구금액, 원고가 이 사건 허위청구 등과 관련하여 사기죄로 벌금 1,000만 원을 선고받은 형사판결이 확정된 점 등 원심판결 이유와 기록에 드러나는 사정에 비추어, 그와 같이 산정된 허위청구비율을 토대로 원고에게 7개월의 의사면허자격정지를 명한 이 사건 처분이 현저히 부당하여 위법하다고 보기도 어렵다."

제5장 신뢰보호원칙

Ⅰ. 私人이 행정청의 행위를 신뢰하고 어떠한 행위를 한 경우 그 신뢰가 보호가치가 있는 한 사인의 행위의 효력을 인정해 주는 것을 신뢰보호원칙이라 한다. 행정절차법 제4조 제2항은 "행정청은 법령 등의 해석 또는 행정청의 관행이 일반적으로 국민들에게 받아들여진 때에는 공익 또는 제3자의 정당한 이익을 현저히 해할 우려가 있는 경우를

제외하고는 새로운 해석 또는 관행에 의하여 소급하여 불리하게 처리하여서는 안된다'는 규정하여 신뢰보호원칙에 대한 실정법적 근거를 분명히 하고 있다. 국세기본법 제18조 제3항도 "세법의 해석 또는 국세행정의 관행이 일반적으로 납세자에게 받아들여진 후에는 그 해석 또는 관행에 의한 행위 또는 계산은 정당한 것으로 보며 새로운 해석 또는 관행에 의하여 소급하여 과세되지 아니한다"라고 규정하고 있다.

Ⅱ. 일반적으로 행정상의 법률관계에 있어서 행정청의 행위에 대하여 신뢰보호의 원칙이 적용되기 위하여는, 첫째 행정청이 개인에 대하여 신뢰의 대상이 되는 공적인 견해표명을 하여야 하고, 둘째 행정청의 견해표명이 정당하다고 신뢰한 데에 대하여 그 개인에게 귀책사유가 없어야 하며, 셋째 그 개인이 그 견해표명을 신뢰하고 이에 어떠한 행위를 하였어야 하고, 넷째 행정청이 위 견해표명에 반하는 처분을 함으로써 그 견해표명을 신뢰한 개인의 이익이 침해되는 결과가 초래되어야 하며, 이러한 요건을 충족할 때에는 행정청의 처분은 신뢰보호의 원칙에 반하는 행위로서 위법하게 된다. 행정청의 공적 견해표명이 있었는지의 여부를 판단하는 데 있어 반드시 행정조직상의 형식적인 권한분장에 구애될 것은 아니고 담당자의 조직상의 지위와 임무, 당해 언동을 하게 된 구체적인 경위 및 그에 대한 상대방의 신뢰가능성에 비추어 실질에 의하여 판단하여야 한다.[5)]

---

5) 대법원 1997. 9. 12. 96누18380 "비록 지방자치단체장이 당해 토지형질변경허가를 하였다가 이를 취소·철회하는 것은 아니라 하더라도 지방자치단체장이 토지형질변경이 가능하다는 공적 견해표명을 함으로써 이를 신뢰하게 된 당해 종교법인에 대하여는 그 신뢰를 보호하여야 한다는 점에서 형질변경허가 후 이를 취소·철회하는 경우를 유추·준용하여 그 형질변경허가의 취소·철회에 상당하는 당해 처분으로써 지방자치단체장이 달성하려는 공익 즉, 당해 토지에 대하여 그 형질변경을 불허하고 이를 우량농지로 보전하려는 공익과 위 형질변경이 가능하리라고 믿은 종교법인이 입게 될 불이익을 상호 비교·교량하여 만약 전자가 후자보다 더 큰 것이 아니라면 당해 처분은 비례의 원칙에 위반되는 것으로 재량권을 남용한 위법한 처분이라고 봄이 상당하다."

Ⅲ. 관련 판례

1. 대법원 1992. 5. 8. 91누13274 판결 "충전소설치예정지로부터 100m 내에 있는 건물주의 동의를 모두 얻지 아니하였음에도 불구하고 이를 갖춘 양 허가신청을 하여 그 허가를 받아낸 것으로서, 처분의 하자가 당사자의 사실은폐 내지 사위의 방법에 의한 신청행위에 기인한 것이라 할 것이어서 그 처분에 의한 이익이 위법하게 취득되었음을 알아 그 취소가능성도 능히 예상하고 있었다고 보아야 할 것이므로 수익적 행정행위인 액화석유가스충전사업허가처분의 취소에 위법이 없다."

2. 대법원 1995. 11. 14. 95누10181 판결 "일반적으로 조세 법률관계에서 과세관청의 행위에 대하여 신의성실의 원칙이 적용되기 위하여는 과세관청이 납세자에게 신뢰의 대상이 되는 공적인 견해표명을 하여야 하고, 또한 국세기본법 제18조 제3항에서 말하는 비과세 관행이 성립하려면 상당한 기간에 걸쳐 과세를 하지 아니한 객관적 사실이 존재할 뿐만 아니라 과세관청 자신이 그 사항에 관하여 과세할 수 있음을 알면서도 어떤 특별한 사정 때문에 과세하지 않는다는 의사가 있어야 하며 위와 같은 공적 견해나 의사는 명시적 또는 묵시적으로 표시되어야 하지만 묵시적 표시가 있다고 하기 위하여는 단순한 과세누락과는 달리 과세관청이 상당기간의 불과세 상태에 대하여 과세하지 않겠다는 의사표시를 한 것으로 볼 수 있는 사정이 있어야 하고, 이 경우 특히 과세관청의 의사표시가 일반론적인 견해표명에 불과한 경우에는 위 원칙의 적용을 부정하여야 할 것이다."

3. 대법원 1996. 8. 20. 95누10877 판결 "행정청이 상대방에게 장차 어떤 처분을 하겠다고 확약 또는 공적인 의사표명을 하였다고 하더라도, 그 자체에서 상대방으로 하여금 언제까지 처분의 발령을 신청을 하도록 유효기간을 두었는데도 그 기간 내에 상대방의 신청이 없었다거나 확약 또는 공적인 의사표명이 있은 후에 사실적 · 법률적

상태가 변경되었다면, 그와 같은 확약 또는 공적인 의사표명은 행정청의 별다른 의사표시를 기다리지 않고 실효된다."

4. 대법원 2000. 11. 10. 2000두727 판결 "당초 정구장 시설을 설치한다는 도시계획결정을 하였다가 정구장 대신 청소년 수련시설을 설치한다는 도시계획 변경결정 및 지적승인을 한 경우, 당초의 도시계획결정만으로는 도시계획사업의 시행자 지정을 받게 된다는 공적인 견해를 표명하였다고 할 수 없다는 이유로 그 후의 도시계획 변경결정 및 지적승인이 도시계획사업의 시행자로 지정받을 것을 예상하고 정구장 설계 비용 등을 지출한 자의 신뢰이익을 침해한 것으로 볼 수 없다."

5. 대법원 2002. 11. 8. 2001두1512 판결 "요건에서 말하는 귀책사유라 함은 행정청의 견해표명의 하자가 상대방 등 관계자의 사실은폐나 기타 사위의 방법에 의한 신청행위 등 부정행위에 기인한 것이거나 그러한 부정행위가 없다고 하더라도 하자가 있음을 알았거나 중대한 과실로 알지 못한 경우 등을 의미한다고 해석함이 상당하고, 귀책사유의 유무는 상대방과 그로부터 신청행위를 위임받은 수임인 등 관계자 모두를 기준으로 판단하여야 한다. 이 사건 대지에 상세계획지침에 의한 건축한계선의 제한이 있다는 사실에 관하여는 원고나 그로부터 이 사건 건축물의 설계 등을 위임받은 건축사 A가 조금만 주의를 기울였다면 충분히 알 수 있었다고 보이므로 원고나 건축사 A에게 이 사건 건축물의 신축 및 증축허가가 정당하다고 신뢰한 데에 귀책사유가 없다고 할 수 없으니, 피고가 이 사건 건축물에 대한 신축 및 증축허가를 하여 주고, 그에 따라 상당한 정도로 공사가 진척된 이 사건 건축물에 대하여 상세계획지침에 규정된 건축한계선을 침범하였다는 이유로 위반부분의 철거를 명하였다 하더라도 이 사건 처분이 신뢰보호원칙에 반한다고 할 수 없다."

6. 대법원 2003. 12. 26. 2003두1875 판결 "병무청 담당부서의 담당공

무원에게 공적 견해의 표명을 구하는 정식의 서면질의 등을 하지 아니한 채 총무과 민원팀장에 불과한 공무원이 민원봉사차원에서 상담에 응하여 안내한 것을 신뢰한 경우, 신뢰보호 원칙이 적용되지 아니한다."

7. 대법원 2005. 4. 28. 2004두8828 판결 "폐기물관리법령에 의한 폐기물처리업 사업계획에 대한 적정통보와 국토이용관리법령에 의한 국토이용계획변경은 각기 그 제도적 취지와 결정단계에서 고려해야 할 사항들이 다르므로, 피고가 위와 같이 폐기물처리업 사업계획에 대하여 적정통보를 한 것만으로 그 사업부지 토지에 대한 국토이용계획변경신청을 승인하여 주겠다는 취지의 공적인 견해표명을 한 것으로 볼 수 없고, 그럼에도 불구하고 원고가 그 승인을 받을 것으로 신뢰하였다면 원고에게 귀책사유가 있다 할 것이므로, 이 사건 처분이 신뢰보호의 원칙에 위배된다고 할 수 없다."

8. 대법원 2005. 10. 28. 2005다45827 판결 "일반적으로 권리의 행사는 신의에 좇아 성실히 하여야 하고 권리는 남용하지 못하는 것이므로 권리자가 실제로 권리를 행사할 수 있는 기회가 있었음에도 불구하고, 상당한 기간이 경과하도록 권리를 행사하지 아니하여 의무자인 상대방으로서도 이제는 권리자가 권리를 행사하지 아니할 것으로 신뢰할 만한 정당한 기대를 가지게 된 다음에 새삼스럽게 그 권리를 행사하는 것이 법질서 전체를 지배하는 신의성실의 원칙에 위반하는 것으로 인정되는 결과가 될 때에는 이른바 실효의 원칙에 따라 그 권리의 행사가 허용되지 않는다고 보아야 할 것이고, 또한 실효의 원칙이 적용되기 위하여 필요한 요건으로서의 실효기간(권리를 행사하지 아니한 기간)의 길이와 의무자인 상대방이 권리가 행사되지 아니하리라고 신뢰할 만한 정당한 사유가 있었는지의 여부는 일률적으로 판단할 수 있는 것이 아니라 구체적인 경우마다 권리를 행사하지 아니한 기간의 장단과 함께 권리자측과 상대방측 쌍방의 사정 및 객관적으로 존재한 사정 등을 모두 고려하여 사회통념에 따라 합리적으

로 판단하여야 할 것이다.”

제6장 부당결부금지원칙

Ⅰ. 행정작용을 함에 있어서 이와 실질적 관련이 없는 상대방의 반대급부를 조건으로 하여서는 안된다는 원칙을 부당결부금지원칙이라 한다. 부당결부금지원칙은 헌법상의 법치국가원리와 자의금지원칙에서 파생되는 것으로 헌법상의 효력을 가진 법원칙이라고 보는 헌법적 효력설[6]과 행정권한법정주의(헌법 96조)와 행정권한의 남용금지 원칙을 근거로 한 것으로 법률상의 효력을 가진 법원칙이라고 보는 법률적 효력설[7]이 대립한다. 개별법영역에서 충분히 구체화될 수 있는 법원리를 헌법원리로 이해하는 것은 헌법소송 만능주의에 빠질 위험이 있으므로 법률적 효력설이 타당하다.

Ⅱ. 부당결부금지원칙이 적용되려면 ① 행정청의 행정작용이 있을 것, ② 행정청의 행정작용이 상대방의 반대급부와 결부되어 있을 것, ③ 행정작용과 반대급부 사이에 실체적 관련성[8]이 없어야 한다.

Ⅲ. 관련 판례

1. 대법원 1997. 3. 11. 96다49650 판결 “수익적 행정행위에 있어서는 법령에 특별한 근거규정이 없다고 하더라도 그 부관으로서 부담을 붙

6) 류지태・박종수, 「행정법신론」, 박영사(2009), 152면; 정하중, 「행정법개론」, 법문사(2015), 49면.

7) 박균성, 「행정법론(상)」, 박영사(2010), 52면.

8) 실체적 관련성을 원인적 관련성과 목적적 관련성으로 나누어 볼 수 있다. 도로점용허가를 내주면서 그 부관으로 도로점용료를 부가하는 것은 원인적 관련성이 있으나, 그 부관으로 체납된 지방세 완납을 요건으로 하는 것은 원인적 관련성이 없다. 여관 등 숙박시설에 대한 건축허가를 발령하면서 소방시설을 갖출 것을 조건으로 하는 것은 동일한 경찰질서 유지목적에 의한 것으로 목적적 관련성이 인정되나, 시에다 영업수익금의 일정비율을 기부하라는 부관은 목적적 관련성이 없다.

일 수 있으나, 그러한 부담은 비례의 원칙, 부당결부금지의 원칙에 위반되지 않아야만 적법하다고 할 것이다. 기록에 의하면, 원고의 이 사건 토지 중 2,791㎡는 자동차전용도로로 도시계획시설결정이 된 광1류6호선에 편입된 토지이므로, 그 위에 도로개설을 하기 위하여는 소유자인 원고에게 보상금을 지급하고 소유권을 취득하여야 할 것임에도 불구하고, 소외 인천시장은 원고에게 주택사업계획승인을 하게 됨을 기화로 그 주택사업과는 아무런 관련이 없는 토지인 위 2,791㎡를 기부채납하도록 하는 부관을 위 주택사업계획승인에 붙인 사실이 인정되므로, 위 부관은 부당결부금지의 원칙에 위반되어 위법하다고 할 것이다. 그러나 기록에 의하면, 이 사건에서 인천시장이 승인한 원고의 주택사업계획은 금 109,300,000,000원의 사업비를 들여 아파트 1,744세대를 건축하는 상당히 큰 규모의 사업임에 반하여, 원고가 기부채납한 위 2,791㎡의 토지가액은 그 100분의 1 상당인 금 1,241,995,000원에 불과한 데다가, 원고가 그 동안 위 부관에 대하여 아무런 이의를 제기하지 아니하다가 인천시장이 업무착오로 위 2,791㎡의 토지에 대하여 보상협조요청서를 보내자 그 때서야 비로소 위 부관의 하자를 들고 나온 사실이 인정되는바, 이러한 사정에 비추어 볼 때 위 부관이 그 하자가 중대하고 명백하여 당연무효라고는 볼 수 없다 할 것이다."

2. 대법원 2009. 2. 12. 2005다65500 판결 "부당결부금지의 원칙이란 행정주체가 행정작용을 함에 있어서 이와 실질적인 관련이 없는 상대방의 의무를 부과하거나 그 이행을 강제하여서는 아니 된다는 원칙을 말한다. 이 사건 협약에서, 고속국도의 유지관리 및 도로확장 등의 사유로 접도구역에 매설한 송유시설의 이설이 불가피할 경우 그 이설비용을 피고가 부담하도록 한 것은, 원고가 접도구역의 송유관 매설에 대한 허가를 할 것을 전제로 한 것으로, 피고는 송유관이설이라는 부대공사와 관련하여 공작물설치자로서 특별한 관계가 있다고 볼 수 있고, 피고로서는 접도구역 부지 소유자와 사이에 별도로

이용계약을 체결하고 그 부지점용에 따른 사용료를 지급하게 되나, 관리청인 원고로부터 접도구역의 송유관 매설에 관한 허가를 얻게 됨으로써 접도구역이 아닌 사유지를 이용하여 매설하는 경우에 비하여는 공사절차 등의 면에서 이익을 얻는다고 할 수 있으며, 피고의 사업이 공익성을 갖는다고 하더라도 비영리사업이라고 볼 수는 없고, 피고로서는 처음부터 이러한 경제적 이해관계를 고려하여 이 사건 협약을 체결한 것이라고 할 것이므로, 이 사건 협약 중 접도구역에 매설된 송유관 이설비용을 피고가 부담하도록 한 부분이 부당결부금지원칙에 위반된 것이라고 할 수는 없다."

3. 대법원 2009. 12. 10. 2007다63966 판결 "공무원이 인·허가 등 수익적 행정처분을 하면서 상대방에게 그 처분과 관련하여 이른바 부관으로서 부담을 붙일 수 있다 하더라도, 그러한 부담은 법치주의와 사유재산 존중, 조세법률주의 등 헌법의 기본원리에 비추어 비례의 원칙이나 부당결부의 원칙에 위반되지 않아야만 적법한 것인바, 행정처분과 부관 사이에 실제적 관련성이 있다고 볼 수 없는 경우 공무원이 위와 같은 공법상의 제한을 회피할 목적으로 행정처분의 상대방과 사이에 사법상 계약을 체결하는 형식을 취하였다면 이는 법치행정의 원리에 반하는 것으로서 위법하다고 보지 않을 수 없다."

제7장 소급적용금지원칙

Ⅰ. 소급적용금지의 원칙이란 법령은 원칙적으로 그 효력이 생긴 때로부터 발생한 사실관계 또는 법률관계에 대해서만 적용되고 이미 종결된 사실관계 또는 법률관계에 소급해서 적용되어서는 안 된다는 원칙을 말한다. 이미 종결된 사실관계 또는 법률관계에 소급해서 적용하도록 입법하는 것도 당연히 금지된다(소급입법금지원칙).

Ⅱ. 관련판례

1. 헌법재판소 1999. 7. 22. 97헌바76, 98헌바50・51・52・54・55 "진정소급입법은 개인의 신뢰보호와 법적 안정성을 내용으로 하는 법치국가원리에 의하여 특단의 사정이 없는 한 헌법적으로 허용되지 아니하는 것이 원칙이고, 다만 일반적으로 국민이 소급입법을 예상할 수 있었거나 법적 상태가 불확실하고 혼란스러워 보호할 만한 신뢰이익이 적은 경우와 소급입법에 의한 당사자의 손실이 없거나 아주 경미한 경우 그리고 신뢰보호의 요청에 우선하는 심히 중대한 공익상의 사유가 소급입법을 정당화하는 경우 등에는 예외적으로 진정소급입법이 허용된다."

2. 헌법재판소 2001. 2. 22. 98헌바 19 "개발이익환수에관한법률 부칙 제2조는 동법이 시행된 1990. 1. 1. 이전에 이미 개발을 완료한 사업에 대하여 소급하여 개발부담금을 부과하려는 것이 아니라 동법 시행 당시 개발이 진행 중인 사업에 대하여 장차 개발이 완료되면 개발부담금을 부과하려는 것이므로, 이는 아직 완성되지 아니하여 진행과정에 있는 사실관계 또는 법률관계를 규율대상으로 하는 이른바 부진정소급입법에 해당하는 것이어서 원칙적으로 헌법상 허용되는 것이다."

3. 대법원 2005. 5. 13. 2004다8630 판결 "법령의 소급적용, 특히 행정법규의 소급적용은 일반적으로는 법치주의의 원리에 반하고, 개인의 권리・자유에 부당한 침해를 가하며, 법률생활의 안정을 위협하는 것이어서, 이를 인정하지 않는 것이 원칙이다."

4. 대법원 2005. 5. 13. 2004다8630 판결 "진정소급입법이라 하더라도 개인의 지위보호와 무관한 경우 즉, 일반 국민의 이해에 직접 관계가 없는 경우, 오히려 그 이익을 증진하는 경우, 불이익이나 고통을 제거하는 경우 등의 특별한 사정이 있는 경우에 한하여 예외적으로 법령의 소급적용이 허용된다 할 것이다."

5. 대법원 2000. 3. 10. 97누13818 판결 “행정처분은 그 근거 법령이 개정된 경우에도 경과 규정에서 달리 정함이 없는 한 처분 당시 시행되는 개정 법령과 그에서 정한 기준에 의하는 것이 원칙이고, 그 개정 법령이 기존의 사실 또는 법률관계를 적용대상으로 하면서 국민의 재산권과 관련하여 종전보다 불리한 법률효과를 규정하고 있는 경우에도 그러한 사실 또는 법률관계가 개정 법률이 시행되기 이전에 이미 완성 또는 종결된 것이 아니라면 이를 헌법상 금지되는 소급입법에 의한 재산권 침해라고 할 수는 없으며, 그러한 개정 법률의 적용과 관련하여서는 개정 전 법령의 존속에 대한 국민의 신뢰가 개정 법령의 적용에 관한 공익상의 요구보다 더 보호가치가 있다고 인정되는 경우에 그러한 국민의 신뢰보호를 보호하기 위하여 그 적용이 제한될 수 있는 여지가 있을 따름이다.”

6. 대법원 2001. 8. 21. 선고 2000두8745 판결 “비관리청이 항만공사 시행허가를 받은 이후 항만시설 준공시까지 사이에 비관리청의 항만시설 무상사용권의 범위와 관련된 총사업비에 포함되는 건설이자율에 관한 항만법 시행령이 비관리청에게 불리하게 개정된 경우, 그 건설이자를 개정 전 항만법시행령에 따라 산정하더라도 총사업비가 실제 소요비용보다 과다 산정된다고 볼 수 없고, 개정 전 항만법시행령이 적용될 것을 전제로 사업계획을 세운 비관리청의 신뢰가 개정된 시행령을 적용하여야 할 공익상의 요구보다 더 보호할 만한 가치가 있다는 이유로, 비관리청의 항만시설 무상사용권의 범위와 관련된 총사업비의 산정은 개정 전 항만법시행령을 적용하여야 한다.”

제3편

행정주체와 행정조직

제1장 행정주체

Ⅰ. 행정주체는 행정권을 가지고 행사하는 권리의 주체를 의미한다. 헌법 제1조 제2항에 의하면 행정을 포함한 모든 국가권력은 국민으로부터 나온다. 헌법이 말하는 그 「국민」이나 그 「국민」으로부터 나온다는 「국가권력」이 행정권을 가지고 행사하는 독립된 권리의 주체가 될 수 없는 것은 자명하다. 권리의 귀속주체로서 행정주체를 새로 개념 지워야 하는 것이다. 우리 민법은 살아 있는 자연인 또는 법에 의하여 인격이 부여된 법인만을 권리의 주체가 될 수 있는 권리능력자로 인정하고 있다. 국민 개개인의 단순한 결합을 두고 행정권의 귀속주체라 할 수 없는 이상 권리능력을 가지는 권리주체로서의 法人이 행정주체의 기본자격이라 할 것이다. 행정주체가 기본적으로 법인이어야 한다는 논리구성은 독일법의 실체법・절차법 이분체계를 기초로 한 우리 소송체계에서의 당사자적격을 설명하기 위한 전제로서 의미를 가질 뿐이고, 행정주체가 스스로 재량권을 가지는 독자적 권리능력을 가지는 존재라는 적극적 의미를 형성하는 것으로 사용될 수는 없다할 것이다.

Ⅱ. 국가는 시원적・본원적 행정주체이고, 다른 기관으로부터 국가의 자

격이 도출되는 것은 생각할 수 없다. 따라서 의회가 제정한 법률이 국가를 법인으로 한다는 규정을 두지 않더라도 국가는 그와 상관없이 법인격을 가진 법인이라 할 것이다. 행정주체인 국가의 권한은 대통령을 정점으로 하는 국가행정조직, 행정기관을 통해 행사된다.

Ⅲ. 국가를 제외한 행정주체는 국가로부터 그 자격이 주어지는 것이고, 의회가 만든 법률에 의하여 법인격이 인정된다. 국가를 제외한 지방자치단체 등 행정주체를 공공단체라 한다. 공공단체는 국가와 독립하여 자신의 책임 하에 행정을 수행하는 공법인이라 정의된다. 공법인이란 개념은 공법과 사법의 구분을 전제로 하는 개념인 이상 확립된 개념이라 할 수 없다. 공법인 개념 속에 실질적 내용이 존재하는 것도 아니다. 공법인은 그저 사법인에 대비되어 관행적으로 사용되는 단어에 불과한 것이다. 공법에서는 국가가 선택하여야 할 조직형식에 관한 모델법률이 존재하지 않기 때문에, 국가는 필요에 따라 그때그때 無定型的으로 법인을 설립할 뿐이며, 대개 그것을 "법인으로 한다"고 규정할 뿐 그것이 공법인의 강학상 조직유형들 중 어느 것에 해당하는지는 규정하지 않는다.[1] 상법 제2조는 공법인의 상행위란 표제 아래 "공법인의 상행위에 대하여는 법령에 다른 규정이 없는 경우에 한하여 본법을 적용한다"라고 규정하고 있는데, 이 경우도 공법인에 대한 정의는 하고 있지 않다. 공공단체는 크게 지방자치단체, 영조물법인, 공공재단, 공공조합으로 구분할 수 있다.

Ⅳ. 헌법 제117조 제1항은 "지방자치단체는 주민의 복리에 관한 사무를 처리하고 재산을 관리하며, 법령의 범위 안에서 자치에 관한 규정을 제정할 수 있다" 규정하고 있다. 지방자치법 제3조 제1항은 지방자치단체는 법인으로 한다고 규정하고 있다.[2] 따라서 지방자치단체는 국가

1) 이상덕, 「영조물의 개념과 이론」, 경인문화사(2010), 148-149면.

2) 지방자치법 제3조(지방자치단체의 법인격과 관할) ① 지방자치단체는 법인으로 한다. ② 특별시, 광역시, 특별자치시, 도, 특별자치도(이하 "시ㆍ도"라 한다)는 정부의 직할

와 독립한 법인격이 있는 행정주체이다.

V. 일정한 행적목적을 달성하기 위해 설립된 인적·물적 시설의 결합체를 영조물이라 하고, 영조물을 운영하는 단체를 영조물법인이라 부를 수 있는 있겠지만, 영조물법인이 정확히 무엇을 의미하는 것인지를 파악하는 것은 불가능하다.[3] 영조물을 영업양도의 대상이 되는 영업처럼 인적·물적 결합체로 이해하는 것은 권리의 주체와 연결되기 어려운 이해방식이다. 일반적으로 국·공립 초등·중·고등·대학교, 국·공립 미술관, 도서관 등을 국가 또는 지방자치단체가 직접 운영하는 경우 영조물법인이라는 개념이 사용될 필요가 없다. 서울대학교, 인천대학교, 과학기술원, 한국은행 등은 개별 법률에 의하여 법인격이 부여되어 있기 때문에 공법상 사단법인에 해당한다. 한국방송공사, 한국도로공사, 한국토지주택공사, 서울특별시지하철공사 등은 私法상 조직으로 운영되고, 행위형식도 계약인데, 이들을 통상 공기업이라 부른다.

VI. 지방자치단체 외 공공단체들에 대하여 공공기관의 운영에 관한 법률, 지방공기업법 등이 제정되어 적용되고 있다. 공공재단은 국가나 집방

(直轄)로 두고, 시는 도의 관할 구역 안에, 군은 광역시, 특별자치시나 도의 관할 구역 안에 두며, 자치구는 특별시와 광역시, 특별자치시의 관할 구역 안에 둔다. ③ 특별시·광역시 및 특별자치시가 아닌 인구 50만 이상의 시에는 자치구가 아닌 구를 둘 수 있고, 군에는 읍·면을 두며, 시와 구(자치구를 포함한다)에는 동을, 읍·면에는 리를 둔다. ④ 제7조제2항에 따라 설치된 시에는 도시의 형태를 갖춘 지역에는 동을, 그 밖의 지역에는 읍·면을 두되, 자치구가 아닌 구를 둘 경우에는 그 구에 읍·면·동을 둘 수 있다.

3) 이상덕, 「영조물의 개념과 이론」, 경인문화사(2010), 121면 "독일민법의 제정 과정에서 판덱텐법학자들 사이에 영조물이 재단의 특수한 발현형태에 불과한 것인지, 아니면 단체·재단과 구별되는 독자적인 조직유형인지에 관하여 논란이 있었는데, 민법제정위원회는 민법의 영역에서는 전자의 견해가 타당하다고 보면서도, 공법의 영역에서는 '재단'보다는 '영조물'이라는 용어가 더 빈번하게 사용되고 있다는 이유로 공법인에 관해서는 단체/재단의 2유형론을 관철시키기를 주저하면서, 공법인 유형론의 발전을 공법학에게 유보하였다. 그래서 독일민법은 일종의 타협안으로는 사법인에 관해서는 단체와 재단만을 규정하고, 공법인에 관해서는 공법상 단체, 재단, 영조물을 열거하였다. 그렇지만 공법의 영역에서 영조물 개념에 관한 확실한 합의는 이루어지지 않았고, 대개의 경우 입법자는 개념 구분의 필요성에 대한 각성 없이 평범한 언어관용에 따라 법문언을 만듦으로써 용어사용의 일관성이 없었다."

자치단체가 출연한 재산을 관리하기 위해 설립된 재단법인으로 한국학술진흥재단, 인천문화재단, 한국정신문화연구원 등이 그것이다. 재단과 영조물은 구성원이 존재하지 않는다는 점에서만 보자면 개념상 그 구별이 불가능하다.

Ⅶ. 공공조합에는 농업협동조합, 상공회의소, 재향군인회, 변호사회, 도시정비사업조합 등이 있는데, 이들은 명칭만 조합일 뿐 개별법에서 법인격을 부여한 법인이다.[4] 이들 공공조합에 관하여 "공법상의 조합제도도 역시 단체라는 점과 공동사업의 목표가 있다는 점에서 민사상의 조합과 유사"하고, "다만 공법상 조합에 관한 일반조항이 없으므로 성격에 반하지 않는 한 민사상 조합에 관한 조항들이 공법상 조합에도 유추적용될 수 있다."라고 주장하는 견해가 있는데,[5] 공공조합에 민법상 조합에 관한 조항이 유추적용 되는 경우는 생각할 수 없다. 민법상 조합은 단체의 실질을 완전히 부인할 수는 없으나 어디까지나 법인격이 인정되지 않는 개인 간 계약의 한 형태이다. 따라서 개별 법률에 의하여 법인격을 부여받은 공공조합에 민법상 조합에 관한 규정이 유추 적용되는 경우는 생각하기 어렵다할 것이다.

Ⅷ. 공무수탁사인도 행정주체이다. 공무수탁사인이란 국가 또는 지방자치단체로부터 법령을 근거로 공권력의 행사를 위탁받아 자신의 이름으로 처리하는 권한을 갖는 사인을 말한다. 행정이 점차 전문화·고도화되면서 사인이 갖는 전문성, 독창성 등을 활용할 필요가 생겼고, 또한 재정의 효율적 집행과 행정의 분산화를 위한 수단이 필요해진 것이 공무수탁사인의 등장배경이다. 공무수탁사인은 공법상 권한을 자신의 이름으로 행사한다는 점에서, 공법상 권한이 부여됨이 없이 행정주체

4) 도시 및 주거환경정비법 제18조 제1항은 정비사업조합을 법인으로 하고 있다. 조합설립의 인가를 받은 후에 설립등기를 하면 정비사업조합은 법인으로 성립한다. 정비사업조합은 세법상 법인에 해당하며, 법인세의 납세의무를 부담한다(법인세법 제2조 제1항).

5) 김종보, 「건설법의 이해」, 박영사(2008), 389-390면.

를 위해 단순한 도구로서 순수한 기술적 집행만 처리하는 행정보조인과 구별되고, 법률에 근거하여 공권력의 행사를 위탁받았다는 점에서, 행정주체와의 사법상 계약을 통해 단순히 경영위탁계약을 체결한 사인과도 구별된다. 또한 공법상 권한을 수여받았다는 점에서, 법률에 의해 공법상 권한은 없고 단지 공행정사무를 처리할 의무가 부과된 공의무부담사인과도 구별된다.[6)]

공무수탁사인의 일반적 근거조항으로는 정부조직법 제6조 3항 및 지방자치법 제104조 3항을 들 수 있고, 개별적 근거조항으로는 선원법 제6조, 사업시행자가 사인일 경우에도 수용권을 부여하는 공익사업을위한토지등의취득및보상에관한법률 제4조 5호, 항공안전및보안에관한법률 제22조 1항 등을 들 수 있다. 공무수탁사인이 사인에 대해 행정처분 등을 한 경우 이에 대해 사인은 그 처분의 위법성을 다투는 항고소송을 제기할 수 있다. 이 경우 항고소송의 피고는 행정소송법 제2조 2항에 따라 공무수탁사인이 될 것이다. 또한 공무수탁사인이 위법하게 사인에게 피해를 입힌 경우는 행정기관으로 보아서 국가배상청구를 할 수 있다.

제2장 행정기관과 행정청

Ⅰ. 행정주체를 위하여 행정주체로부터 부여받은 권한을 행사하는 행정주체의 내부 조직을 행정기관이라 한다.[7)] 私法상 법인에 있어서의 기관

6) 소득세법 제127조 및 제128조의 규정에 의한 소득세 원천징수의무자가 공무수탁사인에 해당하는지가 문제되는데, 대법원 1990. 3. 23. 89누4789 판결은 "원천징수하는 소득세에 있어서는 납세의무자의 신고나 과세관청의 부과결정이 없이 법령이 정하는 바에 따라 그 세액이 자동적으로 확정되고, 원천징수의무자는 소득세법 제142조 및 제143조의 규정에 의하여 이와 같이 자동적으로 확정되는 세액을 수급자로부터 징수하여 과세관청에 납부하여야 할 의무를 부담하고 있으므로, 원천징수의무자가 비록 과세관청과 같은 행정청이더라도 그의 원천징수행위는 법령에서 규정된 징수 및 납부의무를 이행하기 위한 것에 불과한 것이지, 공권력의 행사로서의 행정처분을 한 경우에 해당되지 아니한다."고 판시하여 이를 부정하였다.

7) 실무에서는 행정기관 보다는 행정관청 또는 행정청이라는 용어가 혼용되어 사용되고 있다.

과 같이 권리의 주체를 위하여 권한을 행사할 뿐이고 권한 행사에 의한 법적 효과는 기관이 아니라 권리의 주체인 행정주체에 귀속된다. 행정기관은 행정주체에 편입되어져 있지만, 조직상으로 독립한 기구이며, 법적 주체는 아니다.[8)]

Ⅱ. 행정청은 행정주체의 의사를 결정하고 이를 외부적으로 표시할 수 있는 권한을 가지는 행정기관을 지칭하는 개념이다. 행정심판법 제2조 4호는 행정청에 대하여 "행정에 관한 의사를 결정하여 표시하는 국가 또는 지방자치단체의 기관, 그 밖에 법령 또는 자치법규에 따라 행정권한을 가지고 있거나 위탁을 받은 공공단체나 그 기관 또는 사인을 말한다"라고 정의하고 있다. 행정심판법 제3조 제1항은 행정심판의 대상으로 행정청의 처분 또는 부작위로 정하고 있는바, 행정청에게 행정심판 피청구인적격을 부여하고 있다. 행정소송법 제13조는 "취소소송은 다른 법률에 특별한 규정이 있는 한 그 처분 등을 행한 행정청을 피고로 한다"고 규정하고 있다.

제3장 행정조직

Ⅰ. 행정법은 주로 행정주체와 시민 사이의 행정작용을 규율하지만, 행정주체 내부와 행정주체 상호간 법률관계도 규율한다. 행정주체 내부의 법률관계는 상급 행정기관과 하급행정기관 간의 지휘・감독관계, 권한위임관계, 지방의회와 지방자치단체 집행기관 사이의 관계, 행정기관과 그 구성원인 공무원 사이의 관계 등이 대표적이다. 행정주체 상호 간 관계는 국가와 지방자치단체 사이, 지방자치단체와 지방자치단체 사이의 관계가 있다. 행정주체 내부 또는 그 사이의 법률관계를 규율하는 법을 행정조직법이라 한다.

8) 류지태・박종수, 「행정법신론」, 박영사(2009), 714면.

Ⅱ. 헌법 제96조는 "행정각부의 설치·조직과 직무범위는 법률로 정한다"고 규정하고 있다. 이를 행정조직법정주의·행정권한법정주의라 한다. 여기서 법률은 정부조직법을 말한다.

Ⅲ. 행정조직에 관한 법률에는 정부조직법, 지방자치법, 감사원법, 선거관리위원회법, 검찰청법, 국가정보원법, 국가안정보장회의법, 국군조직법, 전투경찰대설치법 등이 있다. 법률에서 구체적 범위를 정하여 위임한 경우에는 법규명령을 통하여 행정조직에 관한 세부적 사항을 정할 수 있다(헌법 제75조, 제95조). 정부조직법 제2조, 제4조에 의하면 법률에 의해 직접 설치되는 것을 제외한 중앙행정기관의 보조기관, 부속기관 등은 대통령령에 의해 설치할 수 있다.[9]

Ⅳ. 대통령과 국무총리의 통할 하에 정부의 권한에 속하는 사무를 처리하기 위해 설치되는 중앙행정기관을 행정각부라고 한다. 정부조직법 제22조 제2항은 행정각부의 장은 국무위원 중에서 임명되어야 한다고 규정하고 있는바, 국무회의는 15인 이상 30인 이하의 국무위원으로 구성되므로, 결국 행정각부는 이러한 범위 내에서 설치할 수 있다. 일정한 지역 내의 국가행정을 관장하는 국가행정기관을 생각해 볼 수 있지만, 지방자치법 제102조가 국가사무는 법령에 다른 규정이 없는 한, 특별시장·광역시장·도지사· 및 자치구의 구청장·시장·군수에게 위임하여 행하게 되어 있어 국가행정사무만을 실시하는 별도의 지방행정조직은 설치되어 있지 않다. 다만 정부조직법 제3조 제1항[10]에 따라 대통령령으로 설치되는 특별지방행정기관으로 지방국세청·세무서, 지방경찰청·경찰서, 출입국관리사무소·출장소 등이 있다.

---

9) 기획재정부와 그 소속기관직제, 산림청과 그 소속기관직제, 국세청과 그 소속기관직제 등이 이에 해당한다.

10) 정부조직법 제3조 제1항 "중앙행정기관은 소관사무를 수행하기 위하여 필요한 때에는 특히 법률이 정한 경우를 제외하고는 대통령이 정하는 바에 의하여 지방행정기관을 둘 수 있다."

제4장 행정권한의 위임과 대리

Ⅰ. 행정청의 권한은 행정청이 행정주체를 대표하여 의사를 결정하고 표시할 수 있는 범위를 뜻한다. 행정청의 권한은 원칙적으로 법률에 의해 정해진다(행정권한법정주의). 다만, 권한에 관한 세부적 사항은 명령에 위임할 수 있다. 국가기관의 권한 범위는 정부조직법에서 정하고 있고, 지방자치단체의 권한 범위는 지방자치법에서 정하고 있다.

Ⅱ. 권한의 위임

1. 권한의 위임은 행정청이 자신의 원한의 일부를 수임자의 권한으로 이전하는 것이다. 권한을 위임하면 권한 자체가 수임자의 것으로 된다. 정부조직법 제6조는 [권한의 위임 또는 위탁]이라는 표제 하에 "① 행정기관은 법령으로 정하는 바에 따라 그 소관사무의 일부를 보조기관 또는 하급행정기관에 위임하거나 다른 행정기관·지방자치단체 또는 그 기관에 위탁 또는 위임할 수 있다. 이 경우 위임 또는 위탁을 받은 기관은 특히 필요한 경우에는 법령으로 정하는 바에 따라 위임 또는 위탁을 받은 사무의 일부를 보조기관 또는 하급행정기관에 재위임할 수 있다. ② 보조기관은 제1항에 따라 위임받은 사항에 대하여는 그 범위에서 행정기관으로서 그 사무를 수행한다. ③ 행정기관은 법령으로 정하는 바에 따라 그 소관사무 중 조사·검사·검정·관리 업무 등 국민의 권리·의무와 직접 관계되지 아니하는 사무를 지방자치단체가 아닌 법인·단체 또는 그 기관이나 개인에게 위탁할 수 있다."고 규정하고 있다.

2. 지방자치법 제104조는 [사무의 위임 등]이라는 표제 하에 "① 지방자치단체의 장은 조례나 규칙으로 정하는 바에 따라 그 권한에 속하는 사무의 일부를 보조기관, 소속 행정기관 또는 하부행정기관에 위임할 수 있다. ② 지방자치단체의 장은 조례나 규칙으로 정하는 바에 따라 그 권한에 속하는 사무의 일부를 관할 지방자치단체나 공공단

체 또는 그 기관(사업소·출장소를 포함한다)에 위임하거나 위탁할 수 있다. ③ 지방자치단체의 장은 조례나 규칙으로 정하는 바에 따라 그 권한에 속하는 사무 중 조사·검사·검정·관리업무 등 주민의 권리·의무와 직접 관련되지 아니하는 사무를 법인·단체 또는 그 기관이나 개인에게 위탁할 수 있다. ④ 지방자치단체의 장이 위임받거나 위탁받은 사무의 일부를 제1항부터 제3항까지의 규정에 따라 다시 위임하거나 위탁하려면 미리 그 사무를 위임하거나 위탁한 기관의 장의 승인을 받아야 한다."고 규정하고 있다.

3. 대법원 1995. 11. 28. 94누6475 판결 "행정권한의 위임은 행정관청이 법률에 따라 특정한 권한을 다른 행정관청에 이전하여 수임관청의 권한으로 행사하도록 하는 것이어서 권한의 법적인 귀속을 변경하는 것이므로 법률이 위임을 허용하고 있는 경우에 한하여 인정된다 할 것이고, 이에 반하여 행정권한의 내부위임은 법률이 위임을 허용하고 있지 아니한 경우에도 행정관청의 내부적인 사무처리의 편의를 도모하기 위하여 그의 보조기관 또는 하급행정관청으로 하여금 그의 권한을 사실상 행사하게 하는 것이므로, 권한위임의 경우에는 수임관청이 자기의 이름으로 그 권한행사를 할 수 있지만 내부위임의 경우에는 수임관청은 위임관청의 이름으로만 그 권한을 행사할 수 있을 뿐 자기의 이름으로는 그 권한을 행사할 수 없다."

4. 대법원 1990. 6. 26. 88누12158 판결 "정부조직법 제5조 제1항의 규정은 법문상 행정권한의 위임 및 재위임의 근거규정임이 명백하고 정부조직법이 국가행정기관의 설치, 조직과 직무범위의 대강을 정하는 데 목적이 있다고 하여 그 이유만으로 같은 법의 권한위임 및 재위임에 관한 규정마저 권한 위임 및 재위임 등에 관한 대강을 정한 것에 불과할 뿐 권한위임 및 재위임의 근거규정이 아니라고 할 수 없다고 할 것이므로, 도지사 등은 정부조직법 제5조 제1항에 기하여 제정된 행정권한의위임및위탁에관한규정에 정한 바에 의하여 위임기관의 장의 승인이 있으면 그 규칙이 정하는 바에 의하여 그 수임된 권한을

시장, 군수 등 소속기관의 장에게 다시 위임할 수 있다."

Ⅲ. 권한의 대리

1. 행정권한의 대리라 함은 행정청의 권한의 전부 또는 일부를 다른 행정기관이 피대리청을 위한 것임을 표시하여 자기의 이름으로 행하고, 그 행위는 피대리청의 행위로서 효과를 발생하는 것을 말한다..

2. 정부조직법 제7조 제2항은 "차관 또는 차장은 그 기관의 장을 보좌하여 소관사무를 처리하고 소속공무원을 지휘·감독하며, 그 기관의 장이 사고로 직무를 수행할 수 없으면 그 직무를 대행한다. 다만, 차관 또는 차장이 2명 이상인 기관의 장이 사고로 직무를 수행할 수 없으면 대통령령으로 정하는 순서에 따라 그 직무를 대행한다."고 직무대행이라는 표현으로 행정권한의 대리를 규정하고 있다.

3. 대법원 2006. 2. 23. 2005부4 결정 "대리권을 수여받은 데 불과하여 그 자신의 명의로는 행정처분을 할 권한이 없는 행정청의 경우 대리관계를 밝힘이 없이 그 자신의 명의로 행정처분을 하였다면 그에 대하여는 처분명의자인 당해 행정청이 항고소송의 피고가 되어야 하는 것이 원칙이지만, 비록 대리관계를 명시적으로 밝히지는 아니하였다 하더라도 처분명의자가 피대리 행정청 산하의 행정기관으로서 실제로 피대리 행정청으로부터 대리권한을 수여받아 피대리 행정청을 대리한다는 의사로 행정처분을 하였고 처분명의자는 물론 그 상대방도 그 행정처분이 피대리 행정청을 대리하여 한 것임을 알고서 이를 받아들인 예외적인 경우에는 피대리 행정청이 피고가 되어야 한다."

제4편

행정작용의 형식

제1장 행정입법

제1절 법규명령

Ⅰ. 개념

1. 행정입법이란 강학상 개념으로 국가와 지방자치단체가 일반적·추상적 규범인 법규명령·행정규칙·조례·규칙을 만드는 것을 의미한다. 법률에 대응하여 행정입법이라는 개념을 사용하는 경우에는 행정입법은 법규명령(대통령·총리령·부령)만을 의미한다. 지방자치단체의 자치입법권에 의한 조례와 규칙도 행정입법의 한 예로 포함시키는 것이 일반적이다.

헌법 제75조는 "대통령은 법률에서 구체적으로 범위를 정하여 위임받은 사항과 법률을 집행하기 위하여 필요한 사항에 관하여 대통령령을 발할 수 있다"고 규정하고 있다. 헌법 제95조는 "국무총리 또는 행정각부의 장은 소관사무에 관하여 법률이나 대통령의 위임 또는 직권으로 총리령 또는 부령을 발할 수 있다"고 규정하고 있다. 헌법 제75조는 대통령령의 헌법적 근거를, 헌법 제95조에서는 총리령과 부령의 헌법적 근거를 규정하고 있는 것이다.

2. 헌법 제64조 1항에서는 국회규칙을, 헌법 제108조에서는 대법원 규칙을, 헌법 제113조 2항에서는 헌법재판소 규칙을, 헌법 제114조 6항에서는 중앙선거관리위원회 규칙을 각 규정하고 있는데, 이들 규칙들은 비록 명칭은 규칙이지만 대통령으로부터 독립된 기관들이 발하는 법규명령이다.[1)]

3. 법규명령에는 대통령령(시행령), 총리령・부령(시행규칙)이 있다.[2)] 행정규칙은 상급행정청이 하급행정청 또는 보조기관을 수범자로 하여 그의 임무수행과 조직에 관하여 발하는 일반적・추상적 규율을 말한다. 고시, 훈령, 지침, 규정, 내규 등이 행정규칙의 형식이다. 그런데 내용상 행정규칙이나 그 형식이 대통령령(시행령)이나 총리령・부령(시행규칙)으로 된 경우도 있다.

---

1) 감사원 규칙의 경우는 헌법에 그 근거가 없고 감사원법 등 법률에 그 근거를 두고 있을 뿐이다. 공정거래위원회 규칙, 금융감독위원회 규칙, 방송위원회 규칙, 중앙노동위원회 규칙 등도 마찬가지다. 이에 대하여 법규명령설은 헌법이 인정하고 있는 법규명령의 형식은 예시적 규정에 불과하고, 입법권자인 국회가 스스로 정한 한계 내에서 입법권을 행정기관에 부여하는 것이므로 헌법에 위반되는 것은 아니라는 이유로 법규성을 긍정하지만, 행정규칙설은 행정입법은 입헌주의에 대한 중대한 예외이므로 이를 엄격히 통제할 필요가 있다는 점에서 헌법이 인정하고 있는 법규명령의 형식은 열거적 규정이라는 이유로 헌법에 근거를 두지 않은 감사원 규칙 등은 행정규칙에 불과하다고 주장한다. 헌법재판소 2004. 10. 28. 99헌바91 결정은 "오늘날 의회의 입법독점주의에서 입법중심주의로 전환하여 일정한 범위 내에서 행정입법을 허용하게 된 동기가 사회적 변화에 대응한 입법수요의 급증과 종래의 형식적 권력분립주의로는 현대사회에 대응할 수 없다는 기능적 권력분립론에 있다는 점 등을 감안하여 헌법 제40조와 헌법 제75조, 제95조의 의미를 살펴보면, 국회입법에 의한 수권이 입법기관이 아닌 행정기관에게 법률 등으로 구체적인 범위를 정하여 위임한 사항에 관하여는 당해 행정기관에게 법정립의 권한을 갖게 되고, 입법자가 규율의 형식도 선택할 수도 있다 할 것이므로, 헌법이 인정하고 있는 위임입법의 형식은 예시적인 것으로 보아야 할 것이다"라고 하여 법규명령설을 취하는 것으로 보인다. 감사원규칙 등 법률에 근거한 위임입법도 실제로는 입법권의 행사를 통한 국회의 통제 하에 놓여있다는 점을 고려할 때 법규명령설이 타당하다.

2) 법규명령에는 이외에도 긴급재정・경제명령도 포함되는데, 이는 헌법상에 인정되고 법률적 효력을 갖고 있기 때문에 그 효력에 대해서는 따로 문제될 바가 없다. 대통령령은 헌법 제75조에, 총리령・부령은 헌법 제95조에 헌법적 근거를 가지고 있다.

4. 판례는 제재적 처분기준이 대통령령(시행령)으로 되어있으면 법규명령으로 보아 법원을 구속하고, 총리령・부령(시행규칙)으로 되어있으면 행정규칙으로 보아 법원을 구속하지 않는다는 입장이다.[3] 그러나 대법원 2006. 6. 27. 선고 2003두4355판결은 "구 여객자동차 운수사업법 시행규칙 제31조 제2항 제1호, 제2호, 제6호는 구 여객자동차 운수사업법 제11조 제4항의 위임에 따라 시외버스운송사업의 사업계획변경에 관한 절차, 인가기준 등을 구체적으로 규정한 것으로서, 대외적인 구속력이 있는 법규명령이라고 할 것이고, 그것을 행정청 내부의 사무처리준칙을 규정한 행정규칙에 불과하다고 할 수는 없다."고 판시하여, 부령 형식으로 제정된 재량준칙을 법규명령으로 본 바도 있다.

5. 법규명령은 국민의 권리의무에 관한 사항을 정할 수 있는지 여부에 따라 위임명령과 집행명령으로 구분된다. 위임명령은 법률 또는 상위명령의 위임에 따라 국민의 권리를 제한하거나 의무를 설정하는 내용을 제정할 수 있으나, 집행명령은 상위법령의 집행을 위하여 필요한 사항, 예컨대 신고서 양식 등을 정할 수 있을 뿐이다. 위임명령과 집행명령은 하나의 법규명령에서 함께 제정된다.

Ⅱ. 법률・시행령・시행규칙의 예

식품위생법 제36조(시설기준) ① 다음의 영업을 하려는 자는 **총리령으로 정하는** 시설기준에 맞는 시설을 갖추어야 한다. 1. 식품 또는 식품첨가물의 제조업, 가공업, 운반업, 판매업 및 보존업 2. 기구 또는 용기・포장의 제조업 3. 식품접객업 ② 제1항 각 호에 따른 영업의 세부 종류와 그 범위는 **대통령령으로** 정한다.

3) 대법원 1996. 2. 27. 95누16523; 대법원 1996. 1. 26. 94누16168 등 판결은 부령인 도로교통법시행규칙 제91조 제1항에 정한 운전면허행정처분 기준의 법규성을 부인하는 행정규칙으로 보고, 음주운전을 이유로 한 운전면허의 취소를 행정청의 재량행위라 본다. 즉 운전면허 취소・정지의 기준은 운전면허에 대한 제재적 기준을 정한 재량준칙으로 행정규칙의 하나로 보고 있는 것이다.

식품위생법 시행규칙 제36조(업종별 시설기준) 법 제36조에 따른 업종별 시설기준은 **별표** 14과 같다.

[별표 14] 업종시설기준(제36조 관련)

1. 식품제조·가공업의 시설기준 가. 식품의 제조시설과 원료 및 제품의 보관시설 등이 설비된 건축물(이하 "건물"이라 한다)의 위치 등
   1) 건물의 위치는 축산폐수·화학물질, 그 밖에 오염물질의 발생시설로부터 식품에 나쁜 영향을 주지 아니하는 거리를 두어야 한다.
   2) 건물의 구조는 제조하려는 식품의 특성에 따라 적정한 온도가 유지될 수 있고, 환기가 잘 될 수 있어야 한다.
   3) 건물의 자재는 식품에 나쁜 영향을 주지 아니하고 식품을 오염시키지 아니하는 것이어야 한다.

식품위생법 시행령 제21조(영업의 종류) 법 제36조제2항에 따른 영업의 세부 종류와 그 범위는 다음 각 호와 같다.

1. 식품제조·가공업: 식품을 제조·가공하는 영업
2. 즉석판매제조·가공업: 총리령으로 정하는 식품을 제조·가공업소에서 직접 최종소비자에게 판매하는 영업
3. 식품첨가물제조업
4. 식품운반업
5. 식품소분·판매업
6. 식품보존업
7. 용기·포장류제조업
8. 식품접객업
   가. 휴게음식점영업: 주로 다류(茶類), 아이스크림류 등을 조리·판매하거나 패스트푸드점, 분식점 형태의 영업 등 음식류를 조리·판매하는 영업으로서 음주행위가 허용되지 아니하는 영업. 다만, 편의점, 슈퍼마켓, 휴게소, 그 밖에 음식류를 판매하는 장소(만화가게 및 「게임산업진흥에 관한 법률」 제2조제7호에 따른 인터넷

컴퓨터게임시설제공업을 하는 영업소 등 음식류를 부수적으로 판매하는 장소를 포함한다)에서 컵라면, 일회용 다류 또는 그 밖의 음식류에 물을 부어 주는 경우는 제외한다.

나. 일반음식점영업: 음식류를 조리·판매하는 영업으로서 식사와 함께 부수적으로 음주행위가 허용되는 영업

다. 단란주점영업: 주로 주류를 조리·판매하는 영업으로서 손님이 노래를 부르는 행위가 허용되는 영업

라. 유흥주점영업: 주로 주류를 조리·판매하는 영업으로서 유흥종사자를 두거나 유흥시설을 설치할 수 있고 손님이 노래를 부르거나 춤을 추는 행위가 허용되는 영업

식품위생법 제75조(허가취소 등) ① 식품의약품안전처장 또는 특별자치도지사·시장·군수·구청장은 영업자가 다음 각 호의 어느 하나에 해당하는 경우에는 **대통령령으로** 정하는 바에 따라 영업허가 또는 등록을 취소하거나 6개월 이내의 기간을 정하여 그 영업의 전부 또는 일부를 정지하거나 영업소 폐쇄를 명할 수 있다.

④ 제1항 및 제2항에 따른 행정처분의 세부기준은 그 위반 행위의 유형과 위반 정도 등을 고려하여 **총리령으로** 정한다.

식품위생법 시행령 제52조(허가취소 등) ① 다음 각 호의 처분은 처분 사유 및 처분 내용 등이 기재된 서면으로 하여야 한다. 1. 법 제75조에 따른 영업허가 취소, 등록취소, 영업정지 또는 영업소 폐쇄 처분

식품위생법 시행규칙 제89조 법 제71조, 법 제72조, 법 제74조부터 법 제76조까지 및 법 제80조에 따른 행정처분의 기준은 **별표 23**과 같다.

[별표 23] 행정처분 기준(제89조 관련)

1. 둘 이상의 위반행위가 적발된 경우로서 위반행위가 다음 각 목의 어느 하나에 해당하는 경우에는 가장 중한 정지처분 기간에 나머지 각

각의 정지처분 기간의 2분의 1을 더하여 처분한다.

2. 둘 이상의 위반행위가 적발된 경우로서 그 위반행위가 영업정지와 품목 또는 품목류 제조정지에 해당하는 경우에는 각각의 영업정지와 품목 또는 품목류 제조정지 처분기간을 제1호에 따라 산정한 후 다음 각 목의 구분에 따라 처분한다.

Ⅲ. 법규명령의 한계

1. 헌법 제75조에 의하면 '법률에서 구체적으로 범위를 정하여 위임받은 사항'에 대해 대통령령을 발할 수 있다고 하여 위임명령은 상위법령에서 개별적·구체적으로 위임받은 사항에 대해서만 제정이 가능하고 포괄적으로 위임해서는 안 된다.

2. 구체적·개별적 위임이란, ① 행정입법으로 위임할 대상이 한정적으로 특정되어 있을 것을 요하는 대상의 한정성, ② 행정기관이 행정입법을 정립함에 있어 따라야 할 기준이 명확히 제시되어 있어야 한다는 기준의 명확성을 의미한다.

3. 대법원은 위임의 정도에 대해 누구라도 당해 법률이나 상위법령으로부터 위임명령에 규정될 내용의 대강을 예측할 수 있을 정도라야 된다고 판시하고 있다.[4] 그러나 국민의 기본권을 직접적으로 제한하거나 침해할 소지가 있는 경우에는 구체성·명확성의 요구가 강화되고,[5] 급부행

---

4) 대법원 2006. 2. 24. 2005두2322 "위임명령은 법률이나 상위명령에서 구체적으로 범위를 정한 개별적인 위임이 있을 때에 가능하고, 여기에서 구체적인 위임의 범위는 규제하고자 하는 대상의 종류와 성격에 따라 달라지는 것이어서 일률적 기준을 정할 수는 없지만, 적어도 위임명령에 규정될 내용 및 범위의 기본사항이 구체적으로 규정되어 있어서 누구라도 당해 법률이나 상위명령으로부터 위임명령에 규정될 내용의 대강을 예측할 수 있어야 하나, 이 경우 그 예측가능성의 유무는 당해 위임조항 하나만을 가지고 판단할 것이 아니라 그 위임조항이 속한 법률이나 상위명령의 전반적인 체계와 취지 목적, 당해 위임조항의 규정형식과 내용 및 관련 법규를 유기적 체계적으로 종합 판단하여야 하고, 나아가 각 규제 대상의 성질에 따라 구체적 개별적으로 검토함을 요한다."

5) 대법원 2000. 10. 19. 98두6265 "헌법 제75조의 규정상 대통령령으로 정할 사항에 관한

정영역 또는 사실관계가 수시로 변화될 것이 예상될 경우 명확성 요건이 약화될 수 있다는 것이 기본적 입장이다.[6] 조례의 경우 행정입법이기도 하지만 자치입법의 작용으로서 법률의 요소도 함께 가지고 있기 때문에 포괄적 위임이 가능하다.[7]

4. 헌법이 어떠한 사항에 대해서 법률로써 규정하게 한 경우를 헌법상 법률사항이라고 하며, 그 예로는 국적취득의 요건(헌법 제2조), 죄형법정주의(헌법 제12조 1항), 조세법률주의(헌법 제59조) 등이 있다. 이 경우 이러한 법률사항을 하위법령에 위임하여 제정하도록 하는 것은 위임입법의 일반원리에 반한다. 그러나 이 경우에도 법률로써 모든 사항을 다

법률의 위임은 구체적으로 범위를 정하여 이루어져야 하고, 이 때 구체적으로 범위를 정한다고 함은 위임의 목적·내용·범위와 그 위임에 따른 행정입법에서 준수하여야 할 목표·기준 등의 요소가 미리 규정되어 있는 것을 가리키고, 이러한 위임이 있는지 여부를 판단함에 있어서는 직접적인 위임 규정의 형식과 내용 외에 당해 법률의 전반적인 체계와 취지·목적 등도 아울러 고려하여야 하고, 규율 대상의 종류와 성격에 따라서는 요구되는 구체성의 정도 또한 달라질 수 있으나, 국민의 기본권을 제한하거나 침해할 소지가 있는 사항에 관한 위임에 있어서는 위와 같은 구체성 내지 명확성이 보다 엄격하게 요구된다."

6) 대법원 1995. 12. 8. 95카기16 결정 [위헌심판제청] "헌법 제75조는 '대통령은 법률에서 구체적 범위를 정하여 위임받은 사항 … 에 관하여 대통령령을 발할 수 있다.'고 규정하고 있으므로, 법률의 위임은 반드시 구체적이고 개별적으로 한정된 사항에 관하여 행해져야 할 것이고, 여기서 구체적이라는 것은 일반적·추상적이어서는 안된다는 것을, 범위를 정한다는 것은 포괄적·전면적이어서는 아니된다는 것을 각 의미하고, 이러한 구체성의 요구의 정도는 규제 대상의 종류와 성격에 따라 달라진다고 할 것이므로 보건위생 등 급부행정 영역에서는 기본권 침해 영역보다는 구체성의 요구가 다소 약화되어도 무방하다고 해석된다."; 헌법재판소 1997. 12. 24. 95헌마390 "위임입법에 있어서 위임의 구체성·명확성의 요구 정도는 규제대상의 종류와 성격에 따라서 달라진다. 즉 급부행정 영역에서는 기본권침해 영역보다는 구체성의 요구가 다소 약화되어도 무방하다고 해석되며, 다양한 사실관계를 규율하거나 사실관계가 수시로 변화될 것이 예상될 때에는 위임의 명확성의 요건이 완화된다. 뿐만 아니라 위임조항에서 위임의 구체적 범위를 명확히 규정하고 있지 않다고 하더라도 당해 법률의 전반적 체계와 관련규정에 비추어 위임조항의 내재적인 위임의 범위나 한계를 객관적으로 분명히 확정할 수 있다면 이를 일반적이고 포괄적인 백지위임에 해당하는 것으로 볼 수 없다."

7) 헌법재판소 2002. 8. 29. 2000헌바 50, 2002헌바56 "조례의 제정권자인 지방의회는 선거를 통해서 그 지역적인 민주적 정당성을 지니고 있는 주민의 대표기관이고 헌법이 지방자치단체에 포괄적인 자치권을 보장하고 있는 취지로 볼 때, 조례에 대한 법률의 위임은 법규명령에 대한 법률의 위임과 같이 반드시 구체적으로 범위를 정하여 할 필요가 없으며 포괄적인 것으로 족하다."

정하라는 것은 아니고 일정범위에서 구체적으로 범위를 정해 하위법령에 위임하는 것은 허용된다는 것이 다수설과 판례의 입장이다. 다만, 이 경우 어느 범위까지를 법률로써 제정할 것인지가 문제되는데 이에 대해서는 헌법재판소는 의회유보원칙을 주장하여 본질적인 사항에 대해서는 법률로써만 제정해야 한다는 입장이다. 이처럼 본질적인 사항에 해당하여 반드시 의회가 제정한 법률에 의해서만 규율되어야 할 사항을 법률전속사항 또는 의회유보사항이라 하며 이를 위임하는 법률은 위헌·위법이 된다.[8] 법령에 의해 위임받은 사항을 전면적으로 하위법령에 또 다시 재위임하는 경우는 포괄위임금지 원칙 중 하나인 복위임금지의 법리에 반한다. 다만, 헌법재판소에 따르면 위임받은 사항에 대해 대강을 정하고 그 중 특정사항만을 범위를 정해 하위법령에 다시 위임하는 것은 무방하다.[9]

5. 헌법 제12조 1항은 '누구든지 법률에 의하지 아니하고는…처벌·보안처분 또는 강제노역을 받지 아니한다'라고 규정하여 죄형법정주의를 헌법상의 원칙으로 하고 있지만, 긴급한 필요가 있거나 미리 법률로써 자세히 정할 수 없는 부득이한 경우에는 위임이 가능하다고 보는 것이 일반적이다. 이 때 범죄의 구성요건의 경우는 구체적인 기준을 정하여 위임하고, 형벌의 경우는 종류와 상한과 폭을 명확히 정하여 하위법령에 위임할 수 있다는 것이 대법원[10]과 헌법재판소[11]의 견해이다.

---

8) 헌법재판소 1999. 5. 27. 98헌바70 참조.

9) 헌법재판소 2002. 10. 31. 2001헌라1 "법률에서 위임받은 사항을 전혀 규정하지 않고 모두 재위임하는 것은 '위임받은 권한을 그대로 다시 위임할 수 없다'는 복위임금지의 법리에 반할 뿐 아니라 수권법의 내용변경을 초래하는 것이 되고, 대통령령 이외의 법규명령의 제정·개정절차가 대통령령에 비하여 보다 용이한 점을 고려할 때 하위의 법규명령에 대한 재위임의 경우에도 대통령령에의 위임에 가하여지는 헌법상의 제한이 마땅히 적용되어야 할 것이다. 따라서 법률에서 위임받은 사항을 전혀 규정하지 아니하고 그대로 하위의 법규명령에 재위임하는 것은 허용되지 않으며 위임받은 사항에 관하여 대강(大綱)을 정하고 그 중의 특정사항을 범위를 정하여 하위의 법규명령에 다시 위임하는 경우에만 재위임이 허용된다."

10) 대법원 2000. 10. 27. 2000도1007 "사회현상의 복잡다기화와 국회의 전문적·기술적 능력의 한계 및 시간적 적응능력의 한계로 인하여 형사처벌에 관련된 모든 법규를 예외

6. 집행명령은 법률의 명시적인 수권이 없어도 직권으로 제정될 수 있으므로 수권상의 한계는 문제되지 않는다.[12] 집행명령은 상위법령을 집행하기 위하여 필요한 사항에 한해서만 제정되는 것이기 때문에 국민의 새로운 권리·의무를 규율하는 사항을 제정할 수 없다. 만약, 이러한 사항을 규율하였다면 이는 집행명령의 한계를 일탈하는 것으로 위법하다.

Ⅳ. 법규명령에 대한 통제

1. 구체적 규범통제란 구체적 사건을 소송으로 다투는 경우 그 사안의 근거가 된 법령이 재판의 전제가 된 경우에 법령의 위법성을 심사하는 제도를 말한다. 이에 반해 추상적 규범통제란 구체적 사건을 전제로 하지 않고 법령의 위법성을 심사할 수 있는 제도를 말한다.

2. 우리나라 헌법은 제107조 1항에서 위헌법률심판, 제107조 2항에서는 대법원의 명령·규칙·처분심사권을 규정하고 있어 구체적 규범통제 제도를 취하고 있다.[13] 각급법원은 명령과 규칙에 대해 선결문제로서

없이 형식적 의미의 법률에 의하여 규정한다는 것은 사실상 불가능할 뿐만 아니라 실제에 적합하지도 아니하기 때문에, 특히 긴급한 필요가 있거나 미리 법률로써 자세히 정할 수 없는 부득이한 사정이 있는 경우에 한하여 수권법률(위임법률)이 구성요건의 점에서는 처벌대상인 행위가 어떠한 것인지 이를 예측할 수 있을 정도로 구체적으로 정하고, 형벌의 점에서는 형벌의 종류 및 그 상한과 폭을 명확히 규정하는 것을 전제로 위임입법이 허용된다."

11) 헌법재판소 2004. 8. 26. 2004헌바14 등.

12) 대법원 2006. 10. 27. 2004두12261 "지방공무원 징계 및 소청규정(대통령령 제15647호) 제14조, 제1조의3 제1항 제1호는 지방공무원법 제62조 제2항 본문의 의견을 듣는 절차에 관하여 임용권자가 시·군·구의 5급 이상 공무원을 직권면직시킬 경우 시·도 인사위원회의 의견을 듣도록 규정하고 있는바, 같은 법이 직권면직절차에 관하여 위임에 관한 아무런 규정을 두지 아니하였다고 하더라도 대통령령은 직권면직에 관한 같은 법의 규정을 집행하기 위하여 필요한 사항에 관하여 규정할 수 있다."

13) 헌법은 구체적 규범통제와 관련해 명령·규칙·처분에 대해서는 대법원에게 최종적 심사권을(헌법 제107조 2항), 형식적 의미의 법률에 대해서는 헌법재판소에게 위헌법률심판을 통해 최종적 심사권을 부여(헌법 제107조 1항)하고 있는데, 과연 구체적 규범통제와 상관없는 헌법재판소법 제68조 1항의 권리구제형 헌법소원과 관련해 헌법재판소가 법규명령 등 법령 그 자체에 대해서도 헌법소원 심판권을 갖는지가 문제된다. 헌법재판

심사하며, 대법원은 헌법 제107조 2항에 따라 명령과 규칙에 대하여 최종적 심사권을 가진다. 여기서 명령은 법규명령을 의미하고, 규칙은 국회규칙, 대법원규칙, 헌법재판소규칙, 중앙선거관리위원회규칙 등 법규적 효력이 있는 규칙을 의미한다. 조례와 규칙도 포함된다.[14] 대외적 효력이 없는 행정규칙은 재판규범성이 없어 심사권의 대상이 되지 아니한다.[15] 대법원은 구체적 규범통제와 관련하여 위법한 법규명령에 대해 무효를 선언하고 있다.[16]

3. 구체적 규범통제를 통해 위헌·위법한 법령으로 판명된 경우 이를 근거로 발령된 당해 처분의 효력은 무효와 취소의 구별 기준 중 통설인 중대명백설에 따라 판단할 때 대법원의 위헌·위법 선언 전 처분이 발령된 경우에는 공무원에게 법령심사권이 없는 점 등을 참작할 때 중대하기는 하지만 명백한 하자라고 볼 수 없어 단순 취소사유에 불과하고 공무원의 과실도 인정하기 어려워 국가배상청구도 어려울 것이나, 대법원의 위헌·위법 선언 후 처분이 발령된 경우에는 행정소송법 제6조

소는 헌법재판소법 제68조 제1항이 법원의 재판을 제외한 모든 공권력의 행사 또는 불행사에 대하여 헌법소원을 제기할 수 있게끔 되어 있고, 법규명령이 재판의 전제가 되지 않고 직접 국민의 기본권을 침해하는 경우 이에 대하여 헌법소원의 직접성 요건 및 보충성의 예외를 모두 충족하므로 법령에 대해 헌법소원을 제기할 수 있다는 입장이다(헌법재판소 1990. 10. 15. 89헌마178 등) 이에 대하여 대법원은 헌법 107조 2항이 명시적으로 명령·규칙에 대한 최종적 심사권을 대법원에게 수여하고 있고, 처분적 법령의 경우에도 법원이 항고소송의 처분성을 인정하고 있어 보충성 원칙에 반한다는 점을 이유로 부정하는 견해를 취하고 있다. 생각건대, 장기적 관점에서 볼 때 과도하게 활성화된 헌법재판은 오히려 입법작용과 사법작용 모두를 위축시킬 수 있으므로 대법원의 입장으로 정리되어야 할 것으로 보인다.

14) 대법원 1995. 8. 22. 94누5694 등.

15) 대법원 1990. 2. 27. 88재누55

16) 대법원 1993. 1. 19. 92누6983 "소득세법 제60조 및 구 소득세법시행령(1989.8.1. 대통령령 제12767호로 개정되기 전의 것) 제115조 제1항 제1호는 지방세법상의 과세시가표준액을 기준으로 하여 기준시가를 결정하도록 규정하였을 뿐이고, 토지등급이 설정되어 있지 않은 토지에 대하여 유사토지의 등급을 적용하여 기준시가를 결정하는 방법은 전혀 규정하지 않았을 뿐 아니라 하위법규인 시행규칙에 위임한 바도 없으므로, 결국 구 소득세법시행규칙 제82조 제2항은 소득세법이나 그로부터 위임받은 소득세법시행령에 아무런 위임근거도 없이 과세요건에 관한 사항을 규정한 것이어서 조세법률주의의 원칙에 위반되어 무효이다."

에 의해 그러한 법규명령은 관보에 게재되므로 이는 중대명백한 하자라고 보여지고, 공무원의 과실도 인정되어 국가배상청구소송도 가능하다 할 것이다.

4. 처분적 법규명령이라 함은 집행행위의 매개 없이 법규명령 그 자체로 국민의 권리·의무에 개별적·구체적으로 직접적 영향을 미치는 경우를 말하는데, 이 경우 법규명령은 구체적 처분성을 가지게 되므로 이로 인해 침해를 당한 사인은 항고소송을 통해 직접 처분적 법규명령을 대상으로 다툴 수 있다. 대법원도 처분적 행정입법에 해당하는 조례의 경우에 이와 마찬가지로 판시하고 있다.[17] 처분적 법규명령에 대한 소송형식은 재판실무상 법규의 형식을 취하고 있는 명령과 조례에 대한 항고소송은 무효확인소송으로, 법규명령의 성질을 갖는 행정규칙(법령보충적 행정규칙)에 대한 항고소송은 취소소송으로 제기되고 있다.

Ⅴ. 행정입법부작위와 권리구제

1. 행정입법부작위란 행정주체에게 명령을 제정·개정 또는 폐지할 법적 의무가 있음에도 합리적 이유 없이 명령을 제정·개정 또는 폐지하지 않는 것을 뜻한다. 입법부작위는 진정입법부작위와 부진정입법부작위로 구분된다.

2. 진정입법부작위는 입법자가 헌법상 입법의무가 있는 어떤 사항에 관하여 전혀 입법을 하지 않는 것이고, 부진정입법부작위는 입법은 하였으

17) 대법원 1996. 9. 20. 95누8003 "조례가 집행행위의 개입 없이도 그 자체로서 직접 국민의 구체적인 권리의무나 법적 이익에 영향을 미치는 등의 법률상 효과를 발생하는 경우 그 조례는 항고소송의 대상이 되는 행정처분에 해당하고, 이러한 조례에 대한 무효확인소송을 제기함에 있어서 행정소송법 제38조 제1항, 제13조에 의하여 피고적격이 있는 처분 등을 행한 행정청은, 행정주체인 지방자치단체 또는 지방자치단체의 내부적 의결기관으로서 지방자치단체의 의사를 외부에 표시한 권한이 없는 지방의회가 아니라, 구 지방자치법(1994. 3. 16. 법률 제4741호로 개정되기 전의 것) 제19조 제2항, 제92조에 의하여 지방자치단체의 집행기관으로서 조례로서의 효력을 발생시키는 공포권이 있는 지방자치단체의 장이다."

나 그 입법의 내용·범위·절차 등이 당해 사항을 불완전·불충분 또는 불공정하게 규율하는 것을 말한다. 부진정입법부작위의 경우 불완전 법령 자체를 대상으로 그것이 헌법위반이라는 적극적인 헌법소원 내지는 구체적 규범통제를 통해 권리구제를 받을 수 있다. 행정입법부작위는 진정입법부작위만을 의미한다. 행정입법부작위가 인정되려면 시행명령의 제정 없이 수권법령의 규정만으로는 집행이 될 수 없는 경우여야만 한다.

3. 행정입법부작위가 부작위위법확인소송의 대상이 되는가에 대하여 대법원은 이를 부정하고 있다.[18] 그러나 행정입법부작위로 인하여 손해가 발생한 경우에 과실이 인정되는 경우에는 국가배상청구가 가능하다.[19]

4. 헌법재판소는 행정입법부작위는 항고소송의 대상이 되지 않는다는 것이 대법원의 입장이므로 보충성 원칙의 예외로서 헌법소원의 대상이 된다는 입장이다.[20] 행정입법부작위에 대한 헌법소원이 인정되기 위해서는 첫째, 행정청에게 헌법에서 유래하는 행정입법의 작위의무가 있어야 하고, 둘째, 상당한 기간이 경과하였음에도 불구하고, 셋째, 행정입법의 제정권이 행사되지 않아야 한다.[21]

---

18) 대법원 1992. 5. 8. 91누11261 "행정소송은 구체적 사건에 대한 법률상 분쟁을 법에 의하여 해결함으로써 법적 안정을 기하자는 것이므로 부작위위법확인소송의 대상이 될 수 있는 것은 구체적 권리의무에 관한 분쟁이어야 하고 추상적인 법령에 관하여 제정의 여부 등은 그 자체로서 국민의 구체적인 권리의무에 직접적 변동을 초래하는 것이 아니어서 그 소송의 대상이 될 수 없다."

19) 대법원 2007. 11. 29. 2006다3561

20) 헌법재판소 1998. 7. 16. 96헌마 246

21) 헌법재판소 2002. 7. 18. 2000헌마707 참조.

제2절 행정규칙

Ⅰ. 개념

1. 행정규칙이라 함은 행정부 내부의 조직과 활동을 규율할 목적으로 제정되는 일반·추상적 명령을 말한다. 행정규칙은 법규명령처럼 상위법령의 수권에 의한 것이 아니라 하급기관을 지휘하는 상급기관의 포괄적인 감독권에 근거하여 발령하는 것이다. 따라서 행정규칙의 발령에는 개별적인 수권규범이 아니라 일반적인 조직규범으로 충분하다.

2. 행정규칙은 그 내용에 따라 조직의 위계질서에 관한 조직규칙, 업무방식이나 근무 일반에 관한 근무규칙, 통일적 법규범의 해석과 적용을 위한 법률해석규칙, 통일적인 재량권 행사를 위한 재량준칙, 법률이 없는 영역을 대신하는 법률대위규칙, 상위법령을 보충하여 구체화하는 법률보충규칙 등으로 구분될 수 있다.

Ⅱ. 효력

1. 행정규칙은 행정규칙이 규율되는 행정부 내부에서는 직접적인 구속력을 갖는다. 즉, 행정규칙이 적용되는 행정기관 내부에서는 행정규칙대로 조직을 운영하고, 업무를 수행하며, 행정규칙에 따라 법규범을 해석하고, 재량권을 통일적으로 행사하는 등 행정규칙을 준수할 의무가 있다. 이에 따르지 않으면 관계공무원은 명령복종의무 위반으로 징계책임을 받게 된다. 행정규칙의 이러한 대내적 효력은 본래적 의미의 효력에 해당한다.

2. 행정규칙에 의한 공무원의 징계는 행정규칙상의 내부적 효력에 의해 공무원의 권리·의무에 영향을 미치게 되는 것이 아니고, 징계 그 자체로 국민인 공무원의 권리·의무에 영향을 미치는 것이다. 따라서 이 경우에는 징계를 받은 공무원이 이에 대해 취소소송을 제기하면 행정규

칙은 재판규범성이 없어 위법성 판단의 기준이 될 수 없다.[22)]

3. 행정규칙은 행정부 내부의 조직과 활동을 규율하는 일반·추상적 명령이기 때문에 국민의 권리·의무에 영향을 미치는 이른바 대국민적 효력(법규성)은 없다. 따라서 행정규칙 위반은 위법이 아니므로 법원도 구속하지 못해 재판규범으로서 위법성 판단의 기준도 될 수 없으며, 구체적 규범통제의 대상도 되지 못한다.[23)] 즉, 국민이 행정청으로부터 행정규칙에 위반된 부당한 처분을 당했어도 국민은 행정규칙에 위반되어 위법하다는 이유로 법원에 소를 제기하는 것이 아니라, 행정법의 일반원칙, 상위 법률 및 법규명령 등에 위반하여 위법하다는 이유로 소를 제기해야 하는 것이다. 반대로 행정규칙에 따른 처분이라 하여 그 자체로 적법한 것이 되는 것도 아니고 적법성의 추정을 받는 것도 아니다.[24)]

---

22) 대법원 2002. 7. 26. 2001두3532 "항고소송의 대상이 되는 행정처분이라 함은 원칙적으로 행정청의 공법상 행위로서 특정 사항에 대하여 법규에 의한 권리의 설정 또는 의무의 부담을 명하거나 기타 법률상 효과를 발생하게 하는 등으로 일반 국민의 권리 의무에 직접 영향을 미치는 행위를 가리키는 것이지만, 어떠한 처분의 근거나 법적인 효과가 행정규칙에 규정되어 있다고 하더라도, 그 처분이 행정규칙의 내부적 구속력에 의하여 상대방에게 권리의 설정 또는 의무의 부담을 명하거나 기타 법적인 효과를 발생하게 하는 등으로 그 상대방의 권리 의무에 직접 영향을 미치는 행위라면, 이 경우에도 항고소송의 대상이 되는 행정처분에 해당한다."

23) 대법원 1983. 9. 13. 82누285 "보건사회부장관 훈령 제241호는 법규의 성질을 가지는 것으로는 볼 수 없고 상급행정기관인 보건사회부장관이 관계 하급기관 및 직원에 대하여 직무권한의 행사를 지휘하고 직무에 관하여 명령하기 위하여 발한 것으로서 그 규정이 의료법 제51조에 보장된 행정청의 재량권을 기속하는 것이라고 할 수 없고 법원도 그 훈령의 기속을 받는 것이 아니다."; 대법원 2009. 12. 24. 2009두7967 "상급행정기관이 하급행정기관에 대하여 업무처리지침이나 법령의 해석적용에 관한 기준을 정하여 발하는 이른바 '행정규칙이나 내부지침'은 일반적으로 행정조직 내부에서만 효력을 가질 뿐 대외적인 구속력을 갖는 것은 아니므로 행정처분이 그에 위반하였다고 하여 그러한 사정만으로 곧바로 위법하게 되는 것은 아니다."

24) 대법원 1990. 12. 11. 90누1243 "자동차운수사업법제31조등의규정에의한사업면허의취소등의처분에관한법칙은 형식은 부분이나 그 규정의 성질과 내용이 자동차운송사업면허의 취소처분 등에 관한 사무처리기준과 처분절차 등 행정청 내의 사무처리 준칙을 규정한 것에 불과한 것이어서 행정조직 내부에서 관계행정기관이나 직원을 구속함에 그치고 대외적으로 국민이나 법원을 구속하는 힘은 없는 것이므로 자동차운수사업면허취소 등의 처분이 위 규칙에서 정한 기준에 따른 것이라 하여 당연히 적법한 처분이라

4. 법률대위규칙이나 법률보충규칙을 행정규칙으로 보면 직접적인 대외적 구속력이 인정될 수 있으나 위 규칙들은 형식만 행정규칙일 뿐 해당 행정규칙(고시나 지침 형식)의 근거법령이 소관 행정청에 대하여 법령의 내용을 구체적으로 보충할 수 있는 권한을 부여한 것으로 실질적으로 법규명령으로서의 위임명령이지 진정한 의미의 행정규칙이 아니다.

5. 재량준칙과 관련하여 헌법재판소 2001. 5. 31. 99헌마413 결정은 "행정규칙은 일반적으로 행정조직 내부에서만 효력을 가지는 것이나, 행정규칙이 법령의 규정에 의하여 행정관청에 법령의 구체적 내용을 보충할 권한을 부여한 경우나 재량권행사의 준칙인 규칙이 그 정한 바에 따라 되풀이 시행되어 행정관행이 이룩되게 되면, 평등의 원칙이나 신뢰보호의 원칙에 따라 행정기관은 그 상대방에 대한 관계에서 그 규칙에 따라야 할 자기구속을 당하게 되는 경우에는 대외적인 구속력을 가지게 되는바, 이러한 경우에는 헌법소원의 대상이 될 수도 있다."고 판시하였고, 대법원 2009. 12. 24. 2009두7967 판결은 "재량권 행사의 준칙인 행정규칙이 그 정한 바에 따라 되풀이 시행되어 행정관행이 이루어지게 되면 평등의 원칙이나 신뢰보호의 원칙에 따라 행정기관은 그 상대방에 대한 관계에서 그 규칙에 따라야 할 자기구속을 받게 되므로, 이러한 경우에는 특별한 사정이 없는 한 그를 위반하는 처분은 평등의 원칙이나 신뢰보호의 원칙에 위배되어 재량권을 일탈·남용한 위법한 처분이 된다."고 판시하였다.

6. 독일의 통설은 재량준칙의 외부적 효력에 대하여 행정의 자기구속원리에 입각하여 그 간접적 효력만을 인정하고 있으며, 재량준칙에 따른 관행이 형성되어 있지 않은 경우, 즉 재량준칙의 1차 적용에 있어서는 재량준칙을 豫期慣行으로 보아서 예기관행으로서의 재량준칙에 위반한

할 수는 없고 그 처분의 적법여부는 처분이 자동차운수사업법의 규정 및 그 취지에 적합한 것인가의 여부에 따라 판단하여야 할 것이다."

처분은 위법한 것으로 본다.[25)]

제3절 행정규칙 형식의 법규명령(법령보충규칙)과 법규명령 형식의 행정규칙

Ⅰ. 행정규칙 형식의 법규명령(법령보충규칙)

1. 상위법령의 위임을 받아 법령의 내용을 구체화할 수권을 부여받았으나 이것이 일반적인 법규명령의 형식이 아닌 고시나 훈령의 형식으로 되어 있는 경우 이를 법령보충규칙이라 한다. 행정규제기본법 제4조 2항은 "규제는 법률에 직접 규정하되, 규제의 세부적인 내용은 법률 또는 상위법령이 구체적으로 범위를 정하여 위임한 바에 따라 대통령령·총리령·부령 또는 조례·규칙으로 정할 수 있다. 다만, 법령이 전문적·기술적 사항이나 경미한 사항으로서 업무의 성질상 위임이 불가피한 사항에 관하여 구체적으로 범위를 정하여 위임한 경우에는 고시 등으로 정할 수 있다."라고 규정하고 있는데, 위 규정의 단서는 법령보충규칙을 말한다.

2. 대법원 1987. 9. 29. 86누484 판결 "법령의 규정이 특정행정기관에게 그 법령내용의 구체적 사항을 정할 수 있는 권한을 부여하면서 그 권한행사의 절차나 방법을 특정하고 있지 아니한 관계로 수임행정기관이 행정규칙의 형식으로 그 법령의 내용이 될 사항을 구체적으로 정하고 있다면 그와 같은 행정규칙, 규정은 행정규칙이 갖는 일반적 효력으로서가 아니라, 행정기관에 법령의 구체적 내용을 보충할 권한을 부여한 법령규정의 효력에 의하여 그 내용을 보충하는 기능을 갖게 된다 할 것이므로 이와 같은 행정규칙, 규정은 당해 법령의 위임한계를 벗어나지 아니하는 한 그것들과 결합하여 대외적인 구속력이 있는 법규명령으로서의 효력을 갖게 된다."

---

25) 김동희, 「행정법 I 제8판」, 박영사(2002), 161면.

3. 대법원 1996. 4. 12. 95누7727 판결 “법령보충적인 행정규칙, 규정은 당해 법령의 위임한계를 벗어나지 아니하는 범위 내에서만 그것들과 결합하여 법규적 효력을 가지고, 노인복지법 제13조 제2항의 규정에 따른 노인복지법시행령 제17조, 제20조 제1항은 노령수당의 지급대상자의 연령범위에 관하여 위 법 조항과 동일하게 ‘65세 이상의 자’로 반복하여 규정한 다음 소득수준 등을 참작한 일정소득 이하의 자라고 하는 지급대상자의 선정기준과 그 지급대상자에 대한 구체적인 지급수준(지급액) 등의 결정을 보건사회부장관에게 위임하고 있으므로, 보건사회부장관이 노령수당의 지급대상자에 관하여 정할 수 있는 것은 65세 이상의 노령자 중에서 그 선정기준이 될 소득수준 등을 참작한 일정소득 이하의 자인 지급대상자의 범위와 그 지급대상자에 대하여 매년 예산확보상황 등을 고려한 구체적인 지급수준과 지급시기, 지급방법 등일 뿐이지, 나아가 지급대상자의 최저연령을 법령상의 규정보다 높게 정하는 등 노령수당의 지급대상자의 범위를 법령의 규정보다 축소·조정하여 정할 수는 없다고 할 것임에도, 보건사회부장관이 정한 1994년도 노인복지사업지침은 노령수당의 지급대상자를 ‘70세 이상’의 생활보호대상자로 규정함으로써 당초 법령이 예정한 노령수당의 지급대상자를 부당하게 축소·조정하였고, 따라서 위 지침 가운데 노령수당의 지급대상자를 ‘70세 이상’으로 규정한 부분은 법령의 위임한계를 벗어난 것이어서 그 효력이 없다.”

4. 헌법재판소 2004. 10. 28. 99헌바91 “행정규칙은 법규명령과 같은 엄격한 제정 및 개정절차를 요하지 아니하므로, 재산권 등과 같은 기본권을 제한하는 작용을 하는 법률이 입법위임을 할 때에는 “대통령령”, “총리령”, “부령” 등 법규명령에 위임함이 바람직하고, 금융감독위원회의 고시와 같은 형식으로 입법위임을 할 때에는 적어도 행정규제기본법 제4조 제2항 단서에서 정한 바와 같이 법령이 전문적·기술적 사항이나 경미한 사항으로서 업무의 성질상 위임이 불가피한 사항에 한정된다 할 것이고, 그러한 사항이라 하더라도 포괄위임금지의 원칙상

법률의 위임은 반드시 구체적·개별적으로 한정된 사항에 대하여 행하여져야 한다."

5. 법령보충규칙은 형식은 비록 고시나 훈령으로 되어 있지만 상위법령과 결합하여 법규로서 대외적 효력을 가지므로 법령보충규칙에 위반한 행정행위 등에 대해서는 항고소송을 제기할 수 있고, 법령보충규칙은 이 경우 재판규범성도 인정되어 위법성 판단의 기준도 되며, 따라서 법령보충규칙이 재판의 전제가 된 경우 구체적 규범통제의 대상도 된다. 한편, 법령보충규칙이 직접 국민의 기본권을 침해하는 경우에는 보충성의 예외에 해당하므로 권리구제형 헌법소원을 통해 구제받을 수도 있다.[26]

6. 법령보충규칙은 통상 상위법령의 위임에 의한 위임명령형식이 일반이지만 상위법령의 위임 없이 집행명령의 형식으로 된 경우에도 법령보충규칙이 될 수 있다.

7. 대법원 1994. 2. 8. 93누111 판결 "개별토지가격합동조사지침(1990.4.14. 국무총리훈령 제241호로 제정되어 1991.4.2. 국무총리훈령 제248호로 개정된 것) 제6조는 개별토지가격결정 절차를 규정하고 있으면서 그중 제3호에서 산정된 지가의 공개 열람 및 토지소유자 또는 이해관계인의 의견접수를 절차의 하나로 규정하고 있는바, 위 지침은 지가공시및토지등의평가에관한법률 제10조의 시행을 위한 집행명령으로서 법률보충적인 구실을 하는 법규적 성질을 가지고 있는 것으로 보아야 할 것이므로 위 지침에 규정된 절차에 위배하여 이루어진 지가결정은

26) 헌법재판소 1992. 6. 26. 91헌마25 "법령의 직접적인 위임에 따라 위임행정기관이 그 법령을 시행하는데 필요한 구체적 사항을 정한 것이면, 그 제정형식은 비록 법규명령이 아닌 고시, 훈령, 예규 등과 같은 행정규칙이더라도 그것이 상위법령의 위임한계를 벗어나지 아니하는 한, 상위법령과 결합하여 대외적인 구속력을 갖는 법규명령으로서 기능하게 된다고 보아야 할 것인바, 청구인이 법령과 예규의 관계규정으로 말미암아 직접 기본권침해를 받았다면 이에 대하여 바로 헌법소원심판을 청구할 수 있다."

위법하다고 할 것이다."

Ⅱ. 법규명령 형식의 행정규칙

1. 법규명령 형식인 대통령령, 총리령, 부령의 형식으로 제정되어 있으나 내용은 법규성이 없는 행정규칙으로 되어 있는 것을 법규명령 형식의 행정규칙이라고 한다. 통상 여기서의 행정규칙이란 행정청 내부에서 통일적이고 동등한 재량행사를 확보하기 위해 어떠한 방식으로 재량을 행사할 것인가에 관한 내부통제용으로 만든 재량준칙에 해당하는 경우가 대부분이고 이러한 형식의 행정규칙에 대해 이를 법규명령으로 볼 것인지, 아니면 행정규칙으로 볼 것인지가 문제된다. 학설은 법규명령설과 행정규칙설로 대립하나[27], 대법원은 대통령령으로 정한 제재적 행정처분의 기준은 법규명령으로 보고, 부령형식으로 정한 제재적 행정처분 기준은 행정규칙으로 보고 있다. 다만 법규명령으로 보는 경우에도 과징금 등의 경우에는 단순히 최고한도를 정한 것이라고 하여 구체적 타당성을 기하고 있다.

2. 대법원 1997. 5. 30. 96누5773 판결 "도로교통법시행규칙 제53조 제1항이 정한 [별표 16]의 운전면허행정처분기준은 부령의 형식으로 되어 있으나, 그 규정의 성질과 내용이 운전면허의 취소처분 등에 관한 사무처리 기준과 처분절차 등 행정청 내부의 사무처리 준칙을 규정한 것에 지나지 아니하므로 대외적으로 국민이나 법원을 기속하는 효력이 없으므로, 자동차운전면허취소처분의 적법 여부는 그 운전면허 행정처분

---

27) 법규명령설(형식설)은 일단 법규명령 형식으로 정해지면 법적 안정성의 측면에서 그 내용이 무엇인지에 관계없이 일반국민에 대하여 구속력을 가지게 된다고 보아 법규명령으로 보아야 한다고 주장한다. 법규명령의 형식을 취하게 되면 법제처의 심사, 국무회의의 심의(대통령령의 경우), 입법예고 등을 통해 절차적 정당성이 부여되고, 일반국민에게도 예측가능성이 생기기 때문에 그 형식을 중시하게 된다는 점을 근거로 한다. 이에 반해 행정규칙설(실질설)은 행정규칙 사항을 법규명령 형식으로 정해도 그 내용은 변하지 않으므로 국민 일반에 대한 구속력을 갖지 못하고 여전히 행정규칙으로 보아야 한다고 주장한다. 행정규칙으로 보아야 재량통제가 가능하고 따라서 구체적 타당성을 기할 수 있다고 한다.

기준 만에 의하여 판단할 것이 아니라 도로교통법의 규정 내용과 취지에 따라 판단되어야 한다."

3. 대법원 1997. 12. 26. 97누15418 판결 "당해 처분의 기준이 된 주택건설촉진법시행령 제10조의3 제1항 [별표 1](건설업 등록업자의 등록말소 및 영업정지처분기준)은 주택건설촉진법 제7조 제2항의 위임규정에 터잡은 규정형식상 대통령령이므로 그 성질이 부령인 시행규칙이나 또는 지방자치단체의 규칙과 같이 통상적으로 행정조직 내부에 있어서의 행정명령에 지나지 않는 것이 아니라 대외적으로 국민이나 법원을 구속하는 힘이 있는 법규명령에 해당한다."

4. 대법원 2001. 3. 9. 99두5207 판결 "구 청소년보호법 제49조 제1항, 제2항에 따른 같은법 시행령 제40조 [별표 6]의 '위반행위의 종별에 따른 과징금 처분기준'은 법규명령이기는 하나 모법의 위임규정의 내용과 취지 및 헌법상의 과잉금지의 원칙과 평등의 원칙 등에 비추어 같은 유형의 위반행위라 하더라도 그 규모나 기간 · 사회적 비난 정도 · 위반행위로 인하여 다른 법률에 의하여 처벌받은 다른 사정 · 행위자의 개인적 사정 및 위반행위로 얻은 불법이익의 규모 등 여러 요소를 종합적으로 고려하여 사안에 따라 적정한 과징금의 액수를 정하여야 할 것이므로 그 수액은 정액이 아니라 최고한도액이다."

제4절 지방자치단체의 조례와 규칙

Ⅰ. 자치사무, 단체위임사무, 기관위임사무

1. 헌법 제117조 1항은 '지방자치단체는 법령의 범위 안에서 자치에 관한 규정을 제정할 수 있다'라고 하여 자치입법권을 보장하고 있다. 이에는 조례와 규칙이 있다. 지방자치단체의 사무에는 자치사무, 단체위임사무, 기관위임사무가 있는데, 기관위임사무는 조례제정사항이 아니라는 것이 통설과 판례이다.

2. 자치사무란 지방자치단체의 고유의 사무로서 자신의 책임 하에 처리하는 업무로 주로 주민의 복지증진 및 재산관리에 관한 사무를 말한다(헌법 제117조 1항). 고유사무라고도 한다. 자치사무는 초등학교의 설립·유지와 같이 법령에 의해 지방자치단체에게 의무가 부과된 의무적 자치사무와, 시립도서관의 설립·유지와 같이 지방자치단체가 임의적으로 수행하는 임의적 자치사무가 있다. 자치사무의 범위는 매우 포괄적인 것이 특징이다. 지방자치법 제9조 제1항은 "지방자치단체는 관할 구역의 자치사무와 법령에 따라 지방자치단체에 속하는 사무를 처리한다"고 규정하고, 제2항은 "제1항에 따른 지방자치단체의 사무"를 예시하고 있는데, 예시된 사무들은 자치사무를 기초에 둔 것으로 보인다. 단체위임사무는 개별적인 위임법령에서 이를 규정하고 있을 것이기 때문이다. 예시된 규정은 크게, 지방자치단체의 구역, 조직, 행정관리 등에 관한 사무, 주민의 복지증진에 관한 사무, 농림·상공업 등 산업 진흥에 관한 사무, 지역개발과 주민의 생활환경시설의 설치·관리에 관한 사무, 교육·체육·문화·예술의 진흥에 관한 사무, ⑥ 지역민방위 및 소방에 관한 사무 등이다. 자치사무는 조례, 규칙 어느 것으로나 가능하다. 지방자치단체는 자치사무의 수행에 필요한 비용을 직접 스스로 지출하여야 하며(지방자치법 제141조 본문), 자치사무에 대해 국가배상청구가 제기된 때에는 지방자치단체가 사무의 귀속주체로서 직접 책임을 진다. 자치사무는 지방자치단체 고유사무이므로 지방의회가 원칙적으로 관여할 수 있다. 따라서 지방의회는 조례로 자치사무에 대해 제정하고, 행정사무감사와 조사를 할 수 있으며(지방자치법 제41조), 지방자치단체장 또는 관계공무원에게 출석 및 답변을 요구할 수 있고(지방자치법 제41조), 회계검사 및 결산의 승인을 할 수 있다(지방자치법 제134조).

3. 단체위임사무란 법령에 의해 국가나 광역지방자치단체의 사무가 지방자치단체 자체에게 위임된 것을 말한다. 지방자치법 제9조 1항의 '법령에 의하여 지방자치단체에 속하는 사무'는 단체위임사무를 말한다고

보는 것이 일반적인 견해이다. 단체위임사무의 내용이 어떠한 위임사항을 담고 있는지는 개별법령의 위임규정에 따라 달라지기 때문에 특정하기는 어렵다. 다만, 지방자치법 제11조는 특정사무에 대해 단체위임사무로 위임하기 곤란한 것으로 규정하여 간접적으로 단체위임사무의 내용을 제한하고 있다. 단체위임사무는 조례, 규칙 어느 것으로나 가능하다. 지방자치단체사무를 위임할 때에는 이를 위임한 지방자치단체에서 그 경비를 부담하여야 한다(지방자치법 제141조 단서). 단체위임사무에 대한 감독청은 광역자치단체의 경우는 국가, 기초자치단체의 경우는 1차적으로 광역자치단체인 시·도가, 2차적으로는 국가가 이에 해당한다. 단체위임사무에 대한 감독청의 통제는 원칙적으로 합법성 통제 및 합목적성 통제에까지 이른다.

4. 기관위임사무란 국가 또는 광역자치단체의 사무를 법령에 의해 지방자치단체의 장에게 위임하는 것을 말한다. 이 경우 지방자치단체장은 국가기관의 지위로서 이를 수임한다.[28] 이러한 기관위임사무는 국가 행정의 능률적 수행을 위해 필요하나 자치사무의 효율적 업무수행에 지장을 줄 수 있어 가능한 지방자치단체의 사무로 이양하는 것이 필요하다. 기관위임사무는 기본적으로 위임사무이기 때문에 업무 수행을 위해서는 자치법규 외에도 모법에 해당하는 법령상에 개별적인 근거가 있어야 한다. 기관위임사무에 대한 감독청은 광역자치단체의 경우는 국가, 기초자치단체의 경우는 1차적으로 광역자치단체인 시·도가, 2

28) 기관위임사무는 위임사무이기 때문에 그 귀속주체로서 국가배상법 제2조 또는 제5조상의 책임은 위임자인 국가 또는 광역자치단체에게 있고, 다만 수임된 당해 지방자치단체는 국가배상법 제6조에 따라 비용부담자로서 책임을 질뿐이다. 기관위임사무는 원칙적으로 국가 등 위임자의 사무이지 지방자치단체의 사무가 아니므로 지방의회가 원칙적으로 관여할 수 없다. 다만, 지방의회는 지방자치법 제41조 3항에 따라 지방자치단체 및 그 장이 위임받아 처리하는 국가사무와 시·도의 사무에 대하여 국회와 시·도의회가 직접 감사하기로 한 사무 외에는 그 감사를 각각 해당 시·도의회와 시·군 및 자치구의회가 할 수 있다. 이 경우 국회와 시·도의회는 그 감사결과에 대하여 그 지방의회에 필요한 자료를 요구할 수 있다. 또한 동조 제4항에 따라 지방자치단체장 또는 관계공무원에게 출석 및 답변을 요구할 수 있다.

차적으로는 국가가 이에 해당한다. 기관위임사무에 대한 감독청의 통제는 원칙적으로 합법성 통제 및 합목적성 통제까지 가능하다. 기관위임사무는 기본적으로 위임한 국가 또는 광역자치단체의 사무이기 때문이다.

5. 자치사무와 기관위임사무의 구별이 애매한 경우, 먼저 권한규정을 살피어 어느 기관의 권한으로 되어 있고 이를 다른 기관에 위임하고 있는지 등을 살피고, 그래도 애매할 경우에는 그에 관한 법령의 취지, 목적, 형식, 사무의 성질, 통일적 규율성 여부, 경비부담, 수입규정, 감독규정 등을 종합적으로 고려하여 판단하여야 한다.[29] 지방자치법 제9조와 제11조가 구별을 위한 보충적 해석규정으로 작용할 수 있다.

6. 국가사무를 위임할 때에는 이를 위임한 국가에서 그 경비를 부담하여야 한다(지방자치법 제141조 단서). 국가가 스스로 행사하여야 할 사무를 지방자치단체 또는 그 기관에 위임하여 수행하는 경우에, 그 소요되는 경비는 국가가 그 전부를 당해 지방자치단체에게 교부하여야 한다(지방재정법 제21조 2항). 시・도 또는 시・도지사가 시・군 및 자치구 또는 시장・군수・자치구의 구청장으로 하여금 그 사무를 집행하게 하는 때에는 시・도는 그 사무집행에 소요되는 경비를 부담하여야 한다(지방재정법 제28조).

Ⅱ. 조례

1. 의의

조례란 지방자치단체가 법령의 범위 안에서 지방의회의 의결로서 제정

29) 대법원 2003. 4. 22. 2002두10483 "법령상 지방자치단체의 장이 처리하도록 규정하고 있는 사무가 자치사무인지 아니면 기관위임사무인지를 판단함에 있어서는 그에 관한 법령의 규정 형식과 취지를 우선 고려하여야 하지만 그 외에도 그 사무의 성질이 전국적으로 통일적인 처리가 요구되는 사무인지 여부나 그에 관한 경비부담과 최종적인 책임귀속의 주체 등도 아울러 고려하여야 한다."

하는 법형식을 말한다. 조례와 규칙 중 조례가 더 상위규범이다. 조례는 주민의 권리·의무에 영향을 미치는 법규적 효력이 있는 조례와 지방자치단체의 내부조직이나 활동을 규율하기 위해 제정된 비법규적 조례로 구분될 수 있다. 조례는 상위법령의 위임에 따라 제정된 위임조례와 상위법령의 위임 없이 자체적으로 제정된 직권조례가 있다. 다만, 지방자치법 제22조 단서에 의해, 주민의 권리 제한 또는 의무 부과에 관한 사항이나 벌칙을 정할 때에는 법률의 위임이 있어야 한다.

2. 조례 제정사항

가. 지방자치법 제22조는 '지방자치단체는 법령의 범위 안에서 그 사무에 관하여 조례를 제정할 수 있다'라고 하고 있고, 여기서 그 사무란 동법 제9조 1항에서 '지방자치단체는 관할 구역의 자치사무와 법령에 따라 지방자치단체에 속하는 사무를 처리한다.'라고 규정하고 있으므로 이는 자치사무와 단체위임사무에 한정되며, 기관위임사무는 조례제정사항이 아니라는 것이 통설과 판례이다. 개별법률에서 조례에 기관위임사무를 위임하고 있는 경우에는 조례로 제정이 가능하다.

나. 대법원 2001. 11. 27. 2001추57 판결 "헌법 제117조 제1항과 지방자치법 제15조에 의하면 지방자치단체는 법령의 범위 안에서 그 사무에 관하여 자치조례를 제정할 수 있으나 이 때 사무란 지방자치법 제9조 제1항에서 말하는 지방자치단체의 자치사무와 법령에 의하여 지방자치단체에 속하게 된 단체위임사무를 가리키므로 지방자치단체가 자치조례를 제정할 수 있는 것은 원칙적으로 이러한 자치사무와 단체위임사무에 한하므로, 국가사무가 지방자치단체의 장에게 위임된 기관위임사무와 같이 지방자치단체의 장이 국가기관의 지위에서 수행하는 사무일 뿐 지방자치단체 자체의 사무라고 할 수 없는 것은 원칙적으로 자치조례의 제정 범위에 속하지 않는다."

다. 대법원 1999. 9. 17. 99추30 판결 "기관위임사무에 있어서도 그에 관한 개별 법령에서 일정한 사항을 조례로 정하도록 위임하고 있는 경우에는 지방자치단체의 자치조례 제정권과 무관하게 이른바 위임조례를 정할 수 있다고 하겠으나 이때에도 그 내용은 개별 법령이 위임하고 있는 사항에 관한 것으로서 개별 법령의 취지에 부합하는 것이라야만 하고, 그 범위를 벗어난 경우에는 위임조례로서의 효력도 인정할 수 없다."

3. 조례의 한계

가. 지방자치법 제22조 단서는 "주민의 권리제한 또는 의무부과에 관한 사항이나 벌칙을 정할 때에는 법률의 위임이 있어야 한다"고 규정하고 있는바, 이는 헌법 제117조 1항이 "지방자치단체는 주민의 복리에 관한 사무를 처리하고, 재산을 관리하며, 법령의 범위 안에서 자치에 관한 규정을 제정할 수 있다"라고 하여 지방자치단체에게 포괄적 자치권을 수여한 취지에 위배되는 것은 아닌지 문제된다.[30] 이에 대해 대법원은 합헌설을 취하고 있다. "지방자치법 제15조(현 제22조)는 원칙적으로 헌법 제117조 제1항의 규정과 같이 지방자치단체의 자치입법권을 보장하면서, 그 단서에서 국민의 권리제한 · 의무부과에 관한 사항을 규정하는 조례의 중대성에 비추어 입법정책적 고려에서 법률의 위임을 요구한다고 규정하고 있는바, 이는 기본권 제한에 대하여 법률유보원칙을 선언한 헌법 제37조 제2항의 취지에 부합하므로 조례 제정에 있어서 위와 같은 경우에 법률의 위임근거를 요구하는 것이 위헌성이 있다고 할 수 없다(대법원 1995. 5. 12. 94추28)."

---

30) 합헌으로 보는 견해는 ① 국민의 전체의사로서의 법률과 지역단체 주민의 의사로서의 조례는 그 민주적 정당성에 차이가 있으므로 국민의 자유나 권리를 제한하는 규율은 전국민적인 민주적 정당성이 있는 법률에 의해서만 가능하고, 다만 조례에 의할 경우에도 법률의 위임이 있는 경우에만 가능하다 할 것이며, ② 헌법 37조 2항이 기본권 제한은 법률로써 가능하다고 하여 기본권 제한에 대한 법률유보의 원칙을 명시하고 있고, 지방자치법 제22조 단서는 그러한 법률유보원칙을 규정한 것이므로 위헌이 아니라고 본다. 위헌으로 보는 견해는, 지방자치법 제22조 단서의 조항이 헌법 제117조 1항의 포괄적 자치권, 그 중에서도 자치입법권에 대해 헌법에서 정하지 아니한 추가적 제한을 규정한 것으로 이는 헌법 제117조 1항에 반한다고 본다.

나. 통설과 헌법재판소에 따르면 조례는 주민의 대표기관인 지방의회가 제정한 것으로 자치권에 기초해 제정하는 것이므로 포괄적 위임으로 족하다고 한다.

헌법재판소 1995. 4. 20. 92헌마264,279 결정 "조례의 제정권자인 지방의회는 선거를 통해서 그 지역적인 민주적 정당성을 지니고 있는 주민의 대표기관이고 헌법이 지방자치단체에 포괄적인 자치권을 보장하고 있는 취지로 볼 때, 조례에 대한 법률의 위임은 법규명령에 대한 법률의 위임과 같이 반드시 구체적으로 범위를 정하여 할 필요가 없으며 포괄적인 것으로 족하다"

다. 조례는 법령의 범위 안에서 제정되어야 하는 바, 여기서 법령의 범위 안에서란 '법령에 위반하지 않는 범위 내'를 뜻한다. 이러한 법령에는 법률뿐만 아니라 헌법, 행정법의 일반원칙, 명령 등도 포함된다. 한편, 이와 관련해 조례로 규율하려는 사항이 이미 기존의 법령에서 정하고 있는 사항인 경우에도 조례제정이 허용되는가가 문제되는데, 대법원은 이에 대해 "지방자치단체는 법령에 위반되지 아니하는 범위 내에서 그 사무에 관하여 조례를 제정할 수 있는 것이고, 조례가 규율하는 특정사항에 관하여 그것을 규율하는 국가의 법령이 이미 존재하는 경우에도 조례가 법령과 별도의 목적에 기하여 규율함을 의도하는 것으로서 그 적용에 의하여 법령의 규정이 의도하는 목적과 효과를 전혀 저해하는 바가 없는 때, 또는 양자가 동일한 목적에서 출발한 것이라고 할지라도 국가의 법령이 반드시 그 규정에 의하여 전국에 걸쳐 일률적으로 동일한 내용을 규율하려는 취지가 아니고 각 지방자치단체가 그 지방의 실정에 맞게 별도로 규율하는 것을 용인하는 취지라고 해석되는 때에는 그 조례가 국가의 법령에 위반되는 것은 아니다(대판 1997. 4. 25. 96추244)."라는 입장이다.

라. 법령에서 정하고 있지 않은 사항에 대하여는 지방자치법 제22조 단서의 법률유보의 원칙에 반하지 않는 한 원칙적으로 조례로서 규정할 수 있다. 조례가 법령에서 이미 정하고 있는 사항을 규율하고 있더라도

조례와 법령의 규율목적이 다르고 조례의 규정이 국가법령이 의도하는 목적과 효과를 저해하지 않는 경우에는 원칙적으로 규정이 가능하다. 국가의 법령보다 규율대상을 확대하는 조례(이른바 추가조례)는 이를 침익적 행정과 관련해 규율대상을 확대하는 침익추가조례와 수익적 행정과 관련해 규율대상을 확대하는 수익추가조례로 구분하여 볼 때, 침익추가조례는 지방자치법 제22조 단서와의 관계상 원칙적으로 법령의 근거가 있어야만 추가가 가능하고, 수익추가조례는 법령의 근거 없이도 추가가 가능하다. 법령과 조례가 동일한 규율대상을 동일한 목적으로 규정하고 있는 경우에, 법령이 정한 기준을 초과하여 보다 규율 정도를 강화시킨 조례(이른바 초과조례)가 법률우위 원칙에 반하는가가 특히 문제된다. 초과조례는 수익적 행정과 관련해 법령보다 강하게 국민의 권익을 보장하는 조례(이른바 수익초과조례)와 침익적 행정과 관련해 법령보다 강하게 국민의 권익을 제한하는 조례(이른바 침익초과조례)로 나누어 볼 수 있다. 침익초과조례는 법률우위원칙에 반하여 인정될 수 없다는 것이 통설과 판례이다. 반면 수익초과조례는 법령이 최소한의 기준을 정하고, 조례로 지방의 실정에 맞게 별도로 규율하는 것을 허용하는 것으로 해석되는 경우에는 법령의 위임 없이도 원칙적으로 제정될 수 있다는 것이 통설과 판례이다.[31]

31) 대법원 1997. 4. 25. 96추244 "당해조례안의 내용은 생활유지의 능력이 없거나 생활이 어려운 자에게 보호를 행하여 이들의 최저생활을 보장하고 자활을 조성함으로써 구민의 사회복지의 향상에 기여함을 목적으로 하는 것으로서 생활보호법과 그 목적 및 취지를 같이 하는 것이나, 보호대상자 선정의 기준 및 방법, 보호의 내용을 생활보호법의 그것과는 다르게 규정함과 동시에 생활보호법 소정의 자활보호대상자 중에서 사실상 생계유지가 어려운 자에게 생활보호법과는 별도로 생계비를 지원하는 것을 그 내용으로 하는 것이라는 점에서 생활보호법과는 다른 점이 있고, 당해 조례안에 의하여 생활보호법 소정의 자활보호대상자 중 일부에 대하여 생계비를 지원한다고 하여 생활보호법이 의도하는 목적과 효과를 저해할 우려는 없다고 보여지며, 비록 생활보호법이 자활보호대상자에게는 생계비를 지원하지 아니하도록 규정하고 있다고 할지라도 그 규정에 의한 자활보호대상자에게는 전국에 걸쳐 일률적으로 동일한 내용의 보호만을 실시하여야 한다는 취지로는 보이지 아니하고, 각 지방자치단체가 그 지방의 실정에 맞게 별도의 생활보호를 실시하는 것을 용인하는 취지라고 보아야 할 것이라는 이유로, 당해 조례안의 내용이 생활보호법의 규정과 모순·저촉되는 것이라고 할 수 없다."; 대법원 2006. 10. 12. 2006추38 "지방자치단체는 법령에 위반되지 아니하는 범위 내에서 그 사무에 관하여 조례를 제정할 수 있는 것이고, 조례가 규율하는 특정사항에 관하여 그것을 규율하는

4. 조례의 하자

가. 조례의 한계를 넘어선 경우 또는 조례의 적법절차를 위반한 경우 조례는 위법하게 되는데 그 효력은 일반적으로 무효로 본다. 위법한 조례에 근거해서 발령된 처분도 하자있는 처분이지만 이 경우 무효와 취소의 구별기준인 중대명백설에 따라 판단해 보면, 중대한 하자이지만 그 조례가 법원에서 무효로 확인되기 까지는 하자있는 조례인지 잘 모르기 때문에 일반인이 명백한 하자라고 판정하기 어렵다. 따라서 이 경우 단순 취소할 수 있는 사유에 불과하다.[32)]

나. 조례가 일부의 하자에 불과할 때 조례 전부를 무효로 할지, 아니면 일부의 하자 부분만 무효로 할지가 문제이다. 학설은 전부무효설과 일부무효설로 대립한다. 전자는 의결 일부에 대한 효력 배제는 지방의회의 권한을 침해하는 것으로 보아 전부에 대해 무효로 보고 효력을 상실시켜야 한다는 견해이다. 후자는 일부무효를 인정하는 것이 지방의회절차의 무용한 반복을 방지할 수 있고, 법원이 일부에 대해 무효로 하여도 지방의회는 그로 인해 목적 달성이 어렵다고 판단될 경우 전부에 대해 무효로 할 수도 있어 지방의회의 권한을 침해하는 것도 아니라고

국가의 법령이 이미 존재하는 경우에도 조례가 법령과 별도의 목적에 기하여 규율함을 의도하는 것으로서 그 적용에 의하여 법령의 규정이 의도하는 목적과 효과를 전혀 저해하는 바가 없는 때, 또는 양자가 동일한 목적에서 출발한 것이라고 할지라도 국가의 법령이 반드시 그 규정에 의하여 전국에 걸쳐 일률적으로 동일한 내용을 규율하려는 취지가 아니고 각 지방자치단체가 그 지방의 실정에 맞게 별도로 규율하는 것을 용인하는 취지라고 해석되는 때에는 그 조례가 국가의 법령에 위반되는 것은 아니다[군민의 출산을 적극 장려하기 위하여 세 자녀 이상의 세대 중 세 번째 이후 자녀에게 양육비 등을 지원할 수 있도록 하는 내용의 '정선군세자녀이상세대양육비등지원에관한조례안'이 법령에 위반되지 않는다고 한 사례]."

32) 대법원 1995. 7. 11. 94누4615 "조례 제정권의 범위를 벗어나 국가사무를 대상으로 한 무효인 서울특별시행정권한위임조례의 규정에 근거하여 구청장이 건설업영업정지처분을 한 경우, 그 처분은 결과적으로 적법한 위임 없이 권한 없는 자에 의하여 행하여진 것과 마찬가지가 되어 그 하자가 중대하나, 지방자치단체의 사무에 관한 조례와 규칙은 조례가 보다 상위규범이라고 할 수 있고, 또한 헌법 제107조 제2항의 "규칙"에는 지방자치단체의 조례와 규칙이 모두 포함되는 등 이른바 규칙의 개념이 경우에 따라 상이하게 해석되는 점 등에 비추어 보면 위 처분의 위임 과정의 하자가 객관적으로 명백한 것이라고 할 수 없으므로 이로 인한 하자는 결국 당연무효사유는 아니라고 봄이 상당하다."

보아, 일부무효를 인정하고 일부에 대해서만 효력을 상실시켜야 한다는 견해이다. 대법원은 전부무효설을 취하고 있다.[33)]

5. 조례에 대한 통제

가. 지방자치단체의 장은 이송 받은 조례안에 대하여 이의가 있으면 20일 이내 이유를 붙여 지방의회로 환부하고, 재의를 요구할 수 있다. 이 경우 지방자치단체의 장은 조례안의 일부에 대하여 또는 조례안을 수정하여 재의를 요구할 수 없다(지방자치법 제26조 3항). 지방자치단체의 장은 지방의회의 의결이 월권이거나 법령에 위반되거나 공익을 현저히 해친다고 인정되면 그 의결사항을 이송 받은 날부터 20일 이내에 이유를 붙여 재의를 요구할 수 있다(지방자치법 제107조 1항). 지방자치단체장의 재의요구에도 불구하고 지방의회가 재의한 결과 재적의원 과반수의 출석과 출석의원 3분의 2 이상의 찬성으로 전과 같은 의결을 하면 그 의결사항은 확정된다(지방자치법 제107조 제2항). 지방자치단체의 장은 제107조 제2항에 따라 재의결된 사항이 법령에 위반된다고 인정되면 대법원에 소를 제기할 수 있다(지방자치법 제107조 제3항). 이 경우에는 제172조 제3항을 준용한다. 지방자치법 제26조의 3항의 재의요구권에는 제소권 규정이 없는바, 제107조 3항의 제소권에 의거해 소를 제기할 수 있는지가 문제되는데 이에 대해 통설과 판례는 가능하다는 입장이다.[34)]

---

33) 대법원 1994. 5. 10. 93추144 "의결의 일부에 대한 효력의 배제는 결과적으로 전체적인 의결의 내용을 변경하는 것에 다름 아니어서 의결기관인 지방의회의 고유권한을 침해하는 것이 될 뿐 아니라, 그 일부만의 효력배제는 자칫 전체적인 의결내용을 지방의회의 당초의 의도와는 다른 내용으로 변질시킬 우려가 있으며, 또한 재의 요구가 있는 때에는 재의 요구에서 지적한 이의사항이 의결의 일부에 관한 것이라고 하여도 의결 전체가 실효되고 재의결만이 의결로서 효력을 발생하는 것이어서 의결의 일부에 대한 재의 요구나 수정재의 요구가 허용되지 않는 점에 비추어 보면, 재의결의 내용 전부가 아니라 그 일부만이 위법한 경우에도 그 재의결 전부의 효력을 부인하여야 한다."

34) 대법원 1999. 4. 27. 99추23 "지방자치법 제19조 제3항(현 26조 3항)은 지방의회의 의결사항 중 하나인 조례안에 대하여 지방자치단체의 장에게 재의요구권을 폭넓게 인정한 것으로서 지방자치단체의 장의 재의요구권을 일반적으로 인정한 지방자치법 제98조 제1항(현 107조 1항)에 대한 특별규정이라고 할 것이므로, 지방자치단체의 장의 재의요구

나. 지방의회의 의결이 법령에 위반되거나 공익을 현저히 해친다고 판단되면 시·도에 대하여는 주무부장관이, 시·군 및 자치구에 대하여는 시·도지사가 재의를 요구하게 할 수 있고, 재의요구를 받은 지방자치단체의 장은 의결사항을 이송 받은 날부터 20일 이내에 지방의회에 이유를 붙여 재의를 요구하여야 한다(지방자치법 제172조 1항).

다. 지방의회의 의결이 법령에 위반된다고 판단되어 주무부장관이나 시·도지사로부터 재의요구지시를 받은 지방자치단체의 장이 재의를 요구하지 아니하는 경우(법령에 위반되는 지방의회의 의결사항이 조례안인 경우로서 재의요구지시를 받기 전에 그 조례안을 공포한 경우를 포함한다)에는 주무부장관이나 시·도지사는 제1항에 따른 기간이 지난 날부터 7일 이내에 대법원에 직접 제소 및 집행정지결정을 신청할 수 있다(지방자치법 제172조 7항).

라. 조례안재의결에 대한 무효확인소송은 지방자치단체장 또는 감독청이 대법원에 제기하는 소송으로, 이 경우 원고는 지방자치단체장 또는 감독청이고, 피고는 지방의회이다. 이는 일종의 추상적 규범통제에 해당한다.

마. 조례에 근거한 처분에 대해 항고소송을 제기하면서 재판의 전제가 된 조례에 대해 구체적 규범통제를 하여 위법성을 확인하는 방법에 의한 통제도 가능하다. 이는 헌법 제107조 2항의 명령·규칙·처분 심사권에서 조례도 심사의 대상에 포함되기 때문이다. 대법원은 처분적 조례에 해당하는 경우 그에 대해 직접 항고소송을 제기하여 다툴 수 있다고 하였다.[35] 조례가 국민의 기본권을 직접 침해하고 있는 경우 이에

에도 불구하고 조례안이 원안대로 재의결되었을 때에는 지방자치단체의 장은 지방자치법 제98조 제3항(현 107조 3항)에 따라 그 재의결에 법령위반이 있음을 내세워 대법원에 제소할 수 있는 것이다."

35) 대법원 1996. 9. 20. 95누8003 "조례가 집행행위의 개입 없이도 그 자체로서 직접 국민의 구체적인 권리의무나 법적 이익에 영향을 미치는 등의 법률상 효과를 발생하는 경우 그 조례는 항고소송의 대상이 되는 행정처분에 해당하고, 이러한 조례에 대한 무효확인소송을 제기함에 있어서 행정소송법 제38조 제1항, 제13조에 의하여 피고적격이 있는

대해 직접 헌법소원을 제기할 수 있다.[36] 처분적 조례의 경우 대법원이 항고소송의 대상이 된다고 인정하였으므로 그 이외의 경우에만 헌법소원의 대상이 될 것이다.

Ⅲ. 규칙

1. 의의

규칙이란 지방자치단체의 장이 법령 또는 조례가 위임한 범위 내에서 그 권한에 속하는 사무에 대하여 정립하는 일반・추상적 명령을 말한다. 규칙은 조례보다 하위에 놓이는 규범이다. 규칙의 경우에도 조례와 마찬가지로 국민의 권리・의무에 영향을 미치는 법규적 효력을 가진 규칙과 내부조직에 관한 사항을 규율하기 위해 제정된 비법규적 효력을 가진 규칙으로 구분된다. 상위법령의 위임을 받아 제정된 규칙을 위임규칙이라고 하고, 상위법령의 수권 없이 제정된 규칙을 직권규칙이라고 한다. 이러한 직권규칙은 새로운 법규사항을 정할 수 없고 단지 법령이나 조례를 시행하기 위해 제정된다.

2. 규칙제정사항

가. 규칙은 법령과 조례가 위임한 범위 내에서 지방자치단체장의 권한에 속하는 모든 사무에 대해 제정이 가능하다. 따라서 자치사무, 단체위임사무, 기관위임사무 모두 규칙으로 제정할 수 있다. 다만, 교육・학예에 관한 사항은 지방교육자치에관한법률에 따라 교육감이 교육규칙으로 제정한다.[37]

처분 등을 행한 행정청은, 행정주체인 지방자치단체 또는 지방자치단체의 내부적 의결기관으로서 지방자치단체의 의사를 외부에 표시한 권한이 없는 지방의회가 아니라, 구 지방자치법 제19조 제2항, 제92조에 의하여 지방자치단체의 집행기관으로서 조례로서의 효력을 발생시키는 공포권이 있는 지방자치단체의 장이다."

36) 헌법재판소 1994. 12. 29. 92헌마216 "헌법재판소법 제68조 제1항에서 말하는 '공권력'에는 입법작용이 포함되며, 지방자치단체에서 제정하는 조례도 불특정다수인에 대해 구속력을 가지는 법규이므로 조례제정행위도 입법작용의 일종으로서 헌법소원의 대상이 된다."

나. 규칙 제정에 반드시 법령의 위임을 요하는가가 문제되는데, 이와 관련해 지방자치법상의 '지방자치단체의 장은 법령이나 조례가 위임한 범위에서 그 권한에 속하는 사무에 관하여 규칙을 제정할 수 있다.'라는 규정(지방자치법 제23조)이 있고, 이에 대한 해석과 관련해 ① 반드시 조례의 개별적·구체적 위임이 있는 경우에 한해 제정할 수 있다는 견해와 ② 반드시 법령이나 조례의 위임이 있어야 하는 것은 아니라는 견해가 대립하고 있다. 헌법 제37조 2항에 따라 규칙도 권리를 제한하거나 의무를 부과하는 것이 아닌 한 반드시 법령 또는 조례의 위임이 있어야 하는 것은 아니라고 보는 것이 타당하다할 것이다.

3. 한계

가. 위임규칙이거나 또는 규칙이 주민의 권리를 제한하거나 의무를 부과할 경우에는 법령의 근거가 있어야 한다. 이 경우 개별적이고 구체적인 위임을 요한다. 이점에서 포괄적 위임을 요하는 조례와는 구분된다.

나. 규칙은 법령과 조례가 정한 범위 내에서 제정할 수 있으므로 법령과 조례를 위반해서는 안된다(법 제23조). 한편, 지방자치법 제24조에 따르면, '시·군 및 자치구의 조례나 규칙은 시·도의 조례나 규칙에 위반하여서는 아니 된다.'라고 하였으므로 상위지방자치단체의 규칙에도 위배되어서는 안 된다.

37) 대법원 1995. 11. 14. 94누13572 "도시재개발법에 의한 사업시행변경인가, 관리처분계획인가 및 각 고시에 관한 사무는 국가사무로서 지방자치단체의 장에게 위임된 이른바 기관위임사무에 해당하므로, 시·도지사가 지방자치단체의 조례에 의하여 이를 구청장 등에게 재위임할 수는 없고, 정부조직법 제5조 제1항 및 이에 기한 행정권한의위임및위탁에관한규정 제4조에 의하여 위임기관의 장의 승인을 얻은 후 지방자치단체의 장이 제정한 규칙이 정하는 바에 따라 재위임하는 것만이 가능하다."

제2장 행정처분

제1절 개념

Ⅰ. 행정청이 행하는 구체적 사실에 관한 법집행으로서의 공권력의 행사 또는 그 거부와 기타 이에 준하는 행정작용을 행정처분이라고 한다(행정절차법 제2조 2호, 행정심판법 제1호, 행정소송법 제2조 제1항 1호). 여러 개별 행정법들이 규정하고 있는 허가・인가・면허・특허・결정・재결 등이 행정처분이다. 행정처분 개념 정의에서의 행정청은 국가나 지방자치단체는 물론 국가로부터 공권력을 부여받은 공무수탁사인도 포함되나 법원이나 국회는 포함되지 않는다.

Ⅱ. 실정법상 개념은 아니지만 독일 행정법상 'Verwaltungsakt'를 번역한 「행정행위」 개념도 행정처분과 같은 의미로 실무상 사용되고 있다.[38] 행정행위는 행정청이 법에 근거하여 국민의 권리・의무와 관련하여 행하는 권력적 단독행위를 의미한다. 행정절차법이 규정하는 행정처분은 「기타 이에 준하는 행정작용」까지 포함하고 있으므로 권력적 단독행위인 강학상 행정행위 개념을 당연히 포함하고 있다.

Ⅲ. 대법원 1999. 8. 20. 97누6889 판결 "항고소송의 대상이 되는 행정청의 처분이라 함은 원칙적으로 행정청의 공법상의 행위로서 특정사항에 대하여 법규에 의한 권리의 설정 또는 의무의 부담을 명하거나 기타 법률상의 효과를 직접 발생하게 하는 등 국민의 권리의무에 직접 관계가 있는 행위를 말하므로, 상대방 또는 관계자들의 법률상 지위에 직접 영향을 미치지 아니하는 행위는 그에 해당하지 아니한다."

---

38) 행정행위의 개념정립이 프랑스・독일 등에서 성립하고 발달하였던 것은, 행정주체의 행정활동 전체가 행정재판의 대상이 되지 않고, 행정활동 가운데 특수한 법적 규율을 받는 '행정행위'만이 행정재판의 대상이 된다는 원칙하에 있었기 때문이었다. 이에 반하여 별도의 행정법원제도없이 보통법(Common Law)의 지배하에 있었던 영국・미국 등에서는 행정에 특유한 법이 없었기 때문에 행정행위의 개념이 구성될 여지가 없었다(김이열, 「행정법학(上)」, 진명문화사(1986), 165면).

Ⅳ. 대법원 2009. 9. 10. 2007두20638 판결 "금강수계 중 상수원 수질 보전을 위하여 필요한 지역의 토지 등의 소유자가 국가에 그 토지 등을 매도하기 위하여 매수신청을 하였으나 유역환경청장 등이 매수거절을 한 경우, 매수거절을 항고소송의 대상이 되는 행정처분으로 보지 않는다면 토지 등의 소유자로서는 재산권의 제한에 대하여 달리 다툴 방법이 없게 되는 점 등에 비추어, 그 매수 거부행위가 공권력의 행사 또는 이에 준하는 행정작용으로서 항고소송의 대상이 되는 행정처분에 해당한다."

제2절 행정처분의 적법요건

Ⅰ. 주체

행정처분은 원래의 처분권한을 가진 기관에 의해 적법한 권한의 범위 내에서 직접 행사될 것을 요한다. 이러한 요건을 갖추지 못하면 주체상의 하자가 발생한다. 이러한 주체상의 하자는 통상 중대하고 명백한 하자로서 무효사유에 해당한다.[39)]

Ⅱ. 형식

행정절차법에 의하면 행정청이 처분을 할 경우 다른 법령에 특별한 규정이 있는 경우를 제외하고는 신속을 요하거나 경미한 경우 이외에는 문서로 한다고 규정하고 있다(제24조 1항). 이 경우 서면에 처분행정청을 기

---

39) "구 폐기물처리시설 설치촉진 및 주변지역지원 등에 관한 법률(2004. 2. 9. 법률 제7169호로 개정되기 전의 것) 제9조 제3항, 같은 법 시행령(2004. 8. 10. 대통령령 제18514호로 개정되기 전의 것) 제7조 [별표 1], 제11조 제2항 각 규정들에 의하면, 입지선정위원회는 폐기물처리시설의 입지를 선정하는 의결기관이고, 입지선정위원회의 구성방법에 관하여 일정 수 이상의 주민대표 등을 참여시키도록 한 것은 폐기물처리시설 입지선정 절차에 있어 주민의 참여를 보장함으로써 주민들의 이익과 의사를 대변하도록 하여 주민의 권리에 대한 부당한 침해를 방지하고 행정의 민주화와 신뢰를 확보하는 데 그 취지가 있는 것이므로, 주민대표나 주민대표 추천에 의한 전문가의 참여 없이 의결이 이루어지는 등 입지선정위원회의 구성방법이나 절차가 위법한 경우에는 그 하자 있는 입지선정위원회의 의결에 터잡아 이루어진 폐기물처리시설 입지결정처분도 위법하게 된다."(대판 2007. 4. 12. 2006두20150)

재하지 아니한 하자는 통상 중대하고 명백한 하자로 보아 무효로 보고 있다. 이와 같이 서면주의를 취하고 있는 것은 행정처분의 내용을 명확하게 하고 행정행위의 존재를 객관적으로 나타내고자 함에 있다.

Ⅲ. 절차

행정처분에 일정한 절차를 요구할 경우에는 이러한 절차를 모두 거쳐야 하는데 이와 관련된 일반법에 해당하는 행정절차법에 의하면, 처분의 이유제시, 처분의 사전통지, 의견청취제도(의견제출, 청문, 공청회 등), 불복고지 등이 절차적 요건으로 규정되어 있고 이러한 절차를 거치지 않으면 절차의 하자가 있다고 본다. 한편 개별법에서 행정처분의 성립에 타기관의 협력절차가 규정되어 있는 경우 통상 그러한 협력에 행정청은 구속되지는 않지만 그러한 협력을 거치지 않은 경우에는 절차의 위법이 있는 것으로 본다. 이 경우 협력기관의 협력행위에 대한 위법을 다투고자 할 경우 협력기관이 아니라 당해 처분청이 피고적격이 있다.[40]

Ⅳ. 내용

행정처분은 사실상으로나 법률상으로 실현이 가능하여야 하고 그 내용이 누가 보더라도 명확하고 명료하여야 한다. 이러한 가능성 또는 명확성의 요건이 침해되면 내용상의 하자가 발생한다. 행정처분은 법적 근거를 필요로 하고, 법령에 위반되면 안 된다.

Ⅴ. 표시

행정처분은 상대방에게 통지되어 도달되어야만 그 효력을 발생한다(행

40) "건축허가권자가 건축불허가처분을 하면서 그 처분사유로 건축불허가 사유뿐만 아니라 구 소방법(2003. 5. 29. 법률 제6916호로 개정되기 전의 것) 제8조 제1항에 따른 소방서장의 건축부동의 사유를 들고 있다고 하여 그 건축불허가처분 외에 별개로 건축부동의처분이 존재하는 것이 아니므로, 그 건축불허가처분을 받은 사람은 그 건축불허가처분에 관한 쟁송에서 건축법상의 건축불허가 사유뿐만 아니라 소방서장의 부동의 사유에 관하여도 다툴 수 있다."(대판 2004. 10. 15. 2003두6573)

정절차법 제15조 1항). 따라서 이러한 표시는 행정처분의 적법요건이자 동시에 효력발생요건이 된다. 여기서 도달이란 함은 판례와 통설에 따르면 상대방이 행정행위를 실제 수령하여 요지할 것을 뜻하는 것이 아니라, 다만 상대방이 요지할 수 있는 상태에 놓여지는 것을 의미한다(대판 1989. 9. 26. 89누4963 등). 행정처분의 상대방이 특정되어 있는 경우에는 상대방에 대한 통지는 송달[41]의 방법에 의하는 것이 원칙이다. 송달을 흠결한 경우 행정처분은 무효이다. 상대방이 불특정 다수인인 경우 또는 송달받을 자의 주소 등 을 통상의 방법으로 확인할 수 없는 경우 또는 송달이 불가능한 경우에는 통상 개별법에서 고시 또는 공고의 방법으로 통지하도록 되어 있다.[42]

제3절 기속행위 · 재량행위, 불확정개념 · 판단여지

Ⅰ. 기속행위와 재량행위

1. 기속행위란 법규상 행정행위의 요건과 효과가 일의적으로 규정되어 있어 요건이 충족되면 행정청은 그 효과로서 기계적으로 집행하는 행정처분을 말한다.

---

41) 송달은 우편 · 교부 또는 정보통신망 이용 등의 방법에 의하되 송달받을 자(대표자 또는 대리인을 포함한다. 이하 같다)의 주소 · 거소 · 영업소 · 사무소 또는 전자우편주소(이하 "주소등"이라 한다)로 한다. 다만, 송달받을 자가 동의하는 경우에는 그를 만나는 장소에서 송달할 수 있다(행정절차법 제14조 1항). 교부에 의한 송달은 수령확인서를 받고 문서를 교부함으로써 행하며, 송달하는 장소에서 송달받을 자를 만나지 못한 때에는 그 사무원 · 피용자(피용자) 또는 동거자로서 사리를 분별할 지능이 있는 자에게 이를 교부할 수 있다(행정절차법 제14조 2항). 정보통신망을 이용한 송달은 송달받을 자가 동의하는 경우에 한한다. 이 경우 송달받을 자는 송달받을 전자우편주소 등을 지정하여야 한다(행정절차법 제14조 3항).

42) 송달받을 자의 주소 등 을 통상의 방법으로 확인할 수 없는 경우 또는 송달이 불가능한 경우에는 송달받을 자가 알기 쉽도록 관보 · 공보 · 게시판 · 일간신문 중 하나 이상에 공고하고 인터넷에도 공고하여야 한다(행정절차법 제14조 4항). 이러한 공고의 경우 다른 법령 등에 특별한 규정이 있는 경우를 제외하고는 공고일로부터 14일이 경과한 때에 그 효력이 발생한다. 다만, 긴급히 시행하여야 할 특별한 사유가 있어 효력발생시기를 달리 정하여 공고한 경우에는 그에 의한다(행정절차법 제15조 3항).

2. 재량행위란 법규상 요건이 충족되면 그 효과가 여러 개가 있어 행정청에게 판단의 자유를 부여한 행정처분을 말한다. 재량행위의 재량에는 결정재량과 선택재량이 있다. 결정재량이란 행정청에게 행위를 할 것인지 말 것인지에 대한 선택의 자유가 있는 것이고, 선택재량이란 행정행위를 해야 되는데 행정행위가 여러 개가 있어 그 중 하나를 선택할 수 있는 재량이 있는 것을 말한다.[43]

도로교통법 제93조(운전면허의 취소 · 정지) ① 지방경찰청장은 운전면허(연습운전면허는 제외한다. 이하 이 조에서 같다)를 받은 사람이 다음 각 호의 어느 하나에 해당하면 행정자치부령으로 정하는 기준에 따라 운전면허를 취소하거나 1년 이내의 범위에서 운전면허의 효력을 **정지시킬 수 있다.** 다만, 제2호, 제3호, 제7호부터 제9호까지(정기 적성검사 기간이 지난 경우는 제외한다), 제12호, 제14호, 제16호부터 제18호까지, 제20호의 규정에 해당하는 경우에는 운전면허를 **취소하여야 한다.**

1. 제44조제1항을 위반하여 술에 취한 상태에서 자동차등을 운전한 경우
2. 제44조제1항 또는 제2항 후단을 2회 이상 위반한 사람이 다시 같은 조 제1항을 위반하여 운전면허 정지 사유에 해당된 경우
3. 제44조제2항 후단을 위반하여 술에 취한 상태에 있다고 인정할 만한 상당한 이유가 있음에도 불구하고 경찰공무원의 측정에 응하지 아니한 경우
4. 제45조를 위반하여 약물의 영향으로 인하여 정상적으로 운전하지

---

43) 현재 재량행위를 기속재량과 자유재량으로 구분하는 견해는 없지만 과거에는 둘을 구분하여 기속재량행위는 사법심사의 대상이 되고 자유재량행위는 사법심사의 대상이 되지 않는다고 보는 견해가 있었다. 행정청의 재량권행사에 일탈 · 남용이 있으면 사법심사 대상이 되기 때문에 기속재량과 자유재량의 구별실익은 없다. 판례 역시 기속재량행위와 자유재량행위라는 용어를 사용하지만 모두 사법심사의 대상이 된다는 입장이다. 대법원 1984. 1. 31. 83누451 "행정청의 재량권은 복지행정의 확대 등 행정행위의 복잡다기화에 따라 그 영역이 날로 넓어지는 추세에 있고 한편 국민의 권익을 아울러 보장하여야 하는 행정목적과 행정행위의 특성에 따라 재량권을 부여한 내재적 목적에 반하여 명백히 다른 목적을 위하여 행정처분을 하는 것과 같은 재량권의 남용이나 재량권의 행사가 그 법적 한계를 벗어나는 경우와 같은 재량권의 일탈은 그 재량권이 기속재량이거나 자유재량이거나를 막론하고 사법심사의 대상이 된다고 풀이하여야 할 것이다."

못할 우려가 있는 상태에서 자동차등을 운전한 경우
5. 제46조제1항을 위반하여 공동 위험행위를 한 경우
6. 교통사고로 사람을 사상한 후 제54조제1항 또는 제2항에 따른 필요한 조치 또는 신고를 하지 아니한 경우
7. 제82조제1항제2호부터 제5호까지의 규정에 따른 운전면허를 받을 수 없는 사람에 해당된 경우
8. 제82조에 따라 운전면허를 받을 수 없는 사람이 운전면허를 받거나 거짓이나 그 밖의 부정한 수단으로 운전면허를 받은 경우 또는 운전면허효력의 정지기간 중 운전면허증 또는 운전면허증을 갈음하는 증명서를 발급받은 사실이 드러난 경우
9. 제87조제2항 또는 제88조제1항에 따른 적성검사를 받지 아니하거나 그 적성검사에 불합격한 경우
10. 운전 중 고의 또는 과실로 교통사고를 일으킨 경우
11. 운전면허를 받은 사람이 자동차등을 이용하여 살인 또는 강간 등 행정자치부령으로 정하는 범죄행위를 한 경우
12. 다른 사람의 자동차등을 훔치거나 빼앗은 경우
13. 다른 사람이 부정하게 운전면허를 받도록 하기 위하여 제83조에 따른 운전면허시험에 대신 응시한 경우
14. 이 법에 따른 교통단속 임무를 수행하는 경찰공무원등 및 시·군공무원을 폭행한 경우
15. 운전면허증을 다른 사람에게 빌려주어 운전하게 하거나 다른 사람의 운전면허증을 빌려서 사용한 경우
16. 「자동차관리법」에 따라 등록되지 아니하거나 임시운행허가를 받지 아니한 자동차(이륜자동차는 제외한다)를 운전한 경우
17. 제1종 보통면허 및 제2종 보통면허를 받기 전에 연습운전면허의 취소 사유가 있었던 경우
18. 다른 법률에 따라 관계 행정기관의 장이 운전면허의 취소처분 또는 정지처분을 요청한 경우
19. 이 법이나 이 법에 따른 명령 또는 처분을 위반한 경우

20. 운전면허를 받은 사람이 자신의 운전면허를 실효(失效)시킬 목적으로 지방경찰청장에게 자진하여 운전면허를 반납하는 경우. 다만, 실효시키려는 운전면허가 취소처분 또는 정지처분의 대상이거나 효력정지 기간 중인 경우는 제외한다.

건축법 제11조(건축허가) ① 건축물을 건축하거나 대수선하려는 자는 특별자치시장・특별자치도지사 또는 시장・군수・구청장의 <u>허가를 받아야 한다</u>. 다만, 21층 이상의 건축물 등 대통령령으로 정하는 용도 및 규모의 건축물을 특별시나 광역시에 건축하려면 특별시장이나 광역시장의 <u>허가를 받아야 한다.</u>

② 시장・군수는 제1항에 따라 다음 각 호의 어느 하나에 해당하는 건축물의 건축을 허가하려면 미리 건축계획서와 국토교통부령으로 정하는 건축물의 용도, 규모 및 형태가 표시된 기본설계도서를 첨부하여 <u>도지사의 승인을 받아야 한다.</u>

1. 제1항 단서에 해당하는 건축물. 다만, 도시환경, 광역교통 등을 고려하여 해당 도의 조례로 정하는 건축물은 제외한다.
2. 자연환경이나 수질을 보호하기 위하여 도지사가 지정・공고한 구역에 건축하는 3층 이상 또는 연면적의 합계가 1천제곱미터 이상인 건축물로서 위락시설과 숙박시설 등 대통령령으로 정하는 용도에 해당하는 건축물
3. 주거환경이나 교육환경 등 주변 환경을 보호하기 위하여 필요하다고 인정하여 도지사가 지정・공고한 구역에 건축하는 위락시설 및 숙박시설에 해당하는 건축물

③ 제1항에 따라 허가를 받으려는 자는 허가신청서에 국토교통부령으로 정하는 설계도서를 첨부하여 허가권자에게 <u>제출하여야 한다.</u>

④ 허가권자는 다음 각 호의 어느 하나에 해당하는 경우에는 이 법이나 다른 법률에도 불구하고 건축위원회의 심의를 거쳐 <u>건축허가를 하지 아니할 수 있다.</u>

3. 위 도로교통법 제93조를 보면 "정지시킬 수 있다"고 규정한 부분은 재량행위이고, "취소하여야 한다"고 규정한 부분은 기속행위라 할 것이다. 그러나 건축법 제11조의 "허가를 받아야 한다"는 규정 또는 "승인을 받아야 한다"는 규정은 그 법문상 표현만으로 기속행위인지 재량행위인지 판단하기 어렵다. 이러한 경우는 당해 행위의 성질, 기본권관련성, 공익관련성을 두로 살펴 기속행위와 재량행위의 구분을 행할 수밖에 없다. 판례 역시 "행정행위가 그 재량성의 유무 및 범위와 관련하여 이른바 기속행위 내지 기속재량행위와 재량행위 내지 자유재량행위로 구분된다고 할 때, 그 구분은 당해 행위의 근거가 된 법규의 체재·형식과 그 문언, 당해 행위가 속하는 행정 분야의 주된 목적과 특성, 당해 행위 자체의 개별적 성질과 유형 등을 모두 고려하여 판단하여야 한다."는 입장이다.[44]

4. 재량행위의 경우에는 재량권의 일탈·남용이 아닌 한 원칙적으로 위법하지 않고 단지 부당한 행위 정도에 그치는 반면, 기속행위는 법규가 정하는 효과를 행하지 않은 경우 그 자체로 법규 위반으로 인해 위법하다는 판단을 받게 된다.[45] 부관은 기속행위에는 부가할 수 없고, 재량

---

44) 대법원 2001. 2. 9. 98두17593 등; 대법원 2005. 4. 15. 2004두10883 "주택건설촉진법 제33조에 의한 주택건설사업계획의 승인은 상대방에게 권리나 이익을 부여하는 효과를 수반하는 이른바 수익적 행정처분으로서 법령에 행정처분의 요건에 관하여 일의적으로 규정되어 있지 아니한 이상 행정청의 재량행위에 속한다 할 것이고, 이러한 승인을 받으려는 주택건설사업계획이 관계 법령이 정하는 제한에 배치되는 경우는 물론이고 그러한 제한사유가 없는 경우에도 공익상 필요가 있으면 처분권자는 그 승인신청에 대하여 불허가 결정을 할 수 있다."; 대법원 2001. 1. 19. 99두3812 "구 자동차운수사업법의 관련 규정에 의하면 마을버스운송사업면허의 허용 여부는 사업구역의 교통수요, 노선결정, 운송업체의 수송능력, 공급능력 등에 관하여 기술적·전문적인 판단을 요하는 분야로서 이에 관한 행정처분은 운수행정을 통한 공익실현과 아울러 합목적성을 추구하기 위하여 보다 구체적 타당성에 적합한 기준에 의하여야 할 것이므로 그 범위 내에서는 법령이 특별히 규정한 바가 없으면 행정청의 재량에 속하는 것이라고 보아야 할 것이다."

45) 대법원 2005. 7. 14. 2004두6181 "행정행위를 기속행위와 재량행위로 구분하는 경우 양자에 대한 사법심사는, 전자의 경우 그 법규에 대한 원칙적인 기속성으로 인하여 법원이 사실인정과 관련 법규의 해석·적용을 통하여 일정한 결론을 도출한 후 그 결론에 비추어 행정청이 한 판단의 적법 여부를 독자의 입장에서 판정하는 방식에 의하게 되

행위의 경우에만 부가할 수 있다.[46] 행정청의 재량행위가 목적 위반, 사실관계의 오인, 비례의 원칙 위반, 평등권·자기구속 원칙의 위반, 신뢰보호 원칙의 위반, 부당결부금지 원칙의 위반 등을 위반하여 행해진 경우에는 재량권의 한계를 넘은 것으로 위법한 것이 된다.[47]

Ⅱ. 불확정개념·판단여지

1. 불확정 개념이라 함은 법률요건과 관련하여 일의적 의미로 해석되지 않고 다의적인 의미로 해석되어 구체적 상황에 따라 진정한 의미 내용이 결정되는 개념을 말한다. 이는 행정이 고도화·전문화·다양화 될수록 모든 개념을 구체적·개별적으로 나열하는 것이 불가능하고 가변적인 시대상황에 맞게 행정에 탄력성을 부여하기 위해 사용된다. 예컨대, 공공의 이익, 공적 질서, 중대한 사유, 상당한 이유 등이 불확정 개념에 해당한다. 불확정개념에 대한 해석·적용도 법률요건의 해석문제이므로 원칙적으로 사법심사의 대상이다. 따라서 구체적 상황 하에서 법원은 논리칙 또는 경험칙에 의거하여 불확정 개념을 일의적으로 해석하여 법을 적용하게 된다. 다만, 그것이 전문적·기술적·정책적 판단에

나, 후자의 경우 행정청의 재량에 기한 공익판단의 여지를 감안하여 법원은 독자의 결론을 도출함이 없이 당해 행위에 재량권의 일탈·남용이 있는지 여부만을 심사하게 되고, 이러한 재량권의 일탈·남용 여부에 대한 심사는 사실오인, 비례·평등의 원칙 위배 등을 그 판단 대상으로 한다."

46) 기속행위의 경우에도 요건충족적 부관은 부가할 수 있고, 재량행위라도 신분상의 행위 등 일정한 경우에는 부관을 붙일 수 없다고 설명하는 견해도 있다.

47) 재량의 하자는, ① 법령상 주어진 재량의 범위를 넘어서 재량행사를 한 경우(재량의 일탈), ② 재량의 범위를 넘지는 않았으나 재량권을 부여한 법의 목적에서 벗어나 극히 부당하게 행사된 경우(재량의 남용), ③ 재량권을 전혀 행사하지 않거나 불충분하게 행사한 경우(재량권의 불행사)로 구분할 수 있다. 판례는 재량권의 일탈·남용에 대해 이를 명확히 구분하지 않고 그냥 통칭하여 재량권의 일탈·남용이라고 하면서 위법성 판단을 한다. 대법원 2001. 7. 27. 99두2970 "위와 같은 재량행위에 대한 법원의 사법심사는 당해 행위가 사실오인, 비례·평등의 원칙 위배, 당해 행위의 목적 위반이나 부정한 동기 등에 근거하여 이루어짐으로써 재량권을 일탈·남용한 위법이 있는지 여부만을 심사하게 되는 것이나, 법원의 심사결과 행정청의 재량행위가 사실오인 등에 근거한 것이라고 인정된다면 이는 재량권을 일탈·남용한 것으로서 위법하여 그 취소를 면치 못한다."

해당할 경우 법원은 행정청의 판단을 존중하여 법원의 심사권이 예외적으로 제한되는 경우가 있다. 이러한 한계영역을 판단여지라 한다.[48)]

2. 판단여지는 법률요건과 관련해 법개념의 인식 · 해석 · 포섭의 문제로 예측가능성이 주어지지만, 행정재량은 법률효과와 관련해 선택의 문제로서 예측가능성이 없는 점, 판단여지는 원칙적으로 사법심사가 가능하지만 예외적인 경우 사법심사를 제한하는 것인 반면, 행정재량은 원칙적으로 사법심사의 대상에서 제외하고 예외적인 경우에 사법심사를 가능하게 보는 것으로 그 내용이 다르다는 점 등을 근거로 판단여지와 행정재량을 구별하는 견해가 일반적이나, 판단여지와 행정재량 모두 사법심사를 배제하는 것에서 차이가 없고, 요건판단과 효과결정은 법의 구체화작업이라는 점에서 일원적 구조를 취하므로 이를 구별할 실익이 없다는 견해도 있다.[49)]

48) 판단여지설이란 행정법규의 요건상에 불확정 개념이 사용될 경우 행정기관은 법원이 심사할 수 없는 독자적인 평가 · 결정영역에서 일정한 판단의 자유가 인정되어 그 한도 내에서는 법원은 행정기관의 결정을 받아들여야 하고, 다만 그 영역의 한계가 준수되었는지 만을 심사할 수 있을 뿐이라는 견해로 독일에서 생성 · 발전된 이론이다. 판단여지설은 불확정 개념의 해석과 관련해 일정한 경우에는 행정청이 법원보다 더 전문적 지식을 가지고 있고 이는 존중되어야 하며, 특수한 영역의 경우에는 입법자가 불확정 개념을 입법하면서 행정청에게 그에 대한 최종적인 결정권한을 수권한 것으로 보아야 한다(이른바 규범수권 이론)는 것 등에 근거하고 있다.

49) 판례는 판단여지설이 주장하는 판단여지 영역의 경우에도 재량의 일탈 · 남용 여부로 심사하여 표면상으로는 판단여지와 행정재량을 구별하지 않는 것으로 보인다. 대법원 1997. 11. 28. 97누11911 "공무원 임용을 위한 면접전형에 있어서 임용신청자의 능력이나 적격성 등에 관한 판단은 면접위원의 고도의 교양과 학식, 경험에 기초한 자율적 판단에 의존하는 것으로서 오로지 면접위원의 자유재량에 속하고, 그와 같은 판단이 현저하게 재량권을 일탈 내지 남용한 것이 아니라면 이를 위법하다고 할 수 없다."; 대법원 1992. 4. 24. 91누6634 "교과서검정이 고도의 학술상, 교육상의 전문적인 판단을 요한다는 특성에 비추어 보면, 교과용 도서를 검정함에 있어서 법령과 심사기준에 따라서 심사위원회의 심사를 거치고, 또 검정상 판단이 사실적 기초가 없다거나 사회통념상 현저히 부당하다는 등 현저히 재량권의 범위를 일탈한 것이 아닌 이상 그 검정을 위법하다고 할 수 없다."; 대법원 2005. 7. 14. 2004두6181 "…각 규정을 종합하면, 국토의계획및이용에관한법률 제56조 제1항 제2호의 규정에 의한 토지의 형질변경허가는 그 금지요건이 불확정개념으로 규정되어 있어 그 금지요건에 해당하는지 여부를 판단함에 있어서 행정청에게 재량권이 부여되어 있다고 할 것이므로, 같은 법에 의하여 지정된 도시지역 안에서 토지의 형질변경행위를 수반하는 건축허가는 결국 재량행위에 속한다."

3. 판단여지의 적용 영역으로 첫째, 비대체적 결정 영역이 있다. 국가고시 등에 있어서의 주관식 시험채점 및 면접 평가, 공무원의 근무성적평가 등 당해 결정에 대한 상황재현이 불가능하고 특수한 경험 및 전문지식이 필요한 고도의 전문적·비대체적 결정 영역에서는 사법심사가 제한된다할 것이다.[50] 둘째, 구속적 가치평가 영역이 있다. 독립된 합의 제도를 갖춘 위원회의 결정 등 그 결정에 구속력이 인정되는 가치 평가 영역에서는 위원회의 전문성과 중립적 지위 등을 존중하여 사법심사가 제한된다. 예컨대 교과서검정위원회의 심사, 청소년보호위원회의 유해도서물 선정, 공정거래위원회의 불공정거래행위의 결정 등이 이에 해당한다. 셋째, 미래 예측 결정 영역이다. 환경분야와 경제분야 등 국민의 생활과 밀접한 관련 있는 분야로서 향후 대응책 마련 등을 위해 미래의 예측 결정을 필요로 하는 분야에서는 그에 대한 전문적 지식을 갖춘 행정기관이 이를 판단하게끔 하고 그 판단을 존중하여 과거사실에 대한 판단을 대상으로 하는 법원의 사법심사를 제한해야 할 것이다. 넷째, 행정정책적 결정 영역이다. 외국인의 체류 갱신 허가의 필요성 판단 등 사회 각 분야를 일정한 방향으로 유도·조성하고자 하는 고도의 정치적·정책적 결정이 필요한 형성적, 행정정책적 결정 영역에서는 관련기관의 고도의 전문성을 존중하고 정치적·정책적 문제에 관섭하는 것은 권력분립 원리에도 위배될 소지가 있는 등 사법 통제의 대상으로 삼기에 부적절하다 할 것이다.

4. 판단여지가 인정되는 경우라도 사법심사가 무한히 제한되는 것이 아니고 판단여지의 한계를 넘어 결정된 경우에는 사법심사의 대상이 된다. 판단여지의 한계와 관련하여, 주체요건과 관련해서 적법한 권한을 가

50) 국가공무원법 제73조의3(직위해제) ① 임용권자는 다음 각 호의 어느 하나에 해당하는 자에게는 직위를 부여하지 아니할 수 있다. 2. **직무수행 능력이 부족하거나 근무성적이 극히 나쁜 자** 3. 파면·해임·강등 또는 정직에 해당하는 징계 의결이 요구 중인 자 4. 형사 사건으로 기소된 자(약식명령이 청구된 자는 제외한다) 5. 고위공무원단에 속하는 일반직공무원으로서 제70조의2제1항제2호부터 제5호까지의 사유로 적격심사를 요구받은 자

진 판단기관인지, 내용요건과 관련해 포섭의 과정에서 사실관계를 정확히 파악하고 판단하였는지, 행정법의 일반원칙 등에 위배되지는 않는지, 절차 및 형식 요건과 관련해 관계법령상의 절차와 형식상 요건을 준수하였는지 등을 판단하여 그 한계를 넘는 경우에는 위법하다는 판단을 받게 된다.

제4절 제3자효 행정처분

Ⅰ. 제3자효 행정처분이란 예컨대 상대방에게 연탄공장허가를 해주었더니 인근주민들이 그러한 공장의 허가로 인해 환경피해를 입게 되는 경우 등 처분의 직접상대방에게는 수익적 행정이지만 그와 관련된 제3자에게는 침익적 행정이 되거나 또는 처분의 직접상대방에게는 침익적 행정이지만 그와 관련된 제3자에게는 수익적 행정이 되는 경우를 말한다.

Ⅱ. 행정절차법 제27조 제1항은 "당사자 등은 행정청의 처분 전에 처분의 관할행정청에 서면·구술 등으로 의견 제출을 할 기회가 있다"고 규정하고, 동법 제27조의 2는 "행정청은 처분을 함에 있어 당사자 등이 제출한 의견이 상당한 이유가 있다고 인정하는 경우에는 이를 반영하여야 한다"고 규정하고 있는바, 여기서의 당사자 등에는 제3자효 행정처분의 제3자도 당연히 포함된다.

Ⅲ. 행정청이 각종 인·허가 처분을 하기 전에 그것이 이웃주민들의 환경과 관계되는 사안 등 이웃주민들의 권리를 침해할 소지가 있는 경우에는 개별법령에서 제3자의 동의를 요구하도록 규정하는 경우도 있고, 행정청이 재량행위로서의 고려요소로 이웃주민인 제3자의 동의를 요구하는 경우도 있다. 공공기관의 정보공개에 관한 법률에서는 정보 공개 청구의 대상이 된 정보가 제3자의 이익을 침해할 소지가 있는 경우 이에 대한 방지책을 규정하고 있다.[51]

---

51) 공공기관의 정보공개에 관한 법률 제11조 3항에서는 '공공기관은 공개 청구된 공개대상

Ⅳ. 행정소송법 제12조 1문, 행정심판법 제9조 1항 1문 등에는 '법률상 이익 있는 자'가 항고소송 또는 행정심판의 원고적격을 가진다고 하여 제3자의 경우를 따로 배제하지 아니하고 있기 때문에 제3자도 상대방에게 발령된 행정처분로 인해 법률상 이익을 침해받은 경우에는 이에 대해 행정쟁송을 제기할 수 있다.[52)]

Ⅴ. 행정심판법 제18조 3항은 처분이 있은 날로부터 180일까지를 쟁송제기기간으로 하면서 다만 '정당한 이유가 있는 경우 그러하지 아니하다'라고 하여 예외조항을 두었다. 또한 행정소송법 제20조 2항에서도 처분이 있은 날로부터 1년까지를 청구기간으로 두면서도 정당한 이유 있는 경우에는 그 예외로 하고 있다. 이 경우 제3자는 처분의 직접 상대방이 아니기 때문에 처분이 있었음을 알지 못하는 경우가 많아 위 예외규정을 통해 정당한 사유가 있는 경우로 볼 소지가 많고 따라서 쟁송제기기간이 도과한 경우에도 쟁송을 제기할 수 있어 보호받을 수 있다.

Ⅵ. 행정심판법 제16조 1항에 따르면 '심판결과에 대해 이해관계가 있는

정보의 전부 또는 일부가 제3자와 관련이 있다고 인정되는 때에는 그 사실을 제3자에게 지체 없이 통지하여야 하며, 필요한 경우에는 그의 의견을 청취할 수 있다.'라고 규정되어 있고, 동법 제21조 제1항에서는, '제11조 제3항의 규정에 의하여 공개 청구된 사실을 통지받은 제3자는 통지받은 날부터 3일 이내에 당해 공공기관에 대하여 자신과 관련된 정보를 공개하지 아니할 것을 요청할 수 있다.', 2항에서는 '제1항의 규정에 의한 비공개 요청에도 불구하고 공공기관이 공개결정을 하는 때에는 공개결정이유와 공개 실시일을 명시하여 지체 없이 문서로 통지하여야 하며, 제3자는 당해 공공기관에 문서로 이의신청을 하거나 행정심판 또는 행정소송을 제기할 수 있다. 이 경우 이의신청은 통지를 받은 날부터 7일 이내에 하여야 한다.', 3항에서는 '공공기관은 제2항의 규정에 의한 공개결정일과 공개실시일의 사이에 최소한 30일의 간격을 두어야 한다.'라고 규정하고 있다.

52) 대법원 1995. 6. 30. 94누14230 "행정처분의 직접 상대방이 아닌 제3자라 하더라도 당해 행정처분으로 인하여 법률상 보호되는 이익을 침해당한 경우에는 그 처분의 무효확인을 구하는 행정소송을 제기하여 그 당부의 판단을 받을 자격이 있다 할 것이며, 여기에서 말하는 법률상 보호되는 이익이라 함은 당해 처분의 근거 법규 및 관련 법규에 의하여 보호되는 개별적·직접적·구체적 이익이 있는 경우를 말하고, 공익보호의 결과로 국민 일반이 공통적으로 가지는 일반적·간접적·추상적 이익이 생기는 경우에는 법률상 보호되는 이익이 있다고 할 수 없다."

제3자 또는 행정청은 위원회의 허가를 받아 그 사건에 참가할 수 있다'고 규정하고 있고, 행정소송법 제16조에 의하면 제3자도 상대방이 제기한 소송에 참가할 수 있도록 규정하고 있어 제3자를 보호하고 있다. 또한 제3자가 행정심판 또는 행정소송을 제기한 경우에는 비록 상대방에게 발령된 처분이라 하더라도 제3자는 집행정지신청을 하여 처분의 효력을 정지시킬 수 있다(행정심판법 제21조 2항, 행정소송법 제23조 2항). 이는 집행정지가 인정되지 않으면 제3자는 처분의 효력이 계속 유지됨으로 인해 회복할 수 없는 손해가 발생할 수도 있기 때문이다.

Ⅶ. 행정소송법 제31조 1항에서는 제3자가 책임 없는 사유로 소송에 참가하지 못한 경우 판결의 결과에 영향을 미칠 공격·방어방법이 있음에도 불구하고 제출하지 못한 때에는 확정된 종국판결에 대해서도 재심을 청구할 수 있도록 하여 제3자를 보호하고 있다. 그러나 행정심판에서는 이와 같은 재심제도는 없다. 제3자는 행정청에 대해 당해 처분이 행정심판의 대상이 되는 처분인지 여부와 행정심판의 대상이 되는 경우 재결청 및 청구기간에 관하여 이를 알려줄 것을 신청할 수 있고, 신청 받은 행정청은 이에 대해 지체 없이 알려줄 의무가 있다(행정심판법 제42조 2항). 처분 등을 취소하는 확정판결은 제3자에 대해서도 효력을 갖는다(행정소송법 제29조 제1항).

제5절 행정처분의 여러 형식 : 하명·허가·특허·인가·공증·수리거부·일반처분·공용지정

Ⅰ. 下命

1. 하명은 건축철거명령, 집회해산명령, 통행금지, 주차금지, 영업정지, 강제집행 수인, 조세부과 등 행정청이 私人에게 특정한 작위·부작위·수인·급부를 명하는 행정처분을 말한다.

2. 하명의 상대방인 사인은 하명의 내용에 따른 의무를 이행하여야 한다. 그러나 하명의 내용에 따는 의무 이행을 하지 않았다 하여 私法상의 법률효과까지 부정되는 것은 아니다.

3. 대인적 하명의 효과는 그 상대방에게만 발생하지만, 대물적 하명의 효과는 그 대상 물건의 이전과 함께 새로운 소유자에게 이전된다.

Ⅱ. 許可

1. 건축허가, 영업허가 등 질서유지와 경찰행적 목적에서 본래 허용된 행위를 법령에 의해서 일반적·예방적으로 금지해 놓고 일정한 경우 이를 해제하는 행위를 강학상 허가라 한다. 실정법상 면허·인가·허가·승인 등 다양한 용어로 표현된다.

영업의 자유는 시장경제 국가에서 당연한 것이고, 우리 헌법상 기본권이다. 하지만 여러 경제정책상 목적 달성을 위해 법률에 의하여 영업의 자유에 제한을 가하고, 일정한 요건을 갖춘 경우에 그 제한을 풀어준다.

2. 허가와 구별해서 이해할 개념으로 예외적 승인이 있다. 예외적 승인이란 사회적으로 유해한 행위이거나 바람직하지 않은 행위를 공익상의 목적을 위해 원칙적으로 금지를 해놓고(억제적 금지) 일정한 경우에만 예외적으로 금지를 해제하는 것을 말한다. 그 예로 치료목적의 아편사용에 대한 허가, 개발제한구역 내 건축물의 예외적 신축 허가 등을 들 수 있다. 허가는 이에 반해 질서 유지 차원에서 원래 허용된 행위를 예방적으로 금지한다는 점에서 차이가 있다(예방적 금지). 또한 허가는 일반적으로 기속행위의 성격이지만, 예외적 승인은 공익성의 심사가 필요해 재량행위의 성격이 강하다는 점도 서로 구별된다.[53)]

53) "구 도시계획법 제21조, 구 도시계획법시행령 제20조 제1항, 제2항 등의 각 규정을 종합하면, 개발제한구역 내에서는 구역 지정의 목적상 건축물의 건축, 공작물의 설치, 토지의 형질변경 등의 행위는 원칙적으로 금지되고, 다만 구체적인 경우에 위와 같은 구역

3. 허가는 일반적으로 허가의 대상에 따라 ① 사람의 능력, 자격요건과 같은 주관적 요소에 대한 경우인 대인적 허가, ② 객관적 물적 상태에 대한 경우인 대물적 허가, ③ 주관적 요소와 대물적 요소가 혼합된 혼합적 허가로 구분된다. 대인적 허가는 일신전속성으로 인해 양도가능성이 부인되고, 대물적 허가는 물건의 상태에 대해 내려진 허가이므로 주관적 요소와는 상관 없어 양도가 가능하다고 보는 것이 통설 · 판례[54]이며, 혼합적 허가는 양도가능성을 일의적으로 말할 수는 없 각각의 경우에 개별적으로 검토해야 한다.

4. 허가의 개념적 징표에 의하면 허가는 경찰행정 또는 질서유지 차원에서 본래 허용된 행위를 예방적으로 금지해 놓고 있다가 일정한 요건에 해당하기만 하면 이를 해제하는 것으로서 만약 이를 해제하지 않으면 이는 특별한 이유 없이 기본권을 제한하는 것이 되므로 원칙적으로 기속행위로 보아야 한다.[55] 다만 허가의 경우에도 예외적으로 공익상 또는

지정의 목적에 위배되지 아니할 경우 예외적으로 허가에 의하여 그러한 행위를 할 수 있게 되며, 한편 개발제한구역 내에서의 건축물의 건축 등에 대한 예외적 허가는 그 상대방에게 수익적인 것으로서 재량행위에 속하는 것이라고 할 것이므로 그에 관한 행정청의 판단이 사실오인, 비례 · 평등의 원칙 위배, 목적위반 등에 해당하지 아니하는 이상 재량권의 일탈 · 남용에 해당한다고 할 수 없다."(대판 2004. 7. 22. 2003두7606)

54) "석유사업법 제12조 제3항, 제9조 제1항, 제12조 제4항 등을 종합하면 석유판매업(주유소)허가는 소위 대물적 허가의 성질을 갖는 것이어서 그 사업의 양도도 가능하고 이 경우 양수인은 양도인의 지위를 승계하게 됨에 따라 양도인의 위 허가에 따른 권리의무가 양수인에게 이전되는 것이므로 만약 양도인에게 그 허가를 취소할 위법사유가 있다면 허가관청은 이를 이유로 양수인에게 응분의 제재조치를 취할 수 있다 할 것이고, 양수인이 그 양수 후 허가관청으로부터 석유판매업허가를 다시 받았다 하더라도 이는 석유판매업의 양수도를 전제로 한 것이어서 이로써 양도인의 지위승계가 부정되는 것은 아니므로 양도인의 귀책사유는 양수인에게 그 효력이 미친다."(대판 1986. 7. 22. 86누203)

55) "식품위생법상 대중음식점영업허가는 성질상 일반적 금지에 대한 해제에 불과하므로 허가권자는 허가신청이 법에서 정한 요건을 구비한 때에는 허가하여야 하고 관계법규에서 정하는 제한사유 이외의 사유를 들어 허가신청을 거부할 수 없다."(대판 1993. 5. 27. 93누2216)

"건축허가권자는 건축허가신청이 건축법, 도시계획법 등 관계 법규에서 정하는 어떠한 제한에 배치되지 않는 이상 당연히 같은 법조에서 정하는 건축허가를 하여야 하고 위 관계 법규에서 정하는 제한사유 이외의 사유를 들어 거부할 수는 없다."(대판 1995. 12. 12. 95누9051)

안전상의 이유 등으로 인해 이에 대한 심사가 필요한 경우가 있으며, 이에 의할 경우 예외적으로 재량행위에 해당하게 된다(건축법 제8조 5항 등). 이 경우 공익상 또는 안전상의 이유 등 실질적 요건은 법령에 따로 규정되어 있을 수도 있고, 비록 규정이 없다 하더라도 이를 재량행위로 보는 이상 원칙적으로 그에 대한 심사가 가능하다 할 것이다.[56)]

5. 허가의 기한이 있는 경우에 기한이 도래할 때 쯤 되어 허가의 효력을 지속시키기 위해서는 허가의 갱신이 필요하다. 갱신이 되면 새로운 허가가 되는 것이 아니라 기존 허가가 지속되는 것이므로 기존 허가에서 제재적 처분 사유가 발생한 경우 갱신 후에도 유효하게 그에 기초해 제재적 처분을 할 수도 있다. 한편, 이 경우 기한이 도래하기 전에 갱신하는 것이 원칙이고 기한이 도래한 후에는 기존 허가는 효력이 소멸하기 때문에 이에 대해 효력을 지속하려면 이제는 갱신이 아니라 새로운 허가신청을 해야 한다. 그런데 판례는 행정행위 성질에 비추어 부당하게 허가의 기한이 짧은 경우에는 이를 허가 자체의 존속기간이 아닌 허가조건의 존속기간(갱신기간)으로 보아 허가의 효력 자체가 소멸하는 것은 아니라고 보아서 당사자를 보호하고 있다. 다만, 이러한 경우

---

56) "국토의계획및이용에관한법률에서 정한 도시지역 안에서 토지의 형질변경행위를 수반하는 건축허가는 건축법 제8조 제1항의 규정에 의한 건축허가와 국토의계획및이용에관한법률 제56조 제1항 제2호의 규정에 의한 토지의 형질변경허가의 성질을 아울러 갖는 것으로 보아야 할 것이고, 같은 법 제58조 제1항 제4호, 제3항, 같은법 시행령 제56조 제1항 [별표 1] 제1호 (가)목 (3), (라)목 (1), (마)목 (1)의 각 규정을 종합하면, 같은 법 제56조 제1항 제2호의 규정에 의한 토지의 형질변경허가는 그 금지요건이 불확정개념으로 규정되어 있어 그 금지요건에 해당하는지 여부를 판단함에 있어서 행정청에게 재량권이 부여되어 있다고 할 것이므로, 같은 법에 의하여 지정된 도시지역 안에서 토지의 형질변경행위를 수반하는 건축허가는 결국 재량행위에 속한다."(대판 2005. 7. 14. 2004두6181)

"산림훼손은 국토 및 자연의 유지와 수질 등 환경의 보전에 직접적으로 영향을 미치는 행위이므로 법령이 규정하는 산림훼손 금지 또는 제한 지역에 해당하는 경우는 물론 금지 또는 제한 지역에 해당하지 않더라도 허가관청은 산림훼손허가신청 대상 토지의 현상과 위치 및 주위의 상황 등을 고려하여 국토 및 자연의 유지와 환경의 보전 등 중대한 공익상 필요가 있다고 인정될 때에는 허가를 거부할 수 있고, 그 경우 법규에 명문의 근거가 없더라도 거부처분을 할 수 있는 것이며, 이는 산림훼손기간을 연장하는 경우에도 마찬가지이다."(대판 1997. 8. 29. 96누15213)

라 할지라도 그 허가기간의 종기가 도래하기 전 허가기간 연장에 대한 신청이 있을 것을 요한다고 한다.57)

6. 허가로 인해 사인은 영업을 영위함으로써 경영상의 이익을 향유하게 된다. 그러나 이러한 경영상의 이익은 통상 반사적 이익으로 보고 있

57) "유료직업 소개사업의 허가갱신은 허가취득자에게 종전의 지위를 계속 유지시키는 효과를 갖는 것에 불과하고 갱신 후에는 갱신 전의 법위반사항을 불문에 붙이는 효과를 발생하는 것이 아니므로 일단 갱신이 있은 후에도 갱신 전의 법위반사실을 근거로 허가를 취소할 수 있다."(대판 1982. 7. 27. 81누174)

"종전의 허가가 기한의 도래로 실효한 이상 원고가 종전 허가의 유효기간이 지나서 신청한 이 사건 기간연장신청은 그에 대한 종전의 허가처분을 전제로 하여 단순히 그 유효기간을 연장하여 주는 행정처분을 구하는 것이라기보다는 종전의 허가처분과는 별도의 새로운 허가를 내용으로 하는 행정처분을 구하는 것이라고 보아야 할 것이어서, 이러한 경우 허가권자는 이를 새로운 허가신청으로 보아 법의 관계 규정에 의하여 허가요건의 적합 여부를 새로이 판단하여 그 허가 여부를 결정하여야 할 것이다."(대판 1995. 11. 10. 94누11866)

"일반적으로 행정처분에 효력기간이 정하여져 있는 경우에는 그 기간의 경과로 그 행정처분의 효력은 상실되며, 다만 허가에 붙은 기한이 그 허가된 사업의 성질상 부당하게 짧은 경우에는 이를 그 허가 자체의 존속기간이 아니라 그 허가조건의 존속기간으로 보아 그 기한이 도래함으로써 그 조건의 개정을 고려한다는 뜻으로 해석할 수 있다."(대판 2004. 11. 25. 2004두7023)

"일반적으로 행정처분에 효력기간이 정하여져 있는 경우에는 그 기간의 경과로 그 행정처분의 효력은 상실되고, 다만 허가에 붙은 기한이 그 허가된 사업의 성질상 부당하게 짧은 경우에는 이를 그 허가 자체의 존속기간이 아니라 그 허가조건의 존속기간으로 보아 그 기한이 도래함으로써 그 조건의 개정을 고려한다는 뜻으로 해석할 수는 있지만, 그와 같은 경우라 하더라도 그 허가기간이 연장되기 위하여는 그 종기가 도래하기 전에 그 허가기간의 연장에 관한 신청이 있어야 하며, 만일 그러한 연장신청이 없는 상태에서 허가기간이 만료하였다면 그 허가의 효력은 상실된다."(대판 2007. 10. 11. 2005두12404)

"일반적으로 행정처분에 효력기간이 정하여져 있는 경우에는 그 기간의 경과로 그 행정처분의 효력은 상실되며, 다만 허가에 붙은 기한이 그 허가된 사업의 성질상 부당하게 짧은 경우에는 이를 그 허가 자체의 존속기간이 아니라 그 허가조건의 존속기간으로 보아 그 기한이 도래함으로써 그 조건의 개정을 고려한다는 뜻으로 해석할 수 있지만, 이와 같이 당초에 붙은 기한을 허가 자체의 존속기간이 아니라 허가조건의 존속기간으로 보더라도 그 후 당초의 기한이 상당 기간 연장되어 연장된 기간을 포함한 존속기간 전체를 기준으로 볼 경우 더 이상 허가된 사업의 성질상 부당하게 짧은 경우에 해당하지 않게 된 때에는 관계 법령의 규정에 따라 허가 여부의 재량권을 가진 행정청으로서는 그 때에도 허가조건의 개정만을 고려하여야 하는 것은 아니고 재량권의 행사로서 더 이상의 기간연장을 불허가할 수도 있는 것이며, 이로써 허가의 효력은 상실된다."(대판 2004. 3. 25. 2003두12837)

다. 즉, 허가와 관련된 근거법령은 허가로 인해 어떠한 행위를 할 수 있게끔 허용할 뿐이지 그로 인해 영위하는 이익까지 보장하는 것은 아니기 때문이다. 따라서 동종업종이 허가를 받아 그로 인해 사인의 영업상 이익이 감소하게 되었다 하더라도 사인은 그에 대해 법률상 이익의 침해로 항고소송을 제기할 수 없다고 본다.[58] 그러나 허가로 인해 누리는 영업상 이익이라 하여도 관계규정의 법해석을 통해 공익과 함께 기존업자의 이익도 보호하고 있다고 해석될 경우 경영상 이익은 법률상 이익이 될 수 있다.[59]

7. 허가가 있으면 당해 허가의 대상이 된 행위의 경우에만 해제되는 것이지 타법에 의한 금지까지 해제하는 것은 아니다.[60] 허가를 요하는 영

---

58) "원고에 대한 공중목욕장업 경영 허가는 경찰금지의 해제로 인한 영업자유의 회복이라고 볼 것이므로 이 영업의 자유는 법률(구 공중목욕장업법)이 직접 공중목욕장업 피허가자의 이익을 보호함을 목적으로 한 경우에 해당되는 것이 아니고 법률이 공중위생이라는 공공의 복리를 보호하는 결과로서 영업의 자유가 제한됨으로 인하여 간접적으로 관계자인 영업자유의 제한이 해제된 피허가자에게 이익을 부여하게 되는 경우에 해당되는 것이고 거리의 제한과 같은 위의 시행세칙이나 도지사의 지시가 모두 무효인 이상 원고가 이 사건 허가처분에 의하여 목욕장업에 의한 이익이 사실상 감소된다하여도 이 불이익은 본건 허가처분의 단순한 사실상의 반사적 결과에 불과하고 이로 말미암아 원고의 권리를 침해하는 것이라고는 할 수 없음으로 원고는 피고의 피고 보조참가인에 대한 이 사건 목욕장업허가처분에 대하여 그 취소를 소구할 수 있는 법률상 이익이 없다할 것이다."(대판 1963. 8. 31. 63누101)

"건축허가는…자유를 회복시켜 주는 행정처분일 뿐 수허가자에게 어떤 새로운 권리나 능력을 부여하는 것이 아니고, 건축허가서는 허가된 건물에 관한 실체적 권리의 득실변경의 공시방법이 아니며 추정력도 없으므로 건축허가서에 건축주로 기재된 자가 건물의 소유권을 취득하는 것은 아니므로, 자기 비용과 노력으로 건물을 신축한 자는 그 건축허가가 타인의 명의로 된 여부에 관계없이 그 소유권을 원시취득한다."(대판 2002. 4. 26. 2000다16350)

59) "갑이 적법한 약종상허가를 받아 허가지역 내에서 약종상영업을 경영하고 있음에도 불구하고 행정관청이 구 약사법시행규칙을 위배하여 같은 약종상인 을에게 을의 영업허가지역이 아닌 갑의 영업허가지역내로 영업소를 이전하도록 허가하였다면 갑으로서는 이로 인하여 기존업자로서의 법률상 이익을 침해받았음이 분명하므로 갑에게는 행정관청의 영업소이전허가처분의 취소를 구할 법률상 이익이 있다."(대판 1988. 6 14. 87누873)

60) "입법목적을 달리하는 법률들이 일정한 행위를 관할관청의 허가사항으로 각 규정하고 있는 경우에는 어느 법률이 다른 법률에 우선하여 배타적으로 적용된다고 해석되지 않는 이상 그 행위에 관하여 각 법률의 규정에 따른 허가를 받아야 할 것인 바, 내수면어업개발법과 도시계획법은 그 입법목적과 규정대상 등을 달리하여 토석채취에 관한 허

업임에도 불구하고 무허가로 영업하는 것은 위법한 행위로 통상 관련 법률에서 행정벌과 같은 처벌규정이나 또는 대집행, 행정상 직접강제 등을 규정한다. 한편, 무허가라 하여도 당해 무허가 행위의 사법상의 효력까지 부인하게 되는 것은 아니다. 다만, 공익상의 요구가 강하게 요구되는 등 특별한 경우에는 당해 무허가 행위의 사법상의 효력까지 무효로 하는 규정을 둘 수 있다.

8. 허가 신청 후 행정처분 전 법령의 개정으로 허가기준이 변경되면 허가는 행정청의 부당 지연 등의 특별한 사정이 없는 한 원칙적으로 새로운 개정법령에 따라야 한다.[61] 허가는 법령에 근거규정이 있어야 하며, 만약 근거규정이 없이 발령된다면 이는 그 한계를 넘어 위법한 것이 된다.[62]

Ⅲ. 特許

1. 광의의 특허 개념은 특정인에게 특정한 권리, 능력, 포괄적 법률관계 등을 설정하여 주는 행위를 말하는 것이다(설권행위).[63] 협의의 특허 개

가사항에 있어서 상호 모순, 저촉되는 것은 아니고, 어느 법이 다른법에 대하여 우선적 효력을 가진다고 해석할 수는 없으므로 개발제한구역으로 지정된 하천구역에 관하여 내수면어업개발촉진법에 의한 어업면허를 받아 같은 법 제14조 제1항 제2호에 의하여 하천법 제25조에 의한 토석, 사력 등의 채취허가를 취득한 것으로 되었더라도 이를 채취하기 위하여서는 다시 도시계획법의 규정에 의한 허가를 받아야 한다."(대판 1989. 9. 12. 88누6856)

61) "행정행위는 처분 당시에 시행중인 법령과 허가기준에 의하여 하는 것이 원칙이고, 인·허가신청 후 처분 전에 관계 법령이 개정 시행된 경우 신법령 부칙에 그 시행 전에 이미 허가신청이 있는 때에는 종전의 규정에 의한다는 취지의 경과규정을 두지 아니한 이상 당연히 허가신청 당시의 법령에 의하여 허가 여부를 판단하여야 하는 것은 아니며, 소관 행정청이 허가신청을 수리하고도 정당한 이유 없이 처리를 늦추어 그 사이에 법령 및 허가기준이 변경된 것이 아닌 한 변경된 법령 및 허가기준에 따라서 한 불허가처분은 위법하다고 할 수 없다."(대판 2005. 7. 29. 2003두3550)

62) "영업의 자유는 헌법상 국민에게 보장된 자유의 범위 내에 포함되는 것이어서 질서유지와 공공복리를 위하여 필요한 경우에 한하여 법률로써 영업의 자유를 예외적으로 제한할 수 있음에 불과한 것이라고 할 것인 바, 양곡관리법 등 관계법령에 논지주장과 같은 사유로서 양곡 가공시설물 설치장소에 대한 거리를 제한할 수 있는 규정을 한 조문이 없으므로 그 제한거리를 규정한 서울특별시의 예규가 헌법상 보장된 이 영업의 자유를 제한할 수도 없을 것이다."(대판 1981. 1. 27. 79누433)

념은 특정인에게 특정한 권리를 설정하는 행위를 지칭한다. 통상 특허라 하면 협의의 특허를 말한다. 개별법에서는 면허, 특허, 허가 등의 용어로 사용되고 있고 그 예로 여객자동차운수사업의 면허, 도시가스사업의 허가, 전기사업의 허가, 국제항공운송사업의 면허, 이동통신사업의 허가, 도로점용의 허가, 하천점용의 허가, 공유수면점용의 허가, 어업면허, 공법인의 설립행위, 귀화허가 등을 들 수 있다.

2. 특허는 언제나 출원을 전제로 한다는 점에서 허가와 구별되고 인가와 동일하다. 허가는 신청이 없는 경우에도 발해질 수 있는 반면, 특허는 반드시 상대방의 신청이나 출원이 있어야 한다. 특허는 행정처분인 특허와 법규특허가 있다. 법률의 규정에 의해 각종 공사를 창립하는 경우가 법규특허이다. 허가에는 법규허가가 없다. 특허는 반드시 정해진 상대방이 있어야만 발령이 가능하다. 이에 반해 허가는 일반처분과 같이 불특정인이라 하여도 발령되는 경우가 있다. 특허는 공익 목적을 위해 발령된 것으로 그에 대한 행정의 감독의 정도가 적극적이고 강하나, 허가는 단순히 공공의 안녕 · 질서에 위해가 없는지 정도를 감독하는 소극적이고 약한 행정감독에 그친다.

---

63) "재개발조합설립인가신청에 대한 행정청의 조합설립인가처분은 단순히 사인들의 조합설립행위에 대한 보충행위로서의 성질을 가지는 것이 아니라 법령상 일정한 요건을 갖추는 경우 행정주체(공법인)의 지위를 부여하는 일종의 설권적 처분의 성질을 가진다고 봄이 상당하다."(대판 2010. 1. 28. 2009두4845)

"구 도시 및 주거환경정비법 제8조 제3항, 제28조 제1항에 의하면, 토지 등 소유자들이 그 사업을 위한 조합을 따로 설립하지 아니하고 직접 도시환경정비사업을 시행하고자 하는 경우에는 사업시행계획서에 정관 등과 그 밖에 국토해양부령이 정하는 서류를 첨부하여 시장 · 군수에게 제출하고 사업시행인가를 받아야 하고, 이러한 절차를 거쳐 사업시행인가를 받은 토지 등 소유자들은 관할 행정청의 감독 아래 정비구역 안에서 구 도시정비법상의 도시환경정비사업을 시행하는 목적 범위 내에서 법령이 정하는 바에 따라 일정한 행정작용을 행하는 행정주체로서의 지위를 가진다. 그렇다면 토지 등 소유자들이 직접 시행하는 도시환경정비사업에서 토지 등 소유자에 대한 사업시행인가처분은 단순히 사업시행계획에 대한 보충행위로서의 성질을 가지는 것이 아니라 구 도시정비법상 정비사업을 시행할 수 있는 권한을 가지는 행정주체로서의 지위를 부여하는 일종의 설권적 처분의 성격을 가진다고 할 것이다."(대판 2013. 6. 13. 2011두19994)

3. 특허가 발령되면 상대방은 그로 인해 특정한 권리·능력 등을 부여받게 되고 특허된 법률상의 힘을 제3자에게 행사하는 것이 가능해진다는 면에서 이는 법률상 이익이다. 따라서 요건을 구비하여 특허 신청을 하였는데 그에 대해 거부 또는 부작위를 당한 경우 이는 법률상 이익에 대한 침해로서 항고소송을 제기할 수 있다. 이는 특히 경원자 관계에서 많이 볼 수 있다.

4. 사인이 특허에 의하여 특정한 권리 등을 부여받아 영업을 하는 도중 행정청으로부터 위법한 직권취소 또는 철회를 당했을 경우 그 사인은 법률상 이익이 인정되어 직권취소 또는 철회에 대하여 취소소송 등 항고소송을 제기할 수 있다. 특허로 인해 사인이 얻는 경영상 이익은 독점적 이익으로서 법률상 이익에 해당한다. 따라서 행정청이 경쟁자인 제3자에게 위법하게 특허를 해주면 상대방은 그에 대해 법률상 이익을 침해받음을 이유로 행정소송의 제기가 가능하다.[64)]

Ⅳ. 認可

1. 인가란 당사자의 법률행위를 보충하여 그 법률적 효력을 완성시키는 행

---

64) "구 여객사동자운수사업법(2000. 1. 28. 법률 제6240호로 개정되기 전의 것) 제6조 제1항 제1호에서 '사업계획이 당해 노선 또는 사업구역의 수송수요와 수송력공급에 적합할 것'을 여객자동차운송사업의 면허기준으로 정한 것은 여객자동차운송사업에 관한 질서를 확립하고 여객자동차운송사업의 종합적인 발달을 도모하여 공공의 복리를 증진함과 동시에 업자 간의 경쟁으로 인한 경영의 불합리를 미리 방지하자는 데 그 목적이 있다 할 것이고, 한편 같은 법 제3조 제1항 제1호와 같은법 시행령 제3조 제1호, 같은법 시행규칙 제7조 제3항, 제4항 등의 각 규정을 종합하여 보면, 시내버스운송사업과 시외버스운송사업은 다 같이 운행계통을 정하고 여객을 운송하는 노선여객자동차운송사업에 속하므로, 위 두 운송사업이 면허기준, 준수하여야 할 사항, 중간경유지, 기점과 종점, 운행방법, 이용요금 등에서 달리 규율된다는 사정만으로 본질적인 차이가 있다고 할 수는 없으며, 시외버스운송사업계획변경인가처분으로 인하여 기존의 시내버스운송사업자의 노선 및 운행계통과 시외버스운송사업자들의 그것들이 일부 중복되게 되고 기존업자의 수익감소가 예상된다면, 기존의 시내버스운송사업자와 시외버스운송사업자들은 경업관계에 있는 것으로 봄이 상당하다 할 것이어서 기존의 시내버스운송사업자에게 시외버스운송사업계획변경인가처분의 취소를 구할 법률상의 이익이 있다."(대판 2002. 10. 25. 2001두4450)

정처분을 말한다. 은행 신설에 대한 금융위원회의 인가, 국제항공운송사업의 운임과 요금의 인가, 수출입의 승인, 사업양도의 인가(여객자동차운수사업법 제14조), 사립대학의 설립인가, 재단법인의 정관변경허가, 토지거래허가(국토계획이용법 제118조) 등이 이에 해당한다.[65)]

2. 인가는 제3자의 법률행위에 행정청이 동의함으로써 법적 효력을 완성시켜준다는 의미에서 보충성을 지닌다. 이러한 보충성으로 인하여 인가는 항상 당사자의 신청을 전제로 하는 쌍방적 행정행위이고, 수정인가는 원칙적으로 허용되지 않는다.

3. 기본행위가 불성립 또는 무효인 경우에는 인가를 받았어도 기본행위가 유효하게 되는 것은 아니다.[66)] 인가는 법률행위의 효력을 완성시켜 주는 효력발생요건으로서 무인가 행위는 무효이다. 인가의 대상은 법률행위이다.

4. 인가행위의 기속성 여부는 기속행위와 재량행위의 일반적 기준에 따라 판단한다. 즉, 근거법령의 규정형식을 먼저 살피고, 형식이 명확하지 않으면 근거법령의 취지·목적·행정행위의 성질·유형 등을 살펴 기속행위인지 재량행위인지를 구별해야 한다.[67)]

---

65) "공유수면매립법 제20조 제1항 및 같은법 시행령 제29조 제1항 등 관계법령의 규정내용과 공유수면매립의 성질 등에 비추어 볼 때, 공유수면매립의 면허로 인한 권리의무의 양도·양수에 있어서의 면허관청의 인가는 효력요건으로서, 위 각 규정은 강행규정이라고 할 것인바, 위 면허의 공동명의자 사이의 면허로 인한 권리의무양도약정은 면허관청의 인가를 받지 않은 이상 법률상 아무런 효력도 발생할 수 없다."(대판 1991. 6. 25. 90누5184)

66) "인가는 기본행위인 재단법인의 정관변경에 대한 법률상의 효력을 완성시키는 보충행위로서, 그 기본이 되는 정관변경 결의에 하자가 있을 때에는 그에 대한 인가가 있었다 하여도 기본행위인 정관변경 결의가 유효한 것으로 될 수 없다."(대판 1996. 5. 16. 95누4810)

67) "재단법인의 임원취임이 사법인인 재단법인의 정관에 근거한다 할지라도 이에 대한 행정청의 승인(인가)행위는 법인에 대한 주무관청의 감독권에 연유하는 이상 그 인가행위 또는 인가거부행위는 공법상의 행정처분으로서, 그 임원취임을 인가 또는 거부할 것인지 여부는 주무관청의 권한에 속하는 사항이라고 할 것이고, 재단법인의 임원취임승인

5. 기본행위에 하자가 있는 경우 기본행위를 소송으로 다투어야 한다.[68] 기본행위의 하자로 인해 인가행위까지 하자가 발생하는 것은 아니므로 인가행위 자체를 다툴 것은 아니다. 이 경우 인가행위 자체를 취소소송으로 다툴 경우 협의의 소익이 없어 각하판결을 받게 된다. 인가 자체에 하자가 있는 경우는 인가 자체를 항고소송으로 다툴 수 있다.[69]

Ⅴ. 公證

1. 공증이란 특정의 사실 또는 법률관계의 존부를 공적으로 증명하는 행정처분을 말한다.[70] 공증의 예로는 선거인 명부 · 건축물 대장 · 토지 대장 등 각종 공부에의 등재와 각종 증명서 · 자격증 · 여권 등의 발급 등을 예로 들 수 있다.

신청에 대하여 주무관청이 이에 기속되어 이를 당연히 승인(인가)하여야 하는 것은 아니다."(대판 2000. 1. 28. 98두16996)

68) 인가의 경우 행정청은 심사목적에 한정하여 심사권을 행사하면 족한 것이다. 인가대상이 되는 제3자간의 법률행위 전체를 검토할 의무가 행정청에는 없다. 예컨대 토지거래허가에 있어 행정청은 투기적 토지거래목적을 심사하는 것으로 충분하고 사인간의 계약성립요건 전반에 관하여 검토할 의무는 없는 것이다(대판 1995. 12. 12. 95누7338). 따라서 기본행위의 하자를 주장하면서 곧바로 인가의 취소를 구하지는 못한다는 것이 판례가 확립하고 있는 전통적인 강학상 '인가'에 관한 법리이다. 인가이론의 핵심은 기본행위의 하자를 이유로 인가처분에 관한 취소소송을 제기하는 것을 차단하는 데에 있는데, 이는 행정청이 자신이 심리한 범위를 넘어서는 하자주장에 대해 법원의 심사를 피할 수 있도록 한다.

69) "도시 및 주거환경정비법에 기초하여 도시환경정비사업조합이 수립한 사업시행계획은 그것이 인가 · 고시를 통해 확정되면 이해관계인에 대한 구속적 행정계획으로서 독립된 행정처분에 해당하므로, 사업시행계획을 인가하는 행정청의 행위는 도시환경정비사업조합의 사업시행계획에 대한 법률상의 효력을 완성시키는 보충행위에 해당한다. 따라서 기본행위가 적법 · 유효하고 보충행위인 인가처분 자체에만 하자가 있다면 그 인가처분의 무효나 취소를 주장할 수 있다고 할 것이지만, 인가처분에 하자가 없다면 기본행위에 하자가 있다 하더라도 따로 그 기본행위의 하자를 다투는 것은 별론으로 하고 기본행위의 무효를 내세워 바로 그에 대한 인가처분의 취소 또는 무효확인을 구할 수 없다."(대판 2010. 12. 9. 2010두1248)

70) "의료법 부칙 제7조, 제59조, 동법 시행규칙 제59조 및 1973. 11. 9.자 보건사회부 공고 58호에 의거한 서울특별시장 또는 도지사의 의료유사업자 자격증 갱신발급행위는 유사의료업자의 자격을 부여 내지 확인하는 것이 아니라 특정한 사실 또는 법률관계의 존부를 공적으로 증명하는 소위 공증행위에 속하는 행정행위라 할 것이다."(대판 1977. 5. 24. 76누295)

2. 공증은 행위의 대상을 공적으로 증명하는 효력을 가진다. 공적 증명력만 있을 뿐 사실 또는 법률관계가 진실이라는 것은 아니며, 공적 증명력은 소송에 의하지 않고도 누구라도 언제든지 반증에 의해 번복될 수 있다. 따라서 공증은 원칙적으로 공정력을 갖지 않는다.

3. 선거인 명부에의 등록과 같은 경우 공증은 권리행사의 요건이 된다. 광업원부에의 등재와 같은 경우 공증은 광업권이라는 권리설정의 요건이 된다(광업법 제38조 1항 1호).

4. 행정사무집행의 편의와 사실증명의 자료로 삼기 위한 것이고, 공부에의 등재 또는 변경 등으로 인해 실체적 권리관계에 변동이 생기는 것이 아닌 경우에는 공증의 처분성은 인정되지 않는다.[71] 그러나 지적공부 소관청의 지목변경신청 반려행위는 국민의 권리관계에 영향을 미치는 것으로서 항고소송의 대상이 되는 행정처분에 해당한다.[72]

---

71) 그 예로 토지대장(대판 1995. 12. 5. 94누4295), 건축물관리대장(대판 1989. 12. 12. 89누5348), 지적도(대판 1990. 5. 8. 90누554), 임야도(대판 1989. 12. 12. 89누3700) 등 각종 공부에의 등재행위는 처분성을 부인하고 있다. "자동차운전면허대장상 일정한 사항의 등재행위는 운전면허행정사무집행의 편의와 사실증명의 자료로 삼기 위한 것일 뿐 그 등재행위로 인하여 당해 운전면허 취득자에게 새로이 어떠한 권리가 부여되거나 변동 또는 상실되는 효력이 발생하는 것은 아니므로 이는 행정소송의 대상이 되는 독립한 행정처분으로 볼 수 없고, 운전경력증명서상의 기재행위 역시 당해 운전면허 취득자에 대한 자동차운전면허대장상의 기재사항을 옮겨 적는 것에 불과할 뿐이므로 운전경력증명서에 한 등재의 말소를 구하는 소는 부적법하다 할 것이다."(대판 1989. 12. 12. 89누5348)

72) "구 지적법(2001. 1. 26. 법률 제6389호로 전문 개정되기 전의 것) 제20조, 제38조 제2항의 규정은 토지소유자에게 지목변경신청권과 지목정정신청권을 부여한 것이고, 한편 지목은 토지에 대한 공법상의 규제, 개발부담금의 부과대상, 지방세의 과세대상, 공시지가의 산정, 손실보상가액의 산정 등 토지행정의 기초로서 공법상의 법률관계에 영향을 미치고, 토지소유자는 지목을 토대로 토지의 사용·수익·처분에 일정한 제한을 받게 되는 점 등을 고려하면, 지목은 토지소유권을 제대로 행사하기 위한 전제요건으로서 토지소유자의 실체적 권리관계에 밀접하게 관련되어 있으므로 지적공부 소관청의 지목변경신청 반려행위는 국민의 권리관계에 영향을 미치는 것으로서 항고소송의 대상이 되는 행정처분에 해당한다."(대판 전원합의체 2004. 4. 22. 2003두9015)

"지적법 제17조 제1항, 같은법 시행규칙 제20조 제1항 제1호의 규정에 의하여 1필지의 일부가 소유자가 다르게 되거나 토지소유자가 필요로 하는 때 토지의 분할을 신청할 수 있도록 되어 있음에도 지적공부 소관청이 이에 기한 토지분할신청을 거부하는 경우에, 분할거부로 인하여 토지소유자의 당해 토지의 소유권에는 아무런 변동을 초래하지 아니

VI. 受理・受理拒否(신고반려)

1. 사인이 공법적 효과의 발생을 목적으로 행정주체에 대하여 일정한 사실을 알리는 행위를 행정법상 申告라 한다.[73] 이러한 의미의 신고에 대하

한다 하더라도, 부동산등기법 제15조, 지적법 제3조 내지 제6조 등의 관계규정에 의하여 토지의 개수는 같은 법에 의한 지적공부상의 토지의 필수를 표준으로 결정되는 것으로 1필지의 토지를 수필로 분할하여 등기하려면 반드시 같은 법이 정하는 바에 따라 분할의 절차를 밟아 지적공부에 각 필지마다 등록되어야 하고, 이러한 절차를 거치지 아니하는 한 1개의 토지로서 등기의 목적이 될 수 없는 것이니 토지의 소유자는 자기소유 토지의 일부에 대한 소유권의 양도나 저당권의 설정 등 필요한 처분행위를 할 수 없게 되고, 특히 1필지의 일부가 소유자가 다르게 된 때에도 그 소유권을 등기부에 표창하지 못하고 나아가 처분도 할 수 없게 되어 권리행사에 지장을 초래하게 되는 점 등을 고려한다면, 지적 소관청의 이러한 토지분할신청의 거부행위는 국민의 권리관계에 영향을 미치는 것으로서 항고소송의 대상이 되는 처분으로 보아야 할 것이다."(대판 1992. 12. 8. 92누7542)

"지적법 제38조 제2항에 의하면 토지소유자에게는 지적공부의 등록사항에 대한 정정신청의 권리가 부여되어 있고, 이에 대응하여 소관청은 소유자의 정정신청이 있으면 등록사항에 오류가 있는지를 조사한 다음 오류가 있을 경우에는 등록사항을 정정하여야 할 의무가 있는바, 피청구인의 반려행위는 지적관리업무를 담당하고 있는 행정청의 지위에서 청구인의 등록사항 정정신청을 확정적으로 거부하는 의사를 밝힌 것으로서 공권력의 행사인 거부처분이라 할 것이므로 헌법재판소법 제68조 제1항 소정의 "공권력의 행사"에 해당한다. 지목은 토지에 대한 공법상의 규제, 공시지가의 산정, 손실보상가액의 산정 등 각종 토지행정의 기초로서 공법상의 법률관계에 법률상・사실상의 영향을 미치고 있으며, 토지소유자는 지목을 토대로 한 각종 토지행정으로 인하여 토지의 사용・수익・처분에 일정한 제한을 받게 되므로, 지목은 단순히 토지에 관한 사실적・경제적 이해관계에만 영향을 미치는 것이 아니라 토지의 사용・수익・처분을 내용으로 하는 토지소유권을 제대로 행사하기 위한 전제요건으로서 토지소유자의 실체적 권리관계에 밀접히 관련되어 있다고 할 것이고, 따라서 지목에 관한 등록이나 등록변경 또는 등록의 정정은 단순히 토지행정의 편의나 사실증명의 자료로 삼기 위한 것에 그치는 것이 아니라, 해당 토지소유자의 재산권에 크건 작건 영향을 미친다고 볼 것이며, 정당한 지목을 등록함으로써 토지소유자가 누리게 될 이익은 국가가 헌법 제23조에 따라 보장하여 주어야 할 재산권의 한 내포로 봄이 상당하다."(헌재 1999. 6. 24. 97헌마315)

73) 행정절차법 제40조(신고) ①법령등에서 행정청에 대하여 일정한 사항을 통지함으로써 의무가 끝나는 신고를 규정하고 있는 경우 신고를 관장하는 행정청은 신고에 필요한 구비서류와 접수기관 기타 법령등에 의한 신고에 필요한 사항을 개시(인터넷 등을 통한 개시를 포함한다)하거나 이에 대한 편람을 비치하여 누구나 열람할 수 있도록 하여야 한다. ②제1항의 규정에 의한 신고가 다음 각호의 요건을 갖춘 경우에는 신고서가 접수기관에 도달된 때에 신고의 의무가 이행된 것으로 본다. 1. 신고서의 기재사항에 흠이 없을 것, 2. 필요한 구비서류가 첨부되어 있을 것, 3. 기타 법령등에 규정된 형식상의 요건에 적합할 것, ③행정청은 제2항 각호의 요건을 갖추지 못한 신고서가 제출된 경우 지체없이 상당한 기간을 정하여 신고인에게 보완을 요구하여야 한다. ④행정청은 신고인이 제3항의 규정에 의한 기간 내에 보완을 하지 아니한 때에는 그 이유를 명시하여

여 행정청의 실질적 심사가 요구되지 않는다.[74] 그러나 신고의 요건을 갖추어 신고만 하면 신고의무를 이행한 것이 되고 따로 受理를 요하지 않는 신고만 있는 것이 아니라 행정청의 수리를 요하는 신고도 있다.[75] 수리를 요하지 아니하는 신고의 경우 원칙적으로 그것이 행정청에 도달된 때 효력이 발생한다.[76] 개별법령에서 정하고 있는 신고가 수리를 요하지 않는 신고인지 아니면 수리를 요하는 신고인지 여부는 당해 법령 및 규정의 목적, 취지를 참작한 합리적이고 체계적인 해석, 그리고 당해 신고행위의 성질 등을 고려하여 판단하여야 할 것이다.[77]

2. 개별법령에서 수리에 관한 규정을 있는 경우[78]와 신고대상 영업에 관

당해 신고서를 되돌려 보내야 한다.

74) 김동희, 「행정법 I」, 박영사(2006), 122면; 김용섭, "행정법상 신고와 수리", 판례월보 352호, 40면은 사인이 교통사고를 목격하고 신고하는 경우처럼 단순한 사실행위로서의 신고는 행정법상의 신고의 범주에 포함되지 않는다고 설명한다.

75) 홍정선, 「행정법원론(상)」, 박영사(2006), 175-176면.

76) 대법원 1992. 5. 8. 91누5655 "유선및도선업법에서 유선업경영신고에 대한 실질적 검토를 행정관청에 허용하고 있다고 볼 만한 규정을 두고 있지 아니하고 있으므로 유선업의 경영신고는 이른바 강학상의 사인의 공법행위로서의 신고에 해당하고, 그 신고를 받은 행정청은 위 법과 시행령 소정의 형식적(절차적) 요건에 하자가 없는 한 이를 수리하여야 할 것이다."; 대법원 1993. 9. 14. 93누6959 판결 "농어촌발전특별조치법 제47조 제1항의 규정에 의한 농지전용신고를 받은 행정청으로서는 당해 전용신고가 과연 위 법과 같은법 시행령 제57조에 규정된 신고에 의하여 전용할 수 있는 경우에 해당하는지 여부 및 위 법규정에 의한 농지관리위원회의 확인절차를 거쳤는지 여부 등을 심사하여 그것이 법규정에 부합하는 이상 이를 수리하여야 하고, 위 법 규정에 정하지 아니한 농지의 보전가치 등을 심사하여 이를 이유로 신고 수리를 거부할 수 없다."; 대법원 1998. 4. 24. 97도3121 "당구장업과 같은 신고체육시설업에 관하여 적법한 요건을 갖춘 신고의 경우에는 행정청의 수리처분 등 별단의 조처를 기다릴 필요 없이 그 접수시에 신고로서의 효력이 발생하는 것이므로 그 수리가 거부되었다고 하여 무신고 영업이 되는 것은 아니다."; 대법원 1998. 9. 22. 98두10189 "건축법상 신고사항에 관하여는 건축을 하고자 하는 자가 적법한 요건을 갖춘 신고만 하면 건축을 할 수 있고, 행정청의 수리처분 등 별단의 조처를 기다릴 필요는 없는 것이며, 소정의 형식적 요건을 갖추어 적법하게 신고가 제출된 이상 행정청은 이를 수리하여야 할 것이고 비록 행정청이 실체적인 이유를 들어 신고를 반려하였다고 하더라도 그 신고의 효력에는 아무런 영향이 없으므로, 건축법상의 건축신고 반려행위는 신고인의 구체적인 권리의무에 직접 변동을 초래하는 것을 내용으로 하는 행정처분이라고 할 수 없다."

77) 홍정선, "신고수리거부행위의 처분성-대법원 1992.3.31. 선고 91누4911 판결", 「재판의 한 길」, 김용준헌법재판소장화갑기념논문집 간행위원회(1998), 820면

하여 인적 또는 물적 요건을 정하고 있는 경우[79], 신고에 대하여 행정관청에 실질적 검토를 허용하고 있는 경우, 인・허가의제 효과를 수반하는 건축신고[80]는 수리를 요하는 신고라 할 것이다.

3. 대법원은 행정청의 착공신고 반려행위나 체육시설업 신고수리 거부 등을 행정처분이라고 보고 있으며,[81] 그 전제에서 신고체육시설업의 신

---

78) 대법원 2000. 5. 26. 99다37382 "어업의 신고에 관하여 유효기간을 설정하면서 그 기산점을 '수리한 날'로 규정하고, 나아가 필요한 경우에는 그 유효기간을 단축할 수 있도록까지 하고 있는 개정 수산업법 제44조 제2항의 규정 취지 및 어업의 신고를 한 자가 공익상 필요에 의하여 한 행정청의 조치에 위반한 경우에 어업의 신고를 수리한 때에 교부한 어업신고필증을 회수하도록 하고 있는 구 수산업법시행령 제33조 제1항의 규정 취지에 비추어 보면, 개정 수산업법 제44조 소정의 어업의 신고는 행정청의 수리에 의하여 비로소 그 효과가 발생하는 이른바 '수리를 요하는 신고'라고 할 것이다. 따라서 설사 관할관청이 원고들 중 일부의 어업 신고를 수리하면서 이 사건 공유수면매립구역을 조업구역에서 제외한 것이 위법하다고 하더라도, 그 제외된 구역에 관하여 관할관청의 적법한 수리가 없었던 것이 분명한 이상 그 구역에 관하여는 개정 수산업법 제44조 소정의 적법한 어업 신고가 있는 것으로 볼 수 없다고 할 것이다."

79) 대법원 2007. 1. 11. 2006두14537 "구 노인복지법의 목적과 노인주거복지시설의 설치에 관한 법령의 각 규정들 및 노인복지시설에 대한 각종 보조와 혜택이 주어지는 점 등을 종합하여 보면, 노인복지시설을 건축한다는 이유로 건축부지 취득에 관한 조세를 감면받고 일반 공동주택에 비하여 완화된 부대시설 설치기준을 적용받아 건축허가를 받은 자로서는 당연히 그 노인복지시설에 관한 설치신고 당시에도 당해 시설이 노인복지시설로 운영될 수 있도록 조치하여야 할 의무가 있다고 할 것이고, 따라서 노인복지법 제33조 제2항에 의한 유료노인복지주택의 설치신고를 받은 행정관청으로서는 그 유료노인복지주택의 시설 및 운영기준이 위 법령에 부합하는지와 아울러 그 유료노인복지주택이 적법한 입소대상자에게 분양되었는지와 설치신고 당시 부적격자들이 입소하고 있지는 않은지 여부까지 심사하여 그 신고의 수리 여부를 결정할 수 있다 할 것이다."

80) 대법원 2010. 11. 18. 2008두167 전원합의체 "인・허가의제 효과를 수반하는 건축신고는 일반적인 건축신고와는 달리, 특별한 사정이 없는 한 행정청이 그 실체적 요건에 관한 심사를 한 후 수리하여야 하는 이른바 '수리를 요하는 신고'로 보는 것이 옳다. 일정한 건축물에 관한 건축신고는 건축법 제14조 제2항, 제11조 제5항 제3호에 의하여 국토의 계획 및 이용에 관한 법률 제56조에 따른 개발행위허가를 받은 것으로 의제되는데, 국토의 계획 및 이용에 관한 법률 제58조 제1항 제4호에서는 개발행위허가의 기준으로 주변 지역의 토지이용실태 또는 토지이용계획, 건축물의 높이, 토지의 경사도, 수목의 상태, 물의 배수, 하천・호소・습지의 배수 등 주변 환경이나 경관과 조화를 이룰 것을 규정하고 있으므로, 국토의 계획 및 이용에 관한 법률상의 개발행위허가로 의제되는 건축신고가 위와 같은 기준을 갖추지 못한 경우 행정청으로서는 이를 이유로 그 수리를 거부할 수 있다고 보아야 한다."

81) 대법원 2011. 6. 10. 2010두7321 "건축주 등으로서는 착공신고가 반려될 경우, 당해 건축물의 착공을 개시하면 시정명령, 이행강제금, 벌금의 대상이 되거나 당해 건축물을 사

고는 수리를 요하지 않지만, 다른 법률에 의한 요건을 갖추어야만 하는 경우에는 다른 법률이 요구하는 별도의 요건을 갖추어야만 적법한 신고가 된다고 판시하고 있다.82)

Ⅶ. 一般處分

1. 일반처분이란 특정도로의 통행금지 표시와 같이 구체적 사안과 관련하여 불특정 다수인을 대상으로 처분을 발령하는 것을 말한다. 이는 행정처분의 징표인 개별성, 구체성과 관련해 그 중 구체성은 유지하였으나 개별성이 없다는 점에서 통상의 행정처분와는 다른 성질의 것이다. 일

용하여 행할 행위의 허가가 거부될 우려가 있어 불안정한 지위에 놓이게 된다. 따라서 착공신고 반려행위가 이루어진 단계에서 당사자로 하여금 반려행위의 적법성을 다투어 법적 불안을 해소한 다음 건축행위에 나아가도록 함으로써 장차 있을지도 모르는 위험에서 미리 벗어날 수 있도록 길을 열어 주고, 위법한 건축물의 양산과 철거를 둘러싼 분쟁을 조기에 근본적으로 해결할 수 있게 하는 것이 법치행정의 원리에 부합한다. 그러므로 행정청의 착공신고 반려행위는 항고소송의 대상이 된다고 보는 것이 옳다."; 대법원 1996. 2. 27. 94누6062 "체육시설업신고수리거부처분 또한 항고소송의 대상이 되는 행정처분이라 할 것이[다.]"

82) 대법원 1991. 7. 12. 90누8350 "학교보건법은 학생 및 교직원의 건강을 보호 증진하게 함으로써 학교교육의 능률화를 기함을 목적으로 하여, 학교관계자와 학교주변의 일정구역 내에서 특정행위나 시설을 하려는 자에 대하여 학교보건과 관련된 의무부과와 규제조치를 규정함에 있어, 학교주변의 일정구역을 학교환경위생정화구역으로 설정하고(제5조) 그 구역 내에서의 설치를 금지하는 시설 중의 하나로서 당구장을 규정하고 있는 한편(제6조 제1항 제13호), 체육시설의설치·이용에관한법률은 국민의 건강증진과 여가선용에 이바지하게 함을 목적으로 하여 시설기준, 등록 및 신고 등 체육시설업의 요건과 절차 등을 규정함에 있어 체육시설업을 대통령령이 정하는 등록체육시설업과 신고체육시설업으로 구분한 다음(제4조 제1항) 그 위임을 받은 같은법시행령에서 신고체육시설업의 하나로서 당구장을 들고 있는바(제3조 제1항 제10호), 양 법률은 그 입법목적 규정사항, 적용범위 등을 서로 달리 하고 있어서 당구장의 설치에 관하여 체육시설의설치·이용에관한법률이 학교보건법에 우선하여 배타적으로 적용되는 관계에 있다고는 해석되지 아니하므로 체육시설의설치·이용에관한법률에 따른 당구장업의 신고요건을 갖춘 자라 할지라도 학교보건법 제5조 소정의 학교환경위생정화구역 내에서는 같은 법 제6조에 의한 별도 요건을 충족하지 아니하는 한 적법한 신고를 할 수 없다고 보아야 할 것이다.; 대법원 1993. 4. 27. 93누1374 "골프연습장의 설치에 관하여 체육시설의설치·이용에관한법률이 건축법에 우선하여 배타적으로 적용되는 관계에 있다고는 해석되지 아니하므로 체육시설의설치·이용에관한법률에 따른 골프연습장의 신고요건을 갖춘 자라고 할지라도 그 골프연습장을 설치하려고 하는 건물이 건축법 소정의 허가를 받지 아니하여 건축법을 위배하여 건축된 무허가 건물이라면 적법한 신고를 할 수 없다고 보아야 할 것이다."

반처분의 법적 성질에 대하여 일반적인 불특정 다수인을 대상으로 하므로 이를 일종의 법규명령으로 보아 입법행위에 해당한다고 보는 견해와 일반적 불특정 다수인을 상대로 한다고 해도 수명자들은 그에 의해 권리·의무에 영향을 받았으므로 이는 행정처분에 해당하고 따라서 처분성이 인정되어 항고소송의 대상이 된다고 보는 견해가 대립한다. 대법원은 지방경찰청장의 횡단보도설치행위라는 일반처분에 대해 처분성을 인정하고 있다.[83)]

2. 일반처분은 크게 인적 일반처분과 물적 일반처분으로 구분될 수 있다. 인적 일반처분이란 일반적인 징표를 근거로 하여 특정되어 질 수 있는 불특정다수인을 상대로 일반처분을 발령하는 것을 말한다. 그 예로 어떤 시민단체의 구성원들이 특정지역에서 시위를 하는 것에 대해 시위해산명령을 내리는 경우 등을 들 수 있다. 물적 일반처분이란 물건을 대상으로 물건의 공법적 상태를 직접적으로 규율하고 그에 따라 물건의 이용관계 등 개인의 권리·의무를 간접적으로 규율하는 처분을 말하며 물적 행정행위라고도 한다. 그 예로 도로의 공용지정행위, 도로에 설치된 일방통행표지판, 교통신호등, 개별공시지가결정[84)] 등을 들 수 있다.

---

83) 대법원 2000. 10. 27. 98두8964 "도로교통법 제10조 제1항은 지방경찰청장은 도로를 횡단하는 보행자의 안전을 위하여 행정자치부령이 정하는 기준에 의하여 횡난보도를 설치할 수 있다고 규정하고, 제10조 제2항은 보행자는 지하도·육교 그 밖의 횡단시설이나 횡단보도가 설치되어 있는 도로에서는 그 곳으로 횡단하여야 한다고 규정하며, 제24조 제1항은 모든 차의 운전자는 보행자가 횡단보도를 통행하고 있는 때에는 그 횡단보도 앞에서 일시 정지하여 보행자의 횡단을 방해하거나 위험을 주어서는 아니된다고…규정하는 도로교통법의 취지에 비추어 볼 때, 지방경찰청장이 횡단보도를 설치하여 보행자의 통행방법 등을 규제하는 것은 행정청이 특정사항에 대하여 의무의 부담을 명하는 행위이고 이는 국민의 권리의무에 직접 관계가 있는 행위로서 행정처분이라고 보아야 할 것이다."

84) 대법원도 개별공시지가에 대해 처분성을 인정하고 있다. 대법원 1994. 2. 8. 93누111 "시장·군수 또는 구청장의 개별토지가격결정은 관계법령에 의한 토지초과이득세, 택지초과소유부담금 또는 개발부담금 산정의 기준이 되어 국민의 권리나 의무 또는 법률상 이익에 직접적으로 관계되는 것으로서 행정소송법 제2조 제1항 제1호 소정의 행정청이 행하는 구체적 사실에 관한 법집행으로서의 공권력행사이므로 항고소송의 대상이 되는 행정처분에 해당한다."

Ⅷ. 公用指定과 公用廢止

1. 도로법 제25조 제1항에 의한 도로구역의 결정[85], 하천법 제10조에 의한 하천구역의 결정[86] 등을 공용지정이라 한다. 공용지정은 말 그대로

---

85) 도로법 제25조(도로구역의 결정) ① 도로관리청은 도로 노선의 지정·변경 또는 폐지의 고시가 있으면 지체 없이 해당 도로의 도로구역을 결정·변경 또는 폐지하여야 한다. ② 상급도로의 도로관리청은 제1항에도 불구하고 해당 상급도로에 접속되거나 연결되는 하급도로의 접속구간 또는 연결구간의 도로구역을 결정·변경 또는 폐지할 수 있다. 이 경우 상급도로관리청은 미리 하급도로의 도로관리청(이하 "하급도로관리청"이라 한다)의 동의를 받아야 한다. ③ 도로관리청은 제1항이나 제2항에 따라 도로구역을 결정·변경 또는 폐지하면 그 사유, 위치, 면적 등 대통령령으로 정하는 사항을 구체적으로 밝혀 국토교통부령으로 정하는 바에 따라 고시하고, 그 도면을 일반인이 열람할 수 있도록 하여야 한다. 도로법 제26조(주민 등의 의견청취) ① 도로관리청은 제25조에 따라 도로구역을 결정·변경 또는 폐지하려는 경우에는 미리 해당 도로구역에 대한 주소, 도면, 면적 등 대통령령으로 정하는 사항을 공고하여 주민 및 관계 전문가 등의 의견을 들어야 한다. 다만, 대통령령으로 정하는 경미한 사항을 변경하는 경우에는 그러하지 아니하다. ② 제1항에 따른 공고, 주민 및 관계 전문가 등의 의견청취에 필요한 사항은 대통령령으로 정한다.

도로법 제27조(행위제한 등) ① 도로구역 및 제26조제1항에 따라 공고를 한 도로구역 결정·변경 또는 폐지 예정지에서 건축물의 건축, 공작물의 설치, 토지의 형질변경, 토석(土石)의 채취, 토지의 분할, 물건을 쌓아놓는 행위, 그 밖에 대통령령으로 정하는 행위를 하려는 자는 특별자치시장, 특별자치도지사, 시장·군수 또는 구청장(이하 이 조에서 "허가권자"라 한다)의 허가를 받아야 한다. 허가받은 사항을 변경하려는 경우에도 또한 같다. ⑤ 제1항에 따라 허가를 받은 경우에는 「국토의 계획 및 이용에 관한 법률」 제56조에 따라 허가를 받은 것으로 본다. ⑥ 제1항에도 불구하고 제26조제1항에 따른 공고가 있은 날부터 5년 이내에 해당 도로구역 예정지에 대하여 제25조제3항에 따른 도로구역의 결정·변경 고시가 이루어지지 아니하면 제1항에 따른 허가를 받지 아니하고 제1항에 따른 행위를 할 수 있다.

도로법 제28조(입체적 도로구역) ① 도로관리청은 제25조에 따라 도로구역을 결정하거나 변경하는 경우 그 도로가 있는 지역의 토지를 적절하고 합리적으로 이용하기 위하여 필요하다고 인정하면 지상이나 지하 공간 등 도로의 상하의 범위를 정하여 도로구역으로 지정할 수 있다.

86) 하천법 제10조(하천구역의 결정 등) ① 하천관리청은 제7조제6항에 따라 하천의 명칭 및 구간의 지정 또는 지정의 변경·해제의 고시가 있는 때에는 다음 각 호의 어느 하나에 해당하는 지역을 하천구역으로 결정 또는 변경하거나 하천구역을 폐지하여야 한다. ②하천관리청이 제1항에 따라 하천구역을 결정하려는 때에는 중앙하천관리위원회 또는 지방하천관리위원회의 심의를 거쳐야 한다. 하천구역을 변경 또는 폐지하려는 때에도 또한 같다. ④하천관리청은 제3항에 따라 하천구역의 결정·변경 또는 폐지의 고시를 하는 때에는 국토교통부령으로 정하는 바에 따라 지형도면을 작성하여 함께 고시하여야 한다. ⑤하천구역의 결정·변경 또는 폐지는 제3항에 따른 고시가 있는 날부터 그 효력이 발생한다. ⑥국가 및 지방자치단체는 제1항에 따라 하천구역으로 된 때에는 국가하천인 경우 「국유재산법」에 따른 국유재산으로, 지방하천인 경우 「공유재산 및 물품

특정한 공적 목적을 위한 사용을 위하여 특정한 물건을 공공용물이라고 지정하는 것을 의미한다. 공공용물은 직접 일반공중의 사용에 제공되는 물건을 뜻한다.[87] 광장, 도로, 하천, 공원, 영해, 항만 등이 공공용물에 해당한다. 공용지정은 직접 물건의 상태를 규율하는 물적 행정행위이다. 행정처분에 의한 공용지정 외에 법률에 의한 공용지정도 당연히 가능한데, 그 예로 구 하천법 제2조 제1항 제2호에 의한 하천구역의 지정이 있다.[88]

2. 행정주체는 공용지정할 물건에 대한 소유권 등 정당한 권한을 가지고 있어야 한다.[89] 따라서 지방자치단체가 사인소유의 토지를 용익할 사법상의 권리를 취득함이 없이 또는 적법한 보상을 함이 없이 이를 점유하고 있다면 비록 그것이 도로라고 하더라도 그로 인하여 이득을 얻고 있는 것이라고 보아야 하며, 도로를 구성하는 부지에 관하여는 도로법 제5조에 의하여 사권의 행사가 제한된다고 하더라도 이는 도로법상의 도로에 관하여 도로로서의 관리, 이용에 저촉되는 사권을 행사할 수 없

관리법」에 따른 공유재산으로 확보되도록 노력하여야 한다.

하천법 제11조(하천예정지) ① 하천관리청은 하천의 신설, 그 밖의 하천공사로 새로이 하천구역으로 편입될 토지를 하천예정지로 지정할 수 있다. ②하천관리청은 제1항에 따라 하천예정지를 지정하려는 때에는 하천관리위원회의 심의를 거쳐야 한다. 이를 변경하거나 폐지하려는 때에도 또한 같다. ③제7조제6항 및 제10조제4항은 하천예정지의 지정·변경 및 폐시에 관하어 준용한다. ④제1힝부디 제3항까지의 규정에 따라 지정·고시된 하천예정지는 지정·고시된 날부터 3년 이내에 그 하천에 관한 사업이 착수되지 아니하는 때에는 그 지정의 효력을 잃는다.

87) 행정주체가 직접 사용하는 물건은 공용물이라 하며, 문화재처럼 보호 자체를 목적으로 하는 물건을 보존공물이라 한다.

88) 대법원 1998. 3. 10. 97누20175 “구 하천법 제2조 제1항 제2호 (나)목, (다)목, 제3호, 제3조, 제8조, 제10조의 각 규정에 의하면, 준용하천의 관리청이 설치한 제방의 부지는 위 (나)목이 정하는 하천부속물의 부지인 토지의 구역으로서 관리청에 의한 지정처분이 없어도 법률의 규정에 의하여 당연히 하천구역이 되어 같은 법 제8조, 제3조에 의하여 국유로 된다.”

89) 대법원 1992. 11. 24. 92다26574 “지방자치단체가 개인 소유의 부동산을 매수한 후 유지를 조성하여 공용개시를 하였다고 하더라도 법률의 규정에 의하여 등기를 거칠 필요 없이 부동산의 소유권을 취득하는 특별한 경우가 아닌 한 부동산에 대한 소유권이전등기를 거치기 전에는 소유권을 취득할 수 없는 것이므로 이를 지방자치단체 소유의 공공용물이라고 볼 수 없다.”

다는 취지이지 부당이득반환 청구권의 행사를 배제하는 것은 아니다.[90] 그러나 토지의 원소유자가 토지의 일부를 도로부지로 무상 제공함으로써 이에 대한 독점적이고 배타적인 사용수익권을 포기하고 이에 따라 주민들이 그 토지를 무상으로 통행하게 된 이후에 그 토지의 소유권을 경매, 매매, 대물변제 등에 의하여 특정승계한 자는 그와 같은 사용·수익의 제한이라는 부담이 있다는 사정을 용인하거나 적어도 그러한 사정이 있음을 알고서 그 토지의 소유권을 취득하였다고 봄이 상당하므로 도로로 제공된 토지 부분에 대하여 독점적이고 배타적인 사용수익권을 행사할 수 없고, 따라서 지방자치단체가 그 토지의 일부를 도로로서 점유·관리하고 있다고 하더라도 그 자에게 어떠한 손해가 생긴다고 할 수 없으며 지방자치단체도 아무런 이익을 얻은 바가 없으므로 이를 전제로 부당이득반환청구를 할 수 없다.[91]

3. 대법원 1997. 8. 22. 선고 96다10737 판결 "행정재산은 국가가 공용, 공공용, 또는 기업용 재산으로 사용하거나 1년 이내에 사용하기로 결정한 재산을 말하는바(국유재산법 제4조 제2항 , 국유재산법 시행령 제2조 제1항), 도로와 같은 인공적 공공용 재산은 법령에 의하여 지정되거나 행정처분으로 공공용으로 사용하기로 결정한 경우, 또는 행정재산으로 실제 사용하는 경우의 어느 하나에 해당하여야 행정재산이 되는데, 도로는 도로로서의 형태를 갖추어야 하고, 도로법에 따른 노선의

---

90) 대법원 1989. 1. 24. 88다카6006; 대법원 1968. 10. 22. 68다1317 "도로를 구성하는 부지에 대하여는 사권을 행사할 수 없으므로 그 부지의 소유자는 불법행위를 원인으로 하여 손해배상을 청구함은 별론으로 하고 그 부지에 관하여 그 소유권을 행사하여 인도를 청구할 수 없다."

91) 대법원 1998. 5. 8. 97다52844; 같은 취지 대법원 2012. 7. 12. 2012다26411[갑이 토지를 분할하여 중앙에 있는 토지를 제외한 나머지 토지들을 택지로 매도하고 중앙에 있는 토지는 분할·매도한 토지들로부터 공로에 이르는 유일한 통행로로 무상 제공하였는데, 그 후 중앙에 있는 토지를 공매절차에서 매수한 을이 사실상 지배주체로서 토지를 점유해 온 지방자치단체를 상대로 부당이득반환을 구한 사안에서, 갑이 위 토지에 대한 사용수익권을 포기하였고 을도 그러한 사정을 용인하거나 알면서 토지를 취득하였다고 볼 여지가 많은데도, 을이 갑의 포기와 무관하게 사용수익권을 행사할 수 있다는 전제하에 위 청구를 일부 인용한 원심판결에 법리오해의 위법이 있다고 한 사례]

지정 또는 인정의 공고 및 도로구역의 결정, 고시가 있는 때부터 또는 도시계획법 소정의 절차를 거쳐 도로를 설치하였을 때부터 공공용물로서 공용개시행위가 있는 것이므로, 토지에 대하여 도로로서의 도시계획시설결정 및 지적승인만 있었을 뿐 그 도시계획사업이 실시되었거나 그 토지가 자연공로로 이용된 적이 없는 경우에는 도시계획결정 및 지적승인의 고시만으로는 아직 공용개시행위가 있었다고 할 수 없으므로 그 토지가 행정재산이 되었다고 할 수 없다."

4. 대법원 1994. 5. 10. 선고 93다23442 판결 "문화재보호구역 내의 국유토지는 "법령의 규정에 의하여 국가가 보존하는 재산", 즉 국유재산법 제4조 제3항 소정의 "보존재산"에 해당하므로 구 국유재산법 제5조 제2항에 의하여 시효취득의 대상이 되지 아니한다. 이 사건 토지에 관하여 도로구역의 결정, 고시 등의 공물지정행위는 있었지만 아직 도로의 형태를 갖추지 못하여 완전한 공공용물이 성립되었다고는 할 수 없으므로 일종의 예정공물이라고 볼 수 있는데, 국유재산법 제4조 제2항 및 같은법시행령 제2조 제1항, 제2항에 의하여 국가가 1년 이내에 사용하기로 결정한 재산도 행정재산으로 간주하고 있는 점, 도시계획법 제82조가 도시계획구역 안의 국유지로서 도로의 시설에 필요한 토지에 대하여는 도시계획으로 정하여진 목적 이외의 목적으로 매각 또는 양도할 수 없도록 규제하고 있는 점, 위 토지를 포함한 일단의 토지에 관하여 도로확장공사를 실시할 계획이 수립되어 아직 위 토지에까지 공사가 진행되지는 아니하였지만 도로확장공사가 진행중인 점 등에 비추어 보면 이와 같은 경우에는 예정공물인 토지도 일종의 행정재산인 공공용물에 준하여 취급하는 것이 타당하다고 할 것이므로 구 국유재산법 제5조 제2항이 준용되어 시효취득의 대상이 될 수 없다."

5. 중대·명백한 하자가 있는 공용지정 행정처분은 무효일 것이나, 일반적으로 취소사유에 해당할 것이며, 이 경우도 이미 공용에 사용한지 상당한 기간이 경과되었다면, 사정판결의 대상이 될 것이다.

6. 행정재산에 대한 공용폐지의 의사표시는 명시적이든 묵시적이든 상관이 없으나 적법한 의사표시가 있어야 하고, 행정재산이 사실상 본래의 용도에 사용되지 않고 있다는 사실만으로 용도폐지의 의사표시가 있었다고 볼 수 없다.[92] 따라서 행정청이 행정재산에 속하는 1필지 토지 중 일부를 그 필지에 속하는 토지인줄 모르고 본래의 용도에 사용하지 않는다는 사실만으로 묵시적으로나마 그 부분에 대한 용도폐지의 의사표시가 있었다고 할 수 없다.[93] 국유 하천부지는 공공용 재산이므로 그 일부가 사실상 대지화되어 그 본래의 용도에 공여되지 않는 상태에 놓여 있더라도 국유재산법령에 의한 용도폐지를 하지 않은 이상 당연히 잡종재산으로 된다고는 할 수 없다.[94] 행정주체가 토지를 당초부터 주거부지 용도로 매수하여 국유재산대장상 행정재산으로 등재하고 실제로 그 중 일부를 제외한 나머지 부분에 아파트건물을 신축하여 군인관사 및 그 부지로 제공하여 오고 있는 이상 토지 전부가 행정재산에 해당한다.[95]

7. 원래의 행정재산이 공용폐지되어 취득시효의 대상이 된다는 입증책임은 시효취득을 주장하는 자에게 있다.[96]

8. 학교 교장이 학교 밖에 위치한 관사를 용도폐지한 후 재무부로 귀속시키라는 국가의 지시를 어기고 사친회 이사회의 의결을 거쳐 개인에게 매각한 경우, 이와 같이 교장이 국가의 지시대로 위 부동산을 용도폐지한 다음 비록 재무부에 귀속시키지 않고 바로 매각하였다고 하더라도 위 용도폐지 자체는 국가의 지시에 의한 것으로 유효하다고 아니할 수

---

92) 종래 자연공물의 경우 형체적 요소가 소멸된 경우 공물로서의 성질을 상실하며 행정주체의 공용폐지라는 별도의 의사표시를 요하지 않으며, 인공공물의 경우에도 행정주체의 사실상 사용의 폐지에 의하여 소멸되며, 별도의 공용폐지를 요하지 않는다는 견해가 주장되어 오고 있으나, 이러한 견해에 따를 경우 사인의 취득시효 주장에 국유재산을 무방비로 노출시키는 것으로 이러한 견해들은 학설로서 일고의 가치도 없다할 것이다.

93) 대법원 1997. 3. 14. 96다43508

94) 대법원 1997. 8. 22. 96다10737

95) 대법원 2006. 6. 15. 2006다16055

96) 대법원 1997. 8. 22. 96다10737

없고, 그 후 오랫동안 국가가 위 매각절차상의 문제를 제기하지도 않고, 위 부동산이 관사 등 공공의 용도에 전혀 사용된 바가 없다면, 이로써 위 부동산은 적어도 묵시적으로 공용폐지 되어 시효취득의 대상이 되었다고 봄이 상당하다.[97)]

9. 하천구역인 이상 나라가 이를 개인에게 불하하여 불하 받은 자 명의로 소유권이전등기가 경료되었다 하더라도 이는 무효이므로 당해 토지가 의연히 국유지임에 아무런 여향이 없다.[98)] 공유수면인 갯벌은 자연의 상태 그대로 공공용에 제공될 수 있는 실체를 갖추고 있는 이른바 자연공물로서 간척에 의하여 사실상 갯벌로서의 성질을 상실하였더라도 당시 시행되던 국유재산법령에 의한 용도폐지를 하지 않은 이상 당연히 잡종재산으로 된다고는 할 수 없다.[99)]

토지의 분할 전 토지인 유지에 대한 매립 면허를 받아 이를 매립함에 있어 그 중 일부를 저수지로 조성하여 국가에 기부채납한 경우, 그 부분 토지는 공유수면이었던 토지의 일부가 원래의 수면 형태로 남아 있는 것에 불과하여 공유수면성을 상실하지 아니한다. 원래 공공용에 제공된 행정재산인 공유수면이 그 이후 매립에 의하여 사실상 공유수면으로서의 성질을 상실하였더라도 당시 시행되던 국유재산법령에 의한 용도폐지를 하지 않은 이상 당연히 잡종재산으로 된다고는 할 수 없다. 행정재산은 사법상 거래의 대상이 되지 아니하는 불융통물이므로 비록 관재당국이 이를 모르고 매각하였다 하더라도 그 매매는 당연무효이고, 사인간의 매매계약 역시 불융통물에 대한 매매로서 무효이다.[100)]

토지소유권의 상실 원인이 되는 포락이라 함은 토지가 바닷물에 개먹어 무너져 바다에 떨어져 그 원상복구가 불가능한 경우를 말하고 이 경우 만조수위선을 기준으로 토지와 바다를 구분하여야 하는데, 공유수

---

97) 대법원 1999. 7. 23. 99다15924
98) 대법원 1979. 8. 21. 78다1922
99) 대법원 1995. 11. 14. 94다42877
100) 대법원 1995. 11. 14. 94다50922

면관리법 제2조 제4호의 간석지는 만조수위선 이하를 말하는 것이므로 바다에 속하고 따라서 토지가 간석지로 된 경우에도 위 포락의 법리가 그대로 적용된다. 또한, 바다와 같은 자연공물의 경우에는 자연적 상태에 의한 물건의 성상 그 자체로 당연히 공공의 사용에 제공되는 것이므로 불융통물로서 사법상 거래의 대상이 되지 아니한다. 한편, 공유수면관리법 제5조 제1항 제4호는 대통령령으로 정하는 포락지 외에 '개인의 소유권이 인정되는 간석지'를 토지로 조성하는 행위에 대하여 점용 또는 사용 허가를 받도록 규정하고 있다. 그러나 위 조항은 기본적으로 공유수면의 점용 또는 사용의 허가에 관한 사항을 정한 규정으로서 '개인의 소유권이 인정되는 간석지'도 그 문언 그대로 간석지 중에서 개인의 소유권이 인정될 수 있는 경우를 의미한다고 해석될 뿐, 그 규정만을 가지고 간석지가 항상 개인의 소유권이 성립될 수 있는 민법상의 토지에 해당한다고 해석할 수는 없다.[101]

10. 문화재보호법에 의한 보존공물의 지정과 지정해제

문화재 보호법 제23조(보물 및 국보의 지정)[102] ① 문화재청장은 문화재위원회의 심의를 거쳐 유형문화재 중 중요한 것을 보물로 지정할 수 있다. ② 문화재청장은 제1항의 보물에 해당하는 문화재 중 인류문화의 관점에서 볼 때 그 가치가 크고 유례가 드문 것을 문화재위원회의 심의를 거쳐 국보로 지정할 수 있다. ③ 제1항과 제2항에 따른 보물과 국보의 지정기준과 절차 등에 필요한 사항은 대통령령으로 정한다.

문화재보호법 제27조(보호물 또는 보호구역의 지정) ① 문화재청장은 제23

101) 대법원 2009. 8. 20. 2007다64303

102) 대법원 1996. 4. 26. 95누13241 "토지수용법은 제5조의 규정에 의한 제한 이외에는 수용의 대상이 되는 토지에 관하여 아무런 제한을 하지 아니하고 있을 뿐만 아니라, 토지수용법 제5조, 문화재보호법 제20조 제4호, 제58조 제1항, 부칙 제3조 제2항 등의 규정을 종합하면 구 문화재보호법 제54조의2 제1항에 의하여 지방문화재로 지정된 토지가 수용의 대상이 될 수 없다고 볼 수는 없다."

조 · 제25조 또는 제26조에 따른 지정을 할 때 문화재 보호를 위하여 특히 필요하면 이를 위한 보호물 또는 보호구역을 지정할 수 있다. ② 문화재청장은 인위적 또는 자연적 조건의 변화 등으로 인하여 조정이 필요하다고 인정하면 제1항에 따라 지정된 보호물 또는 보호구역을 조정할 수 있다.

문화재보호법 제28조(지정의 고시 및 통지) ① 문화재청장이 제23조, 제25조부터 제27조까지의 규정에 따라 국가지정문화재(보호물과 보호구역을 포함한다)를 지정하면 그 취지를 관보에 고시하고, 지체 없이 해당 문화재의 소유자에게 알려야 한다. ② 제1항의 경우 그 문화재의 소유자가 없거나 분명하지 아니하면 그 점유자 또는 관리자에게 이를 알려야 한다.

문화재보호법 제30조(지정의 효력 발생 시기) 제23조, 제25조부터 제27조까지의 규정에 따른 지정은 그 문화재의 소유자, 점유자 또는 관리자에 대하여는 관보에 고시한 날부터 그 효력을 발생한다.

문화재보호법 제31조(지정의 해제) ① 문화재청장은 제23조 · 제25조 또는 제26조에 따라 지정된 문화재가 국가지정문화재로서의 가치를 상실하거나 가치평가를 통하여 지정을 해제할 필요가 있을 때에는 문화재위원회의 심의를 거쳐 그 지정을 해제할 수 있다.

IX. 公共用物의 一般使用 · 許可使用 · 特許使用, 行政財産의 目的 外 使用

1. 공공용물의 일반사용

가. 도로의 통행, 광장이나 공원의 이용, 호숫가나 바닷가에서 일광욕, 수영 등 공공용물을 보통의 방법으로 자유롭게 사용하는 것을 공공용물의 일반사용이라고 한다. 공공용물의 일반사용은 무료인 경우가 대부분이지만, 법령이나 조례 등에 근거하여 사용료를 징수하는 경우도 있

다. 사용료징수는 공공용물의 일반사용을 제한하는 것이므로 반드시 법령이나 조례의 근거를 요한다할 것이다.

나. 일반 공중의 통행에 제공된 도로를 통행하고자 하는 자는, 그 도로에 관하여 다른 사람이 가지는 권리 등을 침해한다는 등의 특별한 사정이 없는 한, 일상생활상 필요한 범위 내에서 다른 사람들과 같은 방법으로 도로를 통행할 자유가 있고, 제3자가 특정인에 대하여만 도로의 통행을 방해함으로써 일상생활에 지장을 받게 하는 등의 방법으로 특정인의 통행 자유를 침해하였다면 민법상 불법행위에 해당하며, 침해를 받은 자로서는 그 방해의 배제나 장래에 생길 방해를 예방하기 위하여 통행방해 행위의 금지를 소구할 수 있다고 보아야 한다.103)

다. 일반적으로 도로는 국가나 지방자치단체가 직접 공중의 통행에 제공하는 것으로서 일반국민은 이를 자유로이 이용할 수 있는 것이기는 하나, 그렇다고 하여 그 이용관계로부터 당연히 그 도로에 관하여 특정한 권리나 법령에 의하여 보호되는 이익이 개인에게 부여되는 것이라고까지는 말할 수 없으므로, 일반적인 시민생활에 있어 도로를 이용만 하는 사람은 그 용도폐지를 다툴 법률상의 이익이 있다고 말할 수 없지만, 공공용재산이라고 하여도 당해 공공용재산의 성질상 특정개인의 생활에 개별성이 강한 직접적이고 구체적인 이익을 부여하고 있어서 그에게 그로 인한 이익을 가지게 하는 것이 법률적인 관점으로도 이유가 있다고 인정되는 특별한 사정이 있는 경우에는 그와 같은 이익은 법률상 보호되어야 할 것이고, 따라서 도로의 용도폐지처분에 관하여 이러한 직접적인 이해관계를 가지는 사람이 그와 같은 이익을

103) 대법원 2011. 10. 13. 2010다63720 "갑이 일반인들의 통행에 제공되어 온 도로에 토지관리소를 축조하고 개폐식 차단기를 설치한 다음 자동차 운전자들에게 행선지 및 방문목적 등을 확인한 후 차단기를 열어 통행할 수 있게 하면서 을 등이 운행하는 자동차에 대하여는 통행을 금지한 사안에서, 갑의 을 등에 대한 통행방해 행위는 을 등의 통행의 자유를 침해하는 것이므로, 을 등으로서는 갑에게 도로에 대한 통행방해 행위의 금지를 구할 수 있다고 본 원심판단을 정당하다고 한 사례"

현실적으로 침해당한 경우에는 그 취소를 구할 법률상의 이익이 있다.[104)]

라. 일반 공중의 이용에 제공되는 공공용물에 대하여 특허 또는 허가를 받지 않고 하는 일반사용은 다른 개인의 자유이용과 국가 또는 지방자치단체 등의 공공목적을 위한 개발 또는 관리·보존행위를 방해하지 않는 범위 내에서만 허용된다 할 것이므로, 공공용물에 관하여 적법한 개발행위 등이 이루어짐으로 말미암아 이에 대한 일정범위의 사람들의 일반사용이 종전에 비하여 제한받게 되었다 하더라도 특별한 사정이 없는 한 그로 인한 불이익은 손실보상의 대상이 되는 특별한 손실에 해당한다고 할 수 없다. 관행어업권은 일정한 공유수면에 대한 공동어업권 설정 이전부터 어업의 면허 없이 그 공유수면에서 오랫동안 계속 수산동식물을 포획 또는 채취하여 옴으로써 그것이 대다수 사람들에게 일반적으로 시인될 정도에 이른 경우에 인정되는 권리로서 이는 어디까지나 수산동식물이 서식하는 공유수면에 대하여 성립하고, 허가어업에 필요한 어선의 정박 또는 어구의 수리·보관을 위한 육상의 장소에는 성립할 여지가 없으므로, 어선어업자들의 백사장 등에 대한 사용은 공공용물의 일반사용에 의한 것일 뿐 관행어업권에 기한 것으로 볼 수 없다.[105)]

마. 공물의 인접주민은 다른 일반인보다 인접공물의 일반사용에 있어 특별한 이해관계를 가지는 경우가 있고, 그러한 의미에서 다른 사람에게 인정되지 아니하는 이른바 고양된 일반사용권이 보장될 수 있으며, 이러한 고양된 일반사용권이 침해된 경우 다른 개인과의 관계에서 민법상으로도 보호될 수 있으나, 그 권리도 공물의 일반사용의 범위 안에서 인정되는 것이므로, 특정인에게 어느 범위에서 이른바 고양된 일반사용권으로서의 권리가 인정될 수 있는지의 여부는 당해 공물의 목적

104) 대법원 1992. 9. 22. 91누13212
105) 대법원 2002. 2. 26. 99다35300

과 효용, 일반사용관계, 고양된 일반사용권을 주장하는 사람의 법률상의 지위와 당해 공물의 사용관계의 인접성, 특수성 등을 종합적으로 고려하여 판단하여야 한다. 따라서 구체적으로 공물을 사용하지 않고 있는 이상 그 공물의 인접주민이라는 사정만으로는 공물에 대한 고양된 일반사용권이 인정될 수 없다.[106]

2. 공공용물의 허가사용

가. 당해 공공용물의 사용이 일반적으로 공물관리나 공물경찰[107]의 목적에 의해 금지되고 있는 경우에 행정기관의 개별적인 허가에 의해 공물사용을 허용하는 것을 허가사용이라고 한다. 행정주체가 직접사용하는 공용물은 허가사용의 대상이 되지 않지만, 목적에 반하지 않는 범위에서 허가사용이 인정되는 경우도 있을 수 있다.

나. 공유수면법에 의한 허가사용

공유수면 관리 및 매립에 관한 법률(공유수면법) 제8조(공유수면의 점용 · 사용허가) ① 다음 각 호의 어느 하나에 해당하는 행위를 하려는 자는 대통령령으로 정하는 바에 따라 공유수면관리청으로부터 공유수면의 점용 또는 사용의 허가를 받아야 한다. 다만, 제28조에 따라 매립면허를 받은 자가 매립면허를 받은 목적의 범위에서 해당 공유수면을 점용 · 사용하려는 경우에는 그러하지 아니하다.

---

106) 대법원 2006. 12. 22. 2004다68311,68328 [재래시장 내 점포의 소유자가 점포 앞의 도로에 대하여 일반사용을 넘어 특별한 이해관계를 인정할 만한 사용을 하고 있었다는 사정을 인정할 수 없다는 이유로 위 소유자는 도로에 좌판을 설치 · 이용할 수 있는 권리가 없다고 본 사례]

107) 공물경찰에 의한 허가사용은 공공의 안녕과 질서에 대한 위해방지를 위하여 금지하였던 공공용물의 사용을 일시적으로 허가하는 것으로 위해방지를 위하여 도로통행을 금지하였으나 예외적인 경우 일시 해제하는 경우나 일몰시간 후 옥외집회를 예외적으로 허가하는 경우(집회 및 시위에 관한 법률 제10조)가 이에 해당한다.

공유수면법 제10조(공유수면의 점용 · 사용 협의 또는 승인) ① 제8조에도 불구하고 국가나 지방자치단체는 공유수면을 공용 · 공공용 또는 비영리 사업의 목적으로 직접 점용 · 사용하려는 경우에는 공유수면관리청과 협의하거나 공유수면관리청의 승인을 받아야 한다. ② 제1항에 따라 협의하거나 승인을 받은 국가나 지방자치단체는 협의하거나 승인받은 내용 중 점용 · 사용 기간 및 목적 등 대통령령으로 정하는 사항을 변경하려는 경우에는 공유수면관리청과 협의하거나 공유수면관리청의 승인을 받아야 한다.

공유수면법 제11조(점용 · 사용허가의 기간 등) 공유수면관리청은 다음 각 호의 구분에 따른 기간 이내로 대통령령으로 정하는 바에 따라 점용 · 사용허가를 하여야 한다. 1. 부두, 방파제, 교량, 수문, 건축물 또는 이와 유사한 견고한 인공구조물: 30년 2. 제1호 외의 인공구조물: 15년 3. 제8조제1항제2호 · 제3호 및 제5호부터 제11호까지의 규정에 따른 점용 · 사용: 5년. 다만, 제8조제1항제5호에 따른 점용 · 사용이 「전기사업법」 제2조에 따른 전기사업자가 전원설비를 설치 · 운영하기 위한 경우에는 30년

공유수면법 제12조(점용 · 사용허가 등의 기준) 공유수면관리청은 제8조와 제10조에 따라 점용 · 사용허가를 하거나 점용 · 사용 협의 또는 승인을 할 때에 그 허가나 협의 또는 승인으로 피해가 예상되는 권리로서 대통령령으로 정하는 권리를 가진 자가 있으면 그 허가나 협의 또는 승인을 하여서는 아니 된다. 다만, 다음 각 호의 어느 하나에 해당하는 경우에는 그러하지 아니하다. 1. 공유수면 점용 · 사용 관련 권리자가 해당 공유수면의 점용 · 사용에 동의한 경우 2. 국가나 지방자치단체가 국방 또는 자연재해 예방 등 대통령령으로 정하는 공익사업을 위하여 점용 · 사용하려는 경우

공유수면법 제13조(공유수면 점용료 · 사용료의 징수) ① 공유수면관리청은

점용·사용허가나 공유수면의 점용·사용 협의 또는 승인을 받은 자로부터 대통령령으로 정하는 바에 따라 매년 공유수면 점용료 또는 사용료를 징수하여야 한다. 다만, 다음 각 호의 어느 하나에 해당하는 경우에는 대통령령으로 정하는 바에 따라 점용료·사용료를 감면할 수 있다. 1. 국가·지방자치단체, 그 밖에 대통령령으로 정하는 자가 공익목적의 비영리사업을 위하여 공유수면을 직접 점용·사용하는 경우

공유수면법 제19조(점용·사용허가 등의 취소 등) ① 공유수면관리청은 제8조와 제10조에 따라 점용·사용허가를 받은 자나 공유수면의 점용·사용 협의 또는 승인을 받은 자가 다음 각 호의 어느 하나에 해당하는 경우에는 그 허가나 협의 또는 승인을 취소하거나 점용·사용의 정지, 인공구조물, 시설물, 흙·돌 또는 그 밖의 물건의 개축·이전 등 필요한 조치를 명할 수 있다. 1. 거짓이나 그 밖의 부정한 방법으로 점용·사용허가를 받은 경우 2. 점용·사용허가를 받은 자가 허가사항을 위반한 경우 3. 정당한 사유 없이 제8조제7항에 따른 부관을 이행하지 아니한 경우 4. 점용료·사용료를 내지 아니한 경우 5. 제17조제1항 및 제2항에 따른 점용·사용 실시계획의 승인을 받지 아니하거나 점용·사용 실시계획의 신고를 하지 아니한 경우 6. 제55조에 따른 관계인·관계 문서 등의 조사, 토지등에의 출입, 토지등의 일시 사용 또는 장애물의 변경·제거를 거부·방해하거나 기피하는 경우 7. 점용·사용허가나 공유수면의 점용·사용 협의 또는 승인과 관계있는 사업의 전부 또는 일부가 폐지된 경우

② 공유수면관리청은 제1항에 따른 점용·사용허가나 점용·사용 협의 또는 승인을 취소하는 경우와 점용·사용의 정지 또는 인공구조물, 시설물, 흙·돌, 그 밖의 물건의 개축·이전 등 필요한 조치를 명한 경우에는 그 사실을 고시하고, 해양수산부령으로 정하는 표지를 해당 공유수면 또는 인공구조물 등이 잘 보이는 곳에 설치하여야 한다.

③ 누구든지 제2항에 따른 표지의 설치를 거부 또는 방해하거나 설치된 표지를 훼손하여서는 아니 된다.

공유수면법 제20조(공익을 위한 처분) 공유수면관리청은 다음 각 호의 어느 하나에 해당하는 경우에는 점용·사용허가의 취소, 점용·사용의 정지 또는 인공구조물·시설물 및 그 밖의 물건의 개축·이전을 명할 수 있다. 1. 관련 산업의 발전, 국가 또는 지방자치단체의 관련 계획의 변경 등 공유수면과 직접 관련된 상황의 변경으로 필요한 경우 2. 공유수면의 보전 및 재해 예방 등 공공의 피해를 제거하거나 줄이기 위하여 필요한 경우 3. 수문이나 그 밖에 공유수면의 관리를 위한 시설물을 유지·보호하기 위하여 필요한 경우 4. 「공익사업을 위한 토지 등의 취득 및 보상에 관한 법률」 제4조에 따른 공익사업을 위하여 필요한 경우

3. 공공용물의 특허사용

가. 도로의 점용허가(도로법 제61조), 하천부지나 유수의 점용허가(하천법 제33조)처럼 특정인에게 독점적으로 공공용물을 이용할 수 있는 일정한 사용권을 부여하는 것을 특허사용이라 한다.

나. 도로법상 규정된 도로의 점용이라 함은, 일반공중의 교통에 공용되는 도로에 대하여 이러한 일반사용과는 별도로 도로의 특정부분을 유형적, 고정적으로 사용하는 이른바 특별사용을 뜻하는 것이고, 그와 같은 도로의 특별사용은 반드시 독점적, 배타적인 것이 아니라 그 사용목적에 따라서는 도로의 일반사용과 병존이 가능한 경우도 있고, 이러한 경우에는 도로점용부분이 동시에 일반공중의 교통에 공용되고 있다고 하여 도로점용이 아니라고 말할 수 없는 것이며, 한편 당해 도로의 점용을 위와 같은 특별사용으로 볼 것인지 아니면 일반사용으로 볼 것인지는 그 도로점용의 주된 용도와 기능이 무엇인지에 따라 가려져야 한다.[108)]

108) 대법원 1995. 2. 14. 94누5830 [지하연결통로의 설치 당시 건물소유자가 예상한 것과는 달리 그 건물에 출입하는 사람들보다 훨씬 많은 일반 통행인들이 그 지하연결통로를 이용하고 있다는 사정만으로는 구 서울특별시도로점용료징수조례 제4조에서 규정하고 있는 도로점용료 감면요건인 "특별한 사정"에 해당한다고 보기 어렵다고 한 사례]

다. 도로법 제61조에 의한 도로점용은 일반공중의 교통에 사용되는 도로에 대하여 이러한 일반사용과는 별도로 도로의 특정부분을 유형적·고정적으로 특정한 목적을 위하여 사용하는 이른바 특별사용을 뜻하는 것이고, 이러한 도로점용의 허가는 특정인에게 일정한 내용의 공물사용권을 설정하는 설권행위로서, 공물관리자가 신청인의 적격성, 사용목적 및 공익상의 영향 등을 참작하여 허가를 할 것인지의 여부를 결정하는 재량행위이다.[109] 공유수면관리법에 따른 공유수면의 점·사용허가는 특정인에게 공유수면 이용권이라는 독점적 권리를 설정하여 주는 처분으로서 그 처분의 여부 및 내용의 결정은 원칙적으로 행정청의 재량에 속한다고 할 것이고, 이와 같은 재량처분에 있어서는 그 재량권 행사의 기초가 되는 사실인정에 오류가 있거나 그에 대한 법령적용에 잘못이 없는 한 그 처분이 위법하다고 할 수 없다.[110]

라. 도로법 제61조에 규정된 도로의 점용이라 함은 일반공중의 교통에 공용되는 도로에 대하여 이러한 일반사용과는 별도로 도로의 지표뿐만 아니라 그 지하나 지상 공간의 특정 부분을 유형적, 고정적으로 특정한 목적을 위하여 사용하는 이른바 특별사용을 뜻하는 것이므로, 허가 없이 도로를 점용하는 행위의 내용이 위와 같은 특별사용에 해당할 경우에 한하여 도로법 제103조의 규정에 따라 도로점용료 상당의 부당이득금을 징수할 수 있다. 도로의 특별사용은 반드시 독점적, 배타적인 것이 아니라 그 사용목적에 따라서는 도로의 일반사용과 병존이 가능한 경우도 있고, 이러한 경우에는 도로점용 부분이 동시에 일반공중의 교통에 공용되고 있다고 하여 도로점용이 아니라고 말할 수 없다.[111]

지하 1층, 지상 17층의 상가아파트 건물이 도로 상하의 공간에 설치되어 있고, 지상 1층 공간에는 일정 간격으로 지주가 배열되어 있으며,

---

109) 대법원 2002. 10. 25. 2002두5795
110) 대법원 2004. 5. 28. 2002두5016
111) 대법원 1990. 11. 27. 90누5221

그 사이로 형성된 터널형 공간 부분의 중앙으로 차도가 설치되어 있고, 양쪽에 주차장 및 옥외출입계단이 설치되어 있는 경우, 위 도로는 주로 위 건물의 사용을 위한 사람과 차량의 통행 및 주차 등을 위하여 사용되고 있고 지방자치단체장은 단지 건물 소유자의 독점적, 배타적 지배를 방해하지 않는 범위 내에서 일반의 차량통행, 보행 및 주차 등을 위하여 이를 사용하고 있음에 불과하므로, 건물 소유자가 도로를 특별사용하고 있는 것으로 보아야 한다.[112]

마. 하천법 및 공유수면관리법에 규정된 하천 또는 공유수면의 점용이라 함은 하천 또는 공유수면에 대하여 일반사용과는 별도로 하천 또는 공유수면의 특정부분을 유형적 · 고정적으로 특정한 목적을 위하여 사용하는 이른바 특별사용을 의미하는 것이므로, 이러한 특별사용에 있어서의 점용료 부과처분은 공법상의 의무를 부과하는 공권적인 처분으로서 항고소송의 대상이 되는 행정처분에 해당한다.[113]

바. 하천의 점용허가권은 특허에 의한 공물사용권의 일종으로서 하천의 관리주체에 대하여 일정한 특별사용을 청구할 수 있는 채권에 지나지 아니하고 대세적 효력이 있는 물권이라 할 수 없다.[114]

4. 행정재산의 목적 외 사용

가. 행정재산은 일반재산과 달리 행정목적에 재공된 재산으로 처분 · 교환

112) 대법원 1998. 9. 22. 96누7342

113) 대법원 2004. 10. 15. 2002다68485 "복개도로의 관리청이 그 도로의 상공에 연결통로를 개설하여 도로를 점용하는 자에게 도로 점용허가를 해 주고도 공유수면 또는 하천의 점용에 따른 점용료 부과처분을 한 것은 그 하자가 중대하고 명백하여 무효이다. 도로점용료가 아닌 하천점용료를 부과함으로써 그 처분이 당연무효로 된다고 하더라도 위 처분에 의하여 납부된 점용료는 하천의 관리청이 속한 지방자치단체의 수입이 될 것이므로, 이를 부당이득으로 반환하여야 할 경우에도 그 반환의무의 주체는 하천의 관리청이 속한 지방자치단체가 되어야지 도로의 관리청이 속한 지방자치단체가 될 수는 없다."

114) 대법원 1990. 2. 13. 89다카23022

·양여 또는 신탁 및 출자의 대상이 되거나 그것에 용익권이나 담보권 등 사권을 설정할 수 없다. 그러나 행정재산도 예외적으로 그 용도 또는 목적에 장해가 없는 한도 내에서 예외적으로 사용·수익을 허가할 수 있는데, 이러한 경우를 행정재산의 목적외사용이라 한다. 시청이나 국립대학 건물 내에서 사인이 운영하는 매점·식당·커피숍 등이 이에 해당한다. 국유재산법과 공유재산법이 규율하는 것은 공용물의 목적외사용에 대하여 규율하고 있다. 공공용물의 목적외사용에 대하여는 하천법, 도로법, 도시공원법, 공유수면관리법 등이 규율하고 있다.

나. 국유재산법, 공유재산법 관련 규정

국유재산법 제27조(처분의 제한) ① 행정재산은 처분하지 못한다. 다만, 다음 각 호의 어느 하나에 해당하는 경우에는 교환하거나 양여할 수 있다. 1. 공유(公有) 또는 사유재산과 교환하여 그 교환받은 재산을 행정재산으로 관리하려는 경우 2. 대통령령으로 정하는 행정재산을 직접 공용이나 공공용으로 사용하기 위하여 필요로 하는 지방자치단체에 양여하는 경우

국유재산법 제30조(사용허가) ① 중앙관서의 장은 다음 각 호의 범위에서만 행정재산의 사용허가를 할 수 있다. 1. 공용·공공용·기업용 재산: 그 용도나 목적에 장애가 되지 아니하는 범위 2. 보존용재산: 보존목적의 수행에 필요한 범위 ② 제1항에 따라 사용허가를 받은 자는 그 재산을 다른 사람에게 사용·수익하게 하여서는 아니 된다. 다만, 기부를 받은 재산에 대하여 사용허가를 받은 자가 그 재산의 기부자이거나 그 상속인, 그 밖의 포괄승계인인 경우에는 중앙관서의 장의 승인을 받아 다른 사람에게 사용·수익하게 할 수 있다. ③ 중앙관서의 장은 제2항 단서에 따른 사용·수익이 그 용도나 목적에 장애가 되거나 원상회복이 어렵다고 인정되면 승인하여서는 아니 된다.

국유재산법 제31조(사용허가의 방법) ① 행정재산을 사용허가하려는 경우

에는 그 뜻을 공고하여 일반경쟁에 부쳐야 한다. 다만, 사용허가의 목적·성질·규모 등을 고려하여 필요하다고 인정되면 대통령령으로 정하는 바에 따라 참가자의 자격을 제한하거나 참가자를 지명하여 경쟁에 부치거나 수의(隨意)의 방법으로 할 수 있다. ② 제1항에 따라 경쟁에 부치는 경우에는 총괄청이 지정·고시하는 정보처리장치를 이용하여 입찰공고·개찰·낙찰선언을 한다. 이 경우 중앙관서의 장은 필요하다고 인정하면 일간신문 등에 게재하는 방법을 병행할 수 있으며, 같은 재산에 대하여 수 회의 입찰에 관한 사항을 일괄하여 공고할 수 있다. ③ 행정재산의 사용허가에 관하여는 이 법에서 정한 것을 제외하고는 「국가를 당사자로 하는 계약에 관한 법률」의 규정을 준용한다.

국유재산법 제32조(사용료) ① 행정재산을 사용허가한 때에는 대통령령으로 정하는 요율(料率)과 산출방법에 따라 매년 사용료를 징수한다. ② 제1항의 사용료는 대통령령으로 정하는 바에 따라 나누어 내게 할 수 있다. 이 경우 연간 사용료가 대통령령으로 정하는 금액 이상인 경우에는 사용허가(허가를 갱신하는 경우를 포함한다)할 때에 그 허가를 받는 자에게 대통령령으로 정하는 금액의 범위에서 보증금을 예치하게 하거나 이행보증조치를 하도록 하여야 한다. ③ 중앙관서의 장이 제30조에 따른 사용허가에 관한 업무를 지방자치단체의 장에게 위임한 경우에는 제42조제6항을 준용한다.

공유재산 및 물품 관리법(공유재산법) 제19조(처분 등의 제한) ① 행정재산은 대부·매각·교환·양여·신탁 또는 대물변제하거나 출자의 목적으로 하지 못하며, 이에 사권을 설정하지 못한다. 다만, 다음 각 호의 어느 하나에 해당하는 경우에는 그러하지 아니하다. 1. 행정재산의 용도와 성질을 유지하는 조건으로 대통령령으로 정하는 바에 따라 국가 또는 다른 지방자치단체에 양여하는 경우 2. 해당 지방자치단체 외의 자가 소유한 재산을 행정재산으로 관리하기 위하여 교환하는 경우 3. 「공익사업을 위한 토지 등의 취득 및 보상에 관한 법률」 제4조에 따른 공익사업의 시행을 위하여 해당 행정재산의 목적과 용도에 장애가 되지 아니하는 범위에서 공작물의 설치를 위한 지상권 또는 구분지상권을 설정하는 경우 ② 제1항 제1호에 따라 행정재산을 양여하는 경우에는 양여받은 재산이 10년 이내에 그 양여 목적 외의 용도로 사용되면 양여계약을 해제한다는 내용의 특약등기를 하여야 한다. ③ 제1항 제2호에 따라 교환하는 행정재산의 종류·가격 등은 대통령령으로 정하는 바에 따라 제한할 수 있다. ④ 제1항 제2호에 따라 행정재산을 교환하는 경우 양쪽 가격이 같지 아니할 때에는 그 차액을 금전으로 내야 한다.

공유재산법 제20조(사용·수익허가) ① 지방자치단체의 장은 행정재산에 대하여 그 목적 또는 용도에 장애가 되지 아니하는 범위에서 사용 또는 수익을 허가할 수 있다. ② 지방자치단체의 장은 제1항에 따라 사용·수익을 허가하려면 일반입찰로 하여야 한다. 다만, 다음 각 호의 어느 하나에 해당하는 경우에는 지명경쟁에 부치거나 수의(隨意)의 방법으로 허가할 수 있다. 1. 허가의 목적·성질 등을 고려하여 필요하다고 인정되는 경우로서 대통령령으로 정하는 경우 2. 제7조제2항 단서에 따른 기부자와 그 상속인 또는 그 밖의 포괄승계인에게 무상으로 사용·수익을 허가하는 경우 ③ 제1항에 따라 사용·수익의 허가를 받은 자는 그 행정재산을 다른 자에게 사용·수익하게 하여서는 아니 된다. 다만, 제1항에 따라 사용·수익의 허가를 받은 자가 제7조제2항 단서에 따른 기부자와 그 상속인 또는 그 밖의 포괄승계인인 경우에는 지방자치단체의 장의 승인을 받아 다른 자에게 사용·수익하게 할 수 있다. ④ 지방자치단체의 장은 제3항 단서에 따른 사용·수익이 그 목적 또는 용도에 장애가 되거나 행정재산의 원상(原狀) 회복에 어려움이 있다고 인정하는 경우에는 그 사용·수익을 승인하여서는 아니 된다. ⑤ 제1항에 따라 사용·수익의 허가를 받은 자는 허가기간이 끝나거나 제25조에 따라 사용·수익허가가 취소된 경우에는 그 행정재산을 원상대로 반환하여야 한다. 다만, 지방자치단체의 장이 미리 원상의 변경을 승인한 경우에는 변경된 상태로 반환할 수 있다.

공유재산법 제21조(사용 · 수익허가기간) ① 행정재산의 사용 · 수익허가기간은 그 허가를 받은 날부터 5년 이내로 한다. 다만, 제7조 제2항 각 호의 경우에는 무상사용을 허가받은 날부터 사용료의 총액이 기부를 받은 재산의 가액에 이르는 기간 이내로 하되, 그 기간은 20년을 넘을 수 없다. ② 지방자치단체의 장은 제20조 제2항 제1호에 따라 수의의 방법으로 한 사용 · 수익허가는 허가기간이 끝나기 전에 사용 · 수익허가를 갱신할 수 있다. 이 경우 갱신하는 허가기간은 갱신할 때마다 제1항에 따른 허가기간을 초과할 수 없다. ③ 지방자치단체의 장은 제2항의 적용을 받지 아니하는 자에 대하여도 1회로 한정하여 5년의 범위에서 사용 · 수익허가를 갱신할 수 있다. 다만, 제7조제2항 각 호의 경우에는 총 사용가능기간 내에서 1회로 한정하여 10년의 범위에서 갱신할 수 있다. ④ 지방자치단체의 장은 사용 · 수익허가를 받은 자가 다음 각 호의 어느 하나에 해당하는 경우에는 허가기간을 연장할 수 있다. 이 경우 연장하는 허가기간은 다음 각 호의 사유로 사용 · 수익하지 못한 기간의 범위로 한다. 1. 천재지변이나 그 밖의 재난으로 피해를 본 경우 2. 해당 지방자치단체의 귀책사유로 그 재산의 사용에 제한을 받은 경우 ⑤ 제2항 및 제3항에 따라 사용 · 수익허가를 갱신받으려는 자 또는 제4항에 따라 사용 · 수익허가기간을 연장받으려는 자는 사용 · 수익허가기간이 끝나기 1개월 전에 지방자치단체의 장에게 사용 · 수익허가의 갱신 또는 사용 · 수익허가기간의 연장을 신청하여야 한다.

공유재산법 제22조(사용료) ① 지방자치단체의 장은 행정재산의 사용 · 수익을 허가하였을 때에는 대통령령으로 정하는 요율과 산출방법에 따라 매년 사용료를 징수한다. ② 제1항에 따른 사용료는 그 전액을 대통령령으로 정하는 기간에 한꺼번에 내야 한다. 다만, 사용료 전액을 한꺼번에 내는 것이 곤란하다고 인정되어 대통령령으로 정하는 경우에는 1년 만기 정기예금 금리수준을 고려하여 대통령령으로 정하는 이자를 붙여 분할납부하게 할 수 있다. ③ 제2항 단서에 따라 분할납부하게 하는 경우 일정한 금액 이하의 보증금을 예치하게 하거나 지방자치단체를 피보험자로 하는 이행보증보험을 체결하게 할 수 있다.

다. 공유재산의 관리청이 행정재산의 사용·수익에 대한 허가는 순전히 사경제주체로서 행하는 사법상의 행위가 아니라 관리청이 공권력을 가진 우월적 지위에서 행하는 행정처분으로서 특정인에게 행정재산을 사용할 수 있는 권리를 설정하여 주는 강학상 특허에 해당한다. 행정재산의 사용·수익허가처분의 성질에 비추어 국민에게는 행정재산의 사용·수익허가를 신청할 법규상 또는 조리상의 권리가 있다고 할 것이므로 공유재산의 관리청이 행정재산의 사용·수익에 대한 허가 신청을 거부한 행위 역시 행정처분에 해당한다.[115)]

라. 국유재산의 무단점유자에 대한 변상금 부과는 공권력을 가진 우월적 지위에서 행하는 행정처분이고, 그 부과처분에 의한 변상금 징수권은 공법상의 권리인 반면, 민사상 부당이득반환청구권은 국유재산의 소유자로서 가지는 사법상의 채권이다. 또한 변상금은 부당이득 산정의 기초가 되는 대부료나 사용료의 120%에 상당하는 금액으로서 부당이득금과 액수가 다르고, 이와 같이 할증된 금액의 변상금을 부과·징수하는 목적은 국유재산의 사용·수익으로 인한 이익의 환수를 넘어 국유재산의 효율적인 보존·관리라는 공익을 실현하는 데 있다. 그리고 대부 또는 사용·수익허가 없이 국유재산을 점유하거나 사용·수익하였지만 변상금 부과처분은 할 수 없는 때에도 민사상 부당이득반환청구권은 성립하는 경우가 있으므로, 변상금 부과·징수의 요건과 민사상 부당이득반환청구권의 성립 요건이 일치하는 것도 아니다. 이처럼 국유재산법 제51조 제1항, 제4항, 제5항에 의한 변상금 부과·징수권은 민사상 부당이득반환청구권과 법적 성질을 달리하므로, 국가는 무단점유자를 상대로 변상금 부과·징수권의 행사와 별도로 국유재산의 소유자로서 민사상 부당이득반환청구의 소를 제기할 수 있다. 그리고 이러

115) 대법원 1998. 2. 27. 97누1105

한 법리는 구 국유재산법 제32조 제3항, 국유재산법 시행령 제33조 제2항에 의하여 국유재산 중 일반재산의 관리·처분에 관한 사무를 위탁받은 한국자산관리공사의 경우에도 마찬가지로 적용된다.116)

제6절 행정처분의 하자

Ⅰ. 행정처분의 무효와 취소

1. 행정처분의 무효란 행정처분로서의 외형은 있으나 처음부터 법적 효력이 인정되지 않는 경우를 말하는 것이고, 행정처분의 취소란 행정처분에 하자가 있으나 단순위법에 불과해 일단 유효한 것으로 취급하지만, 권한 있는 기관이 취소하면 비로소 소급무효가 되는 것을 말한다.117)

---

116) 대법원 2014. 7. 16. 2011다76402 전원합의체 "[대법관 민일영, 대법관 이인복, 대법관 박보영, 대법관 김신, 대법관 김소영의 반대의견] 행정주체가 효율적으로 권리를 행사·확보할 수 있도록 관련 법령에서 간이하고 경제적인 권리구제절차를 특별히 마련해 놓고 있는 경우에는, 행정주체로서는 그러한 절차에 의해서만 권리를 실현할 수 있고 그와 별도로 민사소송의 방법으로 권리를 행사하거나 권리의 만족을 구하는 것은 허용될 수 없다고 보아야 한다. 특히 국유재산 중 잡종재산에 관한 법률관계는 사경제주체로서 국가를 거래 당사자로 하는 것이어서 사법의 적용을 받음이 원칙임에도, 구 국유재산법 제51조는 잡종재산의 무단점유자에 대해서까지 대부료의 120%에 상당하는 중한 변상금을 부과하고, 국세징수법의 체납처분에 관한 규정을 준용하여 이를 강제징수할 수 있도록 함으로써 특별한 공법적 규율을 하고 있다. 나아가 구 국유재산법 제51조 제1항에 의하여 국유재산의 무단점유자에게 변상금을 부과하는 것은 행정주체의 재량이 허용되지 않는 기속행위로서, 행정주체의 선택에 의하여 부과 여부가 결정될 수 있는 성질의 것도 아니다. 따라서 국유재산의 무단점유와 관련하여 구 국유재산법 제51조에 의한 변상금 부과·징수가 가능한 경우에는 변상금 부과·징수의 방법에 의해서만 국유재산의 무단점유·사용으로 인한 이익을 환수할 수 있으며, 그와 별도로 민사소송의 방법으로 부당이득반환청구를 하는 것을 허용하여서는 아니 된다. 구 국유재산법 제51조에 의한 변상금 부과·징수권은 공법상의 권리이고 민사상 부당이득반환청구권은 사법상의 채권이기는 하지만, 양자 모두 국유재산의 무단점유자로부터 법률상 원인 없는 이익을 환수하는 것을 본질로 하므로, 변상금 부과·징수는 국유재산의 무단점유자에 대한 부당이득반환청구를 공법적인 형태로 규율하는 것으로 볼 수 있다. 결국 구 국유재산법 제51조에 의한 변상금 부과·징수권과 민사상 부당이득반환청구권은 본질이 다르지 아니하다."

117) 행정처분의 부존재라 함은 행정처분로서의 외관조차 있다고 볼 수 없는 경우를 말하며 법적 효력이 없는 것은 무효와 동일하다. 따라서 법적 효력 부분에서 동일하므로 구별의 실익이 있는지가 문제되나, ① 무효인 행정처분의 경우에는 일정한 경우 유효한 행정처분으로 전환이 가능하나, 부존재의 경우에는 그렇지 못하고, ② 실무상 무효선언을

2. 무효의 경우에는 행정심판이나 행정소송이나 소제기기간의 제한을 받지 않으나, 취소의 경우에는 취소소송은 행정심판의 경우 안날로부터 90일, 있은 날로부터 180일 이내, 행정소송의 경우에는 안날로부터 90일, 있은 날로부터 1년 이내에 소를 제기해야 적법하다. 무효의 경우에는 행정심판 전치주의의 적용이 없으나, 취소의 경우에는 취소소송을 제기하기 위해선 행정심판 전치주의의 적용을 받게 된다.

3. 무효와 취소의 구분에 대하여는 통설은 하자가 내용상 중대하고 일반인을 기준으로 외견상 명백한 경우에만 무효하는 중대명백설을 취하고 있으며, 대법원판례도 "하자 있는 행정처분이 당연무효가 되기 위하여는 그 하자가 법규의 중요한 부분을 위반한 중대한 것으로서 객관적으로 명백한 것이어야 하며 하자가 중대하고 명백한 것인지 여부를 판별함에 있어서는 그 법규의 목적, 의미, 기능 등을 목적론적으로 고찰함과 동시에 구체적 사안 자체의 특수성에 관하여도 합리적으로 고찰함을 요한다"고 판시하여 같은 입장이다.[118] 이러한 통설과 판례의 입장에 따르면 내용상 중대한 하자이면서 외견상 누가 보더라도 명백한 하자가 있는 행정처분만 무효에 해당하는데, 이러한 행정처분을 굳이 법률상 쟁송으로 다룰 가치가 있는지 의문이다. 행정처분의 중대하고도 명백한 당연무효를 원고가 밝혀야 하는 무효확인소송은 권리구제수단으로 기능은 극히 제한적이다.

4. 대법원 1994. 10. 28. 92누9463 판결 "위헌인 법률에 근거한 행정처분이 당연무효인지의 여부는 위헌결정의 소급효와는 별개의 문제로서, 위헌결정의 소급효가 인정된다고 하여 위헌인 법률에 근거한 행정처분이 당연무효가 된다고는 할 수 없고, 오히려 이미 취소소송의 제기기간을 경과하여 확정력이 발생한 행정처분에는 위헌결정의 소급효가 미치지

구하는 의미의 취소소송은 인정되지만, 부존재는 그러한 취소소송으로는 제기할 수 없다는 점에서 구별의 실익이 있다.

118) 대법원 1995. 7. 11. 94누4615

않는다고 보아야 한다. 따라서 어느 행정처분에 대하여 그 행정처분의 근거가 된 법률이 위헌이라는 이유로 무효확인청구의 소가 제기된 경우에는 다른 특별한 사정이 없는 한 법원으로서는 그 법률이 위헌인지 여부에 대하여는 판단할 필요 없이 그 무효확인청구를 기각하여야 한다."

대법원 2009. 2. 12. 2008두11716 판결 "취득세 신고행위는 납세의무자와 과세관청 사이에 이루어지는 것으로서 취득세 신고행위의 존재를 신뢰하는 제3자의 보호가 특별히 문제되지 않아 그 신고행위를 당연무효로 보더라도 법적 안정성이 크게 저해되지 않는 반면, 과세요건 등에 관한 중대한 하자가 있고 그 법적 구제수단이 국세에 비하여 상대적으로 미비함에도 위법한 결과를 시정하지 않고 납세의무자에게 그 신고행위로 인한 불이익을 감수시키는 것이 과세행정의 안정과 그 원활한 운영의 요청을 참작하더라도 납세의무자의 권익구제 등의 측면에서 현저하게 부당하다고 볼 만한 특별한 사정이 있는 때에는 예외적으로 이와 같은 하자 있는 신고행위가 당연무효라고 함이 타당하다."[119]

5. 헌법재판소 1994. 6. 30. 92헌바23 결정 "행정처분의 집행이 이미 종료되었고 그것이 번복될 경우 법적 안정성을 크게 해치게 되는 경우에는 후에 행정처분의 근거가 된 법규가 헌법재판소에서 위헌으로 선고된다고 하더라도 그 행정처분이 당연무효가 되지는 않음이 원칙이라고 할 것이나, 행정처분 자체의 효력이 쟁송기간 경과 후에도 존속 중인 경우, 특히 그 처분이 위헌법률에 근거하여 내려진 것이고 그 행정처분의 목적달성을 위하여서는 후행 행정처분이 필요한데 후행 행정처분은 아직 이루어지지 않은 경우와 같이 그 행정처분을 무효로 하더라도 법적 안정성을 크게 해치지 않는 반면에 그 하자가 중대하여 그 구제가

119) 이 판결이 명백성보충요건설(하자의 중대성은 항상 요구되나, 명백성은 구체적 사안에 따라 보충적 가중요건으로 보아야 한다)을 예외적으로 취한 것이라는 견해도 주장되나, 취득세 신고절차에 한정된 판결일 뿐이며 큰 의미를 가지지 않는 판결로 보아야 할 것이다.

필요한 경우에 대하여서는 그 예외를 인정하여 이를 당연무효사유로 보아서 쟁송기간 경과 후에라도 무효확인을 구할 수 있는 것이라고 봐야 할 것이다."

Ⅱ. 하자의 승계

1. 선행처분이 쟁송기간의 도과로 인해 불가쟁력이 발생한 경우 선행처분과 후행처분이 일련의 절차를 이루고 있고 양자가 동일한 법적 효과를 추구하는 경우 후행처분에 대해 선행처분의 하자를 다툴 수 있다. 이를 하자의 승계라 한다.[120)]

120) 대법원 1994. 1. 25. 93누8542 "두 개 이상의 행정처분이 연속적으로 행하여지는 경우 선행처분과 후행처분이 서로 결합하여 1개의 법률효과를 완성하는 때에는 선행처분에 하자가 있으면 그 하자는 후행처분에 승계되므로 선행처분에 불가쟁력이 생겨 그 효력을 다툴 수 없게 된 경우에도 선행처분의 하자를 이유로 후행처분의 효력을 다툴 수 있는 반면 선행처분과 후행처분이 서로 독립하여 별개의 법률효과를 목적으로 하는 때에는 선행처분에 불가쟁력이 생겨 그 효력을 다툴 수 없게 된 경우에는 선행처분의 하자가 중대하고 명백하여 당연무효인 경우를 제외하고는 선행처분의 하자를 이유로 후행처분의 효력을 다툴 수 없는 것이 원칙이나, 선행처분과 후행처분이 서로 독립하여 별개의 효과를 목적으로 하는 경우에도 선행처분의 불가쟁력이나 구속력이 그로 인하여 불이익을 입게 되는 자에게 수인한도를 넘는 가혹함을 가져오며, 그 결과가 당사자에게 예측가능한 것이 아닌 경우에는 국민의 재판받을 권리를 보장하고 있는 헌법의 이념에 비추어 선행처분의 후행처분에 대한 구속력은 인정될 수 없다."; 대법원 1996. 6. 28. 96누4374 "행정기관의 권한에는 사무의 성질 및 내용에 따르는 제약이 있고, 지역적 · 대인적으로 한계가 있으므로 이러한 권한의 범위를 넘어서는 권한유월의 행위는 무권한 행위로서 원칙적으로 무효이고, 선행행위가 부존재하거나 무효인 경우에는 그 하자는 당연히 후행행위에 승계되어 후행행위도 무효로 된다. 그런데 주택건설촉진법 제38조 제2항은 공동주택 및 부대시설 · 복리시설의 소유자 · 입주자 · 사용자 등은 부대시설 등에 대하여 도지사의 허가를 받지 않고 사업계획에 따른 용도 이외의 용도에 사용하는 행위 등을 금지하고(정부조직법 제5조 제1항, 행정권한의 위임 및 위탁에 관한 규정 제4조에 따른 인천광역시사무위임규칙에 의하여 위 허가권이 구청장에게 재위임되었다), 그 위반행위에 대하여 위 주택건설촉진법 제52조의2 제1호에서 1천만 원 이하의 벌금에 처하도록 하는 벌칙규정만을 두고 있을 뿐, 건축법 제69조등과 같은 부작위의무 위반행위에 대하여 대체적 작위의무로 전환하는 규정을 두고 있지 아니하므로 위 금지규정으로부터 그 위반결과의 시정을 명하는 원상복구명령을 할 수 있는 권한이 도출되는 것은 아니다. 결국 행정청의 원고에 대한 원상복구명령은 권한 없는 자의 처분으로 무효라고 할 것이고, 위 원상복구명령이 당연무효인 이상 후행처분인 계고처분의 효력에 당연히 영향을 미쳐 그 계고처분 역시 무효로 된다."

2. 대집행절차(대집행계고통지 · 대집행영장통지 · 대집행실시 · 비용징수)[121], 강제징수절차(독촉, 압류, 매각, 청산 등) 내 개별 처분들은 동일한 법률효과를 따르는 일련의 처분이므로 하자의 승계가 인정된다. 그러나 대체적 작위의무 부과명령인 건물철거명령 또는 원상회복명령과 대집행절차인 대집행계고처분 사이[122], 과세처분과 체납처분인 압류 · 매각 · 청산 사이[123], 경찰관직위해제처분과 면직처분 사이[124], 사업인정과 수용재결처분[125] 사이는 별개의 처분이므로 하자 승계가 인정될 수 없다. 개별공시지가와 조세부과처분 사이에 하자의 승계가 인정되는 경우는 수인가능성 또는 기대가능성이 없을 때의 경우이고[126], 후행처분에 대한 그러한 수인가능성 또는 기대가능성이 인정될 경우 양자는 별개의 법률효과를 목적으로 하므로 하자의 승계가 부정된

121) 대법원 1996. 2. 9. 95누12507, 93누14271 등
122) 대법원 1998. 9. 8. 97누20502
123) 대법원 1977. 7. 12. 76누51
124) 대법원 1984. 9. 1. 84누191
125) 대법원 2000. 10. 13. 2000두5142
126) 대법원 1994. 1. 25. 93누8542 "개별공시지가결정은 이를 기초로 한 과세처분 등과는 별개의 독립된 처분으로서 서로 독립하여 별개의 법률효과를 목적으로 하는 것이나, 개별공시지가는 이를 토지소유자나 이해관계인에게 개별적으로 고지하도록 되어 있는 것이 아니어서 토지소유자 등이 개별공시지가결정 내용을 알고 있었다고 전제하기도 곤란할 뿐만 아니라 결정된 개별공시지가가 자신에게 유리하게 작용될 것인지 또는 불이익하게 작용될 것인지 여부를 쉽사리 예견할 수 있는 것도 아니며, 더욱이 장차 어떠한 과세처분 등 구체적인 불이익이 현실적으로 나타나게 되었을 경우에 비로소 권리구제의 길을 찾는 것이 우리 국민의 권리의식임을 감안하여 볼 때 토지소유자 등으로 하여금 결정된 개별공시지가를 기초로 하여 장차 과세처분 등이 이루어질 것에 대비하여 항상 토지의 가격을 주시하고 개별공시지가결정이 잘못된 경우 정해진 시정절차를 통하여 이를 시정하도록 요구하는 것은 부당하게 높은 주의의무를 지우는 것이라고 아니할 수 없고, 위법한 개별공시지가결정에 대하여 그 정해진 시정절차를 통하여 시정하도록 요구하지 아니하였다는 이유로 위법한 개별공시지가를 기초로 한 과세처분 등 후행 행정처분에서 개별공시지가결정의 위법을 주장할 수 없도록 하는 것은 수인한도를 넘는 불이익을 강요하는 것으로서 국민의 재산권과 재판받을 권리를 보장한 헌법의 이념에도 부합하는 것이 아니라고 할 것이므로, 개별공시지가결정에 위법이 있는 경우에는 그 자체를 행정소송의 대상이 되는 행정처분으로 보아 그 위법 여부를 다툴 수 있음은 물론 이를 기초로 한 과세처분 등 행정처분의 취소를 구하는 행정소송에서도 선행처분인 개별공시지가결정의 위법을 독립된 위법사유로 주장할 수 있다고 해석함이 타당하다."

다.[127] 표준지공시지가와 개별공시지가[128], 표준지공시지가와 토지초과이득세부과처분[129] 사이의 하자 승계는 부인되지만, 표준지공시지가와 수용재결 사이의 하자 승계는 인정되어 표준지공시지가를 기초로 한 수용재결 등 후행 행정처분에서도 표준지공시지가 결정의 위법을 독립된 사유로 주장할 수 있다.[130]

---

127) 대법원 1998. 3. 13. 96누6059 "개별토지가격 결정에 대한 재조사 청구에 따른 감액조정에 대하여 더 이상 불복하지 아니한 경우, 이를 기초로 한 양도소득세 부과처분 취소소송에서 다시 개별토지가격 결정의 위법을 당해 과세처분의 위법사유로 주장할 수 없다."

128) 대법원 1995. 3. 28. 94누12920 "표준지로 선정된 토지의 공시지가에 대하여 불복하기 위하여는 지가공시및토지등의평가에관한법률 제8조 제1항 소정의 이의절차를 거쳐 처분청을 상대로 그 공시지가결정의 취소를 구하는 행정소송을 제기하여야 하는 것이지, 그러한 절차를 밟지 아니한 채 개별토지가격결정을 다투는 소송에서 그 개별토지가격 산정의 기초가 된 표준지 공시지가의 위법성을 다툴 수는 없다."

129) 대법원 1997. 9. 26. 96누7649 "개별토지가격에 대한 불복방법과는 달리 표준지의 공시지가에 대한 불복방법을 지가공시 및 토지의 평가 등에 관한 법률 제8조 제1항 소정의 절차를 거쳐 처분청을 상대로 다툴 수 있을 뿐 그러한 절차를 밟지 아니한 채 조세소송에서 그 공시지가결정의 위법성을 다툴 수 없도록 제한하고 있는 것은 표준지의 공시지가와 개별토지가격은 그 목적·대상·결정기관·결정절차·금액 등 여러 가지 면에서 서로 다른 성질의 것이라는 점을 고려한 것이므로, 이러한 차이점에 근거하여 표준지의 공시지가에 대한 불복방법을 개별토지가격에 대한 불복방법과 달리 인정한다고 하여 그것이 헌법상 평등의 원칙, 재판권 보장의 원칙에 위반된다고 볼 수는 없다. 토지초과이득세법상 표준지인 토지의 가액을 그 공시지가로 보고 그 가액에 의하여 과세표준을 산정하여 한 토지초과이득세 부과처분을 원심이 적법하다고 판단한 것은 토지초과이득세법의 개정 여부에 관계없이 정당하고, 거기에 법리오해의 위법이나 조세법령 엄격해석의 원칙 또는 소급과세금지 원칙에 위반되는 위법이 없다"

130) 대법원 2008. 8. 21.2007두13845 "표준지공시지가결정은 이를 기초로 한 수용재결 등과는 별개의 독립된 처분으로서 서로 독립하여 별개의 법률효과를 목적으로 하지만, 표준지공시지가는 이를 인근 토지의 소유자나 기타 이해관계인에게 개별적으로 고지하도록 되어 있는 것이 아니어서 인근 토지의 소유자 등이 표준지공시지가결정 내용을 알고 있었다고 전제하기가 곤란할 뿐만 아니라, 결정된 표준지공시지가가 공시될 당시 보상금 산정의 기준이 되는 표준지의 인근 토지를 함께 공시하는 것이 아니어서 인근 토지 소유자는 보상금 산정의 기준이 되는 표준지가 어느 토지인지를 알 수 없으므로, 인근 토지 소유자가 표준지의 공시지가가 확정되기 전에 이를 다투는 것은 불가능하다. 더욱이 장차 어떠한 수용재결 등 구체적인 불이익이 현실적으로 나타나게 되었을 경우에 비로소 권리구제의 길을 찾는 것이 우리 국민의 권리의식임을 감안하여 볼 때, 인근 토지소유자 등으로 하여금 결정된 표준지공시지가를 기초로 하여 장차 토지보상 등이 이루어질 것에 대비하여 항상 토지의 가격을 주시하고 표준지공시지가결정이 잘못된 경우 정해진 시정절차를 통하여 이를 시정하도록 요구하는 것은 부당하게 높은 주의의무를 지우는 것이고, 위법한 표준지공시지가결정에 대하여 그 정해진 시정절차를 통하여 시정하도록 요구하지 않았다는 이유로 위법한 표준지공시지가를 기초로 한

Ⅲ. 하자의 치유

1. 취소 또는 무효 사유 등 하자있는 행정처분을 적법하게 하는 것이 하자있는 치유와 전환이다. 이에 대한 법규정은 없으며, 판례에 의하여 인정되는 원리이다.

2. 대법원 1983. 7. 26. 82누420 판결 "하자있는 행정행위의 치유나 전환은 행정행위의 성질이나 법치주의의 관점에서 볼 때 원칙적으로 허용될 수 없는 것이지만, 행정행위의 무용한 반복을 피하고 당사자의 법적 안정성을 위해 이를 허용하는 때에도 국민의 권리와 이익을 침해하지 않는 범위에서 구체적 사정에 따라 합목적적으로 인정해야 할 것이다."

   대법원 2001. 6. 26. 99두11592 판결 "하자 있는 행정행위에 있어서 하자의 치유는 행정행위의 성질이나 법치주의의 관점에서 원칙적으로 허용될 수 없고, 행정행위의 무용한 반복을 피하고 당사자의 법적 안정성을 보호하기 위하여 국민의 권익을 침해하지 아니하는 범위 내에서 예외적으로만 허용된다."

3. 하자의 치유란 행정처분이 발령 당시 흠이 있는 경우 그 흠결을 사후에 보완하면 발령 당시의 흠에도 불구하고 그 처분의 효과를 적법한 상태로 유지토록 하는 것을 말한다. 하자가 치유되면 당해 행정처분은 소급적으로 유효하게 된다. 하자의 치유에 관하여 민법 제143조 내지 제146조에 '취소할 수 있는 법률행위의 추인'을 규정하고 있는바, 이는 일정한 경우 공법관계에도 유추적용될 수 있는 것이다. 무효인 행정처분은 하자를 치유할 법 효과 자체가 없으므로 하자의 치유를 인정할 수

수용재결 등 후행 행정처분에서 표준지공시지가결정의 위법을 주장할 수 없도록 하는 것은 수인한도를 넘는 불이익을 강요하는 것으로서 국민의 재산권과 재판받을 권리를 보장한 헌법의 이념에도 부합하는 것이 아니다. 따라서 표준지공시지가결정이 위법한 경우에는 그 자체를 행정소송의 대상이 되는 행정처분으로 보아 그 위법 여부를 다툴 수 있음은 물론, 수용보상금의 증액을 구하는 소송에서도 선행처분으로서 그 수용대상토지 가격 산정의 기초가 된 비교표준지공시지가결정의 위법을 독립한 사유로 주장할 수 있다."

없다.[131] 요식행위에서의 형식의 보완, 동의 또는 협력 절차의 사후 보완, 필요한 이유의 사후 제시 등과 같이 형식적, 절차적 요건을 결여하였거나 불충분한 경우 이를 사후에 보완하는 것은 하자의 치유의 가장 전형적인 사유이다.[132] 형식적 · 절차적 하자 외에 실체적 하자(내용상의 하자)도 요건의 사후 보완에 포함되는지가 문제되는데, 대법원은 이를 부정하는 입장이다.[133]

4. 하자의 치유의 시기에 대하여 통설과 판례는 행정쟁송 제기 전까지 보완되어야 한다는 입장이다. 당사자는 쟁송 제기 이전시까지 드러난 하자의 사유를 가지고 쟁송 제기 여부를 결정하게 되는데, 이러한 당사자의 이익은 보호되어야 할 것을 그 근거로 한다. 대법원이 행정소송에서 처분사유의 추가 · 변경 역시 엄격한 요건 하에서만 극히 예외적으로 허용하고 있는 태도는 하자의 치유를 행정쟁송 제기 전으로 국한하고 있는 입장과 논리적으로 연결되어 있다할 것이다.

5. 대법원 1984. 4. 10. 83누393 판결 "세액산출근거가 누락된 납세고지

131) 대법원 1996. 4. 12. 95누18857 "원고가 국가공무원으로 임용된 뒤 명예퇴직하였으나 임용 전에 당시 국가공무원법상의 임용결격사유가 있었으면 국가의 과실에 의하여 이를 밝혀내지 못하였다 하더라도 그 임용행위는 당연무효이고, 그 하자가 치유되는 것은 아니어서 퇴직급여청구신청을 반려하는 처분은 적법하다."

132) 대법원 2001. 3. 27. 99두8039 "국세징수법 제9조, 구 상속세법 제34조의7, 제25조, 제25조의2, 구 상속세법시행령 제42조 제1항, 제19조 제1항의 각 규정에 의하여 증여세의 납세고지서에 과세표준과 세액의 계산명세가 기재되어 있지 아니하거나 그 계산명세서를 첨부하지 아니하였다면 그 납세고지는 위법하다고 할 것이나, 한편 과세관청이 과세처분에 앞서 납세의무자에게 보낸 과세예고통지서 등에 납세고지서의 필요적 기재사항이 제대로 기재되어 있어 납세의무자가 그 처분에 대한 불복 여부의 결정 및 불복신청에 전혀 지장을 받지 않았음이 명백하다면, 이로써 납세고지서의 하자가 보완되거나 치유될 수 있다."

133) 대법원 1991. 5. 28. 90누1359 "행정행위의 성질이나 법치주의의 관점에서 볼 때 하자 있는 행정행위의 치유는 원칙적으로 허용될 수 없을 뿐만 아니라 이를 허용하는 경우에도 국민의 권리와 이익을 침해하지 않는 범위에서 구체적 사정에 따라 합목적적으로 가려야 할 것인바, 이 사건 처분에 관한 하자가 행정처분의 내용에 관한 것이고 새로운 노선면허가 이 사건 소 제기 이후에 이루어진 사정 등에 비추어 하자의 치유를 인정치 않은 원심의 판단은 정당하고, 거기에 소론이 지적하는 바와 같은 법리오해의 위법이 있다 할 수 없다."

서에 의한 과세처분의 하자의 치유를 허용하려면 늦어도 과세처분에 대한 불복여부의 결정 및 불복신청에 편의를 줄 수 있는 상당한 기간내에 하여야 한다고 할 것이므로 위 과세처분에 대한 전심절차가 모두 끝나고 상고심의 계류 중에 세액산출근거의 통지가 있었다고 하여 이로써 위 과세처분의 하자가 치유되었다고는 볼 수 없다."

6. 하자있는 처분을 적법한 다른 처분으로 전환시키는 것을 하자있는 행정처분의 전환이라고 한다.[134] 그 예로 사망자에 대한 조세부과처분은 무효이므로 이를 상속인에 대한 조세부과처분으로 유효하게 보는 경우를 들 수 있다. 하자의 전환에 관하여도 민법 제138조가 '무효인 법률행위의 전환'을 규정하고 있고, 이는 성질이 허용되는 한 공법관계에 유추적용될 수 있다. 전환의 요건으로 전환 전 행위와 전환 후 행위의 목적, 효과가 본질적인 점에서 동일할 것, 전환 전 행위와 전환 후 행위가 처분청・절차・형식면에서 동일할 것, 전환 후 행위의 적법요건을 갖출 것, 당사자나 이해관계인에게 불이익하지 않을 것, 전환이 행정청의 의사에 반하지 않을 것 등을 들 수 있다. 하자의 전환이 이루어지면 새로운 유효한 처분이 적법하게 성립한다. 이 경우 새로운 행정처분은 당사자에게 유리한 것이므로 최초 전환 전 처분시로 소급해서 유효하다고 보는 것이 통설이다. 전환 전 처분과 전환 후 처분은 일련의 절차를 이루는 단계적 처분이 아니므로 하자의 승계가 논의될 수 없을 것이다. 항고소송 계속 중에 행정청의 의사로 행정처분의 전환이 이루어진다면 당사자는 행정소송법 제22조 1항에 따라 처분변경으로 인한 소의 변경을 신청하여 소변경 할 수 있다.

134) 대법원 1969. 1. 21. 68누190 "귀속재산을 불하받은 자가 사망한 후에 그 수불하자에 대하여 한 그 불하처분은 사망자에 대한 행정처분이므로 무효이지만 그 취소처분을 수불하자의 상속인에게 송달한 때에는 그 송달시에 그 상속인에 대하여 다시 그 불하처분을 취소한다는 새로운 행정처분을 한 것이라고 할 것이다."

Ⅳ. 하자있는 행정처분의 직권취소와 철회

1. 직권취소

가. 직권취소는 일단 유효하게 성립한 행정처분을 그 처분에 위법 또는 부당한 하자가 있음을 이유로 소급하여 그 효력을 소멸시키는 별도의 행정처분이다. 이 경우 행정처분의 취소사유는 처분의 성립 당시에 존재하였던 하자이다. 이 점에서 적법요건을 구비하여 완전히 효력을 발하고 있는 행정처분을 사후적으로 효력의 전부 또는 일부를 장래에 향해 소멸시키는 행정처분인 철회와 구분된다. 철회사유는 처분이 성립된 이후에 새로이 발생한 것으로서 행정처분의 효력을 존속시킬 수 없는 사유이다.135)

나. 법률적합성의 원칙에 비추어 볼 때 위법한 행정처분을 한 처분청은 자기반성의 차원에서 위법성을 시정할 권한이 있다고 보는 것이 타당하고, 처분청의 처분권 속에는 취소권도 당연히 포함되어 있다고 볼 수 있으므로, 별도의 법적 근거가 없이도 직권취소가 가능하다할 것이다.136)

다. 처분청의 경우에는 법치행정의 원칙상 및 처분발령권한 내에 당연히 포함되어 있다고 보아 명문의 규정이 없더라도 직권취소가 가능하지만, 감독청의 경우에 명문의 규정이 없는 경우 감독청이 일반적인 감독권에 근거해 직권취소를 할 수 있는지가 문제된다. 이를 인정하면 감독청이 처분청의 권한을 침해하는 결과가 되므로 부인하여야 한다는 견해도 있지만, 감독청의 감독은 사후교정적 통제수단이므로 감독

---

135) 대판 2003. 5. 30. 2003다6422

136) 대법원 1986. 2. 25. 85누664 "행정행위를 한 처분청은 그 행위에 하자가 있는 경우에 별도의 법적 근거가 없더라도 스스로 이를 취소할 수 있는 것이며, 다만 그 행위가 국민에게 권리나 이익을 부여하는 이른바 수익적 행정행위인 때에는 그 행위를 취소하여야 할 공익상 필요와 그 취소로 인하여 당사자가 입을 기득권과 신뢰보호 및 법률생활 안정의 침해 등 불이익을 비교교량한 후 공익상 필요가 당사자의 기득권침해 등 불이익을 정당화할 수 있을 만큼 강한 경우에 한하여 취소할 수 있다."

목적의 달성을 위해 감독청은 당연히 취소권을 갖는다고 보는 것이 타당하고, 행정부 내부의 위계질서 및 쟁송취소와 관련해 상급기관인 관할 행정심판위원회가 처분의 취소도 가능하다는 점을 보더라도 감독청은 명문의 규정이 없어도 취소권을 행사할 수 있다 할 것이다.

라. 위법·부당한 침익적 행정처분의 하자는 형식적 확정력이 발생한 후라도 행정청이 언제든지 이를 취소할 수 있다. 이는 그 처분의 상대방에게도 유리하고, 행정의 법률적합성 원칙에도 부합하기 때문이다. 그러나 위법·부당한 수익적 처분의 하자는 상대방의 신뢰보호와 관련하여 취소가 제한될 수 있다. 즉 이 경우는 행정의 법률적합성의 원칙과 상대방의 신뢰보호의 원칙이 충돌하는 경우로서 상대방이 행정청의 행정처분의 존속을 신뢰한 경우 취소를 통해 달성하려고 하는 공익과 상대방에게 형성된 신뢰라는 사익 간의 이익을 형량하여 사익이 더 큰 경우에는 취소가 제한될 수 있다.[137)]

마. 제3자효 있는 행정처분의 직권취소를 위해서는 당사자의 사익 뿐 아니라 관련된 제3자의 사익도 함께 고려해야 한다. 따라서 직권취소가 제3자에게 불이익할 때는 행정청이 취소를 자유로이 할 수 없고 취소하려는 공익과 제3자효 행정처분의 제3자의 사익 및 아울러 행정처분의 직접 상대방의 사익까지도 모두 고려하여 비교·형량하여 결정하여야 할 것이다. 그러나 제3자효 행정처분에 취소사유가 존재한다 하여도 제3자에게 직권취소신청권을 인정할 수는 없다.

바. 대법원 2006. 6. 30. 2004두701 “산림법령에는 채석허가처분을 한

137) 대법원 2002. 11. 8. 2001두1512 “건축주가 건축허가 내용대로 공사를 상당한 정도로 진행하였는데, 나중에 건축법이나 도시계획법에 위반되는 하자가 발견되었다는 이유로 그 일부분의 철거를 명할 수 있기 위하여는 그 건축허가를 기초로 하여 형성된 사실관계 및 법률관계를 고려하여 건축주가 입게 될 불이익과 건축행정이나 도시계획행정상의 공익, 제3자의 이익, 건축법이나 도시계획법 위반의 정도를 비교·교량하여 건축주의 이익을 희생시켜도 부득이하다고 인정되는 경우라야 한다.”

처분청이 산림을 복구한 자에 대하여 복구설계서승인 및 복구준공통보를 한 경우 그 취소신청과 관련하여 아무런 규정을 두고 있지 않고, 원래 행정처분을 한 처분청은 그 처분에 하자가 있는 경우에는 원칙적으로 별도의 법적 근거가 없더라도 스스로 이를 직권으로 취소할 수 있지만, 그와 같이 직권취소를 할 수 있다는 사정만으로 이해관계인에게 처분청에 대하여 그 취소를 요구할 신청권이 부여된 것으로 볼 수는 없으므로, 처분청이 위와 같이 법규상 또는 조리상의 신청권이 없이 한 이해관계인의 복구준공통보 등의 취소신청을 거부하더라도, 그 거부행위는 항고소송의 대상이 되는 처분에 해당하지 않는다."

사. 행정청이 직권취소를 하였으나 직권취소행위 그 자체에 하자가 있는 경우 이를 다시 취소할 수 있는지가 문제된다. 직권취소행위가 중대·명백하여 당연무효인 경우 행정청은 당연히 그에 대해 무효를 선언하는 의미의 취소 또는 무효 확인행위를 할 수 있다. 그러나 직권취소의 하자가 단순위법인 경우에는 취소처분도 행정행위의 일종이므로 행정행위의 하자론의 일반원칙에 따라 당연히 취소가 가능하다는 입장과 직권취소로 인해 원처분이 확정적으로 그 효력이 소멸하였기 때문에 직권취소를 다시 취소한다 하여도 소멸된 원처분의 효력이 다시 발생한다고 볼 수 없어 그 실익이 없으므로 이를 부정해야 한다는 입장이 대립한다. 대법원은 대체로 침익적 행정처분의 취소의 취소의 경우에는 이를 소극적으로 보지만, 수익적 행정처분의 철회의 취소는 적극적으로 인정한 경우도 있다.[138]

---

138) 대법원 1995. 3. 10. 94누7027 "국세기본법 제26조 제1호는 부과의 취소를 국세납부의무 소멸사유의 하나로 들고 있으나, 그 부과의 취소에 하자가 있는 경우의 부과의 취소의 취소에 대하여는 법률이 명문으로 그 취소요건이나 그에 대한 불복절차에 대하여 따로 규정을 둔 바도 없으므로, 설사 부과의 취소에 위법사유가 있다고 하더라도 당연무효가 아닌 한 일단 유효하게 성립하여 부과처분을 확정적으로 상실시키는 것이므로, 과세관청은 부과의 취소를 다시 취소함으로써 원부과처분을 소생시킬 수는 없고 납세의무자에게 종전의 과세대상에 대한 납부의무를 지우려면 다시 법률에서 정한 부과절차에 좇아 동일한 내용의 새로운 처분을 하는 수밖에 없다."; 대법원 1997. 1. 21. 96누3401 "행정처분이 취소되면 그 소급효에 의하여 처음부터 그 처분이 없었던 것과 같은

2. 철회

가. 철회는 적법요건을 구비하여 완전히 효력을 발하고 있는 처분의 효력 전부 또는 일부를 장래에 향해 소멸시키는 것을 말한다. 철회사유는 행정행위가 성립된 이후에 새로이 발생한 것으로서 행정처분의 효력을 존속시킬 수 없는 사유이다.[139] 판례는 사인의 철회요구 신청권은 부인하지만,[140] 예외적으로 공사중지명령에 대한 해제요구권은 조리상 인정된다는 입장이다.[141]

나. 직권취소와 철회는 실정법상 용어가 혼용되어 사용되고 있다. 처음부터 처분에 위법사유가 존재하는 경우 취소를 하는 것이고, 처음에는 적법한 처분이었으나 사후에 사정변경을 이유로 하는 처분을 폐지하는 것이 철회이다. 수익적인 행정처분의 경우 취소와 철회 모두 공익과 사익을 비교·형량하여 결정해야 한다. 직권취소는 위법성의 시정을 목적으로 하지만, 철회는 공익의 합리적 유지가 목적이다. 직권취소는 처분청과 감독청이 모두 할 수 있지만, 철회는 처분청만 가능하다는 것이 다수설이다. 직권취소는 소급효 또는 장래효인 반면, 철회

효과를 발생하게 되는바, 행정청이 의료법인의 이사에 대한 이사취임승인취소처분(제1처분)을 직권으로 취소(제2처분)한 경우에는 그로 인하여 이사가 소급하여 이사로서의 지위를 회복하게 되고, 그 결과 위 제1처분과 제2처분 사이에 법원에 의하여 선임결정된 임시이사들의 지위는 법원의 해임결정이 없더라도 당연히 소멸된다."

139) 대법원 2003. 5. 30. 2003다6422

140) 대법원 1997. 9. 12. 96누6219 "도시계획법령이 토지형질변경행위허가의 변경신청 및 변경허가에 관하여 아무런 규정을 두지 않고 있을 뿐 아니라, 처분청이 처분 후에 원래의 처분을 그대로 존속시킬 필요가 없게 된 사정변경이 생겼거나 중대한 공익상의 필요가 발생한 경우에는 별도의 법적 근거가 없어도 별개의 행정행위로 이를 철회·변경할 수 있지만 이는 그러한 철회·변경의 권한을 처분청에게 부여하는 데 그치는 것일 뿐 상대방 등에게 그 철회·변경을 요구할 신청권까지를 부여하는 것은 아니라 할 것이므로, 이와 같이 법규상 또는 조리상의 신청권이 없이 한 국민들의 토지형질변경행위 변경허가신청을 반려한 당해 반려처분은 항고소송의 대상이 되는 처분에 해당되지 않는다."

141) 대법원 2007. 5. 11. 2007두1811 "지방자치단체장이 공장시설을 신축하는 회사에 대하여 사업승인 내지 건축허가 당시 부가하였던 조건을 이행할 때까지 신축공사를 중지하라는 명령을 한 경우, 위 회사에게는 중지명령의 원인사유가 해소되었음을 이유로 당해 공사중지명령의 해제를 요구할 수 있는 권리가 조리상 인정된다."

는 원칙적으로 장래효이다.

다. 철회의 법적 근거에 대하여 판례는 “행정행위를 한 처분청은 비록 그 처분 당시에 별다른 하자가 없었고, 또 그 처분 후에 이를 철회할 별도의 법적 근거가 없다 하더라도 원래의 처분을 존속시킬 필요가 없게 된 사정변경이 생겼거나 또는 중대한 공익상의 필요가 발생한 경우에는 그 효력을 상실케 하는 별개의 행정행위로 이를 철회할 수 있다”는 입장이다.[142]

라. 수익적 행정처분의 철회는 당사자에게 침익적 결과를 야기하므로 이 경우에는 이익형량의 원칙에 따라 철회의 사유에 대한 공익과 이로 인해 피해를 입는 사인의 사익을 비교형량하여 철회 여부를 결정해야 한다.[143]

마. 수익적 행정처분의 철회의 경우에는 비례의 원칙이 적용되어야 할 것이므로 외형상 하나의 행정처분이라 하더라도 가분성이 있거나 그 처분대상의 일부가 특정될 수 있다면 그 일부만의 철회도 가능하고 그 일부의 철회는 당해 철회부분에 한하여 효력이 생긴다고 할 것인바, 이처럼 전체가 아닌 일부의 하자가 있는 경우에는 일부 만에 대해서 철회해야 하고, 그렇지 않을 경우에는 필요성 및 상당성의 원칙에 반하게 된다.

바. 음주운전을 이유로 운전면허를 취소하는 경우 이는 철회에 해당한다.

---

142) 대법원 2004. 11. 26. 2003두10251, 10268

143) 대법원 2004. 11. 26. 2003두10251, 10268 “수익적 행정처분을 취소 또는 철회하는 경우에는 이미 부여된 그 국민의 기득권을 침해하는 것이 되므로, 비록 취소 등의 사유가 있다고 하더라도 그 취소권 등의 행사는 기득권의 침해를 정당화할 만한 중대한 공익상의 필요 또는 제3자의 이익보호의 필요가 있는 때에 한하여 상대방이 받는 불이익과 비교·교량하여 결정하여야 하고, 그 처분으로 인하여 공익상의 필요보다 상대방이 받게 되는 불이익 등이 막대한 경우에는 재량권의 한계를 일탈한 것으로서 그 자체가 위법하다.”

이 때 당사자가 운전면허를 여러 종으로 갖고 있으면서 그 중 특정차종을 몰고 음주운전을 한 경우 특정차종에 대한 운전면허만 취소할 것인지 아니면 당사자가 갖고 있는 모든 차종에 대한 각 운전면허를 모두 취소할 것인지가 문제된다. 이와 관련한 대법원은 두 가지 입장을 보여주고 있다.

사. 대법원 1994. 11. 25. 94누9672 판결 "한 사람이 여러 종류의 자동차 운전면허를 취득하는 경우뿐 아니라 이를 취소 또는 정지하는 경우에 있어서도 서로 별개의 것으로 취급하는 것이 원칙이기는 하나, 자동차 운전면허는 그 성질이 대인적 면허 일뿐만 아니라 도로교통법시행규칙 제26조 별표 14에 의하면, 제1종 대형면허 소지자는 제1종 보통면허로 운전할 수 있는 자동차와 원동기장치자전거를, 제1종 보통면허 소지자는 원동기장치자전거까지 운전할 수 있도록 규정하고 있어서 제1종 보통면허로 운전할 수 있는 차량의 음주운전은 당해 운전면허뿐만 아니라 제1종 대형면허로도 가능하고, 또한 제1종 대형면허나 제1종 보통면허의 취소에는 당연히 원동기장치자전거의 운전까지 금지하는 취지가 포함된 것이어서 이들 세 종류의 운전면허는 서로 관련된 것이라고 할 것이므로 제1종 보통면허로 운전할 수 있는 차량을 음주운전한 경우에 이와 관련된 면허인 제1종 대형면허와 원동기장치자전거면허까지 취소할 수 있는 것으로 보아야 한다."

아. 대법원 1995. 11. 16. 95누8850 판결 "외형상 하나의 행정처분이라 하더라도 가분성이 있거나 그 처분대상의 일부가 특정될 수 있다면 그 일부만의 취소도 가능하고 그 일부의 취소는 당해 취소부분에 관하여 효력이 생긴다고 할 것인바, 이는 한 사람이 여러 종류의 자동차 운전면허를 취득한 경우 그 각 운전면허를 취소하거나 그 운전면허의 효력을 정지함에 있어서도 마찬가지이다. 제1종 보통, 대형 및 특수면허를 가지고 있는 자가 레이카크레인을 음주운전한 행위는 제1종 특수면허의 취소사유에 해당될 뿐 제1종 보통 및 대형 면허의 취소사

유는 아니므로, 3종의 면허를 모두 취소한 처분 중 제1종 보통 및 대형 면허에 대한 부분은 이를 이유로 취소하면 될 것이나, 제1종 특수면허에 대한 부분은 원고가 재량권의 일탈·남용하여 위법하다는 주장을 하고 있음에도, 원심이 그 점에 대하여 심리·판단하지 아니한 채 처분 전체를 취소한 조치는 위법하다."

제7절 행정처분의 부관

Ⅰ. 의의

1. 부관이란 행정처분의 효력을 제한하거나 요건을 보충하거나 또는 특별한 의무를 부과하기 위하여 행정처분에 부가된 종된 규율을 말한다.

2. 법규에서 직접 행정행위의 조건·기한·효과의 제한 등을 정하는 경우를 법정부관이라고 한다. 법정부관은 행정주체의 재량이 개입할 여지가 없으므로 엄격한 의미에서의 행정처분의 부관은 아니라 할 것이다.

3. 처분의 상대방이 신청한 내용을 수정하여 행정처분을 발령하는 것을 수정부담이라고 하는데, 이는 신청 내용 자체를 변경시키는 것으로 새로운 행정처분에 해당하고 행정처분의 부관은 아니다.

Ⅱ. 부관의 종류

1. 조건과 기한

가. 조건이란 행정처분의 효력 발생 및 소멸을 장래 발생 여부가 불특정한 사실에 의존시키는 것을 말한다. 이에는 정지조건과 해제조건이 있다. 기한이란 행정처분의 효력 발생 및 소멸을 장래의 특정 시점에 의존시키는 것을 말한다. 이에는 시기와 종기가 있다. 판례에 따르면 일정한 경우 종기가 도래하면 이를 처분의 존속기간이 아니라 갱신기간으로 볼 경우도 있음을 유의해야 한다.

나. 대법원 1995. 11. 10. 94누11866 판결 “행정행위인 허가 또는 특허에 붙인 조항으로서 종료의 기한을 정한 경우 종기인 기한에 관하여는 일률적으로 기한이 왔다고 하여 당연히 그 행정행위의 효력이 상실된다고 할 것이 아니고 그 기한이 그 허가 또는 특허된 사업의 성질상 부당하게 짧은 기한을 정한 경우에 있어서는 그 기한은 그 허가 또는 특허의 조건의 존속기간을 정한 것이며 그 기한이 도래함으로써 그 조건의 개정을 고려한다는 뜻으로 해석하여야 할 것이다.

다. 대법원 2007. 10. 11. 2005두12404 판결 “일반적으로 행정처분에 효력기간이 정하여져 있는 경우에는 그 기간의 경과로 그 행정처분의 효력은 상실되고, 다만 허가에 붙은 기한이 그 허가된 사업의 성질상 부당하게 짧은 경우에는 이를 그 허가 자체의 존속기간이 아니라 그 허가 조건의 존속기간으로 보아 그 기한이 도래함으로써 그 조건의 개정을 고려한다는 뜻으로 해석할 수는 있지만, 그와 같은 경우라 하더라도 그 허가기간이 연장되기 위하여는 그 종기가 도래하기 전에 그 허가기간의 연장에 관한 신청이 있어야 하며, 만일 그러한 연장신청이 없는 상태에서 허가기간이 만료하였다면 그 허가의 효력은 상실된다.”

2. 부담

가. 부담은 주된 행정처분에 부수하여 처분의 상대방에게 작위·부작위·급부·수인의무를 명하는 부관으로 그 법적 성질은 강학상 하명으로서 그 자체로 완전한 행정처분이다. 부담은 주로 허가·특허 등과 같은 수익적 행정처분에 부가된다. 부담을 불이행할 경우 행정청은 그에 대해 행정강제를 통해 이를 실현시키기도 하고, 주된 행정처분을 철회하기도 하며, 후행정처분에 대해 부담의 불이행을 이유로 발령거부하기도 한다.

나. 대법원 1989. 10. 24. 89누2431 “원심이 피고는 원고에게 그 설시와

같이 떼붙임공사와 조경공사를 철저히 하도록 의무를 부과하고, 공사기간을 1986. 10. 20부터 1987. 9. 30.까지로 한정하여 이 사건 토지형질변경허가처분을 하였으나, 원고가 입목벌채, 부지정리공사 및 일부배수시설공사만 할 뿐 그 나머지 떼붙임공사와 조경공사는 하지 않고 방치하는 바람에 여름철 집중호우시에 공사장의 토사가 유출되어 인근 주민들에게 피해를 입힌 사실 및 이에 피고가 원고에게 수차례에 걸쳐 잔여공사의 이행을 촉구하는 한편 원고의 요청에 따라 공사기간을 1988. 3. 31.까지로 연장하여 주는 등 온갖 노력을 다하였음에도 원고는 또다시 공사기간의 연장을 요청할 뿐 공사지연 사유에 대한 성의있는 답변조차 하지 아니하여 1985. 5. 11. 하는 수 없이 이 사건 허가처분을 취소하게 된 사실 등을 적법히 확정하고, 피고가 1988. 6. 30.까지 공사기간을 연장하여 주었다는 원고의 주장에 대하여는 이를 인정할 증거가 없다면서 배척하고 나서, 그렇다면 이 사건허가취소처분은 원고의 의무불이행을 이유로 한 것이어서 적법할 뿐만 아니라,나아가 원고의 의무불이행을 방치하는데 생기는 공익상의 불이익과 이 사건 허가처분을 취소함으로써 원고가 입게되는 손실을 비교 교량하고, 또 피고가 이 사건 허가처불을 취소하게 된 일련의 과정을 종합하여 참작하면 이 사건 허가취소처분은 피고의 정당한 재량권 행사로서 타당하다고 판단한 것은 옳고, 여기에 소론과 같은 법리오해, 심리미진, 채증법칙위배로 인한 사실오인 등의 위법이 있다 할 수 없다. 그리고 이 사건 허가에 붙은 공사기간의 정함이 일종의 '부담'에 해당한다는 소론주장 자체는 수긍할 수 있지만 부담부 행정처분에 있어서 처분의 상대방이 부담(의무)를 이행하지 아니한 경우에 처분행정청으로서는 이를 들어 당해 처분을 취소(철회)할 수 있는 것이므로 이 사건에서 원고가 소정기간내에 공사를 완료하지 못했다 하더라도 이로 말미암아 긴급한 위난이 예상되거나 긴급한 사정이 없는 한 허가받은 자의 이익을 번복하는 처분은 할 수 없다는 소론은 받아들일 수 없고, 또 도시계획법이나 기타 법령에 의하더라도 이 사건 허가처분을 취소함에 있어 소론과 같은 절차를 요구하고 있는 규정은 없으므로 피고가 이 사건 취소처분을 함에 있어 그와 같은 절차를 밟지 않았다 하여 잘못이라 할 수도 없다."

다. 대법원 2008. 11. 27. 2007두24289 판결은 행정청이 도시환경정비사업 시행자에게 '무상양도되지 않는 구역 내 국유지를 착공신고 전까지 매입'하도록 한 부관을 붙여 사업시행인가를 하였으나 시행자가 국유지를 매수하지 않고 점용한 사안에서, "이 사건 부관은 이 사건 정비사업구역 내 전체 토지 중 이 사건 토지에 관해서만 사업시행인가의 효력 발생을 저지하는 조건으로서의 부관이 아니라 원고에게 이 사건 국유토지를 유상으로 매수하도록 하는 작위의무를 부과하는 부담으로서의 부관이라고 봄이 상당하다. 그러므로 원고는 2003. 11. 28. 서울특별시 용산구청장으로부터 이 사건 사업시행인가를 받은 때에 도시정비법 제32조 제1항 제12호에 의하여 이 사건 국유토지에 관하여 국유재산법 제24조의 규정에 의한 사용·수익허가를 받은 것으로 보아야 할 것이다. 그렇다면 이 사건 사업시행인가 이후 원고의 이 사건 국유토지의 점용은 변상금 부과대상이 되는 권한 없는 점용이라고 할 수 없다. 따라서 이 사건 변상금 부과처분이 적법하다고 한 원심의 판단에는 도시정비법상의 사업시행인가의 효력에 관한 법리를 오해한 위법이 있고, 이러한 위법은 판결에 영향을 미쳤음이 분명하다."고 판시하였다.

라. 부담과 조건과의 구별이 문제되는 경우가 있다. 부관의 필요성, 부관 부가시 행정청인 피고의 의사, 부관 불이행시 행정청이 취하여 온 행정관행 등을 고려하여야 할 것이다. 통설은 부담과 조건의 구별 기준에 관하여 행정청의 객관적 의사를 우선시되나, 그 의사가 불명확한 경우에는 부담으로 보아야 한다고 한다. 부담으로 볼 경우 주된 행정행위 그 자체는 처음부터 완전하게 효력을 발생하지만 정지조건은 조건이 성취되어야만 효력이 발생하여 사인에게 불리하기 때문이다. 또한 부담은 불이행하더라도 별도로 철회하지 않는 이상 그 효력이 유

지되는 반면 해제조건은 조건 성취시 바로 실효되기 때문에 처분의 상대방에게 불리하다.

마. 대법원 2000. 2. 11. 98누7527 판결 "원심판결 이유에 의하면 원심은, 그 채용 증거들을 종합하여, 원고는 피고 당진군수로부터 다세대주택 건축허가를 받아 건축 중 1994. 6. 27. 피고로부터 위 대지 중 일부에 이웃 건축물 소유자의 담장이 설치되어 있다는 등의 이유로 공사중지명령을 받았음에도 이를 무시하고 공사를 계속하여 다세대주택을 완공한 뒤 1997. 5. 1. 대지면적을 증가하고 연면적과 최고 높이, 세대수를 변경하는 내용의 건축허가 변경신청을 하자, 피고는 같은 달 22일 이를 허가하면서 '건축사용승인 신청시까지 단지 내 침범된 인근 건축물의 담장 부분을 철거하고 대지경계에 담장을 설치한 후 사용승인신청을 하여야 한다'는 내용의 이 사건 부관을 부가한 사실을 인정한 다음, 이 사건 부관은 건축허가를 함에 부수하여 원고에게 일정한 의무를 부과하는 이른바 부담에 해당하고, 이를 이행하지 아니하는 경우 건축법 제53조, 건축법시행령 제86조 등 관련 법령에 위반한 위법건축물이 되므로 이를 부가한 것은 원고에게 발생할 피해와 분쟁을 예방하기 위한 합목적적인 것으로 적법하며, 원고가 위 건축변경허가신청 전에 지하실 굴토공사가 완료된 상태에서 피고로부터 이 사건 부관의 내용과 동일한 사유 등으로 건축공사 중지명령을 받고도 이를 무시한 채 그대로 공사를 진행하여 이 사건 건물을 완공하고 이를 사용하고 있는 것이므로 이 사건 부관을 부가한 것이 신의성실의 원칙에 위배된다고도 할 수 없다는 이유로 이 사건 부관의 취소를 구하는 원고의 청구를 배척하였다. 그러나 건축법 제72조, 건축법시행령 제118조 등 관련 규정에 의하면 건축주가 2m 이상의 담장을 설치하고자 하는 경우에는 이를 신고하여야 한다고 규정하고 있을 뿐 건축 관계 법령은 건축물 건축시 반드시 담장을 설치하여야 한다는 취지의 규정은 두지 아니하고 있으므로, 피고가 이 사건 건축변경허가를 함에 있어 원고에게 새 담장을 설치하라는 부관을 붙인 것은 법령상 근거

없는 부담을 부가한 것으로 위법하다고 할 것이다. 행정행위의 부관은 부담의 경우를 제외하고는 독립하여 행정소송의 대상이 될 수 없다 할 것인바, 원심판결 이유에 의하면 원심은 위에서 본 바와 같이 이 사건 부관 중 '건축사용승인 신청시까지 단지 내 침범된 인근 건축물의 담장 부분을 철거한 후 사용승인신청을 하여야 한다'는 부분에 관하여도 이를 건축변경허가와는 독립적으로 그 자체로서 직접 법적 효과를 발생하는 이른바 부담이라고 보고 그에 관하여 독립쟁송가능성을 인정하고 나아가 본안에 관하여 당부를 판단하였다. 그러나 건축법 제1조, 제3조 등에 의하면 건축법에 의한 건축물은 특별히 예외적인 규정이 없는 한 원칙적으로 건축법규의 관련 규정을 준수하여야 하고 건축법시행령 제9조 제1항, 건축법시행규칙 제6조 제1항은 건축허가 신청시 첨부서류로 건축할 대지의 범위와 그 대지의 소유 또는 사용에 관한 권리를 증명하는 서류를 제출하도록 규정하고 있고, 건축허가를 받아 그 허가받은 내용대로 건축한 경우에는 특별한 사정이 없는 한 사용승인까지 하여 주어야 하는 점 등에 비추어 보면 위 담장 철거 부관이 건축허가와는 별개의 독립한 이행의무를 부과하는 이른바 부담이라고 단정하기 어려운 면도 엿보이고, 또 기록에 의하면 피고가 위 부관 부가시 그 불이행의 경우에는 건축허가를 취소할 수 있다는 의사표시를 한 것으로 볼 수 있는 여지도 있어서 위 부관의 필요성, 부관 부가시 행정청인 피고의 의사나 위와 같은 내용의 부관 불이행시 행정청이 취하여 온 행정관행 등이 어떠한 것인지 등을 더 심리하여 보기 전에는 위 부관의 법적 성격이 단순한 부담인지, 해제조건이나 철회권의 유보인지도 분명치 아니할 뿐더러 만일 부담이라고 본다면 건축행위의 성격과 관련하여 그 근거는 무엇인지를 밝혀 그 당부를 가려내야 할 것이다."

3. 철회권의 유보

가. 철회권의 유보란 행정행위의 발령 당시 일정한 사유가 발생하면 그에

따라 발령한 행정행위를 철회할 수 있음을 미리 유보하는 부관을 말한다. 철회권이 유보되었다 하여도 철회사유가 발생하면 언제든지 철회가 가능한 것은 아니고, 이익형량의 원칙에 따라 공익과 사익의 비교형량을 통해 철회권이 행사되어야 한다. 다만, 이 경우 당사자는 철회권의 유보로 인해 이미 철회사유가 발생 시에는 철회될 수 있음을 알고 있으므로 보호되어야 할 사익은 그리 크지 않을 것이다.

나. 대법원 1962. 2. 22. 4293행상42 판결 "허가 또는 특허에 종료의 기한을 정하거나 취소권을 유보한 경우 그 기한이 그 허가 또는 특허된 그 사업의 성질상 부당하게 짧게 정하여졌다면 그 기한은 허가 또는 특허의 존속기한을 정한 것이며 그 기한 도래 시 그 조건의 개정을 고려한다는 뜻으로 해석할 것이고 또 취소권의 유보의 경우에 있어서도 무조건으로 취소권을 행사할 수 있는 것이 아니고 취소를 필요로 할 만한 공익상의 필요가 있는 때에 한하여 취소권을 행사할 수 있는 것이다"

4. 법률효과의 일부 배제

가. 법률효과의 일부 배제란 법률이 규정하고 있는 법률효과의 일부를 행정청의 행정행위에 의해서 배제하는 것을 말한다. 그 예로 개인택시운행을 3부제로 운행하도록 하는 것, 영업허가와 관련해 영업구역을 지정하여 허가하는 것 등을 들 수 있다. 이는 행정청의 행정행위에 의해 배제하는 것을 말하고 법률이 직접 법률효과의 일부를 배제하는 경우는 법정부관에 해당하므로 구분되어야 한다. 한편, 이러한 법률이 예정하는 법적 효과를 행정행위로써 제한하기 위해서는 반드시 법률상의 근거가 있어야만 가능하다는 것이 통설이다.

나. 대법원 1993. 10. 8. 93누202 "행정행위의 부관은 부담의 경우를 제외하고는 독립하여 행정소송의 대상이 될 수 없는 것인바, 지방국토

관리청장이 일부 공유수면매립지에 대하여 한 국가 또는 직할시 귀속처분은 매립준공인가를 함에 있어서 매립의 면허를 받은 자의 매립지에 대한 소유권취득을 규정한 공유수면매립법 제14조의 효과 일부를 배제하는 부관을 붙인 것이고, 이러한 행정행위의 부관은 위 법리와 같이 독립하여 행정소송 대상이 될 수 없다."

Ⅲ. 부관의 가능성

1. 부관은 행정행위 중에서도 재량행위에만 가능하며, 따라서 기속행위에는 붙일 수 없고 가사 부관을 붙였다 하더라도 이러한 부관은 무효이다.

대법원 1995. 6. 13. 94다56883 판결 "일반적으로 기속행위나 기속적 재량행위에는 부관을 붙일 수 없고 가사 부관을 붙였다 하더라도 무효이며, 건축법 소정의 건축허가권자는 건축허가신청이 건축법, 도시계획법 등 관계법규에서 정하는 어떠한 제한에 배치되지 않는 이상 당연히 같은 법조 소정의 건축허가를 하여야 하므로, 법률상의 근거 없이 그 신청이 관계법규에서 정한 제한에 배치되는지의 여부에 대한 심사를 거부할 수 없고, 심사결과 그 신청이 법정요건에 합치하는 경우에는 특별한 사정이 없는 한 이를 허가하여야 하며, 공익상 필요가 없음에도 불구하고 요건을 갖춘 자에 대한 허가를 관계법령에서 정하는 제한사유 이외의 사유를 들어 거부할 수는 없다고 하는 것이 이 법원의 확립된 견해인바, 이 사건 허가조건 제20항(일정 토지를 기부채납하도록 하는 내용)은 부관을 붙일 수 없는 기속행위 내지 기속적 재량행위인 건축허가에 붙인 부담이거나 또는 법령상 아무런 근거가 없는 부관이어서 무효라고 할 것이다."

2. 주된 행정처분와의 관계에서 원인적 관련성이 없거나, 주된 행정처분이 추구하는 목적에 부합하지 않아 실체적 관련성이 없는 부관은 주된 행정처분에 붙일 수 없다. 이러한 부관은 부당결부금지 원칙 등에 위배되어 위법한 것이다.

대법원 1990. 4. 27. 89누6808 판결 "수산업법 제15조에 의하여 어업의 면허 또는 허가에 붙이는 부관은 그 성질상 허가된 어업의 본질적 효력을 해하지 않는 한도의 것이어야 하고 허가된 어업의 내용 또는 효력 등에 대하여는 행정청이 임의로 제한 또는 조건을 붙일 수 없다고 보아야 할 것이며 수산업법 시행령 제14조의4 제3항의 규정내용은 기선선망어업에는 그 어선규모의 대소를 가리지 않고 등선과 운반선을 갖출 수 있고, 또 갖추어야 하는 것이라고 해석되므로 기선선망어업의 허가를 하면서 운반선, 등선 등 부속선을 사용할 수 없도록 제한한 부관은 그 어업허가의 목적달성을 사실상 어렵게 하여 그 본질적 효력을 해하는 것일 뿐만 아니라 위 시행령의 규정에도 어긋나는 것이며, 더욱이 어업조정이나 기타 공익상 필요하다고 인정되는 사정이 없는 이상 위법한 것이다."

3. 부관의 유보 없이 행정처분을 발령한 후 부관을 새로이 부가하거나 또는 이미 부가된 부관의 내용을 사후에 변경하는 것은 명문의 규정이 있거나, 사후 부관의 부가가능성을 유보하였거나, 또는 본인의 동의가 있는 경우에만 가능하다. 판례는 사정변경을 이유로 한 부담의 사후변경을 인정하고 있다.

대법원 1997. 5. 30. 97누2627 "행정처분에 이미 부담이 부가되어 있는 상태에서 그 의무의 범위 또는 내용 등을 변경하는 부관의 사후변경은, 법률에 명문의 규정이 있거나 그 변경이 미리 유보되어 있는 경우 또는 상대방의 동의가 있는 경우에 한하여 허용되는 것이 원칙이지만, 사정변경으로 인하여 당초에 부담을 부가한 목적을 달성할 수 없게 된 경우에도 그 목적달성에 필요한 범위 내에서 예외적으로 허용된다."

4. 행정행위의 성질에 비추어 부관을 부가할 수 없는 경우도 있다. 가령 귀화허가와 같은 신분설정행위의 경우는 법적 안정성을 강하게 요구하므로 부관을 붙일 수 없다. 부관은 그 자체가 행정행위의 일부이므로 주된 행정행위와 함께 행정행위의 적법요건을 갖추어야 한다. 즉, 명확

하고, 이행 가능하여야 하며, 행정법의 일반원칙 및 제반법령이 있는 경우에는 이에 위배되지 않아야 한다.[144)]

Ⅳ. 위법한 부관에 대한 쟁송

1. 행정행위의 부관은 행정행위의 일반적인 효력이나 효과를 제한하기 위하여 의사표시의 주된 내용에 부가되는 종된 의사표시이지 그 자체로서 직접 법적 효과를 발생하는 독립된 처분이 아니므로 현행 행정쟁송 제도 아래서는 부관 그 자체만을 독립된 쟁송의 대상으로 할 수 없는 것이 원칙이다.

2. 그러나 부담의 경우에는 다른 부관과는 달리 행정행위의 불가분적인 요소가 아니고 그 존속이 본체인 행정행위의 존재를 전제로 하는 것일 뿐이므로 부담 그 자체로서 행정쟁송의 대상이 될 수 있다.[145)]

제8절 행정처분의 공정력과 존속력

Ⅰ. 공정력과 선결문제

1. 공정력이란 행정처분에 중대하고 명백한 하자가 있어 당연 무효가 아닌 한 행정소송에 의하여 취소될 때까지는 행정행위의 상대방 및 이해관계인, 관련 행정청과 법원 누구도 그 효력을 부인할 수 없다는 것을 의

---

144) "재량행위에 있어서는 법령상의 근거가 없다고 하더라도 부관을 붙일 수 있는데, 그 부관의 내용은 적법하고 이행 가능하여야 하며 비례의 원칙 및 평등의 원칙에 적합하고 행정처분의 본질적 효력을 해하지 아니하는 한도의 것이어야 한다."(대판 1997. 3. 14. 96누16698)

145) 대법원 1992. 1. 2. 91누 1264 판결; 판례의 입장과 같이 부담은 그 자체가 독자적인 행정행위로서 처분성을 갖추었으므로 부담만을 소의 대상으로 하여 부담의 위법성만을 소송물로 보는 형태로 독립 쟁송이 가능하고(이른바 진정일부취소소송), 부담을 제외한 기타 부관의 경우에는 처분성을 결여하여 독립쟁송이 불가하다고 보아 이 경우 전체취소소송 등으로만 가능하다는 견해도 있지만, 부담을 제외한 기타 부관의 경우에는 일단 처분성이 없으므로 부관부행정행위 전체를 소의 대상으로 하고 다만 소송물은 부관의 위법성으로 보아 독립쟁송 가능성을 인정하는 견해도 있다(이른바 부진정일부취소소송).

미한다.[146)]

2. 항고소송에 의해 행정행위의 하자를 제거하기 전까지는 행정법관계의 안정성과 이해관계인의 신뢰보호, 행정작용의 능률적 수행이라는 행정 정책상 필요에 의해 행정청의 결정에 잠정적 통용력을 부여하고자 하는 것이다. 공정력은 적법성 또는 유효성을 추정케 하는 것은 아니므로 공정력과 입증책임은 서로 무관하다.

3. 선결문제라 함은 행정처분의 위법 또는 무효 여부가 다른 사건에서 재판의 전제가 되어 선행적으로 해결되어야만 당해 재판의 결론을 도출할 수 있는 경우 행정처분의 위법 또는 무효 여부를 다른 사건의 수소법원이 심사할 수 있는지의 문제이다. 다른 사건의 수소법원이라 함은 취소소송의 재판관할권이 없는 법원을 말하며 통상 민사소송의 수소법원인 민사법원, 형사소송의 수소법원인 형사법원, 그 외 행정소송에서 취소소송의 수소법원 이외의 법원들 즉, 무효확인소송의 수소법원, 당사자소송의 수소법원 등이 이에 해당한다.

4. 행정소송법 제11조 제1항에서는 '처분 등의 효력 유무 또는 존재 여부가 민사소송의 선결문제로 되어 당해 민사소송의 수소법원이 이를 심리·판단하는 경우 제17조, 제25조, 제26조 및 제33조의 규정을 준용한다'라고 규정하여 민사소송에서 처분 등의 효력 유무 또는 존재 여부는 심리가 가능하다. 따라서 나머지 부분은 학설과 판례에 맡겨져 있다.

5. 행정처분의 유무효가 민사사건의 선결문제인 경우 선결문제가 당연무효이면 공정력 또는 구성요건적 효력이 미치지 않으므로 민사법원이 그에 대해 무효 판단을 할 수 있고, 이는 행정소송법 제11조 제1항에도

146) 대법원 1991. 4. 23. 90누8756 등; 이에 대해 행정행위의 공정력이란 행정행위의 상대방과 이해관계인에게만 미치는 것이고, 관련 행정청이나 법원에는 미치지 않는 효력은 행정행위의 구성요건적 효력이라는 개념으로 분리해서 설명해야 한다는 입장도 있다.

그와 같이 규정되어 있다. 그러나 선결문제가 취소사유에 불과하다면 이는 공정력 또는 구성요건적 효력에 영향을 받아 민사법원은 취소를 할 권한이 없어 당해 행정행위를 취소하고 소급적으로 무효화 할 수 없으므로 그 효력을 부인할 수 없게 된다. 판례도 이와 같은 취지이다.[147)] 행정처분의 위법 여부가 선결문제인 경우에는 공정력 또는 구성요건적 효력이 행정행위의 적법성까지 추정하는 것은 아니므로 위법성 여부의 심사와 공정력 또는 구성요건적 효력은 서로 무관하고, 행정소송법 제11조 제1항은 선결문제에 대한 단순한 예시조항일 뿐 그 이외의 경우에도 선결문제 심사는 가능하다 할 것이므로 위법 여부의 심사도 가능하다는 것이 통설이다. 판례도 같은 취지다.[148)]

6. 행정처분의 유무효가 형사사건의 선결문제인 경우 선결문제가 당연무효이면 공정력 또는 구성요건적 효력이 미치지 않으므로 민사소송의 경우와 같이 형사법원이 행정처분의 당연무효를 확인할 수 있다.

대법원 1971. 5. 31. 71도742 판결 "조세범처벌법 제10조에 정한 체납범은 정당한 과세에 대하여서만 성립되는 것이고, 과세가 당연히 무효한 경우에 있어서는 체납의 대상이 없어 체납범 성립의 여지가 없다고 볼 것이니, 원심이 같은 취지에서 당연무효의 설시 과세를 설시 체납의 대상에서 제외한 판단은 옳다."

7. 행정처분이 단순취소사유인 경우 형사법원이 행정행위를 취소하고 소급적으로 무효화하는 것은 공정력 또는 구성요건적 효력에 반한다는

---

147) 대법원 1994. 11. 11. 94다28000 "조세의 과오납이 부당이득이 되기 위하여는 납세 또는 조세의 징수가 실체법적으로나 절차법적으로 전혀 법률상의 근거가 없거나 과세처분의 하자가 중대하고 명백하여 당연무효이어야 하고, 과세처분의 하자가 단지 취소할 수 있는 정도에 불과할 때에는 과세관청이 이를 스스로 취소하거나 항고소송절차에 의하여 취소되지 않는 한 그로 인한 조세의 납부가 부당이득이 된다고 할 수 없다."

148) 대법원 1972. 4. 28. 72다337 "위법한 행정대집행이 완료되면 그 처분의 무효확인 또는 취소를 구할 소의 이익은 없다 하더라도, 미리 그 행정처분의 취소판결이 있어야만, 그 행정처분의 위법임을 이유로 한 손해배상 청구를 할 수 있는 것은 아니다."

이유로 이를 부정하는 부정설과 행정행위의 효력 부인시 범죄가 성립하는 경우에는 공정력 또는 구성요건적 효력으로 인해 형사법원이 효력 부인을 할 수 없어 범죄가 성립하지 않지만, 행정행위의 효력 부인시 범죄가 불성립하는 경우에는 형사소송은 민사소송과 달리 피고인의 인권보장이 고려되어야 하므로 공정력 또는 구성요건적 효력이 미치지 않고, 따라서 형사법원은 이 경우 위법한 행정행위의 효력을 부인하고 범죄의 성립을 부정할 수 있는 것으로 보는 제한적 긍정설이 대립한다.

대법원 1982. 6. 8. 80도2646 판결 "연령미달의 결격자인 피고인이 소외인의 이름으로 운전면허시험에 응시, 합격하여 교부받은 운전면허는 당연무효가 아니고 도로교통법 제65조 제3호의 사유에 해당함에 불과하여 취소되지 않는 한 유효하므로 피고인의 운전행위는 무면허운전에 해당하지 아니한다."

8. 행정처분의 위법 여부가 형사사건의 선결문제인 경우 공정력 또는 구성요건적 효력이 행정행위의 적법성까지 추정하는 것은 아니므로 위법성 여부의 심사와 공정력 또는 구성요건적 효력은 서로 무관하고, 행정소송법 제11조는 선결문제에 대한 단순한 예시조항일 뿐 그 이외의 경에도 선결문제 심사가 가능하므로 결국 위법 여부의 심사도 가능하다 할 것이다.[149]

Ⅱ. 존속력(불가쟁력과 불가변력)

1. 일단 행정처분이 발령되면 그 처분을 기점으로 많은 법률관계가 생성되기 때문에 법적 안정성을 위해 발령된 행정처분의 효력을 지속시키기 위한 효력을 행정처분의 존속력이라고 한다. 형식적 존속력은 행정행위

149) 대법원 2004. 5. 14. 2001도2841 "구 도시계획법 제78조에 정한 처분이나 조치명령을 받은 자가 이에 위반한 경우 이로 인하여 같은 법 제92조에 정한 처벌을 하기 위하여는 그 처분이나 조치명령이 적법한 것이라야 하고, 그 처분이 당연무효가 아니라 하더라도 그것이 위법한 처분으로 인정되는 한 같은 법 제92조 위반죄가 성립될 수 없다."

는 쟁송기간이 경과하거나 또는 쟁송절차를 모두 거친 경우에는 상대방 또는 이해관계인은 더 이상 행정행위의 효력을 다툴 수 없게 되는 불가쟁력을 의미한다. 불가쟁력을 인정하는 취지는 행정행위의 효력을 신속히 확정함으로써 조속한 행정법 관계의 안정을 도모하고자 함이다. 그러나 행정행위가 무효인 경우에는 언제든지 당사자인 사인은 다툴 수 있기 때문에 쟁송기간의 도과와 관련된 불가쟁력은 발생하지 않는다.

2. 위법한 처분에 대해 불가쟁력이 발생한 경우 그에 대해 국가배상청구소송을 제기하는 것이 가능한지[150]에 대해 이를 인정하면 취소소송에서 불가쟁력을 인정하는 취지가 몰각되어 이를 잠탈하는 효과가 발생한다는 이유로 부정하는 견해도 있으나, 처분의 효력을 직접 다투는 취소소송과 피해의 배상을 청구하는 국가배상청구소송은 그 제도의 취지와 소송물을 달리하는 전혀 별개의 제도이기 때문에 이 경우에도 국가배상청구를 통해 배상을 받을 수 있다할 것이다. 판례 역시 적극설을 취하고 있다.[151]

3. 쟁송기간의 경과로 인해 확정되는 경우에는 판결의 확정력과 같은 효력이 발생하는 것은 아니어서 당사자가 후행소송에서 모순되는 주장을 하거나 법원이 그와 모순되는 판단을 할 수 있다.[152]

150) 예컨대, 위법한 과세처분에 대해 이를 납부한 뒤 이미 불가쟁력이 발생하여 더 이상 항고소송으로는 다툴 수 없는 상태가 된 경우, 이를 국가배상청구소송을 통해 우회적으로 환급받을 수 있을지의 문제이다. 이는 선결문제와도 관련된다. 이는 처분이 취소사유인 경우에만 문제된다. 무효사유인 경우에는 쟁송기간의 제한이 없어 불가쟁력이 발생하지 않고 공법상 부당이득반환청구가 인정되기 때문이다.

151) 대법원 1979. 4. 10. 79다262 "물품세 과세대상이 아닌 것을 세무공무원이 직무상 과실로 과세대상으로 오인하여 과세처분을 행함으로 인하여 손해가 발생된 경우에는, 동 과세처분이 취소되지 아니하였다 하더라도, 국가는 이로 인한 손해를 배상할 책임이 있다."

152) 대법원 1993. 4. 13. 92누17181 "행정처분이나 행정심판 재결이 불복기간의 경과로 인하여 확정될 경우 확정력은 처분으로 인하여 법률상 이익을 침해받은 자가 처분이나 재결의 효력을 더 이상 다툴 수 없다는 의미일 뿐 판결에 있어서와 같은 기판력이 인정되는 것은 아니어서 처분의 기초가 된 사실관계나 법률적 판단이 확정되고 당사자들이나 법원이 이에 기속되어 모순되는 주장이나 판단을 할 수 없게 되는 것은 아니다."

4. 실질적 존속력은 처분이 발해지면 일정한 경우 행정청 스스로도 그러한 처분을 직권으로 변경 또는 취소할 수 없다는 것을 의미한다. 이를 행정청이 스스로 변경할 수 없다는 의미에서 불가변력이라고도 한다. 원래 행정처분은 법률적합성 및 공익적합성의 원칙에 의해 위법 또는 부당하게 발령된 경우 행정청이 이를 법률 또는 공익에 맞게 직권으로 취소 또는 변경할 수 있는 것이 원칙이다. 그러나 일정한 경우에는 행정법 관계의 안정을 위해 확정판결의 실질적 확정력에 유사한 효력을 행정처분에도 인정해 취소 또는 변경을 허용하지 않는 것이다. 행정심판의 재결처럼 준사법적 행위에 대해서는 불가변력이 발생한다는 것에 이설이 없고 판례도 같은 입장이다.[153] 무효인 행정처분에 대해서는 실질적 존속력이 발생하지 않는다. 이는 그 자체로 아무런 법적 효력이 없어 이를 존속시킬 수도 없고 당사자인 사인은 이에 대해 언제든지 다툴 수 있다고 보아야 하기 때문이다.

제3장 기타 행정작용

제1절 행정계약

Ⅰ. 행정계약은 행정주체들 사이 또는 행정주체와 私人 사이에 체결되는 공법상 계약 또는 사법상 계약을 뜻하는 강학상 개념이다.[154] 공법상 계약과 행정계약을 동의어로 보고, 행정주체의 공법상 계약과 사법상 계약을 포괄하여 개념으로 '행정상 계약'을 사용하여야 한다고 주장하는 견해도 있다.[155] 선험적으로 공법상 계약과 사법상 계약으로 구분하여 실제 계약을 접근하는 것은 불가능한 것이므로, 행정계약이라는

153) 대법원 1983. 7. 26. 82누63

154) 박정훈, "행정조달계약의 법적 성격", 「행정법의 체계와 방법론[행정법연구 1], 박영사(2005), 171면; 김도창, 「일반행정법론(上)」, 청운사(1992), 511면은 행정계약을 정부계약, 국공유재산에 관한 계약, 특별행정법관계의 설정합의로 분류하고, 정부계약에는 사인과 행정주체와의 납품계약, 공공시설 건축도급계약이 있다고 설명한다.

155) 박균성, 「행정법론(上)」, 박영사(2006), 370면.

개념을 전제하고 실제 현실에서 사법적 측면과 공법적 측면 중 무엇에 더 우선하여 접근할 것인지를 결정할 수밖에 없다할 것이다.[156)]

Ⅱ. 행정계약에 대한 일반법적 규정은 존재하지 않는다. 행정절차법도 행정계약에 관하여 다루지 않고 있다. 판례는 행정계약이라는 개념을 사용하고 있지 않고 있으며, 공법상 계약이라는 개념도 극히 협소하게 사용하고 있다.

Ⅲ. 행정계약 중 공공단체 상호간의 계약에는 지방교육자치에 관한 법률 제29조에 의한 교육사무위탁이 있고, 지방자치단체 상호간의 계약에는 도로법 제58조・하천법 제50조에 의한 도로・하천의 경비부담에 관한 협의가 있다.

Ⅳ. 행정계약 중 행정주체와 사인간의 계약과 관련한 법률에는 '국가를 당사자로 하는 계약에 관한 법률', '지방자치단체를 당사자로 하는 계약에 관한 법률', '국유재산법', '공유재산 및 물품관리법' 등이 있다. '국가를 당사자로 하는 계약에 관한 법률'은 행정청의 감독권(제13조 제1항), 행정청의 일방적 계약변경권(제19조), 대가의 선납(제16조), 하자보수보증금의 필요적 선납(제18조) 등을 규정하고 있다.

Ⅴ. 국가를 당사자로 하는 계약에 관한 법률의 적용을 받는 계약을 대법원 판례는 「공공계약」[157)]이라고 한다. 공공계약은 국가・지방자치단체가

156) 김철용, 「행정법 Ⅰ」 박영사(2007), 307면은 오늘날 복리국가의 이념 아래 행정기능이 확대되면서 계약에 의한 법률관계의 형성이 중요해짐에 따라 행정주체가 체결하는 사법상 계약도 헌법적 원리 등 특수한 규율을 받게 되어 행정주체가 체결하는 공법상 계약과 행정사법상 계약을 모두 포함하여 행정계약이라고 부르고, 그 공통되는 특징을 규명하여야 한다고 지적한다.

157) 선정원, "지방자치단체의 수의계약", 행정법연구 제14호(2005), 206면에 의하면 독일의 경우 공공계약(공공발주 Vergabe offentlicher Auftrage 또는 공공조달 offentlicher Beschaffungsauftrag)을 공법상 계약과 사법상 계약으로 구별하여, 공법상 계약에 대하여는 연방행정절차법 제4장 제54조 내지 제62조에서 규율하고, 사법상 계약

당사자가 되어 사경제의 주체로서 상대방과 대등한 위치에서 체결하는 사법상의 계약으로서 그 본질적인 내용은 사인 간의 계약과 같은 것이고, 따라서 법령에 특별한 정함이 있는 경우를 제외하고 사적자치와 계약자유의 원칙 등 私法의 원리가 공공계약에 그대로 적용되며 그 분쟁은 행정소송이 아니라 민사소송에 의한다는 것이 판례의 태도이다. 판례는 서울특별시립무용단 단원의 위촉이나 공중보건의사의 채용계약과 같은 경우를 「공법상 계약」이라 부르며 행정소송법상 당사자소송으로 채용계약 해지의 의사표시의 무효확인을 다투도록 하고 있다.

Ⅵ. 관련 판례

1. 대법원 1972. 2. 22. 선고 70누59 "국유재산의 매각행위는 공권력의 주체로서가 아니고 사경제의 주체로서 법률행위를 하는 것이므로 국유재산에 관한 처분을 다투는 것은 행정소송의 대상이 되지 아니한다."

2. 대법원 1990. 5. 25. 선고 89다카14998 "귀속재산인 토지를 관재기관이 매각하는 행위는 행정처분으로서 귀속재산처리법 제22조의 규정에 비추어 매수인이 그 매수대금을 완납하면 등기를 필요로 하지 아니하고 그 소유권은 자동적으로 매수인에게 이전된다."

3. 대법원 1993. 9. 14. 선고 92누4611 "현행 실정법이 지방전문직공무원 채용계약 해지의 의사표시를 일반공무원에 대한 징계처분과는 달리 항고소송의 대상이 되는 처분 등의 성격을 가진 것으로 인정하지 아니하고, 지방전문직공무원규정 제7조 각호의 1에 해당하는 사유가 있을 때 지방자치단체가 채용계약관계의 한쪽 당사자로서 대등한 지위에서 행하는 의사표시로 취급하고 있는 것으로 이해되므로,

---

에 대해서는 특별법에 다른 규정이 없는 한 민법상 계약법원리가 적용되는 것으로 이해되어 왔다고 한다.

지방전문직공무원 채용계약 해지의 의사표시에 대하여는 대등한 당사자간의 소송형식인 공법상 당사자소송으로 그 의사표시의 무효확인을 청구할 수 있다."

4. 대법원 1995. 12. 22. 95누4636 "지방자치법 제9조 제2항 제5호 (라)목 및 (마)목 등의 규정에 의하면, 서울특별시립무용단원의 공연 등 활동은 지방문화 및 예술을 진흥시키고자 하는 서울특별시의 공공적 업무수행의 일환으로 이루어진다고 해석될 뿐 아니라, 단원으로 위촉되기 위하여는 일정한 능력요건과 자격요건을 요하고, 계속적인 재위촉이 사실상 보장되며, 공무원연금법에 따른 연금을 지급받고, 단원의 복무규율이 정해져 있으며, 정년제가 인정되고, 일정한 해촉사유가 있는 경우에만 해촉되는 등 서울특별시립무용단원이 가지는 지위가 공무원과 유사한 것이라면, 서울특별시립무용단 단원의 위촉은 공법상의 계약이라고 할 것이고, 따라서 그 단원의 해촉에 대하여는 공법상의 당사자소송으로 그 무효확인을 청구할 수 있다."

5. 대법원 1996. 5. 31. 95누10617 "전문직공무원인 공중보건의사의 채용계약의 해지가 관할 도지사의 일방적인 의사표시에 의하여 그 신분을 박탈하는 불이익처분이라고 하여 곧바로 그 의사표시가 관할 도지사가 행정청으로서 공권력을 행사하여 행하는 행정처분이라고 단정할 수는 없고, 공무원 및 공중보건의사에 관한 현행 실정법이 공중보건의사의 근무관계에 관하여 구체적으로 어떻게 규정하고 있는가에 따라 그 의사표시가 항고소송의 대상이 되는 처분 등에 해당하는 것인지의 여부를 개별적으로 판단하여야 할 것인바, 농어촌등보건의료를위한특별조치법 제2조, 제3조, 제5조, 제9조, 제26조와 같은법시행령 제3조, 제17조, 전문직공무원규정 제5조 제1항, 제7조 및 국가공무원법 제2조 제3항 제3호, 제4항 등 관계 법령의 규정내용에 미루어 보면 현행 실정법이 전문직공무원인 공중보건의사의 채용계약 해지의 의사표시는 일반공무원에 대한 징계처분과는 달라서 항고소송의 대상이 되는 처분 등의 성격을 가진 것으로 인정되지 아니하

고, 일정한 사유가 있을 때에 관할 도지사가 채용계약 관계의 한쪽 당사자로서 대등한 지위에서 행하는 의사표시로 취급하고 있는 것으로 이해되므로, 공중보건의사 채용계약 해지의 의사표시에 대하여는 대등한 당사자간의 소송형식인 공법상의 당사자소송으로 그 의사표시의 무효확인을 청구할 수 있는 것이지, 이를 항고소송의 대상이 되는 행정처분이라는 전제하에서 그 취소를 구하는 항고소송을 제기할 수는 없다."

6. 대법원 2001. 12. 11. 2001다33604 "지방재정법에 의하여 준용되는 국가계약법에 따라 지방자치단체가 당사자가 되는 이른바 공공계약은 사경제의 주체로서 상대방과 대등한 위치에서 체결하는 사법상의 계약으로서 그 본질적인 내용은 사인 간의 계약과 다를 바가 없으므로, 그에 관한 법령에 특별한 정함이 있는 경우를 제외하고는 사적자치와 계약자유의 원칙 등 사법의 원리가 그대로 적용된다 할 것이다. 한편, 국가계약법은 국가가 계약을 체결하는 경우 원칙적으로 경쟁입찰에 의하여야 하고(제7조), 국고의 부담이 되는 경쟁입찰에 있어서 입찰공고 또는 입찰설명서에 명기된 평가기준에 따라 국가에 가장 유리하게 입찰한 자를 낙찰자로 정하도록(제10조 제2항 제2호) 규정하고 있고, 같은법시행령에서 당해 입찰자의 이행실적, 기술능력, 재무상태, 과거 계약이행 성실도, 자재 및 인력조달가격의 적정성, 계약질서의 준수정도, 과거공사의 품질정도 및 입찰가격 등을 종합적으로 고려하여 재정경제부장관이 정하는 심사기준에 따라 세부심사기준을 정하여 결정하도록 규정하고 있으나, 이러한 규정은 국가가 사인과의 사이의 계약관계를 공정하고 합리적·효율적으로 처리할 수 있도록 관계 공무원이 지켜야 할 계약사무처리에 관한 필요한 사항을 규정한 것으로, 국가의 내부규정에 불과하다 할 것이다. 따라서 단순히 계약담당공무원이 입찰절차에서 위 법령이나 그 세부심사기준에 어긋나게 적격심사를 하였다는 사유만으로 당연히 낙찰자 결정이나 그에 기한 계약이 무효가 되는 것은 아니고, 이를 위배

한 하자가 입찰절차의 공공성과 공정성이 현저히 침해될 정도로 중대할 뿐 아니라 상대방도 이러한 사정을 알았거나 알 수 있었을 경우 또는 누가 보더라도 낙찰자의 결정 및 계약체결이 선량한 풍속 기타 사회질서에 반하는 행위에 의하여 이루어진 것임이 분명한 경우 등 이를 무효로 하지 않으면 그 절차에 관하여 규정한 국가계약법의 취지를 몰각하는 결과가 되는 특별한 사정이 있는 경우에 한하여 무효가 된다고 해석함이 타당하다."

7. 대법원 2006. 6. 29. 선고 2005다41603 "구 지방재정법 제63조가 준용하는 국가를 당사자로 하는 계약에 관한 법률 제11조는 지방자치단체가 당사자로서 계약을 체결하고자 할 때에는 계약서를 작성하여야 하고 그 경우 담당공무원과 계약당사자가 계약서에 기명날인 또는 서명함으로써 계약이 확정된다고 규정함으로써, 지방자치단체가 당사자가 되는 계약의 체결은 계약서의 작성을 성립요건으로 하는 요식행위로 정하고 있으므로, 이 경우 낙찰자의 결정으로 바로 계약이 성립된다고 볼 수는 없어 낙찰자는 지방자치단체에 대하여 계약을 체결하여 줄 것을 청구할 수 있는 권리를 갖는 데 그치고, 이러한 점에서 위 법률에 따른 낙찰자 결정의 법적 성질은 입찰과 낙찰행위가 있은 후에 더 나아가 본계약을 따로 체결한다는 취지로서 계약의 편무예약에 해당한다. '국가를 당사자로 하는 계약에 관한 법률'에 따른 입찰절차에서의 낙찰자의 결정으로는 예약이 성립한 단계에 머물고 아직 본계약이 성립한 것은 아니라고 하더라도, 그 계약의 목적물, 계약금액, 이행기 등 계약의 주요한 내용과 조건은 지방자치단체의 입찰공고와 최고가(또는 최저가) 입찰자의 입찰에 의하여 당사자의 의사가 합치됨으로써 지방자치단체가 낙찰자를 결정할 때에 이미 확정되었다고 할 것이므로, 지방자치단체가 계약의 세부사항을 조정하는 정도를 넘어서서 계약의 주요한 내용 내지 조건을 입찰공고와 달리 변경하거나 새로운 조건을 추가하는 것은 이미 성립된 예약에 대한 승낙의무에 반하는 것으로서 특별한 사정이 없는 한 허용될 수 없다."

제2절 행정계획

Ⅰ. 의의

1. 행정계획은 행정주체가 장래 일정기간 내에 도달하고자 하는 목표를 설정하고, 그를 위하여 필요한 수단들을 조정하고 통합하는 작용, 또는 그 결과로 설정된 활동기준을 의미한다.[158] 행정계획에는 국토종합계획·장기경제계획과 같은 종합적 성격의 것도 있고, 도시계획·교육계획과 같이 개별적 부문과 관련한 성격의 것도 있다.

2. 행정계획의 법적 성질에 대하여 입법행위설, 행정행위설, 독자성설 등이 주장되고 있다.[159] 대법원은 구 도시계획법상의 도시계획결정에 대해 처분성을 긍정한 바 있고[160], 반면 구 도시계획법상의 도시기본계획[161] 및 구 토지구획정리법상의 환지계획[162]에 대해서는 처분성을 부

---

158) 김동희, 「행정법 Ⅰ」, 박영사(2002), 172면.

159) 입법행위설은 행정계획은 계획행정의 기준이 되는 일반적·추상적인 규율에 불과하고 그 자체만으로는 국민의 권리·의무에 직접적, 구체적으로 영향을 미치는 것은 아니므로 입법행위의 성질을 갖는다고 한다. 따라서 행정계획 자체에 대해서는 항고소송으로 다툴 수 없고 다만 그에 의해 국민의 권리를 실질적으로 침해하는 건축허가 거부 등 개별처분에 대하여 항고소송을 제기해야 한다고 한다. 행정행위설은 행정계획은 행정청의 일방적 의사표시에 의해 국민의 권리·의무에 구체적인 변동을 가져오는 것으로 이는 행정행위에 속하고 처분성이 긍정되므로 직접 항고고송으로 다툴 수 있다고 주장한다. 독자성설은 법규범도 아니고 행정행위도 아닌 독자적인 행정의 행위형식이라는 견해이다.

160) 대법원 1982. 3. 9. 80누105 "도시계획법 제12조 소정의 도시계획결정이 고시되면 도시계획구역안의 토지나 건물 소유자의 토지형질변경, 건축물의 신축, 개축 또는 증축 등 권리행사가 일정한 제한을 받게 되는바 이런 점에서 볼 때 고시된 도시계획결정은 특정 개인의 권리 내지 법률상의 이익을 개별적이고 구체적으로 규제하는 효과를 가져오게 하는 행정청의 처분이라 할 것이고, 이는 행정소송의 대상이 되는 것이라 할 것이다."

161) 대법원 2002. 10. 11. 2000두8226 "도시기본계획은 도시의 기본적인 공간구조와 장기발전방향을 제시하는 종합계획으로서 그 계획에는 토지이용계획, 환경계획, 공원녹지계획 등 장래의 도시개발의 일반적인 방향이 제시되지만, 그 계획은 도시계획입안의 지침이 되는 것에 불과하여 일반 국민에 대한 직접적인 구속력은 없는 것이[다.]"

162) 대법원 1999. 8. 20. 97누6889 "토지구획정리사업법 제57조, 제62조 등의 규정상 환지예정지 지정이나 환지처분은 그에 의하여 직접 토지소유자 등의 권리의무가 변동되므로 이를 항고소송의 대상이 되는 처분이라고 볼 수 있으나, 환지계획은 위와 같은

정한 바 있어 개별적으로 그 법적 성질을 검토하고 있다.

Ⅱ. 집중효

1. 집중효라 함은 행정계획과 관련해 계획 확정이 되면 타법규에 규정되어 있는 인가, 승인, 허가 등을 받은 것으로 의제되는 효력을 말한다.[163] 택지개발촉진법 제11조가 대표적인 집중효 규정이다.[164]

환지예정지 지정이나 환지처분의 근거가 될 뿐 그 자체가 직접 토지소유자 등의 법률상의 지위를 변동시키거나 또는 환지예정지 지정이나 환지처분과는 다른 고유한 법률효과를 수반하는 것이 아니어서 이를 항고소송의 대상이 되는 처분에 해당한다고 할 수가 없다."

163) 집중효는 하나의 인·허가를 받게 되면 다른 법률에 규정된 허가, 인가, 특허, 신고 등을 받은 것으로 의제하는 제도를 인·허가 의제제도와 유사하다. 예를 들면, 건축법 제11조는 건축허가를 받은 경우 국토의계획및이용에관한법률상의 개발행위허가, 농지법상의 농지전용허가 등 각종 법률상의 인·허가를 받은 것으로 의제하고 있다. 행정계획과 관련해 부여되는 특유의 효과인 집중효와 인·허가 의제제도 사이에 본질적인 차이는 없다.

164) 택지개발촉진법 제11조(다른 법률과의 관계) ① 시행자가 실시계획을 작성하거나 승인을 받았을 때에는 다음 각 호의 결정·인가·허가·협의·동의·면허·승인·처분·해제·명령 또는 지정(이하 "인·허가등"이라 한다)을 받은 것으로 보며, 지정권자가 실시계획을 작성하거나 승인한 것을 고시하였을 때에는 관계 법률에 따른 인·허가등의 고시 또는 공고가 있은 것으로 본다. 1.「국토의 계획 및 이용에 관한 법률」제30조에 따른 도시·군관리계획의 결정, 같은 법 제56조에 따른 개발행위의 허가, 같은 법 제86조에 따른 도시·군계획시설사업 시행자의 지정, 같은 법 제88조에 따른 실시계획의 인가 2.「도시개발법」제17조에 따른 실시계획의 인가 3.「주택법」제16조에 따른 사입계획의 승인 4.「수노법」제17조 및 제49조에 따른 일반수도사업과 공업용수도사업의 인가, 같은 법 제52조 및 제54조에 따른 전용수도설치의 인가 5.「하수도법」제16조에 따른 공공하수도공사 시행의 허가 6.「공유수면 관리 및 매립에 관한 법률」제8조에 따른 공유수면의 점용·사용허가, 같은 법 제28조에 따른 공유수면의 매립면허, 같은 법 제35조에 따른 국가 등이 시행하는 매립의 협의 또는 승인 및 같은 법 제38조에 따른 공유수면매립실시계획의 승인 7.「하천법」제30조에 따른 하천공사 시행의 허가 및 하천공사실시계획의 인가, 같은 법 제33조에 따른 하천의 점용허가 및 같은 법 제50조에 따른 하천수의 사용허가 8.「도로법」제36조에 따른 도로공사 시행의 허가, 같은 법 제61조에 따른 도로점용의 허가 9.「농지법」제34조에 따른 농지전용의 허가·협의, 같은 법 제35조에 따른 농지의 전용신고, 같은 법 제36조에 따른 농지의 타용도 일시 사용 허가·협의, 같은 법 제40조에 따른 용도변경의 승인 10.「산지관리법」제14조·제15조에 따른 산지전용허가 및 산지전용신고, 같은 법 제15조의2에 따른 산지일시사용허가·신고,「산림자원의 조성 및 관리에 관한 법률」제36조제1항·제4항에 따른 입목벌채등의 허가·신고 및「산림보호법」제9조제1항 및 제2항제1호·제2호에 따른 산림보호구역(산림유전자원보호구역은 제외한다)에서의 행위의 허가·신고 11.「초지법」제23조에 따른 초지전용의 허가 12.「사방사업법」제14조에 따른 벌채

2. 집중효는 절차의 간소화를 통해 사업자의 부담해소 및 절차촉진에 기여하고, 다수의 인·허가부서를 통합하는 효과를 가져오며, 인허가에 필요한 구비서류의 감소효과를 가져온다. 집중효는 행정기관의 권한에 대한 변경을 가져오므로 법률에 명시적인 근거가 있어야 하며 집중효가 미치는 범위도 법률에 명시되어야 한다.

3. 집중효가 부여되면 다른 행정청의 인·허가 등 결정들이 의제되는데 그 정도 또는 범위와 관련해 대법원 1992. 11. 10. 92누1162은 "건설부장관이 구 주택건설촉진법 제33조에 따라 관계기관의 장과의 협의를 거쳐 사업계획승인을 한 이상 같은 조 제4항의 허가·인가·결정·승인 등이 있는 것으로 볼 것이고, 그 절차와 별도로 도시계획법 제12조 등 소정의 중앙도시계획위원회의 의결이나 주민의 의견청취 등 절차를 거칠 필요는 없다."고 판시한 바 있다.[165]

4. 의제되는 인·허가 등에 대해 거부를 당하여 이에 대해 다투고자 하는

등의 허가, 같은 법 제20조에 따른 사방지(砂防地) 지정의 해제 13. 「산업입지 및 개발에 관한 법률」 제16조에 따른 산업단지개발사업 시행자의 지정, 같은 법 제17조 및 제18조에 따른 산업단지개발실시계획의 승인 14. 「광업법」 제24조에 따른 불허가처분, 같은 법 제34조에 따른 광구감소처분 또는 광업권취소처분 15. 「건축법」 제20조에 따른 가설건축물의 허가·신고 16. 「국유재산법」 제30조에 따른 행정재산의 사용허가 17. 「공유재산 및 물품 관리법」 제20조제1항에 따른 행정재산의 사용·수익허가 18. 「장사 등에 관한 법률」 제27조에 따른 무연분묘의 개장허가 19. 「소하천정비법」 제10조에 따른 비관리청의 공사 시행허가, 같은 법 제14조에 따른 소하천의 점용허가 ② 지정권자가 실시계획을 작성하거나 승인하려는 경우 그 계획에 제1항 각 호의 어느 하나에 해당하는 사항이 포함되어 있을 때에는 관계 기관의 장과 협의하여야 한다. 이 경우 관계 기관의 장은 지정권자의 협의 요청을 받은 날부터 대통령령으로 정하는 기간 내에 의견을 제출하여야 한다. ③ 제1항에 따라 다른 법률에 따른 인·허가등을 받은 것으로 보는 경우에는 관계 법률에 따라 부과되는 면허에 대한 등록면허세, 수수료 또는 사용료 등을 면제한다.

165) 이러한 대법원의 입장은 집중효는 계획확정 행정청으로 여러 인·허가 등의 행정관할만이 병합될 뿐이므로 계획확정 행정청은 대체되는 행정청의 인·허가 등에 대해 절차 및 실체적 요건을 모두 검토해야 한다는 관할집중설을 따르지 않고, 관할뿐만 아니라 대체되는 행정청의 인·허가 등에 있어서의 각 절차적 사항까지도 모두 통합되므로 계획확정 행정청은 인·허가 등의 절차적 사항은 검토함 없이 단지 각 실체적 사항만 검토하면 된다는 절차집중설을 따른 것으로 보인다.

경우 신청된 인·허가 자체를 다투어야 하는지 아니면 의제되는 인·허가에 대해 다투어야 하는지가 문제될 수 있는데, 신청된 인·허가 자체를 다투면서 의제되는 인·허가의 위법사유를 주장하여야 한다는 것이 판례이다.[166)]

Ⅲ. 계획재량·형량명령

1. 계획재량

가. 계획재량이란 행정계획의 수립·변경 시에 행정청이 행사하는 광범위한 형성의 자유를 말한다. 이는 계획법률이 추상적인 행정목표와 절차만을 규정하고 있을 뿐 행정계획의 내용에 대해서는 별다른 규정을 두고 있지 않는 이른바 목적-수단 형식의 법률구조를 가지고 있어 일반적인 요건-효과 형식의 가언명령적 법률구조와는 차이가 있기 때문에 이러한 구조상의 특수성으로 인해 계획재량이 발생한다.[167)]

---

166) 대법원 2001. 1. 16. 99두10988 "구 건축법 제8조 제1항, 제3항, 제5항에 의하면, 건축허가를 받은 경우에는 구 도시계획법 제4조에 의한 토지의 형질변경허가나 농지법 제36조에 의한 농지전용허가 등을 받은 것으로 보며, 한편 건축허가권자가 건축허가를 하고자 하는 경우 당해 용도·규모 또는 형태의 건축물을 그 건축하고자 하는 대지에 건축하는 것이 건축법 관련 규정이나 같은 도시계획법 제4조, 농지법 제36조 등 관계 법령의 규정에 적합한지의 여부를 검토하여야 하는 것일 뿐, 건축불허가처분을 하면서 그 처분사유로 건축불허가 사유뿐만 아니라 형질변경불허가 사유나 농지전용불허가 사유를 들고 있다고 하여 그 건축불허가처분 외에 별개로 형질변경불허가처분이나 농지전용불허가처분이 존재하는 것이 아니므로, 그 건축불허가처분을 받은 사람은 그 건축불허가처분에 관한 쟁송에서 건축법상의 건축불허가 사유뿐만 아니라 같은 도시계획법상의 형질변경불허가 사유나 농지법상의 농지전용불허가 사유에 관하여도 다툴 수 있는 것이지, 그 건축불허가처분에 관한 쟁송과는 별개로 형질변경불허가처분이나 농지전용불허가처분에 관한 쟁송을 제기하여 이를 다투어야 하는 것은 아니며, 그러한 쟁송을 제기하지 아니하였어도 형질변경불허가 사유나 농지전용불허가 사유에 관하여 불가쟁력이 생기지 아니한다."

167) 계획재량과 행정재량은 그 내용이나 취지에 있어 서로 상이하며, 계획재량에는 형량명령의 원칙이라는 특이한 사법심사 기준이 있으므로 질적 차이가 있다는 견해와 양자 모두 행정청에 재량권을 부여하는 것은 동일하고, 다만 재량의 범위에 있어서만 양적으로 차이가 있을 뿐이며, 형량명령의 원칙이란 것도 협의의 비례원칙일 뿐 별다른 내용이 아니라는 이유로 질적 차이가 없다는 견해가 있다(류지태, 행정법신론, 홍문사(2011), 291면; 박균성, 행정법강의, 박영사(2014), 186면). 그러나 재량의 문제를 단지 양적으로만 파악할 경우 행정권이 가지는 재량의 모습과 한계를 설정하고, 그 통제를

나. 계획재량은 미래의 추상적인 질서를 형성하는 것을 대상으로 하지만, 행정재량은 기존에 이미 형성된 구체적인 생활관계를 대상으로 한다. 이러한 대상의 차이로 인해 행정재량은 이미 형성된 구체적인 관계 내에서 상대적으로 좁은 범위의 재량권이 인정될 뿐이지만, 계획재량은 형성의 자유를 가져 폭 넓은 재량권이 인정된다. 또한 행정재량에는 비례의 원칙에 의하여 재량권 일탈·남용을 판단하지만, 계획재량의 경우 형량명령의 원칙이라는 특유의 심사방법이 존재한다.

2. 형량명령의 원칙

형량명령의 원칙은 계획재량의 통제를 위해 독일에서 발전된 이론으로 전체로서 계획과 관계된 모든 이익을 정당하게 고려해야 한다는 원칙을 말한다. 독일의 연방건설법전 제1조 제6항은 건설기본계획의 수립자는 계획재량권을 행사함에 있어서는 공익 상호간, 사익 상호간 및 공익과 사익 상호간의 정당한 형량을 하여야 한다고 규정하고 있으며, 그 외에 다수의 독일 실정법은 같은 취지의 형량명령의 원칙에 대해 규정하고 있다.[168] 독일의 경우 법률에 명문의 규정이 없어도 법치국가원리에 따라 모든 계획에 형량명령의 원칙이 인정되고 있다.[169]

대법원 2006. 9. 8. 2003두5426 판결은 "행정계획이라 함은 행정에 관한 전문적·기술적 판단을 기초로 하여 도시의 건설·정비·개량 등과 같은 특정한 행정목표를 달성하기 위하여 서로 관련되는 행정수단을 종합·조정함으로써 장래의 일정한 시점에 있어서 일정한 질서를 실현하기 위한 활동기준으로 설정된 것으로서, 구 도시계획법 등 관계 법령에는 추상적인 행정목표와 절차만이 규정되어 있을 뿐 행정계획의 내용에 관하여는 별다른 규정을 두고 있지 아니하므로 행정주체는 구체적인 행정계획을 입안·결정함에 있어서 비교적 광범위한 형성의 자유를 가지는 것이지만,

---

추구하는 것을 목적으로 하는 행정법학이 존재할 필요가 없다할 것이다.

168) 김동희, 전게서, 179면.

169) 박윤흔, 「최신행정법강의(上)」, 박영사(1997), 314면.

행정주체가 가지는 이와 같은 형성의 자유는 무제한적인 것이 아니라 그 행정계획에 관련되는 자들의 이익을 공익과 사익 사이에서는 물론이고 공익 상호간과 사익 상호간에도 정당하게 비교교량하여야 한다는 제한이 있으므로, 행정주체가 행정계획을 입안·결정함에 있어서 이익형량을 전혀 행하지 아니하거나 이익형량의 고려 대상에 마땅히 포함시켜야 할 사항을 누락한 경우 또는 이익형량을 하였으나 정당성과 객관성이 결여된 경우에는 위법하다"라고 판시하였다. 이 판결은 비록 '형량명령'이라는 표현을 직접적으로 사용하지는 않았지만, 그 내용상 형량명령의 원칙을 받아들이고 있음을 알 수 있다.

Ⅳ. 계획보장청구권

1. 행정계획은 법적 안정성과 계획의 신축성이라는 상충되는 요청 사이에 놓여 있게 마련이다. 따라서 행정계획을 변경하거나 폐지하는 경우 당해 행정계획을 수립한 행정청과 수범자인 국민 사이에는 언제나 위험배분의 문제가 발생할 수밖에 없다.[170]

2. 계획보장청구권이란 행정계획의 폐지·변경 등 일정한 경우 당사자가 자신에게 유리하게 당초 행정계획의 존속이나 준수를 청구하고, 계획의 개폐를 저지할 수 없는 경우에는 경과조치 등 대상조치를 청구하며, 이 역시 인정되지 않거나 인정된다 하더라도 계획변경으로 인해 손해가 완전히 전보될 수 없는 경우에는 손해배상이나 손실보상을 청구할 수 있는 권리를 의미한다.

3. 사인이 행정청에 대해 일정한 내용을 행정계획으로 수립해 달라는 것을 계획(수립)청구권이라 하고, 이미 시행 중인 행정계획에 대해 그러한 계획을 폐지해 달라고 요구하는 청구권을 계획폐지청구권이라고 한다. 헌법재판소는 행정계획은 광범위한 지역과 다수의 이해관계가 얽혀있어

---

170) 김동희, 전게서, 181면.

사인에게 행정계획폐지청구권을 인정하기가 어렵다고 하였다.[171]

4. 계획변경청구권이란 기존 행정계획의 변경을 청구할 수 있는 권리로서, 이러한 계획변경청구권을 사인에게 인정해 줄 수 있을지가 문제된다. 대법원은 원칙적으로 계획이 일단 확정되면 어떤 사정의 변동이 있다고 하여 지역주민에게 일일이 그 계획의 변경을 청구할 권리를 인정해 줄 수 없는 이치라며 계획변경청구권을 원칙적으로 부인하나,[172] 다만, 변경신청을 거부하는 것이 실질적으로 당해 행정처분 자체를 거부하는 결과가 되는 경우에는 예외적으로 변경신청권이 있다고 하였다.[173]

---

171) 헌법재판소 2002. 5. 30. 2000헌바58, 2001헌바3 "도시계획시설결정은 광범위한 지역과 상당한 기간에 걸쳐 다수의 이해관계인에게 다양한 법률적, 경제적 영향을 미치는 것이 되어 일단 도시계획시설사업의 시행에 착수한 뒤에는, 시행의 지연에 따른 손해나 손실의 배상 또는 보상을 함은 별론으로 하고, 그 결정 자체의 취소나 해제를 요구할 권리를 일부의 이해관계인에게 줄 수는 없는 것이다."

172) 대법원 1989. 10. 24. 89누725 "국민의 신청에 대한 행정청의 거부가 행정처분이 되기 위하여는 국민이 그 신청에 따른 행정행위를 요구할 수 있는 법규상 또는 조리상의 권리가 있어야 할 것인 바, 도시계획법상 주민이 도시계획 및 그 변경에 대하여 어떤 신청을 할 수 있다는 규정이 없을 뿐만아니라 도시계획과 같이 장기성, 종합성이 요구되는 행정계획에 있어서는 그 계획이 일단확정된 후에 어떤 사정의 변경이 있다 하여 지역주민에게 일일이 그 계획의 변경을 청구할 권리를 인정해 줄 수도 없는 이치이므로 도시계획시설인 공원조성계획 취소신청을 거부한 행위는 항고소송의 대상이 되는 행정처분이라고 볼 수 없다."; 대법원 1994. 12. 9. 94누8433 "도시계획법상 주민이 행정청에 대하여 도시계획 및 그 변경에 대하여 어떤 신청을 할 수 있음에 관한 규정이 없고, 도시계획과 같이 장기성·종합성이 요구되는 행정계획에 있어서 그 계획이 일단 확정된 후에 어떤 사정의 변동이 있다고 하여 지역주민에게 일일이 그 계획의 변경 또는 폐지를 청구할 권리를 인정해 줄 수도 없는 것이므로 지역주민에게 도시계획시설(여객자동차정류장)의 변경·폐지를 신청할 조리상의 권리가 있다고도 볼 수 없다."

173) 대법원 2003. 9. 23. 2001두10936 "구 국토이용관리법상 주민이 국토이용계획의 변경에 대하여 신청을 할 수 있다는 규정이 없을 뿐만 아니라, 국토건설종합계획의 효율적인 추진과 국토이용질서를 확립하기 위한 국토이용계획은 장기성, 종합성이 요구되는 행정계획이어서 원칙적으로는 그 계획이 일단 확정된 후에 어떤 사정의 변동이 있다고 하여 그러한 사유만으로는 지역주민이나 일반 이해관계인에게 일일이 그 계획의 변경을 신청할 권리를 인정하여 줄 수는 없을 것이지만, 장래 일정한 기간 내에 관계 법령이 규정하는 시설 등을 갖추어 일정한 행정처분을 구하는 신청을 할 수 있는 법률상 지위에 있는 자의 국토이용계획변경신청을 거부하는 것이 실질적으로 당해 행정처분 자체를 거부하는 결과가 되는 경우에는 예외적으로 그 신청인에게 국토이용계획변경을 신청할 권리가 인정된다고 봄이 상당하므로, 이러한 신청에 대한 거부행위는 항고소송의 대상이 되는 행정처분에 해당한다. 이 사건에 있어서 원심이 확정한 사실관계를 관

5. 국토의 계획 및 이용에 관한 법률(국토계획법) 제26조는 주민은 기반시설의 설치 · 정비 또는 개량에 관한 사항, 지구단위계획구역의 지정 및 변경과 지구단위계획의 수립 및 변경에 관한 사항에 대해 도시계획입안을 제안할 권리를 규정하고 있고, 이를 근거로 판례는 도시계획구역 내 토지 등을 소유하고 있는 주민에게 입안권자에게 도시계획입안을 요구할 수 있는 법규상 또는 조리상의 신청권을 인정하고, 그 신청에 대한 거부행위를 행정처분으로 보고 있다.[174] 도시 및 주거환경정비법 제4조 제3항 역시 정비계획에 관한 입안제안권을 규정하고 있다.[175]

계 법령에 비추어 보건대, 구 폐기물관리법 제26조, 같은법시행규칙 제17조 등에 의하면 폐기물처리사업계획의 적정통보를 받은 자는 장래 일정한 기간 내에 관계 법령이 규정하는 시설 등을 갖추어 폐기물처리업허가신청을 할 수 있는 법률상 지위에 있다고 할 것인바, 피고로부터 폐기물처리사업계획의 적정통보를 받은 원고가 폐기물처리업허가를 받기 위하여는 이 사건 부동산에 대한 용도지역을 '농림지역 또는 준농림지역'에서 '준도시지역(시설용지지구)'으로 변경하는 국토이용계획변경이 선행되어야 하고, 원고의 위 계획변경신청을 피고가 거부한다면 이는 실질적으로 원고에 대한 폐기물처리업허가신청을 불허하는 결과가 되므로, 원고는 위 국토이용계획변경의 입안 및 결정권자인 피고에 대하여 그 계획변경을 신청할 법규상 또는 조리상 권리를 가진다고 할 것이다."

174) 대법원 2004. 4. 28. 2003두1806 "구 도시계획법(2002. 2. 4. 법률 제6655호 국토의계획및이용에관한법률 부칙 제2조로 폐지)은 도시계획의 수립 및 집행에 관하여 필요한 사항을 규정함으로써 공공의 안녕질서를 보장하고 공공복리를 증진하며 주민의 삶의 질을 향상하게 함을 목적으로 하면서도 도시계획시설결정으로 인한 개인의 재산권 행사의 제한을 줄이기 위하여, 도시계획시설부지의 매수청구권, 도시계획시설결정의 실효에 관한 규정과 아울러 도시계획 입안권자인 특별시장 · 광역시장 · 시장 또는 군수로 하여금 5년마다 관할 도시계획구역 안의 도시계획에 대하여 그 타당성 여부를 전반적으로 재검토하여 정비하여야 할 의무를 지우고, 도시계획입안제안과 관련하여서는 주민이 입안권자에게 '1. 도시계획시설의 설치 · 정비 또는 개량에 관한 사항 2. 지구단위계획구역의 지정 및 변경과 지구단위계획의 수립 및 변경에 관한 사항'에 관하여 '도시계획도서와 계획설명서를 첨부'하여 도시계획의 입안을 제안할 수 있고, 위 입안제안을 받은 입안권자는 그 처리결과를 제안자에게 통보하도록 규정하고 있는 점 등과 헌법상 개인의 재산권 보장의 취지에 비추어 보면, 도시계획구역 내 토지 등을 소유하고 있는 주민으로서는 입안권자에게 도시계획입안을 요구할 수 있는 법규상 또는 조리상의 신청권이 있다고 할 것이고, 이러한 신청에 대한 거부행위는 항고소송의 대상이 되는 행정처분에 해당한다."

175) 이 입안제안권을 실체상의 권리로서 파악하고, 소송을 제기할 수 있다고 주장하는 견해로 김은유 외 6, 「재개발 · 재건축 법률실무」, 매일경제신문사(2009), 122면. 그러나 도시계획입안은 행정처분이 아니기 때문에, 그 신청행위를 실체법상 청구권으로 볼 수 없다. 판례도 거부를 행정처분으로 볼 뿐이다. 김종보, 「건축법의 이해」, 박영사(2008), 570면은 도시계획의 입안권자와 결정권자를 모두 피고로 삼아 취소소송을 제기하자고

제3절 확약 · 예비결정 · 가행정행위

Ⅰ. 확약

1. 확약은 일정한 행정작용을 하거나 하지 않을 것을 내용으로 하는 행정청의 자기구속력 있는 약속을 말한다. 확약은 행정청이 당사자에게 표시한 약속만 있을 뿐이므로 확약 당시까지는 구체적인 법률관계가 형성되지는 않은 상태에 있다는 점에서 이미 법률관계가 구체적으로 형성된 예비결정이나 가행정행위와는 다르다.

2. 행정법상 확약은 일정한 내용의 사전약속을 행함으로써 당사자에게 당해 법적 문제의 가측성을 제공하는 제도로서, 건축 내지 영업법상 관례로 행해지고 있는 이른바 내인가 · 내허가제도, 지방자치단체내에 입주하는 업체에게는 지방세를 감면해주겠다는 약속, 소득세의 과세표준과 세액을 기간내에 신고하는 납세자에게는 세제상 불이익을 가하지 않겠다는 약속, 양도소득세 등을 자진신고자에 대한 세율인하의 약속, 공무원 임명의 내정, 무허가건물의 자진철거자에 대한 아파트입주권을 주겠다는 약속 등을 그 예로 들 수 있다.[176]

3. 확약의 권한과 본행정권한의 발령권한은 별개라는 전제에서 명문 규정이 없으면 확약의 발령권한도 인정할 수 없다는 견해도 있지만, 통설은 확약의 발령권한은 본처분권에 당연히 포함되므로 법적 근거가 불요하다는 입장이다.

4. 확약은 그 자체로서 행정기관에 대하여 장래의 이행의무를 발생시킨다

하나, 그러한 취소소송에서 법원이 무엇을 기준으로 판단을 할 수 있을지에 대한 연구가 먼저 선행되어야 할 것이다. 본안판단의 기준이 마련되지 않은 상황에서 만개한 취소소송 만능론은 행정법학의 발전에 아무런 도움이 될 수 없으며, 법원에 한없는 부담만 지우는 것에 불과하다.

176) 김남욱, “단계적 행정결정에 있어서의 확약”, 법학논총 제7집, 조선대학교 법학연구소(2011), 132면.

는 점에서 처분성이 인정된다는 것이 일반적인 입장이지만,[177] 대법원 1995. 1. 20. 94누6529 판결은 "어업권면허에 선행하는 우선순위결정은 행정청이 우선권자로 결정된 자의 신청이 있으면 어업권면허처분을 하겠다는 것을 약속하는 행위로서 강학상 확약에 불과하고 행정처분은 아니므로, 우선순위결정에 공정력이나 불가쟁력과 같은 효력은 인정되지 아니하며, 따라서 우선순위결정이 잘못되었다는 이유로 종전의 어업권면허처분이 취소되면 행정청은 종전의 우선순위결정을 무시하고 다시 우선순위를 결정한 다음 새로운 우선순위결정에 기하여 새로운 어업권면허를 할 수 있다."라고 판시하여 확약에 대하여 처분성을 부정하는 입장에 서있다.

5. 확약이 위법한 경우 확약으로 인한 상대방의 신뢰보호와 공익을 이익형량을 하여 위법한 확약의 구속력 여부를 결정하여야 할 것이나,[178] 판례는 위법한 확약 또는 사정변경의 경우 공・사익 간의 이익형량을 하지 않고 확약은 별다른 의사표시 없이 바로 실효된다고 본다.

6. 대법원 1996. 8. 20. 95누10877 판결 "행정청이 상대방에게 장차 어떤 처분을 하겠다고 확약 또는 공적인 의사표명을 하였다고 하더라도, 그 자체에서 상대방으로 하여금 언제까지 처분의 발령을 신청을 하도록 유효기간을 두었는데도 그 기간 내에 상대방의 신청이 없었다거나 확약 또는 공적인 의사표명이 있은 후에 사실적・법률적 상태가 변경되었다면, 그와 같은 확약 또는 공적인 의사표명은 행정청의 별다른 의사표시를 기다리지 않고 실효된다."

Ⅱ. 예비결정(사전결정), 부분허가

1. 예비결정(사전결정)이란 시설의 설치 및 운영을 종국적으로 허가하기에

177) 김철용, 「행정법 I」, 박영사(2001), 227면.
178) 박균성, 「행정법론(上)」, 박영사(2000), 299면.

앞서 개개의 승인요건의 충족 여부를 미리 결정내리는 것을 말한다.[179] 예비결정은 신청자인 사인에게 어떤 종국적인 행위를 허용하는 것은 아니지만 행정청은 본결정에서 예비결정과 상충되는 결정을 할 수 없으며, 예비결정에서 정해진 부분에만 제한적인 효력을 갖지만, 그 자체가 하나의 행정행위이다.[180]

2. 부분허가는 내용적 제한만 있을 뿐 순수한 허가에 해당한다. 신청자에게 전체시설의 특정한 부분의 설치나 운영을 시작하는 것을 허가하며 당해시설의 특정부분에 관한 한 종국적인 결정을 내리는 것이다.

3. 원자력법 제11조 부지사전승인제도는 사전결정과 부분허가의 성격을 동시에 갖는다.[181]

대법원 1996. 10. 25. 95누14244 판결 "사회교육법 제21조, 같은법시행령 제13조, 제14조에 의하면 사회교육시설을 설치하고자 하는 자는 일정한 시설・설비를 갖추어 관할 시・도교육위원회에 이를 등록하여야 하지만 그 등록신청 이전에 시설・설비의 명세 등을 기재한 설치계획서를 제출하여 관할 시・도교육위원회로부터 검토결과를 통보받아야 하도록 규정되어 있고, 이와 같이 설치계획서의 제출 및 검토라는 사전제도를 두고 있는 것은 사회교육시설을 설치하고자 하는 자에게 미리 그 계획의 적법성을 심사・통보함으로써 그로 하여금 경제적・시간적으로 무익한 노력을 하지 않도록 배려함과 동시에 관할 시・도교육위원회로 하여금 미리 등록요건의 일부를 심사하고 나중에 등록단계에서는 나머지 등록요건만을 심사하게 함으로써 신속하게 등록업무를 처리하도록 하는 데 그 취지가

179) 정하중, 「행정법개론」, 법문사(2015). 191면; 건축법 제10조(건축 관련 입지와 규모의 사전결정) ① 제11조에 따른 건축허가 대상 건축물을 건축하려는 자는 건축허가를 신청하기 전에 허가권자에게 그 건축물을 해당 대지에 건축하는 것이 이 법이나 다른 법령에서 허용되는지에 대한 사전결정을 신청할 수 있다.

180) 홍정선, 「행정법판례특강」, 박영사(2012), 70면.

181) 정하중, 「행정법개론」, 법문사(2015). 191면.

있다 할 것이므로, 설치계획서를 제출받은 관할 시·도교육위원회로서는 그 시설·설비가 사회교육법령이 정하고 있는 설치기준에 맞는 것인지 여부를 검토함은 물론 건축법·주택건설촉진법 등 관계 법령상 그러한 시설·설비를 갖추는 것이 가능한지 여부까지도 이를 검토하여 만약 그 시설·설비가 설치기준에 맞지 않는다거나 관계 법령상 그러한 시설·설비를 갖추는 것이 불가능하다면 설치계획서를 반려할 수 있다고 할 것이다."

대법원 1996. 3. 12. 95누658 판결 "건축에 관한 계획의 사전결정은 규정상 결정의 대상이 "당해 건축물을 해당 대지에 건축하는 것이 건축법 또는 다른 법률의 규정에 의하여 허용되는지의 여부"로 한정되어 있고, 사전결정제도의 목적이 일정 규모 이상의 건축물 등을 신축하고자 하는 자가 건축허가신청에 필요한 모든 준비를 갖추어 허가신청을 하였다가 건축물 입지의 부적법성을 이유로 불허가될 경우 그 불이익이 매우 클 것이므로 건축허가 신청 전에 건축계획서 등에 의하여 그 입지의 적법성 여부에 대한 사전결정을 받을 수 있게 함으로써 경제적·시간적 부담을 덜어주려는 것이어서 그 허부 판단의 기준은 건축허가에 있어서의 그것과 가급적 일치되어야 할 것이므로 사전결정을 함에 있어서도 처분 당시의 건축법 기타 관계 법령상의 제한만이 판단의 기준이 된다. 그러므로 사전결정 신청에 대한 결정권자는 건축하고자 하는 건축물을 해당 대지에 건축하는 것이 처분 당시의 건축법, 도시계획법 등의 관계 법령에서 정하는 제한에 배치되지 아니하는 이상 당연히 건축이 허용된다는 사전결정을 하여야 하고 위 관계 법령에서 정하는 제한 사유 이외의 사유를 들어 건축을 불허가하는 결정을 할 수는 없다. 대지가 공동주택 건축금지구역으로 지정·공고될 예정이라거나 행정청이 그 동안 준공업지역에서의 공동주택 건축을 불허한다는 방침을 내부적으로 정하고 사실상 실천하여 왔는데 그러한 내용의 조례안이 만들어져 공고된 상태라는 등 건축법 기타 관계 법령에서 정하는 제한 사유 이외의 사유를 들어 건축을 불허가한다는 사전결정은 위법하다."

대법원 1998. 4. 28. 97누21086 판결 "폐기물관리법 제26조 제1항, 제2항 및 같은법시행규칙 제17조 제1항 내지 제5항의 규정에 비추어 보면 위와 같이 폐기물처리업의 허가에 앞서 사업계획서에 대한 적정·부적정 통보 제도를 두고 있는 것은 폐기물처리업을 하고자 하는 자가 스스로 시설 등을 설치하여 허가신청을 하였다가 허가단계에서 그 사업계획이 부적정하다고 판명되어 불허가되면 허가신청인이 막대한 경제적·시간적 손실을 입게 되므로, 이를 방지하는 동시에 허가관청으로 하여금 미리 사업계획서를 심사하여 그 적정·부적정 통보 처분을 하도록 하고, 나중에 허가단계에서는 나머지 허가요건만을 심사하여 신속하게 허가업무를 처리하는 데 그 취지가 있다. 관계 법령의 규정에 의하면 폐기물처리업의 허가를 받기 위하여는 먼저 사업계획서를 제출하여 허가권자로부터 사업계획에 대한 적정 통보를 받아야 하고, 그 적정 통보를 받은 자만이 일정기간 내에 시설, 장비, 기술능력, 자본금을 갖추어 허가신청을 할 수 있으므로, 결국 부적정 통보는 허가신청 자체를 제한하는 등 개인의 권리 내지 법률상의 이익을 개별적이고 구체적으로 규제하고 있어 행정처분에 해당한다."

대법원 1998. 9. 4. 97누19588 판결 "원자로시설부지사전승인처분의 근거 법률인 구 원자력법 제11조 제3항에 근거한 원자로 및 관계 시설의 부지사전승인처분은 원자로 등의 건설허가 전에 그 원자로 등 건설예정지로 계획중인 부지가 원자력법의 관계 규정에 비추어 적법성을 구비한 것인지 여부를 심사하여 행하는 사전적 부분 건설허가처분의 성격을 가지고 있는 것이므로, 원자력법 제12조 제2호, 제3호로 규정한 원자로 및 관계 시설의 허가기준에 관한 사항은 건설허가처분의 기준이 됨은 물론 부지사전승인처분의 기준으로도 된다. 원자력법 제12조 제2호(발전용 원자로 및 관계 시설의 위치·구조 및 설비가 대통령령이 정하는 기술수준에 적합하여 방사성물질 등에 의한 인체·물체·공공의 재해방지에 지장이 없을 것)의 취지는 원자로 등 건설사업이 방사성물질 및 그에 의하여 오염된 물질에 의한 인체·물체·공공의 재해를 발생시키지 아니하는 방법으로 시행되도록 함으로써 방사성물질 등에 의한 생명·건강상의 위해를 받지 아니할 이익을 일반적 공익으로서 보호하려는 데 그치는 것이 아니라 방사성물질에 의하여 보다 직접적이고 중대한 피해를 입으리라고 예상되는 지역 내의 주민들의 위와 같은 이익을 직접적·구체적 이익으로서도 보호하려는 데에 있다 할 것이므로, 위와 같은 지역 내의 주민들에게는 방사성물질 등에 의한 생명·신체의 안전침해를 이유로 부지사전승인처분의 취소를 구할 원고적격이 있다. 원자력법 제11조 제3항 소정의 부지사전승인제도는 원자로 및 관계 시설을 건설하고자 하는 자가 그 계획중인 건설부지가 원자력법에 의하여 원자로 및 관계 시설의 부지로 적법한지 여부 및 굴착공사 등 일정한 범위의 공사를 할 수 있는지 여부에 대하여 건설허가 전에 미리 승인을 받는 제도로서, 원자로 및 관계 시설의 건설에는 장기간의 준비·공사가 필요하기 때문에 필요한 모든 준비를 갖추어 건설허가신청을 하였다가 부지의 부적법성을 이유로 불허가될 경우 그 불이익이 매우 크고 또한 원자로 및 관계 시설 건설의 이와 같은 특성상 미리 사전공사를 할 필요가 있을 수도 있어 건설허가 전에 미리 그 부지의 적법성 및 사전공사의 허용 여부에 대한 승인을 받을 수 있게 함으로써 그의 경제적·시간적 부담을 덜어 주고 유효·적절한 건설공사를 행할 수 있도록 배려하려는 데 그 취지가 있다고 할 것이므로, 원자로 및 관계 시설의 부지사전승인처분은 그 자체로서 건설부지를 확정하고 사전공사를 허용하는 법률효과를 지닌 독립한 행정처분이기는 하지만, 건설허가 전에 신청자의 편의를 위하여 미리 그 건설허가의 일부 요건을 심사하여 행하는 사전적 부분 건설허가처분의 성격을 갖고 있는 것이어서 나중에 건설허가처분이 있게 되면 그 건설허가처분에 흡수되어 독립된 존재가치를 상실함으로써 그 건설허가처분만이 쟁송의 대상이 되는 것이므로, 부지사전승인처분의 취소를 구하는 소는 소의 이익을 잃게 되고, 따라서 부지사전승인처분의 위법성은 나중에 내려진 건설허가처분의 취소를 구하는 소송에서 이를 다투면 된다."

Ⅲ. 가행정행위

1. 가행정행위는 본행정행위가 있기 전까지 잠정적인 행정행위로서 구속

력을 가지는 행정작용을 의미한다.[182)] 가행정행위는 사실관계와 법률관계의 계속적인 심사를 유보한 상태에서 당해 행정법관계의 권리와 의무를 잠정적으로 결정하는 행위이기 때문에[183)] 잠정성 · 임시성 · 대체성이라는 시간적 한계를 가지는 규율이지만, 상대방과의 권리 · 의무관계에 있어서 그 시점에서 구속적 효과를 발생시키기 것인 이상 그 범위 내에서 종국적 규율이라 할 것이고, 따라서 본행정행위가 있게 되면 가행정행위가 본행정행위로 흡수 · 대체되게 되지만, 이는 가행정행위가 실효되는 것이지 취소 또는 철회되는 것이 아닌 것이다.[184)] 가행정행위는 본행정행위의 사전처리작용에 불과하므로 본행정행위에 관한 근거법규가 가행정행위의 법적 근거가 된다는 견해와[185)] 부관인 해제기한이 그 법적 근거가 된다고 보는 견해[186)]가 있다.

2. 가행정행위는 일반적으로 급부행정의 영역에서 보조금 지급과 관련해 수령자의 이익을 위해 가급적 빠른 시일 내에 제공하기 위해 인정되고, 한편, 침해행정 영역에서도 조세행정과 관련해 최종적인 세액을 확정하기 전에 잠정세액(중간예납세액)을 정해 이를 과세하여 국가의 재정을 사전에 일단 안정적으로 확보하고 사후에 확정적인 세액결정을 통해 추가징수 또는 환급 등을 해주는 경우도 가행정행위의 대표적인 예이다(소득세법 제65조 등).

3. 당사자의 가행정행위의 발령신청이 거부될 경우에는 의무이행심판이나

---

182) 류지태, "가행정행위의 개념", 월간고시(1993. 11.), 85면은 세법이나 급부행정영역에서는 종국적인 효과를 확정하기 어려운 현실적 상황이 발생하는 경우가 많고, 이러한 현실을 감안하여 행정기관은 최종적인 결정을 유보하면서 우선 잠정적인 결정을 해야 할 필요가 있고, 이러한 필요를 해결하기 위하여 논의된 것이 가행정행위 개념이라고 한다.

183) 정하중, 「행정법개론」, 법문사(2015). 191면.

184) 이동찬, "가행정행위에 관한 소고", 토지공법연구 54집, 한국토지공법학회(2011), 299-300면.

185) 김남진, "샘물개발 가허가의 요건 등-대법원 2000.10.27. 선고, 99두7579판결 -", 판례월보 364호, 판례월보사(2000.1), 28면.

186) 김동희, 「행정법 I」, 박영사(2010), 296면.

거부 처분의 취소소송으로 다툴 수 있을 것이며, 가행정행위를 발령 후 장기간 종국적인 결정을 행하지 않을 경우에는 부작위위법확인소송에 의해 다툴 수 있을 것이다.[187]

제4절 행정상 사실행위 · 행정지도

Ⅰ. 행정상 사실행위

1. 행정상 사실행위란 행정주체가 일정한 법적 효과를 목적으로 하는 것이 아니라 직접적으로 어떠한 사실상의 결과 실현을 목적으로 하는 행정작용을 말한다. 가령, 교량의 건설, 도로의 청소 등이 이에 해당한다. 행정상 사실행위는 실로 다양한 형태로 존재해 왔는데 오늘날 점점 그 중요성이 부각되고 있다. 행정상 사실행위를 그 내용에 따라 분류해 보면, 불복고지, 조사보고 등 행정법 영역에서 사실적 또는 법적 상황에 대한 단순한 지식의 표명에 불과한 행정법상 지식의 표시, 비정식적 유형으로서 경고나 조정 등 비명령적 영향력의 행사, 도로나 교량의 건설, 폐기물의 수거 등 순수한 사실적인 행정작용으로 구분할 수 있다. 행정상 사실행위를 공권력의 행사 여부와 관련하여 구분하면, 공권력의 행사가 아닌 대등당사자의 관계로서 이루어진 경우에는 비권력적 사실행위와 전염병환자에 대한 격리, 미결수용인 자의 이송, 留置나 預置, 영업소 폐쇄, 단수처분, 불법선축물의 철거 내집행 등 당해 사실행위가 공권력의 행사에 의해 이루어진 경우에는 권력적 사실행위로 나눌 수 있다.

2. 권력적 사실행위는 공권력 행사에 해당하는 것으로 대법원은 영업소 폐쇄[188], 단수처분[189], 교도소재소자의 이송조치[190], 주민등록직권말소행위[191]에 대해 처분성을 인정하여 항고소송의 대상이라고 판시하였

187) 류지태, "가행정행위의 개념", 월간고시(1993. 11), 98면.
188) 대법원 1984. 6. 26. 84누1239; 대법원 2000. 10. 27. 99두9773
189) 대법원 1979. 12. 28. 79누218
190) 대법원 1992. 8. 7. 92두30 결정
191) 대법원 1994. 8. 26. 94누3223

다. 이미 종료된 권력적 사실행위의 경우에는 소를 제기해도 협의의 소익이 부정되어 각하될 것이고, 가사 현재 진행 중인 권력적 사실행위라 할지라도 대부분 단시간 안에 그 집행이 종료되어 버리는 특성으로 인해 항고쟁송 계속 도중 대체로 협의의 소익을 상실하게 된다. 따라서 이를 방지하기 위해서는 집행정지신청을 적극적으로 활용할 필요가 있다. 권력적 사실행위는 단기간에 종료되는 것이 통상이므로 이를 방지하기 위한 가장 좋은 방법은 그러한 권력적 사실행위가 시행되기 이전에 사전에 이를 하지 못하도록 차단하는 것이다. 이에 대해서는 예방적 부작위 소송 및 가처분이 그 역할을 수행할 수 있겠으나, 현행 행정소송법상 인정되지 않는다.

Ⅱ. 행정지도

1. 행정지도란 행정기관이 그 소관사무의 범위 안에서 일정한 행정목적으로 실현하기 위하여 특정인에게 일정한 행위를 하거나 하지 아니하도록 지도·권고·조언 등을 하는 행정작용을 말한다(행정절차법 제2조 3호). 행정지도는 비록 법적 근거가 없는 경우에도 행정의 편의성 및 효율성을 높여주고, 공권력 발동 이전에 국민의 협력 유사의 의미를 구하는 행정지도를 함으로써 국민적 저항 및 분쟁을 미연에 방지하는 역할을 하며, 정보제공 측면에서도 유용한 역할을 한다. 행정지도는 여러 가지 분류가 있지만, 통상 그 기능에 따라 다음과 같이 구분된다. 첫째, 조성적 행정지도이다. 이는 영농지도, 중소기업 경영지도 등 국민이나 기업에게 보다 발전적인 방향으로 나아가도록 유도하기 위해 지식, 정보 등을 제공하는 것을 주목적으로 하는 행정지도이다. 둘째, 조정적 행정지도이다. 이는 노사간 쟁의지도 등 사인 상호간 이해관계의 분쟁이나 기업 간 지나친 경쟁의 대립을 조정하기 위해 행하는 행정지도이다. 셋째, 규제적 행정지도이다. 이는 물가상승 억제를 위한 행정지도, 독점규제및공정거래에관한법률 제51조 1항의 시정권고 등 일정한 행위를 제한하기 위하여 행정행위를 대체하여 행해지는 행정지도이다.

2. 행정지도는 일방적인 공권력의 행사로서 내리는 행정행위가 아니라 국민의 임의적 협력을 전제로 하는 비권력적 작용이다.[192] 또한 행정지도는 그 자체로는 직접 법적 효과의 발생을 목적으로 하지 않고 따라서 어떠한 법적 효과를 가져오지 않는다고 보아 사실행위에 속한다.[193]

3. 행정지도는 그 목적 달성에 필요한 최소한도에 그쳐야 하며, 상대방의 의사에 반하여 부당하게 강요해서는 안된다(행정절차법 제48조 1항). 행정기관은 행정지도의 상대방이 행정지도에 따르지 아니할 경우 이를 이유로 불이익한 조치를 취해서는 아니 된다(행정절차법 제48조 2항). 행정지도를 행하는 자는 그 상대방에게 당해 행정지도의 취지·내용 및 신분을 밝혀야 하며, 행정지도가 구술로 이루어지는 경우에 상대방이 제1항의 사항을 기재한 서면의 교부를 요구하는 때에는 당해 행정지도를 행하는 자는 직무수행에 특별한 지장이 없는 한 이를 교부하여야 한다(행정절차법 제49조 1, 2항). 행정지도의 상대방은 당해 행정지도의 방식·내용 등에 관하여 행정기관에 의견 제출을 할 수 있다(행정

192) 행정지도가 개별법령에 규정되어 있는 경우에는 그에 따르면 되지만, 개별법령에 규정이 없는 경우 법적 근거가 없이도 행정청이 행정지도를 발할 수 있는지가 문제된다. 이에 대하여 행정지도는 국민의 협력을 전제로 하는 것으로서 국민이 그에 따를 것인가의 자유가 있기 때문에 국민의 권익을 침해하지 않는다고 보아 법적 근거가 필요 없다는 입장과 조성적 행정지도는 법적 근거가 필요 없지만, 규제적 행정지도 등 행정행위의 대체적 성질을 갖는 행정지도의 경우에는 헌법 제37조 2항의 법률 유보의 원칙상 법적 근거가 필요하다는 입장이 주장된다.

193) 대법원 1993. 10. 26. 93누6331 "항고소송의 대상이 되는 행정처분이라 함은 행정청의 공법상 행위로서 특정사항에 대하여 법규에 의한 권리의 설정 또는 의무의 부담을 명하며 기타 법률상 효과를 발생케 하는 등 국민의 구체적 권리의무에 직접적 변동을 초래하는 행위를 말하고 행정권 내부에서의 행위나 알선, 권유, 사실상의 통지 등과 같이 상대방 또는 기타 관계자들의 법률상 지위에 직접적인 법률적 변동을 일으키지 아니하는 행위는 항고소송의 대상이 될 수 없다."; 헌법재판소 2003. 6. 26. 2002헌마337, 2003헌마7, 8 "교육인적자원부장관의 대학총장들에 대한 이 사건 학칙시정요구는 고등교육법 제6조 제2항, 동법시행령 제4조 제3항에 따른 것으로서 그 법적 성격은 대학총장의 임의적인 협력을 통하여 사실상의 효과를 발생시키는 행정지도의 일종이지만, 그에 따르지 않을 경우 일정한 불이익조치를 예정하고 있어 사실상 상대방에게 그에 따를 의무를 부과하는 것과 다를 바 없으므로 단순한 행정지도로서의 한계를 넘어 규제적·구속적 성격을 상당히 강하게 갖는 것으로서 헌법소원의 대상이 되는 공권력의 행사라고 볼 수 있다."

절차법 제50조). 행정기관이 같은 행정목적을 실현하기 위하여 많은 상대방에게 행정지도를 하고자 하는 때에는 특별한 사정이 없는 한 행정지도에 공통적인 내용이 되는 사항을 공표하여야 한다(행정절차법 제51조).

4. 위법한 행정지도로 인해 피해를 입게 되었을 경우 국가배상청구소송을 제기할 수 있다. 국가배상청구소송에서는 위법한 행정작용과 손해 사이에 인과관계가 있을 것을 요하는데 행정지도의 경우에는 사인의 임의적 협력을 전제로 하기 때문에 '동의는 불법행위 성립을 조각시킨다'는 논리에 따라 일반적으로는 인과관계가 인정되기 어렵다 할 것이다. 그러나 행정지도가 사실상의 강제력으로 인해 국민이 이를 따를 수밖에 없게 하여 그로 인해 손해가 발생한 경우에는 인과관계를 인정할 수 있다.

대법원 1998. 7. 10. 96다38971 "국가배상법이 정한 배상청구의 요건인 '공무원의 직무'에는 권력적 작용만이 아니라 행정지도와 같은 비권력적 작용도 포함되며 단지 행정주체가 사경제주체로서 하는 활동만 제외된다."

대법원 1994. 12. 13. 93다49482 "이른바 행정지도라 함은 행정주체가 일정한 행정목적을 실현하기 위하여 권고 등과 같은 비강제적인 수단을 사용하여 상대방의 자발적 협력 내지 동의를 얻어내어 행정상 바람직한 결과를 이끌어내는 행정활동으로 이해되고, 따라서 적법한 행정지도로 인정되기 위하여는 우선 그 목적이 적법한 것으로 인정될 수 있어야 할 것이므로, 주식매각의 종용이 정당한 법률적 근거 없이 자의적으로 주주에게 제재를 가하는 것이라면 이 점에서 벌써 행정지도의 영역을 벗어난 것이라고 보아야 할 것이고 만일 이러한 행위도 행정지도에 해당된다고 한다면 이는 행정지도라는 미명하에 법치주의의 원칙을 파괴하는 것이라고 하지 않을 수 없으며, 더구나 그 주주가 주식매각의 종용을 거부한다는 의사를 명백하게 표시하였음에도 불구하고, 집요하게 위협적인 언동을 함으로써 그 매각을 강요하였다면 이는 위법한 강박행위에 해당한다고 하지 않을 수 없다."

제5편

행정상 의무이행의 확보

제1장 행정상 강제집행

제1절 대집행

Ⅰ. 대집행이란 사인이 대체적 작위의무가 있는 경우 사인이 이 의무를 이행하지 않으면 행정청이 대신해서 이를 스스로 행하거나 제3자로 하여금 이행하게 하고 그 비용은 사인으로부터 청구하는 것을 말한다. 불법가건물에 대해 이를 행정청이 직접 철거하는 것이 가장 전형적인 예이다. 대집행에는 행정청이 직접 대집행을 수행하는 자기집행과 행정청이 아닌 제3자가 행정청을 대신해 대집행을 수행하는 타자집행으로 분류될 수 있다. 타자집행에서 제3자와 행정청과의 관계에 대해 공무수탁사인관계라고 보는 설도 있으나 사법상 도급계약으로 보는 견해가 타당하고 이 경우 제3자는 행정의 보조인에 해당할 것이다.

Ⅱ. 대집행에 대해서는 개별법령에 규정이 없는 경우 행정대집행법이 일반법으로 작용하게 된다. 한편, 개별법령에 철거에 관해서만 행정대집행법을 준용하고 있고, 행정대집행법의 요건에 해당하는 제2조는 준용하고 있지 않은 경우가 있는데, 이 경우에는 대집행의 요건은 따로

구비할 필요가 없다.[1)]

Ⅲ. 행정대집행법 제2조에 따르면, 행정대집행을 하기 위해서는 ① 공법상의 대체적 작위의무의 불이행이 있어야 하고, ② 다른 방법이 없어야 하며(보충성), ③ 공익상의 요청[2)]이 있어야 한다. 공법상의 의무이어야 하므로 사법상 의무의 불이행의 경우에는 대집행이 발령될 수 없다.[3)] 이러한 공법상의 의무는 공법 규정 자체에서 발생하거나 또는 행정행위를 통해 발생할 것이다.[4)] 대체적 작위의무일 것을 요하므로, 토

---

1) 대법원 1996. 10. 11. 95누10020 "지방재정법 제85조에 의하면 그제1항에서 공유재산을 정당한 이유 없이 점유하거나 그에 시설을 한 때에는 이를 강제로 철거시킬 수 있는 권한이 지방자치단체의 장에게 부여되었고, 그제2항에서는 제1항에 의하여 강제철거를 시키는 경우에 행정대집행법 제3조 내지 제6조를 준용한다고 규정되어 있을 뿐 같은 법 제2조의 준용은 없으므로, 같은 조에 규정된 대집행의 요건은 필요 없는 것으로 해석함이 지방재정법 제85조의 입법취지에 맞는 해석이다."

2) 대법원 1992. 3. 10. 91누4140 "무허가증축부분으로 인하여 건물의 미관이 나아지고 위 증축부분을 철거하는 데 비용이 많이 소요된다고 하더라도 위 무허가증축부분을 그대로 방치한다면 이를 단속하는 당국의 권능이 무력화되어 건축행정의 원활한 수행이 위태롭게 되며 건축법 소정의 제한규정을 회피하는 것을 사전예방하고 또한 도시계획구역 안에서 토지의 경제적이고 효율적인 이용을 도모한다는 더 큰 공익을 심히 해할 우려가 있다고 보아 건물철거대집행계고처분을 할 요건에 해당된다."

3) 대법원 2006. 10. 13. 2006두7096 "행정대집행법상 대집행의 대상이 되는 대체적 작위의무는 공법상 의무이어야 할 것인데, 구 공공용지의 취득 및 손실보상에 관한 특례법에 따른 토지 등의 협의취득은 공공사업에 필요한 토지 등을 그 소유자와의 협의에 의하여 취득하는 것으로서 공공기관이 사경제주체로서 행하는 사법상 매매 내지 사법상 계약의 실질을 가지는 것이므로, 그 협의취득시 건물소유자가 매매대상 건물에 대한 철거의무를 부담하겠다는 취지의 약정을 하였다고 하더라도 이러한 철거의무는 공법상의 의무가 될 수 없고, 이 경우에도 행정대집행법을 준용하여 대집행을 허용하는 별도의 규정이 없는 한 위와 같은 철거의무는 행정대집행법에 의한 대집행의 대상이 되지 않는다. 구 공공용지의 취득 및 손실보상에 관한 특례법에 의한 협의취득시 건물소유자가 협의취득대상 건물에 대하여 약정한 철거의무는 공법상 의무가 아닐 뿐만 아니라, 공익사업을 위한 토지 등의 취득 및 보상에 관한 법률 제89조에서 정한 행정대집행법의 대상이 되는 '이 법 또는 이 법에 의한 처분으로 인한 의무'에도 해당하지 아니하므로 위 철거의무에 대한 강제적 이행은 행정대집행법상 대집행의 방법으로 실현할 수 없다."

4) 대법원 1989. 9. 12. 88누8883 "구청장이 도시재개발구역내의 건물소유자 갑에게 건물의 자진철거를 요청하는 내용의 공문을 보냈다고 하더라도 그 공문의 제목이 지장물철거촉구로 되어 있어서 철거명령이 아님이 분명하고, 행위의 주체면에서 구청장은 재개발구역내 지장물의 철거를 요구할 아무런 법적 근거가 없으며, 공문의 내용도 갑에게 재개발사업에의 협조를 요청함과 아울러 자발적으로 협조하지 아니하여 법에 따른 강제집행이 행하여짐으로써 갑이 입을지도 모를 불이익에 대한 안내로 되어 있고 구청장이 위 공문을

지·건물의 명도의무는 실력으로 신체에 대한 점유를 풀어야 이전이 가능하기 때문에 이는 비대체적 작위의무이고[5] 물건의 인도 역시 그것이 특정물이라면 비대체적 작위의무에 해당하여 대집행이 불가능하다. 다만, 종류물이라면 대체성이 있는 동종의 물건을 대집행하고 그에 대한 비용을 징수하는 것은 가능하다. 작위의무에 대한 불이행이므로 부작위의무만 존재하고 대체적 작위의무는 없는 상태에서는 이를 작위의무로 전환시키는 전환규범이 없다면 대집행이 불가능하다.[6] 이러한 요건이 모두 충족된다고 하여도 행정대집행법 2조의 규정형식을 볼 때 최종적인 대집행의 발령은 행정청의 재량으로 되어 있다.

Ⅳ. 대집행은 계고, 대집행영장통보, 대집행의 실행, 대집행 비용 징수의 절차로 단계적으로 진행된다. 계고는 상당한 이행기한을 정하여 그 기한까지 이행되지 아니할 때에는 대집행을 실행하겠다는 뜻의 의사표시를 상대방에게 알리는 행위이다(행정대집행법 제3조 1항). 다만, 비

발송한 후 갑으로부터 취소요청을 받고 위 공문이 도시재개발법 제36조의 지장물이전요구나 동 제35조 제2항에 따른 행정대집행법상의 강제철거지시가 아니고 자진철거의 협조를 요청한 것이라고 회신한 바 있다면 이러한 회신내용과 법치행정의 현실 및 일반적인 법의식수준에 비추어 볼 때 외형상 행정처분으로 오인될 염려가 있는 행정청의 행위가 존재함으로써 상대방이 입게 될 불이익 내지 법적 불안도 존재하지 않는다고 볼 것이므로 이를 행정소송의 대상이 되는 처분이라고 볼 수 없다."

5) 대법원 1998. 10. 23. 97누157 "도시공원시설인 매점의 관리청이 그 공동점유자 중의 1인에 대하여 소정의 기간 내에 위 매점으로부터 퇴거하고 이에 부수하여 그 판매 시설물 및 상품을 반출하지 아니할 때에는 이를 대집행하겠다는 내용의 계고처분은 그 주된 목적이 매점의 원형을 보존하기 위하여 점유자가 설치한 불법 시설물을 철거하고자 하는 것이 아니라, 매점에 대한 점유자의 점유를 배제하고 그 점유이전을 받는 데 있다고 할 것인데, 이러한 의무는 그것을 강제적으로 실현함에 있어 직접적인 실력행사가 필요한 것이지 대체적 작위의무에 해당하는 것은 아니어서 직접강제의 방법에 의하는 것은 별론으로 하고 행정대집행법에 의한 대집행의 대상이 되는 것은 아니다."

6) 대법원 1996. 6. 28. 96누4374 "단순한 부작위의무의 위반, 즉 관계 법령에 정하고 있는 절대적 금지나 허가를 유보한 상대적 금지를 위반한 경우에는 당해 법령에서 그 위반자에 대하여 위반에 의하여 생긴 유형적 결과의 시정을 명하는 행정처분의 권한을 인정하는 규정(예컨대, 건축법 제69조, 도로법 제74조, 하천법 제67조, 도시공원법 제20조, 옥외광고물등관리법 제10조 등)을 두고 있지 아니한 이상, 법치주의의 원리에 비추어 볼 때 위와 같은 부작위의무로부터 그 의무를 위반함으로써 생긴 결과를 시정하기 위한 작위의무를 당연히 끌어낼 수는 없으며, 또 위 금지규정(특히 허가를 유보한 상대적 금지규정)으로부터 작위의무, 즉 위반결과의 시정을 명하는 권한이 당연히 추론되는 것도 아니다."

상시 또는 위험이 절박한 경우에 있어서 당해 행위의 급속한 실시를 요하여 수속을 취할 여유가 없을 때에는 그 수속을 거치지 아니하고 대집행을 할 수 있다(동법 제3조 3항). 계고는 이른바 준법률행위적 행정행위에 속한다. 따라서 처분성이 인정되어 행정쟁송의 대상이 된다. 한편, 연속된 계고처분의 경우 1차계고 이후의 후행계고는 대집행 통지의 연기에 불과하여 행정처분이 아니다.[7] 계고서에는 대집행할 행위의 내용 및 범위가 구체적으로 특정되어 있어야 한다. 다만, 판례는 여러 사정을 종합하여 대집행 의무자가 그 이행의무의 범위를 알 수 있으면 족하다는 태도이다.[8] 계고시에는 상당한 이행기간을 부여하여야 하고 이를 위반시에는 위법한 처분이 된다. 상당한 이행기간이란 사회통념상 의무자가 스스로 의무를 이행하는데 필요한 기간을 말한다.[9] 계고는 문서로써 하여야 한다(행정대집행법 제3조 1항). 철거명령과 계고처분을 1장의 문서로서 동시에 행해진 경우에 대해 위법하다고 보아야 할지가 문제가 되는데, 대집행 상황요건은 계고를 행할

7) 대법원 1994. 10. 28. 94누5144 "건물의 소유자에게 위법건축물을 일정기간까지 철거할 것을 명함과 아울러 불이행할 때에는 대집행한다는 내용의 철거대집행 계고처분을 고지한 후 이에 불응하자 다시 제2차, 제3차 계고서를 발송하여 일정기간까지의 자진철거를 촉구하고 불이행하면 대집행을 한다는 뜻을 고지하였다면 행정대집행법상의 건물철거의무는 제1차 철거명령 및 계고처분으로서 발생하였고 제2차, 제3차의 계고처분은 새로운 철거의무를 부과한 것이 아니고 다만 대집행기한의 연기통지에 불과하므로 행정처분이 아니다."

8) 대법원 1996. 10. 11. 96누8086 "행정청이 행정대집행법 제3조 제1항에 의한 대집행계고를 함에 있어서는 의무자가 스스로 이행하지 아니하는 경우에 대집행할 행위의 내용 및 범위가 구체적으로 특정되어야 하나, 그 행위의 내용 및 범위는 반드시 대집행계고서에 의하여서만 특정되어야 하는 것이 아니고, 계고처분 전후에 송달된 문서나 기타 사정을 종합하여 행위의 내용이 특정되거나 실제건물의 위치, 구조, 평수 등을 계고서의 표시와 대조·검토하여 대집행의무자가 그 이행의무의 범위를 알 수 있을 정도로 하면 족하다."

9) 대법원 1990. 9. 14. 90누2048 "행정대집행법 제3조 제1항은 행정청이 의무자에게 대집행영장으로써 대집행할 시기 등을 통지하기 위하여는 그 전제로서 대집행계고처분을 함에 있어서 의무이행을 할 수 있는 상당한 기간을 부여할 것을 요구하고 있으므로, 행정청인 피고가 의무이행기한이 1988. 5. 24.까지로 된 이 사건 대집행계고서를 5. 19. 원고에게 발송하여 원고가 그 이행종기인 5. 24. 이를 수령하였다면, 설사 피고가 대집행영장으로써 대집행의 시기를 1988. 5. 27. 15:00로 늦추었더라도 위 대집행계고처분은 상당한 이행기한을 정하여 한 것이 아니어서 대집행의 적법절차에 위배한 것으로 위법한 처분이라고 할 것이다."

때 이미 충족되어 있어야 하고 따라서 철거명령과 계고처분을 동시에 결합하여 행하는 것은 원칙적으로 부정되며, 이 경우 추가로 주어질 이행기간이 줄어들게 되어 수명자에게 불리하므로 위법하다는 견해와 원칙은 작위하명과 계고가 독립하여 행해져야 하겠지만 의무불이행이 예견되고 의무불이행을 제거해야 할 긴급한 필요가 인정되는 경우라든가 충분한 이행기한이 주어졌다고 판단되는 경우 등 예외적인 경우는 적법하다고 보는 견해가 대립한다. 판례는 이러한 경우 적법하다는 입장이다.[10)]

Ⅴ. 대집행영장통지는 의무자가 계고를 받고 상당한 기간이 지나도록 그 의무를 이행하지 아니할 때 당해 행정청이 대집행을 할 시기, 대집행을 시키기 위하여 파견하는 집행책임자의 성명과 대집행에 요하는 비용의 개산에 의한 견적액을 기재하여 이를 의무자에게 통지하는 행위를 말한다(행정대집행법 제3조 2항). 이러한 대집행영장통지도 비상시 또는 위험이 절박한 경우에 있어서 당해 행위의 급속한 실시를 요하여 수속을 취할 여유가 없을 때에는 그 수속을 거치지 아니하고 대집행을 할 수 있다(행정대집행법 제3조 3항). 대집행영장통지도 이른바 준법률행위적 행정행위로서 처분성이 인정된다. 따라서 대집행영장통지는 그 자체로 취소소송의 대상이 된다.

Ⅵ. 대집행의 실행은 의무자가 지정된 기간까지 작위의무를 실행하지 않으면 당해 행정청이 직접 또는 타인으로 하여금 작위의무를 이행케 하는 것을 말한다. 이는 수인하명과 사실행위가 결합된 합성행위로서 권력적 사실행위에 속한다. 따라서 그 자체로 처분성이 인정되어 취소

---

10) 대법원 1992. 6. 12. 91누13564 "계고서라는 명칭의 1장의 문서로서 일정기간 내에 위법건축물의 자진철거를 명함과 동시에 그 소정기한 내에 자진철거를 하지 아니할 때에는 대집행할 뜻을 미리 계고한 경우라도 건축법에 의한 철거명령과 행정대집행법에 의한 계고처분은 독립하여 있는 것으로서 각 그 요건이 충족되었다고 볼 것이다. 위의 경우, 철거명령에서 주어진 일정기간이 자진철거에 필요한 상당한 기간이라면 그 기간 속에는 계고시에 필요한 '상당한 이행기간'도 포함되어 있다고 보아야 할 것이다."

소송의 대상이 된다. 다만, 일시적으로 끝날 경우에는 소를 제기하더라도 소의 이익이 없어 각하판결을 받을 가능성이 높다. 따라서 이를 막기 위해서는 집행정지신청을 하여야 할 것이다. 위법한 대집행에 대해 취소심판을 제기할 수 있는데 만약 심판 계속 중 대집행이 완료되면 권리보호의 필요가 없기 때문에 집행정지신청으로써 이를 저지할 필요가 있다.

Ⅶ. 취소소송을 제기하고자 할 때는 대집행의 4가지 단계 모두에 대해 항고소송이 가능하다. 행정대집행이 소 계속 중 실행되고 나면 행정대집행에 대해 취소소송을 제기하여도 소의 이익이 없어[11] 각하판결을 받을 것이기 때문에 이를 방지하기 위해서는 취소심판과 마찬가지로 집행정지신청을 활용하여야 한다.

Ⅷ. 대체적 작위의무와 대집행 절차와는 별개의 법적 효과를 목적으로 하는 것이므로 이에 대해서는 대체적 작위의무의 하자가 대집행 절차에 승계되지 않는다.[12] 대집행 절차 사이에는 동일한 법적 효과를 목적으로 하기 때문에 하자가 승계된다.[13] 위법한 대집행으로 말미암아 손해

---

11) 대법원 1993. 6. 8. 93누6164 "대집행계고처분 취소소송의 변론종결 전에 대집행영장에 의한 통지절차를 거쳐 사실행위로서 대집행의 실행이 완료된 경우에는 행위가 위법한 것이라는 이유로 손해배상이나 원상회복 등을 청구하는 것은 별론으로 하고 처분의 취소를 구할 법률상 이익은 없다."

12) 대법원 1975. 12. 9. 75누218 "법률에 의거한 행정청의 무허가건물철거명령에 대하여 소원이나 소송제기 등 소구절차를 거치지 아니하여 이미 선행행위가 적법인 것으로 확정된 경우에는 후행행위인 대집행계고처분에서는 위 건물이 무허가건물이 아닌 적법한 건축물이라는 주장이나 그러한 사실인정을 하지 못한다."

13) 대법원 1993. 11. 9. 93누14271 "대집행의 계고・대집행영장에 의한 통지・대집행의・실행・대집행에 요한 비용의 납부명령 등은, 타인이 대신하여 행할 수 있는 행정의무의 이행을 의무자의 비용부담 하에 확보하고자 하는, 동일한 행정목적을 달성하기 위하여 단계적인 일련의 절차로 연속하여 행하여지는 것으로서, 서로 결합하여 하나의 법률효과를 발생시키는 것이므로, 선행처분인 계고처분이 하자가 있는 위법한 처분이라면, 비록 하자가 중대하고도 명백한 것이 아니어서 당연무효의 처분이라고 볼 수 없고 대집행의 실행이 이미 사실행위로서 완료되어 계고처분의 취소를 구할 법률상 이익이 없게 되었으며, 또 대집행비용납부명령 자체에는 아무런 하자가 없다 하더라도, 후행처분인 대집행비용납부명령의 취소를 청구하는 소송에서 청구원인으로 선행처분인 계고처분이

가 발생한 경우에는 국가배상청구를 할 수도 있다. 이 경우 수소법원은 선결문제로서 대집행의 위법성에 대해 따로 취소소송으로 판결이 나지 않았어도 이에 대해 판단할 수 있다.[14)]

제2절 이행강제금

Ⅰ. 이행강제금이란 주로 비대체적 작위의무, 북위의무 또는 수인의무의 불이행에 대하여 강제금을 부과하여 의무 이행을 간접적으로 강제하는 수단이다. 그러나 건축법 제80조 및 옥외광고물 등 관리법 제20조의 2 규정은 대체적 작위의무임에도 이행강제금을 부과할 수 있도록 규정하고 있는바, 대집행이 적절하지 않은 대체적 작위의무에도 이행강제금이 부과될 수 있다할 것이다.[15)]

Ⅱ. 현재 노인복지법 제62조, 근로기준법 제33조, 은행법 제65조의 9, 부동산실권리자명의등기에 관한 법률 제6조, 국토의 계획 및 이용에 관한 법률 제124조의 2, 장애인・노인・임산부 등의 편의증진보장에 관한 법률 제28조, 다중이용업소의 안전관리에 관한 특별법 제26조도

위법한 것이기 때문에 그 계고처분을 전제로 행하여진 대집행비용납부명령도 위법한 것이라는 주장을 할 수 있다."

14) 대법원 1972. 4. 28. 72다337 "위법한 행정대집행이 완료되면 그 처분의 무효확인 또는 취소를 구할 소의 이익은 없다 하더라도, 미리 그 행정처분의 취소판결이 있어야만, 그 행정처분의 위법임을 이유로 한 손해배상 청구를 할 수 있는 것은 아니다."

15) 헌법재판소 2004. 2. 26. 선고 2001헌바80,84,102,103,2002헌바26 "전통적으로 행정대집행은 대체적 작위의무에 대한 강제집행수단으로, 이행강제금은 부작위의무나 비대체적 작위의무에 대한 강제집행수단으로 이해되어 왔으나, 이는 이행강제금제도의 본질에서 오는 제약은 아니며, 이행강제금은 대체적 작위의무의 위반에 대하여도 부과될 수 있다. 현행 건축법상 위법건축물에 대한 이행강제수단으로 대집행과 이행강제금(제83조 제1항)이 인정되고 있는데, 양 제도는 각각의 장・단점이 있으므로 행정청은 개별사건에 있어서 위반내용, 위반자의 시정의지 등을 감안하여 대집행과 이행강제금을 선택적으로 활용할 수 있으며, 이처럼 그 합리적인 재량에 의해 선택하여 활용하는 이상 중첩적인 제재에 해당한다고 볼 수 없다. 건축법 제78조에 의한 무허가 건축행위에 대한 형사처벌과 건축법 제83조 제1항에 의한 시정명령 위반에 대한 이행강제금의 부과는 그 처벌 내지 제재대상이 되는 기본적 사실관계로서의 행위를 달리하며, 또한 그 보호법익과 목적에서도 차이가 있으므로 헌법 제13조 제1항이 금지하는 이중처벌에 해당한다고 할 수 없다."

이행강제금을 규정하고 있다.

Ⅲ. 처분청은 이행강제금을 부과하기 전에 문서로 계고를 하고 의무불이행의 경우에는 반복하여 부과하고 있다. 이행강제금에 대한 불복은 과태료의 불복절차에 의하여 왔다. 따라서 이행강제금 부과에 대하여 이의제기를 하지 않으면 국세체납처분처분절차에 따르고, 처분청에 이의제기를 하면 재판을 하여야 하는데, 관할법원은 비송사건절차법에 따라 재판을 한다. 그러나 건축법 제80조는 과태료불복절차의 준용규정을 삭제하였고, 이에 판례도 이행강제금부과를 행정처분으로 보아 취소소송의 대상으로 처리하고 있다.[16]

Ⅳ. 과태료불복절차의 준용규정을 두고 있지 않은 국토의 계획 및 이용에 관한 법률 제124조의 2의 경우에 있어서도 판례는 이행강제금부과를 처분으로 취급하여 취소소송의 대상으로 하고 있다.[17]

제3절 직접강제

Ⅰ. 행정상 의무를 이행하지 않는 자들을 상대로 직접 신체와 재산 등에 실력을 가하여 의무이행을 실현하는 것을 직접강제라 한다. 대집행과 이행강제금으로 행정상 의무이행의 확보기 불가능한 경우 이용된다.

Ⅱ. 식품위생법 제79조는 긴급시 통지를 생략하고 폐쇄조치할 수 있다고 규정하고 있다. 공중위생관리법 제11조 제3항, 사행행위등규제 및 처벌특례법 제20조, 영화 및 비디오물의 진흥에 관한 법률 제70조, 대기환경보전법 제38조, 수질 및 수생태계보전에 관한 법률 제44조 등은 무허가 및 미신고영영 등에 대하여 폐쇄조치 등 직접강제와 관련한 규정을 두고 있다.

---

16) 대법원 2012. 3. 19. 2011두27919

17) 대법원 2012. 2. 9. 2011두10935

제4절 강제징수

Ⅰ. 행정상 강제징수란 국민이 국가 등에 대해 부담하고 있는 금전급부의무에 대해 불이행하고 있을 경우 행정청이 그러한 의무자의 재산에 실력을 행사하여 의무가 이행된 것과 같은 상태를 실현시키는 것을 말한다. 행정상 강제징수의 일반법으로 국세징수법이 있다. 국세징수법은 원래는 국세부과처분의 불이행에 대한 규정이었으나 공법상의 여러 개별법률에서 금전급부의무의 불이행과 관련해 국세징수법을 준용토록 하고 있어 일반법처럼 되어버렸다. 한편, 헌법 제37조 2항에 의해 조세징수 외에는 개별법률상의 근거규정이 있어야 강제징수를 할 수 있다.

Ⅱ. 국세를 그 납부기한까지 완납하지 아니한 때에는 세무서장・시장 또는 군수는 납부기한 경과 후 15일내에 독촉장을 발부하여야 한다(국세징수법 제23조 1항). 이를 독촉이라고 한다. ② 세무서장은 제2차납세의무자가 체납액을 그 납부기한까지 완납하지 아니한 때에는 15일내에 납부최고서를 발부하여야 한다(국세징수법 제23조 2항). 이를 납부최고라 한다. ③ 독촉장 또는 납부최고서를 발부하는 때에는 납부기한을 발부일로부터 10일내로 한다(국세징수법 제23조 3항). 이러한 독촉이나 최고는 준법률행위적 행정행위로서의 통지에 해당한다. 이는 체납처분을 위한 필수요건 조세채권의 시효중단의 사유가 된다. 한편, 판례에 따르면 동일한 내용의 2차 독촉은 행정소송법상의 처분이 아니라고 보고 있다.[18)]

---

18) 대법원 1999. 7. 13. 97누119 "구 의료보험법(1994. 1. 7. 법률 제4728호로 전문 개정되기 전의 것) 제45조, 제55조, 제55조의2의 각 규정에 의하면, 보험자 또는 보험자단체가 사기 기타 부정한 방법으로 보험급여비용을 받은 의료기관에게 그 급여비용에 상당하는 금액을 부당이득으로 징수할 수 있고, 그 의료기관이 납부고지에서 지정된 납부기한까지 징수금을 납부하지 아니한 경우 국세체납절차에 의하여 강제징수할 수 있는바, 보험자 또는 보험자단체가 부당이득금 또는 가산금의 납부를 독촉한 후 다시 동일한 내용의 독촉을 하는 경우 최초의 독촉만이 징수처분으로서 항고소송의 대상이 되는 행정처분이 되고 그 후에 한 동일한 내용의 독촉은 체납처분의 전제요건인 징수처분으로서 소멸시효 중단사유가 되는 독촉이 아니라 민법상의 단순한 최고에 불과하여 국민의 권리의무

Ⅲ. 납세자가 독촉장(납부최고서를 포함한다. 이하 같다)을 받고 지정된 기한까지 국세와 가산금을 완납하지 아니한 때 또는 기타 다른 사유가 있을 경우 세무공무원은 납세자의 재산을 압류한다(법 제24조 1항). 압류란 강제집행을 위해 압류된 재산의 사실상, 법률상의 처분을 금지하여 의무자의 재산을 확보하는 것으로 이는 권력적 사실행위로서 행정소송법상의 처분의 개념에 해당한다. 판례에 따르면 독촉장의 발부 없이 한 압류처분은 위법하지만 독촉절차 없이 압류처분을 하였다고 하더라도 이러한 사유만으로는 압류처분을 무효로 되게 하는 중대하고도 명백한 하자가 되지 아니한다.[19)]

Ⅳ. 압류한 재산을 매각하여 금전으로 환가하는 것을 매각이라고 한다. 이 경우 원칙적으로 공매에 의하도록 하고 있고(국세징수법 제61조 1항) 예외적으로 수의계약에 의한 것도 가능하다(국세징수법 제62조). 공매는 납세자의 재산을 행정청이 대신 매각하여 소유권을 이전토록 하는 결정 그 자체(매각결정)로서 이는 공법상 대리에 해당하고 따라서 행정소송법상의 처분성이 긍정된다. 공매에 붙이기로 한 내부결정, 공매의 통지 등은 처분성이 없다.[20)] 세무서장은 압류재산의 매각대금 등을 국세·가산금, 체납처분비, 기타 채권에 배분하여야 한다(국세징수법 제80조, 제81조). 이를 청산이라고 하며 체납처분절차의 마지막 단계에 해당한다.

나 법률상의 지위에 직접적으로 영향을 미치는 것이 아니므로 항고소송의 대상이 되는 행정처분이라 할 수 없다."

19) 대법원 1988. 6. 28. 87누1009

20) 대법원 1984. 9. 25. 84누201 "과세관청이 체납처분으로서 행하는 공매는 우월한 공권력의 행사로서 행정소송의 대상이 되는 공법상의 행정처분이며 공매에 의하여 재산을 매수한 자는 그 공매처분이 취소된 경우에 그 취소처분의 위법을 주장하여 행정소송을 제기할 법률상 이익이 있다."; 대법원 2007. 7. 27. 2006두8464 "한국자산공사가 당해 부동산을 인터넷을 통하여 재공매(입찰)하기로 한 결정 자체는 내부적인 의사결정에 불과하여 항고소송의 대상이 되는 행정처분이라고 볼 수 없고, 또한 한국자산공사가 공매통지는 공매의 요건이 아니라 공매사실 자체를 체납자에게 알려주는 데 불과한 것으로서, 통지의 상대방의 법적 지위나 권리·의무에 직접 영향을 주는 것이 아니라고 할 것이므로 이것 역시 행정처분에 해당한다고 할 수 없다."

Ⅴ. 행정상 강제징수에 대해 불복이 있으면 특별한 규정이 있는 경우를 제외하고는 국세징수법이 아니라 국세기본법에 따라 불복절차(국세기본법 제55조)를 거쳐야 한다. 따라서 위법한 독촉, 압류, 공매처분 등에 대해서는 국세기본법상 규정한 전심절차인 이의신청(이는 임의적 전치절차임), 심사청구 또는 심판청구(이는 소송을 제기하기 위한 필요적 전치절차임)를 거쳐 행정소송을 제기할 수 있는 것이다. 한편, 판례는 조세징수를 위한 압류등기 후에 그 부동산을 양수한 소유자에게 그 압류처분의 무효확인을 구할 원고적격이 있는지 여부와 관련해 소극적이다.[21]

제2장 행정상 즉시강제

Ⅰ. 행정상 즉시강제는 장애의 발생이 급박한 경우에 미리 의무를 부과할 시간적 여유가 없거나, 성질상 의무를 명해서는 목적 달성이 곤란한 경우 즉시 국민의 신체 또는 재산에 실력을 가하여 행정상 필요한 상태를 실현하는 행정작용이다. 즉시강제의 예로 전염병환자의 강제격리, 도로교통법상의 주차위반차량의 강제견인조치 등을 들 수 있다. 행정상 즉시강제는 목전에 급박한 장애를 제거하기 위한 것이 아니라 미래에 발생할지도 모를 장애를 예방적으로 저지하기 위해서는 발령될 수 없다. 또한 위험의 제거 내지 예방이라는 소극목적을 위해 발동되어여만 하고, 적극적으로 어떠한 새로운 질서를 형성하기 위해서 행사될 수는 없다.

Ⅱ. 행정상 즉시강제에 관한 일반법은 존재하지 않는다. 경찰행정분야에는 경찰관직무집행법이 일반법으로 존재한다. 경찰관직무집행법 제2조 5호는 개괄적 수권조항으로 해석된다. 전염병예방법, 소방기본법,

---

21) 대법원 1990. 10. 16. 89누5706 "과세관청이 조세의 징수를 위하여 납세의무자 소유의 부동산을 압류한 이후에 압류등기가 된 부동산을 양도받아 소유권이전등기를 마친 사람은 위 압류처분에 대하여 사실상 간접적 이해관계를 가질 뿐, 법률상 직접적이고 구체적인 이익을 가지는 것은 아니어서 그 압류처분의 무효확인을 구할 당사자 적격이 없다."

식품위생법 등에 즉시강제에 관한 규정이 있다.

Ⅲ. 행정상 직접강제나 행정상 즉시강제는 모두 행정청이 직접 의무자의 신체나 재산에 어떠한 실력을 가해 행정상 필요한 상태를 실현하는 작용이라는 점에서는 공통되지만, 행정상 직접강제는 작위, 부작위, 수인의무 등의 부과를 전제로 의무를 불이행하는 경우에 실력행사를 하는 것이지만, 행정상 즉시강제는 의무의 불이행이 전제되지 않고 급박한 경우에 행해진다는 점에서 차이가 있다. 헌법재판소는 즉시강제가 직접강제보다 상대방 권익을 더 침해하는 것으로 보아 강제집행을 원칙으로 하고 즉시강제는 예외적으로 행해져야 한다고 보고 있다.[22] 행정상 즉시강제는 사실행위이자 수인의무를 명하는 하명이 결합된 것으로 처분성이 인정되므로 항고소송 대상이다.

Ⅳ. 즉시강제의 대인적 수단으로 경찰관직무집행법상의 보호조치(4조), 위험발생의 방지(5조), 범죄의 예방과 제지(6조), 장구의 사용(10조), 무기의 사용(10조의4 제1항), 전염병예방법상의 강제격리수용과 치료(제29조), 강제진찰과 치료(제42조), 출입국관리법상의 강제퇴거(제46조) 등이 있고, 대물적 수단으로 경찰관직무집행법상의 무기 등 물건의 임시영치(제4조 3항), 위험방지조치(제5조 1항, 제6조), 소방기본법상의 물건의 파기 등의 강제처분(제25조), 식품위생법상의 물건의 폐기(제56조), 도로교통법상의 도로 위 위법공작물 등에 대한 제거(71조 2항, 72조 2항) 등이 있다. 그 밖에 대가택 수단인 경찰관직무집행법상의 위험방지를 위한 출입(제7조), 조세범처벌법상의 수색(제3조 1항) 등이 있다.

Ⅴ. 행정상 즉시강제를 실행하는 도중 상대방의 저항을 받은 경우 행정상 즉시강제의 원활한 목적 수행을 위해서 필요최소한도의 범위 내에서

22) 헌법재판소 2002. 10. 31. 2000헌가12

실력행사를 통한 저항의 저지는 가능하다는 것이 일반적인 견해이다. 가령, 전염병환자가 강제격리조치 도중 도주하려는 경우 전염병환자의 신체를 강제적으로 구속하는 것은 가능하다 할 것이다.

Ⅵ. 행정상 즉시강제는 행정목적을 달성하기에 적합한 수단으로 행해져야 하고(적합성의 원칙), 상대방에게 최소의 침해를 가져오는 수단을 택해야 하며(필요성의 원칙), 달성하려는 공익과 침해되는 사익을 비교·형량하여 침해되는 사익이 더 커서는 안된다(협의의 비례의 원칙). 경찰관직무집행법 제1조 2항은 이를 명문화하고 있다.

Ⅶ. 행정상 즉시강제 중 사람의 생명·재산에 대하여 직접적으로 실력을 가해 인신의 구속, 수색, 압수 등의 행위가 결부된 경우 그에 대해 헌법 제12조, 16조상의 영장주의가 적용되는지가 문제된다. 이에 대하여 형사와 행정이 비록 목적은 다르더라도 형사사법작용과 행정상 즉시강제가 신체 또는 재산에 대한 실력의 행사인 점에서는 차이가 없고, 기본권 침해의 소지가 큰 것도 사실이므로 형사사법작용과 마찬가지로 영장주의가 적용되어야 한다는 견해와 행정상 즉시강제는 그 개념상 급박성을 요건으로 하고 있으므로 영장을 필요로 한다는 것은 모순이라는 견해가 대립한다. 대법원 “사전영장주의는 인신보호를 위한 헌법상의 기속원리이기 때문에 인신의 자유를 제한하는 모든 국가작용의 영역에서 존중되어야 하지만, 헌법 제12조 제3항 단서도 사전영장주의의 예외를 인정하고 있는 것처럼 사전영장주의를 고수하다가는 도저히 행정목적을 달성할 수 없는 지극히 예외적인 경우에는 형사절차에서와 같은 예외가 인정되므로, 구 사회안전법(보안관찰법) 제11조 소정의 동행보호규정은 재범의 위험성이 현저한 자를 상대로 긴급히 보호할 필요가 있는 경우에 한하여 단기간의 동행보호를 허용한 것으로서 그 요건을 엄격히 해석하는 한, 동 규정 자체가 사전영장주의를 규정한 헌법규정에 반한다고 볼 수는 없다.”는 입장이다.[23] 헌법재판소 역시 대법원과 같은 입장에 서있다.[24]

제3장 행정벌

Ⅰ. 의의

행정벌이란 행정법상의 의무를 위반한 경우 그 의무위반자에게 가해지는 행정법상의 제재로서의 처벌을 말한다. 행정벌은 직접적으로는 의무위반에 대한 제재가 목적이지만 그로 인해 간접적으로 의무이행을 강제한다는 측면에서 행정의 실효성확보 수단에 속한다. 행정벌은 크게 행정형벌[25]과 행정질서벌이 있다. 행정형벌은 의무 위반시 형법상 규정된 형벌이 가해지는 벌이고, 행정질서벌은 의무 위반에 대해 과태료가 부과되는 제재이다.[26]

Ⅱ. 행정형벌

1. 행정형벌이란 형법상의 처벌이 의무위반자에게 가해지는 행정벌을 말한다. 형법 제8조에 의하면 '본법 총칙은 타법령에 정한 죄에 적용한다'라고 규정하고 있다. 여기서의 타법령이란 공법도 포함한다. 따라서 행정형벌도 원칙적으로 형법총칙이 적용된다. 다만, 동조 단서에 따르면 '단, 그 법령에 특별한 규정이 있는 때에는 예외로 한다'고 규정하고 있어 행정형벌도 특별한 규정이 있으면 형법총칙의 적용을 배제할 수 있다.

---

23) 대법원 1997. 6. 13. 96다561152

24) 헌법재판소 2002. 10. 31. 2000헌가12 "이 사건 법률조항(구 음반・비디오물및게임물에관한법률 제24조 3항 4호)은 앞에서 본바와 같이 급박한 상황에 대처하기 위한 것으로서 그 불가피성과 정당성이 충분히 인정되는 경우이므로, 이 사건 법률조항이 영장없는 수거를 인정한다고 하더라도 이를 두고 헌법상 영장주의에 위배되는 것으로는 볼 수 없다."

25) 행정형벌과 형사벌과의 구별에 대하여 여러 견해가 있으나, 피침해규범의 성질을 기준으로 반사회적 또는 반도덕적 행위를 하는 경우 실정법을 기다릴 필요 없이 일반적으로 인식되고 있는 범죄를 형사범, 국가의 명령 또는 금지에 위반함으로써 당해 행위를 범죄로 규정하는 법률의 제정에 의해 비로소 범죄로 되는 것을 행정범이라고 보는 견해가 일반적이다.

26) 헌법재판소 1994. 4. 28. 91헌바14 등은 행정질서벌은 간접적으로 행정상의 질서에 장해를 줄 위험성이 있음에 불과한 경우를 대상으로 하고, 행정형벌은 직접적으로 행정목적과 공익을 침해한 행위를 대상으로 하는 것으로 행정형벌과 행정질서벌의 선택은 제반사정을 고려하여 결정할 입법재량에 속하는 문제라고 본다.

2. 고의범의 경우 범죄 성립을 위해 고의가 필요한 것은 행정범에 있어서도 동일하다. 과실범의 경우 형법 제14조에 의하면 '과실범은 법률에 특별한 규정이 있어야만 처벌한다'고 되어 있는바 행정범도 특별한 규정이 있어야만 과실범을 처벌하는지 문제된다. 학설은 행정범의 경우도 형사범과 동일하게 특별한 규정이 있을 때만 과실범을 처벌할 수 있다는 견해와 명문의 규정 외에도 관련 행정벌 규정의 해석상 과실행위도 처벌한다는 뜻이 명확히 도출되는 경우에는 과실범도 처벌할 수 있다는 견해가 대립한다. 판례는 후자의 입장이다.[27)]

3. 범죄행위자와 함께 행위자 이외의 자를 함께 처벌하는 규정을 양벌규정이라 하는데 행정범에서는 법인의 대표자 또는 법인의 종업원의 과오에 대해 행위자 이외에 법인도 함께 처벌하는 규정을 두는 경우가 많다. 한편 판례에 따르면 지방자치단체 등 공공단체도 양벌규정의 적용이 되는 법인에 해당한다.[28)] 이러한 법인의 책임은 법인의 자기책임이고, 법인의 종업원에 대한 범죄행위에 대한 감독의무를 해태한 것에 대한 과실책임이라고 보는 견해가 통설이다. 법인에 대한 처벌은 명문규정이 없는 경우에도 처벌할 수 있는지가 문제되는데, 종업원이 의무위반행위를 한 경우에는 법인의 책임이 없지만 대표자가 기관의 지위에서 위반행위를 한 경우에는 명문의 규정이 없는 경우라도 관계규정의 해석상 법인의 처벌도 인정되는 경우 처벌이 가능하다는 견해(김동희)가 타당하다.[29)]

---

27) 대법원 1993. 9. 10. 92도1136 "구 대기환경보전법(1992.12.8. 법률 제4535호로 개정되기 전의 것)의 입법목적이나 제반 관계규정의 취지 등을 고려하면, 법정의 배출허용기준을 초과하는 배출가스를 배출하면서 자동차를 운행하는 행위를 처벌하는 위 법 제57조 제6호의 규정은 자동차의 운행자가 그 자동차에서 배출되는 배출가스가 소정의 운행 자동차 배출허용기준을 초과한다는 점을 실제로 인식하면서 운행한 고의범의 경우는 물론 과실로 인하여 그러한 내용을 인식하지 못한 과실범의 경우도 함께 처벌하는 규정이다."

28) 대법원 2005. 11. 10. 2004도2657

29) 판례는 특별규정이 있는 경우에만 처벌이 가능하다 본 판례(대판 1962. 1. 11. 4293형상893)도 있고, 특별규정이 없어도 처벌이 가능하다고 본 판례(대판 1961. 5. 31. 4293형

Ⅲ. 통고처분

1. 통고처분이란 행정범에 대해 일반형사절차를 취하기 전에 먼저 행정청이 범법자에게 범칙금을 부과하여 범법자가 이를 수용하면 그것으로 처벌절차가 종료하고 이의제기하면 일반형사절차에 따라 처벌하는 과형절차이다. 이는 검사기소주의의 예외로서 현행법상 조세범, 관세범, 출입국관리사범, 교통사범 등에 대해 인정되고 있다. 통설과 헌법재판소는 통고처분을 합헌으로 보고 있다.[30)]

2. 통고처분을 받은 범법자는 그 통고에 따라 이행할 경우 과형절차는 종료되고 범법자는 일사부재리의 원칙에 의해 다시 형사소추 되지 아니한다(조세범처벌절차법 제11조 등). 통고처분에 대해서는 취소소송으로 다툴 수 없다. 이는 법정기간 내 이행하지 않을 시 통고처분이 당연히 효력을 소멸하고 이에 대해 정식으로 형사재판절차가 개시되기 때문이다. 이에 대법원[31)] 및 헌법재판소 판례(헌재 1998. 5. 28. 96헌바4)는 모두 통고처분을 행정소송법상의 처분으로 보고 있지 않다.

상923)도 있어 일관되지 않다.

30) 헌법재판소 2003. 10. 30. 2002헌마275 "도로교통법상의 통고처분은 처분을 받은 당사자의 임의의 승복을 발효요건으로 하고 있으며, 행정공무원에 의하여 발하여 지는 것이지만, 통고처분에 따르지 않고자 하는 당사자에게는 정식재판의 절차가 보장되어 있다. 통고처분 제도는 경미한 교통법규 위반자로 하여금 형사처벌절차에 수반되는 심리적 불안, 시간과 비용의 소모, 명예와 신용의 훼손 등의 여러 불이익을 당하지 않고 범칙금 납부로써 위반행위에 대한 제재를 신속・간편하게 종결할 수 있게 하여주며, 교통법규 위반행위가 홍수를 이루고 있는 현실에서 행정공무원에 의한 전문적이고 신속한 사건처리를 가능하게 하고, 검찰 및 법원의 과중한 업무 부담을 덜어 준다. 또한 통고처분제도는 형벌의 비범죄화 정신에 접근하는 제도이다. 이러한 점들을 종합할 때, 통고처분 제도의 근거규정인 도로교통법 제118조 본문이 적법절차원칙이나 사법권을 법원에 둔 권력분립원칙에 위배된다거나, 재판청구권을 침해하는 것이라 할 수 없다."

31) 대법원 1995. 6. 29. 95누4674 "도로교통법 제118조에서 규정하는 경찰서장의 통고처분은 행정소송의 대상이되는 행정처분이 아니므로 그 처분의 취소를 구하는 소송은 부적법하고, 도로교통법상의 통고처분을 받은 자가 그 처분에 대하여 이의가 있는 경우에는 통고처분에 따른 범칙금의 납부를 이행하지 아니함으로써 경찰서장의 즉결심판청구에 의하여 법원의 심판을 받을 수 있게 될 뿐이다."

Ⅳ. 즉결심판

즉결심판은 행정범 또는 형사범에 대해 20만 원 이하의 벌금 또는 구류 또는 과료에 처할 경우 형사재판절차 대신 간이한 방법으로 과벌절차를 진행하는 것이다. 즉, 경찰서장의 청구에 의해 지방법원 또는 순회판사가 부과하고 이의시 정식재판절차가 새로이 개시된다.

Ⅴ. 행정질서벌

1. 행정질서벌은 행정상의 질서에 장애를 야기할만한 우려 있는 의무위반 행위에 대해 과태료가 부과되는 행정벌이다. 질서위반행위규제법은 '질서위반행위'에 대해 법률(지방자치단체의 조례를 포함)상의 의무를 위반하여 과태료를 부과하는 행위를 말한다고 규정하고 있다(제2조 1호). 지방자치법은 조례로서 조례위반행위에 대하여 천만원 이하의 과태료를 정할 수 있으며(지방자치법 제27조 1항), 또한 공공시설부정사용행위에 대해서도 과태료를 정할 수 있다(지방자치법 제139조 2항).

2. 행정청이 질서위반행위에 대하여 과태료를 부과하고자 하는 때에는 미리 당사자에게 대통령령으로 정하는 사항을 통지하고, 10일 이상의 기간을 정하여 의견을 제출할 기회를 주어야 한다. 이 경우 지정된 기일까지 의견 제출이 없는 경우에는 의견이 없는 것으로 본다. 행정청은 의견 제출 절차를 마친 후에 서면으로 과태료를 부과하여야 한다. 과태료 납부기한의 연기 및 분할납부에 관하여는「국세징수법」제15조부터 제20조까지의 규정을 준용한다. 행정청은 질서위반행위가 종료된 날부터 5년이 경과한 경우에는 해당 질서위반행위에 대하여 과태료를 부과할 수 없다.

3. 행정청의 과태료 부과에 불복하는 당사자는 과태료 부과 통지를 받은 날부터 60일 이내에 해당 행정청에 서면으로 이의제기를 할 수 있다. 이의제기가 있는 경우에는 행정청의 과태료 부과처분은 그 효력을 상

실한다. 이의제기를 받은 행정청은 이의제기를 받은 날부터 14일 이내에 이에 대한 의견 및 증빙서류를 첨부하여 관할 법원에 통보하여야 한다. 과태료 사건은 다른 법령에 특별한 규정이 있는 경우를 제외하고는 당사자의 주소지의 지방법원 또는 그 지원의 관할로 한다.

4. 과태료 재판은 검사의 명령으로써 집행한다. 이 경우 그 명령은 집행력 있는 집행권원과 동일한 효력이 있다. 과태료 재판의 집행절차는 「민사집행법」에 따르거나 국세 또는 지방세 체납처분의 예에 따른다.

Ⅵ. 행정형벌과 행정질서벌의 병과

동일한 행정법상의 의무 위반 행위에 대해 행정형벌과 행정질서벌을 동시에 병과하는 것이 가능한지가 문제된다. 행정형벌과 행정질서벌 모두 행정벌의 일종이고 실제로 동일한 위반행위에 대한 제재적 처벌이라는 점에서 병과가 불가능하다고 보는 견해(김남진)도 있으나, 행정형벌과 행정질서벌은 목적이나 성질이 서로 다르기 때문에 과태료 부과처분 후에 행정형벌을 부과한다고 하여도 일사부재리의 원칙에 반하지 않는다고 보는 것이 통설과 판례[32]이다.

---

32) 대법원 1996. 4. 12. 96도158 "행정법상의 질서벌인 과태료의 부과처분과 형사처벌은 그 성질이나 목적을 달리하는 별개의 것이므로 행정법상의 질서벌인 과태료를 납부한 후에 형사처벌을 한다고 하여 이를 일사부재리의 원칙에 반하는 것이라고 할 수는 없으며, 자동차의 임시운행허가를 받은 자가 그 허가 목적 및 기간의 범위 안에서 운행하지 아니한 경우에 과태료를 부과하는 것은 당해 자동차가 무등록 자동차인지 여부와는 관계없이, 이미 등록된 자동차의 등록번호표 또는 봉인이 멸실되거나 식별하기 어렵게 되어 임시운행허가를 받은 경우까지를 포함하여, 허가받은 목적과 기간의 범위를 벗어나 운행하는 행위 전반에 대하여 행정질서벌로써 제재를 가하고자 하는 취지라고 해석되므로, 만일 임시운행허가기간을 넘어 운행한 자가 등록된 차량에 관하여 그러한 행위를 한 경우라면 과태료의 제재만을 받게 되겠지만, 무등록 차량에 관하여 그러한 행위를 한 경우라면 과태료와 별도로 형사처벌의 대상이 된다."

제4장 과징금 · 공급거부 · 관허사업의 제한 · 위반사실의 공표

Ⅰ. 과징금

1. 과징금이란 일정한 행정법상의 의무를 위반한 경우 그로 인한 경제적 이익을 박탈하여 의무이행을 확보하는 수단으로서 가해지는 금전적 부담을 말한다. 이러한 과징금은 1980년경 독점규제및공정거래에관한법률에서 처음으로 규정된 이래 현재에는 약 40여개가 넘는 법률에 규정되어 있으며 더 확대되고 있다.[33] 과징금은 위반행위로 인한 경제적 이익의 환수가 목적이라는 점에서 과거 의무 위반에 대한 제재가 목적인 벌금 및 과태료와는 구별되고, 부과주체도 과징금은 원칙적으로 행정청이지만 벌금 및 과태료는 원칙적으로 법원(또는 행정청)이 부과하며 과징금에 대한 불복절차는 행정소송법에 의하지만 벌금은 형사소송법, 과태료는 질서위반행위규제법에 의한다는 점에서 구별된다. 따라서 이러한 과징금과 벌금 또는 과태료를 이중으로 병과하더라도 이는 일사부재리에 반하지 않는다.[34]

---

33) 부과금은 행정법상의 의무위반에 대한 금전적 제재로서 1981.경 환경보전법에 배출부과금이 처음으로 도입되어 현재는 대기환경보전법 제19조 1항 또는 수질환경보전법 제19조 1항의 배출부과금이 그 대표적인 예이다. 이러한 부과금과 과징금과의 구별이 문제된다. 이에 대해 부과금의 경우에는 국고수입으로 귀속되는 것이 아니라 당해 특정한 행정법상의 의무이행을 확보하기 위한 목적으로 환경개선특별회계의 세입으로 활용되는 등 그 사용목적이 제한된다는 점에서 구별된다는 견해와 국민건강보험법이나 도시철도법의 경우에는 과징금의 용도를 특정하는 경우도 있으므로 사용목적을 기준으로 양자를 구분하는 것은 정확한 것이 아니고, 부과금도 과징금과 유사한 제도로서 과징금의 한 유형으로 보아 이러한 구별을 부정하는 견해가 있다.

34) 대법원(2004. 3. 12. 2001두7220 등)과 헌법재판소도 같은 견해이다. 헌법재판소 2003. 7. 24. 2001헌가25 "행정권에는 행정목적 실현을 위하여 행정법규 위반자에 대한 제재의 권한도 포함되어 있으므로, '제재를 통한 억지'는 행정규제의 본원적 기능이라 볼 수 있는 것이고, 따라서 어떤 행정제재의 기능이 오로지 제재(및 이에 결부된 억지)에 있다고 하여 이를 헌법 제13조 제1항에서 말하는 국가형벌권의 행사로서의 '처벌'에 해당한다고 할 수 없는바, 구 독점규제및공정거래에관한법률 제24조의2에 의한 부당내부거래에 대한 과징금은 그 취지와 기능, 부과의 주체와 절차 등을 종합할 때 부당내부거래 억지라는 행정목적을 실현하기 위하여 그 위반행위에 대하여 제재를 가하는 행정상의 제재금으로서의 기본적 성격에 부당이득환수적 요소도 부가되어 있는 것이라 할 것이고, 이를 두고 헌법 제13조 제1항에서 금지하는 국가형벌권 행사로서의 '처벌'에 해당한다고는 할 수 없으므로, 공정거래법에서 형사처벌과 아울러 과징금의 병과를 예

2. 본래적 의미의 과징금이란 법령위반행위에 따른 부당이득을 환수하거나 또는 부당이득 환수 및 행정제재로서의 성격을 동시에 갖는 과징금을 말한다(독점규제및공정거래에관한법률 제6조 제1항, 제17조 등). 변형된 과징금이란 영업정지처분이나 영업취소처분에 갈음하여 과징금을 부과하거나 이와 선택적으로 과징금을 부과하도록 규정하는 경우 이처럼 영업정지 등에 갈음하여 부과되는 과징금을 말한다(여객자동차운수사업법 제79조, 도시가스사업법 제10조 등).

3. 오늘날에는 대다수의 국민들이 이용하는 사업이나 공공성이 큰 중대한 사업이 많은데 그러한 사업자가 행정상 의무를 위반한 경우 이에 대해 영업정지를 하거나 영업취소를 하면 그로 인해 초래되는 일반국민의 큰 불편 등 공익상의 이유로 영업정지 등을 하지 않고 대신 그로 인해 사업을 계속함으로써 얻는 이익을 박탈하는 행정제재금을 부과할 수 있도록 한 것이다. 이처럼 변형된 과징금은 공익을 위해서 정당화될 수 있는 것임에도 불구하고 실정법상 공공성과 관련 없는 영업(식품위생법 제65조 등)에까지 변형된 과징금을 확대하는 것은 그 정당성을 인정할 수 없다는 점에서 문제가 있고 이는 위헌이라고 보는 견해가 있다.

4. 과징금의 부과처분은 당연히 행정쟁송법상의 처분개념에 해당하여 그에 대한 하자가 있으면 당사자는 항고쟁송을 통해 다툴 수 있으며[35]

정하고 있더라도 이중처벌금지원칙에 위반된다고 볼 수 없으며, 이 과징금 부과처분에 대하여 공정력과 집행력을 인정한다고 하여 이를 확정판결 전의 형벌집행과 같은 것으로 보아 무죄추정의 원칙에 위반된다고도 할 수 없다."

35) 헌법재판소 2003. 7. 24. 2001헌가25 "법관에게 과징금에 관한 결정권한을 부여한다든지, 과징금 부과절차에 있어 사법적 요소들을 강화한다든지 하면 법치주의적 자유보장이라는 점에서 장점이 있겠으나, 공정거래법에서 행정기관인 공정거래위원회로 하여금 과징금을 부과하여 제재할 수 있도록 한 것은 부당내부거래를 비롯한 다양한 불공정 경제행위가 시장에 미치는 부정적 효과 등에 관한 사실수집과 평가는 이에 대한 전문적 지식과 경험을 갖춘 기관이 담당하는 것이 보다 바람직하다는 정책적 결단에 입각한 것이라 할 것이고, 과징금의 부과 여부 및 그 액수의 결정권자인 위원회는 합의제 행정기관으로서 그 구성에 있어 일정한 정도의 독립성이 보장되어 있고, 과징금 부과절차에서는 통지, 의견진술의 기회 부여 등을 통하여 당사자의 절차적 참여권을 인정하고 있으

또한 위법한 과징금부과처분으로 인해 손해를 입게 되면 그에 대해 국가배상청구도 가능하다 할 것이다.

Ⅱ. 공급거부

1. 공급거부라 함은 행정법상의 의무를 위반하거나 불이행한 자에 대해 행정상 일정한 재화나 서비스의 공급을 거부하는 행정작용을 말한다. 예컨대, 건축법 위반 건축물에 대해 전기 공급을 하지 않도록 하는 것 등이 대표적인 예이다.

2. 공급거부에 대한 일반법은 없고, 대표적인 개별규정으로는 구 건축법 제69조 2항에서 공급거부에 대하여 규정하고 있었으나 부당결부금지의 원칙 위반이라는 비판으로 인하여 삭제되었다. 그 밖에 구 공업배치 및 공장설립에 관한 법률 제27조, 구 대기환결보전법 제21조, 구 수질환경보전법 제21조 등에 규정된 공급거부관련 규정도 삭제되었다.

3. 구 건축법상 공급거부와 관련해 행정청의 타 행정청 또는 민간사업자에 대한 재화의 공급거부요청에 대하여 대법원 1996. 3. 22. 96누433 판결은 "구 건축법 제69조 제2항, 제3항의 규정에 비추어 보면, 행정청이 위법 건축물에 대한 시정명령을 하고 나서 위반자가 이를 이행하지 아니하여 전기·전화의 공급자에게 그 위법 건축물에 대한 전기·전화 공급을 하지 말아 줄 것을 요청한 행위는 권고적 성격의 행위에 불과한 것으로서 전기·전화공급자나 특정인의 법률상 지위에 직접적인 변동을 가져오는 것은 아니므로 이를 항고소송의 대상이 되는 행정처분이라고 볼 수 없다"고 판시한 바 있다.

며, 행정소송을 통한 사법적 사후심사가 보장되어 있으므로, 이러한 점들을 종합적으로 고려할 때 과징금 부과 절차에 있어 적법절차원칙에 위반되거나 사법권을 법원에 둔 권력분립의 원칙에 위반된다고 볼 수 없다."

Ⅲ. 관허사업의 제한

1. 관허사업의 제한이란 행정상의 의무를 위반하거나 불이행한 경우 사인에게 발령된 각종 행정 인·허가 등을 제한하거나 취소함으로써 행정의 실효성을 간접적으로 확보하는 것을 말한다. 예컨대, 국세 등을 체납했을 경우 사업자의 사업허가를 취소 또는 제한하는 조치를 말한다. 관허사업의 제한에는 제한되는 사업이 의무위반행위와 직접 관련 있는 경우인 '관련사업의 제한'과 제한되는 사업이 의무위반행위와 직접적 관련이 없는 '무관련사업의 제한'으로 구분될 수 있다.

2. 관허사업의 제한에 대한 일반법규정은 없고, 건축법 제79조 위반건축물을 사업장으로 하는 관허사업의 제한과 국세징수법 제7조의 국세체납자에 대한 관허사업의 제한 규정[36]이 있다. 지방세법 제40조는 국세징수법 제7조와 비슷한 내용을 규정하고 있다.

Ⅳ. 위반사실의 공표

1. 위반사실의 공표란 행정법상의 의무위반 또는 불이행이 있는 경우에 그 의무위반자의 명단과 위반사실 등을 불특정 다수인이 알 수 있도록 이를 공표하여 간접적으로 행정의 실효성을 확보하고자 하는 것을 말한다. 예컨대, 고액조세체납자·불공정거래를 한 사업자·환경오염배출업소의 명단공개 등이 대표적이다.

---

36) 국세징수법 제7조의 경우 부당결부금지원칙에 반하는 위법한 규정인지에 대하여 부당결부금지 원칙은 헌법상 효력을 가진 원칙임을 전제로, 동규정은 세금의 체납과 관허사업의 제한 사이에 세금의 체납이 인가·허가의 거부 등과 필연적 원인이 된다고 볼 수도 없고, 세금 납부의 목적과 인가·허가의 목적이 연관성이 있다고도 보기 어려워 부당결부금지 원칙에 반한다고 보는 견해가 주장된다. 그러나 인·허가는 세금이 체납된 사업을 용인하는 것이 되어 부당하고, 행정기관은 행정목적의 달성을 위해 상호협력해야 하는 점에 근거하여 실체적 관련성을 긍정하여 부당결부금지원칙에 반하지 않는다는 견해나 부당결부금지원칙은 법률상 효력을 가진 원칙이므로 이와 동위의 형식적 법률로 부당결부금지 원칙에 반하는 규정을 하더라도 법률로 규정된 이상 적법하다고 보는 견해가 타당하다 할 것이다.

2. 오늘날 우리 한국 사회는 인터넷으로 간단하게 개인과 기업의 정보에 접근할 수 있고, 또한 타인의 명의를 도용하여 사업이나 범죄행위를 지속하기 어려운 신용사회화 하고 있다. 따라서 위반사실의 공표를 통해 간접적으로 행정상의 의무 이행을 확보하는 것이 용이해 졌다할 수 있다.

3. 위반사실의 공표에 관하여 대표적으로 국세기본법 제85조의 5가 있지만, 이외에도 독점규제 및 공정거래에 관한 법률 제5조・제24조, 공직자윤리법 제8조의 2, 소비자기본법 제28조, 식품위생법 제15조의2, 하도급거래공정화에 관한 법률 제25조 등이 있다.

4. 공표의 법적 성질에 관하여 권력적 사실행위로서 행정소송법상 처분개념에 포섭된다는 것이 견해(김동희), 공표 그 자체는 수인의무를 수반하지 않고 어떠한 법적 효과를 의욕하는 것도 아니기 때문에 비권력적 사실행위에 불과하므로 항고소송을 제기하더라도 소의 이익없어 각하될 것이라는 견해(정하중), 행정청의 별도의 공표결정 통보가 없는 위반건축물 표지 설치 등의 경우와 별도의 공표결정 통보가 있는 고액체납자 명단 공표 등의 경우로 구분하여 전자의 경우 공표행위는 행정청의 일방적 의사표시로서 당사자는 이를 수인할 수밖에 없어 권력적 사실행위이고, 후자의 경우는 명단공표결정통보가 행정행위에 해당하고, 공표행위는 단순한 집행행위로서의 사실행위에 불과하다고 보는 견해(박균성) 등이 주장된다.

5. 명단공표에 대한 가장 실효성 있는 구제수단은 명단이 공표되기 전 그러한 명단공표를 사전에 차단하는 예방적 부작위소송 및 그러한 명단공표를 금지하는 가처분제도를 도입하는 것이다.[37] 현행 법제도상으로는 아직 예방적 부작위소송이 규정되어 있지 않고 민사집행법상의 가처분도 항고소송에 적용할 수 있을지에 대해서 논란이 있나 행정소송

37) 정하중, 「행정법개론」, 법문사(2015), 493면.

법 개정안에서는 양자를 모두 도입하고 있다.

6. 위법한 공표행위로 인해 손해가 발생한 경우에는 국가 등을 상대로 국가배상청구소송을 제기할 수 있다. 특히 잘못된 사실의 공표행위의 위법성 조각사유와 관련하여 대법원은 일반적인 명예훼손의 위법성조각사유인 상당성의 판단기준을 좀 더 엄격하게 판단하고 있다.[38]

38) 대법원 1993. 11. 26. 93다18389 "상당한 이유의 존부의 판단에 있어서는, 실명공표 자체가 매우 신중하게 이루어져야 한다는 요청에서 비롯되는 무거운 주의의무와 공권력의 광범한 사실조사능력, 공표된 사실이 진실하리라는 점에 대한 국민의 강한 기대와 신뢰, 공무원의 비밀엄수의무와 법령준수의무 등에 비추어, 사인의 행위에 의한 경우보다는 훨씬 더 엄격한 기준이 요구된다 할 것이므로, 그 사실이 의심의 여지없이 확실히 진실이라고 믿을 만한 객관적이고도 타당한 확증과 근거가 있는 경우가 아니라면 그러한 상당한 이유가 있다고 할 수 없다."

제6편

행정절차, 정보공개청구권, 행정조사, 개인정보보호

제1장 행정절차

Ⅰ. 처리기간의 설정 · 공표

행정청이 신청인의 편의를 위하여 처분의 처리기간을 종류별로 미리 정하여 공표하는 것을 처리기간의 설정 · 공표라고 한다(행정절차법 19조). 행정청은 부득이한 사유로 공표한 처리기간 내에 처리하기 곤란한 경우에는 당해 처분의 처리기간의 범위 내에서 1회에 한하여 그 기간을 연장할 수 있다. 행정청은 처리기간을 연장하는 때에는 처리기간의 연장사유와 처리예정기한을 지체 없이 신청인에게 통지하여야 한다. 행정청이 정당한 처리기간 내에 처리하지 아니한 때에는 신청인은 당해 행정청 또는 그 감독행정청에 대하여 신속한 처리를 요청할 수 있다.

Ⅱ. 처분기준의 설정 · 공표

1. 행정청은 필요한 처분 기준을 당해 처분의 성질에 비추어 될 수 있는 한 자세히 규정하여 공표하여야 한다(행정절차법 제20조).

2. 처분기준의 설정·공표의 취지는 행정청의 자의 및 독단을 방지하고, 당사자에게는 행정의 예측가능성을 부여하며, 행정의 투명성을 높여 행정절차의 합리성을 보장하기 위함이다.

3. 행정청은 처분의 기준에 대해 가능한 구체적으로 정하여 이를 공표하여야 한다. 처분기준은 공정성 및 합리성을 기하고 당사자에게 예측가능성을 부여할 정도로 구체적임을 요한다. 이는 기속행위 영역이든 재량행위 영역이든 모두 해당한다.

4. 당사자 등은 공표한 처분기준이 불명확한 경우 당해 행정청에 대하여 그 해석 또는 설명을 요청할 수 있다. 이 경우 당해 행정청은 특별한 사정이 없는 한 이에 응하여야 한다.

Ⅲ. 처분의 사전통지절차

1. 행정청은 당사자에게 의무를 과하거나 권익을 제한하는 처분을 하는 경우에는 미리 처분의 제목, 당사자의 성명 또는 명칭과 주소, 처분하고자 하는 원인이 되는 사실과 처분의 내용 및 법적 근거, 의견을 제출할 수 있다는 뜻과 의견을 제출하지 아니하는 경우의 처리방법, 의견제출기관의 명칭과 주소, 의견제출기한, 기타 필요한 사항 사항을 당사자 등에게 통지하여야 한다(행정절차법 제21조).

2. 거부처분의 경우에도 사전통지제도가 적용되는지가 문제된다. 거부처분도 결과적으로는 거부로 인해 당사자의 영업의 자유 등 권익을 제한하는 것이고, 행정절차법은 간접적 침익처분에 해당하는 거부처분과 직접적 침익처분을 서로 구분하지 않으므로 이 역시 사전통지제도의 적용대상이 된다는 견해도 있으나, 판례는 부정하고 있다.[1]

1) 대법원 2003. 11. 28. 2003두674 "행정절차법 제21조 제1항은…등을 당사자에게 통지하도록 하고 있는바, 신청에 따른 처분이 이루어지지 아니한 경우에는 아직 당사자에게 권익이 부과되지 아니하였으므로 특별한 사정이 없는 한 신청에 대한 거부처분이라고 하더

3. 사전통지의무 규정을 준수하지 않아 사전통지를 하지 않은 경우에는 당사자의 절차적 권리를 침해한 것으로서 그 자체로 독립된 위법사유가 되어 항고소송을 제기할 수 있다.[2)]

Ⅳ. 의견제출제도

1. 의견제출이라 함은 행정청이 어떠한 행정작용을 하기에 앞서 당사자등이 의견을 제시하는 절차로서 청문이나 공청회에 해당하지 아니하는 절차를 말한다(행정절차법 제2조 7호).

2. 의견제출제도 및 청문, 공청회를 합쳐서 의견청취절차라고 한다. 행정절차법은 의견청취제도에 대한 통칙적 규정으로 제22조를 규정하고 있고, 의견제출제도 및 청문은 제27조 이하[3)], 공청회는 제38조 이하에서 상세히 규정하고 있다.

라도 직접 당사자의 권익을 제한하는 것은 아니어서 신청에 대한 거부처분을 여기에서 말하는 '당사자의 권익을 제한하는 처분'에 해당한다고 할 수 없는 것이어서 처분의 사전통지대상이 된다고 할 수 없다."

2) 대법원 2004. 5. 28. 2004두1254 "행정절차법 제21조 제1항, 제4항, 제22조 제1항 내지 제4항에 의하면, 행정청이 당사자에게 의무를 과하거나 권익을 제한하는 처분을 하는 경우에는 미리 처분하고자 하는 원인이 되는 사실과 처분의 내용 및 법적 근거, 이에 대하여 의견을 제출할 수 있다는 뜻과 의견을 제출하지 아니하는 경우의 처리방법 등의 사항을 당사자 등에게 통지하여야 하고, 다른 법령 등에서 필요적으로 청문을 실시하거나 공청회를 개최하도록 규정하고 있지 아니한 경우에도 당사자 등에게 의견제출의 기회를 주어야 하되, "당해 처분의 성질상 의견청취가 현저히 곤란하거나 명백히 불필요하다고 인정될 만한 상당한 이유가 있는 경우" 등에는 처분의 사전통지나 의견청취를 하지 아니할 수 있도록 규정하고 있으므로, 행정청이 침해적 행정처분을 함에 있어서 당사자에게 위와 같은 사전통지를 하거나 의견제출의 기회를 주지 아니하였다면 사전통지를 하지 않거나 의견제출의 기회를 주지 아니하여도 되는 예외적인 경우에 해당하지 아니하는 한 그 처분은 위법하여 취소를 면할 수 없다."

3) 행정절차법 제27조 ①당사자 등은 처분 전에 그 처분의 관할행정청에 서면·구술로 또는 정보통신망을 이용하여 의견제출을 할 수 있다. ②당사자 등은 제1항에 의하여 의견제출을 하는 경우 그 주장을 입증하기 위한 증거자료 등을 첨부할 수 있다. ③행정청은 당사자등이 구술로 의견제출을 한 때에는 서면으로 그 진술의 요지와 진술자를 기록하여야 한다. ④당사자 등이 정당한 이유 없이 의견제출기한 내에 의견제출을 하지 아니한 경우에는 의견이 없는 것으로 본다. 행정절차법 제27조의2 행정청은 처분을 함에 있어서 당사자 등이 제출한 의견이 상당한 이유가 있다고 인정하는 경우에는 이를 반영하여야 한다.

3. 의견제출제도는 청문제도에 비해 약식절차에 해당하기 때문에 약식청문이라고도 불린다. 의견제출제도는 당사자에게 의무를 과하거나 권익을 제한하는 처분을 하는 경우에 주어져야 한다(행정절차법 제22조 3항). 법령상 확정된 의무의 부과의 경우에는 의견제출제도의 적용이 없다.[4]

4. 의견청취제도는 공공의 안전 또는 복리를 위하여 긴급히 처분을 할 필요가 있는 경우, 법령 등에서 요구된 자격이 없거나 없어지게 되면 반드시 일정한 처분을 하여야 하는 경우에 그 자격이 없거나 없어지게 된 사실이 법원의 재판 등에 의하여 객관적으로 증명된 때, 당해 처분의 성질상 의견청취가 현저히 곤란하거나 명백히 불필요하다고 인정될 만한 상당한 이유가 있는 경우[5], 당사자가 의견진술의 기회를 포기한다는 뜻을 명백히 표시한 경우에 해당하는 경우에는 생략될 수 있다(행정절차법 제22조 4항, 제21조 4항).

5. 의견제출의무를 위반한 경우 당사자의 절차적 권리를 침해한 것으로서 그 자체로 독립된 위법사유가 되어 항고소송을 제기할 수 있다.[6]

---

4) 대법원 2000. 11. 28. 99두5443 "(공무원연금관리공단의) 퇴직연금의 환수결정은 당사자에게 의무를 과하는 처분이기는 하나, 관련 법령에 따라 당연히 환수금액이 정하여지는 것이므로, 퇴직연금의 환수결정에 앞서 당사자에게 의견진술의 기회를 주지 아니하여도 행정절차법 제22조 제3항이나 신의칙에 어긋나지 아니한다."

5) 대법원 2001. 4. 13. 2000두3337 "행정절차법 제21조 제4항 제3호는 침해적 행정처분을 할 경우 청문을 실시하지 않을 수 있는 사유로서 "당해 처분의 성질상 의견청취가 현저히 곤란하거나 명백히 불필요하다고 인정될 만한 상당한 이유가 있는 경우"를 규정하고 있으나, 여기에서 말하는 '의견청취가 현저히 곤란하거나 명백히 불필요하다고 인정될 만한 상당한 이유가 있는지 여부'는 당해 행정처분의 성질에 비추어 판단하여야 하는 것이지, 청문통지서의 반송 여부, 청문통지의 방법 등에 의하여 판단할 것은 아니며, 또한 행정처분의 상대방이 통지된 청문일시에 불출석하였다는 이유만으로 행정청이 관계 법령상 그 실시가 요구되는 청문을 실시하지 아니한 채 침해적 행정처분을 할 수는 없을 것이므로, 행정처분의 상대방에 대한 청문통지서가 반송되었다거나, 행정처분의 상대방이 청문일시에 불출석하였다는 이유로 청문을 실시하지 아니하고 한 침해적 행정처분은 위법하다."

6) 대법원 2004. 5. 28. 2004두1254

V. 처분의 이유제시(이유부기)

1. 행정청은 처분을 하는 때에는 그 근거와 이유를 제시하여야 하는바 이를 처분의 이유 제시라고 한다(행정절차법 제23조 1항). 여기서의 근거와 이유는 동의어로서 사실상의 근거와 법상의 근거 모두를 포함한다. 이는 행정절차법 이외에도 민원사무처리에관한법률 제15조 2항에서 이를 규정하고 있다. 이유제시의 방식은 당해 행정처분의 형식에 따라 원칙적으로 문서에 의해서 행해질 것이다(행정절차법 제24조 1항).

2. 처분의 이유 제시는, 행정청 스스로 보다 신중하고 공정한 행정을 하도록 유도하고, 상대방이 처분에 대해 쟁송 제기 여부를 결정 하고 쟁송의 공격방어방법의 준비에 편의를 제공하며, 한편으로 사인에게 처분을 적극적으로 수용할 수 있도록 한다는 점에서 그 정당성이 인정된다. 이유제시의 정도는 상대방이 처분사유를 충분히 이해할 수 있도록 구체적인 설시를 요한다. 그러나 당사자가 당해 처분의 근거를 알 수 있을 정도로 상당한 이유를 신청 사유로 제시한 경우에는 구체적 근거규정이 제시되지 않더라도 위법하지 않다고 판례는 보고 있다.[7)]

---

7) 대법원 1990. 9. 11. 90누1786 "면허의 취소처분에는 그 근거가 되는 법령이나 취소권 유보의 부관 등을 명시하여야 함은 물론 처분을 받은 자가 어떠한 위반사실에 대하여 당해 처분이 있었는지를 알 수 있을 정도로 사실을 적시할 것을 요하며, 이와 같은 취소처분의 근거와 위반사실의 적시를 빠뜨린 하자는 피처분자가 처분 당시 그 취지를 알고 있었다거나 그후 알게 되었다 하여도 치유될 수 없다고 할 것인바, 세무서장인 피고가 주류도매업자인 원고에 대하여 한 이 사건 일반주류도매업면허취소통지에 "상기 주류도매장은 무면허 주류판매업자에게 주류를 판매하여 주세법 제11조 및 국세법사무처리규정 제26조에 의거 지정조건위반으로 주류판매면허를 취소합니다"라고만 되어 있어서 원고의 영업기간과 거래상대방 등에 비추어 원고가 어떠한 거래행위로 인하여 이 사건 처분을 받았는지 알 수 없게 되어 있다면 이 사건 면허취소처분은 위법하다."; 대법원 2002. 5. 17. 2000두8912 "행정절차법 제23조 제1항은 행정청은 처분을 하는 때에는 당사자에게 그 근거와 이유를 제시하여야 한다고 규정하고 있는바, 일반적으로 당사자가 근거규정 등을 명시하여 신청하는 인·허가 등을 거부하는 처분을 함에 있어 당사자가 그 근거를 알 수 있을 정도로 상당한 이유를 제시한 경우에는 당해 처분의 근거 및 이유를 구체적 조항 및 내용까지 명시하지 않았더라도 그로 말미암아 그 처분이 위법한 것이 된다고 할 수 없다."

3. 이유 제시 의무를 위반했을 경우 이를 독자적 위법 사유에 해당하며, 판례는 일관하여 취소사에 해당한다고 보고 있다.[8]

VI. 불복 고지

행정청이 처분을 함에 있어 그 처분에 대해 이의를 제기하기 위해 어떠한 방식으로 권리구제를 받을 수 있을지를 고지해야 하는바, 이를 고지제도라고 한다. 고지제도는 행정절차법 제26조와 행정심판법 제42조[9]에 규정되어 있는데 행정심판법에 보다 자세한 규정이 되어 있다. 고지를 하지 않은 것이 처분의 독자적인 절차적 위법사유가 되는지가 문제된다. 이에 대해 학설은 대체로 이 경우는 단지 불고지・오고지의 효과 정도에 그치고 독자적 위법사유까지 되지는 않는다고 보고 있고, 대법원도 마찬가지이다.[10]

---

8) 대법원 1985. 5. 28. 84누289 "과세표준과 세율, 세액, 세액산출근거 등의 필요한 사항을 납세자에게 서면으로 통지하도록 한 세법상의 제규정들은 단순히 세무행정의 편의를 위한 훈시규정이 아니라 조세행정에 있어 자의를 배제하고 신중하고 합리적인 처분을 행하게 함으로써 공정을 기함과 동시에 납세의무자에게 부과처분의 내용을 상세히 알려서 불복여부의 결정과 불복신청에 편의를 제공하려는데서 나온 강행규정으로서 납세고지서에 그와 같은 기재가 누락되면 그 과세처분 자체가 위법한 처분이 되어 취소의 대상이 된다."

9) 행정심판법 제42조 1항 "행정청은 처분을 서면으로 하는 경우에는 그 상대방에게 처분에 관하여 행정심판을 제기할 수 있는지 여부, 제기하는 경우의 심판청구절차 및 청구기간을 알려야 한다." 이를 직권고지라 한다. 이는 처분의 상대방의 신청 여부와 상관없이 처분의 상대방에게 행정청이 처음부터 의무적으로 고지해야 하는 경우를 말한다. 이 경우 고지의 대상이 되는 처분은 서면에 의한 처분이다. 행정심판법 제42조 2항 "행정청은 이해관계인으로부터 당해 처분이 행정심판의 대상이 되는 처분인지의 여부와 행정심판의 대상이 되는 경우에 재결청 및 청구기간에 관하여 알려줄 것을 요구받을 때에는 지체 없이 이를 알려야 한다. 이 경우 서면으로 알려줄 것을 요구받은 때에는 서면으로 알려주어야 한다." 이를 신청고지라 한다. 이는 행정청이 처음부터 의무적으로 해야 하는 고지가 아니고 이해관계인으로부터 신청이 있어야 비로소 고지할 의무가 생기는 경우이다. 이해관계인이라 함은 '서면으로 처분을 받지 않은 경우의 처분의 상대방', '제3자효 있는 행정행위에서의 제3자' 등이 포함된다.

10) 대법원 1987. 11. 24. 87누529 "자동차운수사업법 제31조 등의 규정에 의한 사업면허의 취소 등의 처분에 관한 규칙(교통부령) 제7조 제3항의 고지절차에 관한 규정은 행정처분의 상대방이 그 처분에 대한 행정심판의 절차를 밟는데 있어 편의를 제공하려는데 있으며 처분청이 위 규정에 따른 고지의무를 이행하지 아니하였다고 하더라도 경우에 따라서는 행정심판의 제기기간이 연장될 수 있는 것에 그치고 이로 인하여 심판의 대상이 되는 행정처분에 어떤 하자가 수반된다고 할 수 없다."

제2장 정보공개청구권

Ⅰ. 정보공개청구권이란 사인이 공공기관에 대해 공공기관이 소지하고 있는 행정정보를 공개해 줄 것을 요구하는 권리이다. 이러한 정보공개청구권은 사인이 직접 자신의 이해관계에 관련된 정보를 요구하는 개별적 정보공개청구권과 자신과는 이해관계 없는 정보를 요구하는 일반적 정보공개청구권으로 분류된다. 정보공개제도는 국민의 알권리를 충족시키고, 국민이 국정에 대한 광범위한 정보를 가짐으로 인해 올바른 정치적 의사를 형성하도록 기여하여 국민의 국정참여의 전제조건이 되며, 정치·행정의 투명성을 확보케 하고, 민주적 시민의식을 고취시키며, 국민간의 정보격차를 줄일 수 있게 한다.

Ⅱ. 공공기관의 정보공개에 관한 법률

1. 정보공개청구권에 대하여 '공공기관의정보공개에관한법률'이 1996. 12. 31. 제정되어 1998. 1. 1.부터 시행되어 오고 있다. 개별법령에 정보공개에 관한 절차가 없을 경우 이 법이 정하는 바에 의하도록 함으로써 정보공개에 관한 일반법으로서의 성질을 갖는다(제4조 1항). 한편, 동법 제4조 2항은 '지방자치단체는 그 소관사무에 관하여 법령의 범위 안에서 정보공개에 관한 조례를 정할 수 있다.'고 하여 조례에 의해서도 정보공개사항을 정할 수 있음을 확인하고 있다.

2. 모든 국민은 정보의 공개를 청구할 권리를 가진다(제5조 1항). 학설과 판례에 따르면 모든 국민에는 자연인은 물론 법인, 권리능력 없는 사단·재단도 포함되고, 법인, 권리능력 없는 사단·재단 등의 경우에는 설립목적을 불문한다.[11)]

---

11) 대법원 2003. 12. 12. 2003두8050 "공공기관의정보공개에관한법률 제6조 제1항은 '모든 국민은 정보의 공개를 청구할 권리를 가진다.'고 규정하고 있는데, 여기에서 말하는 국민에는 자연인은 물론 법인, 권리능력 없는 사단·재단도 포함되고, 법인, 권리능력 없는 사단·재단 등의 경우에는 설립목적을 불문하며, 한편 정보공개청구권은 법률상 보호되는 구체적인 권리이므로 청구인이 공공기관에 대하여 정보공개를 청구하였다가 거

3. 정보공개의 대상이 되는 정보는 '공공기관이 보유·관리하는 정보'이다. 공공기관이라 함은 국가기관, 지방자치단체, 정부투자기관관리기본법 제2조의 규정에 의한 정부투자기관 그 밖에 대통령령이 정하는 기관을 말한다. 보유하고 있는 정보일 것을 요하므로 공공기관이 과거에 보존하였으나 대상 정보의 폐기 또는 타기관에의 이첩 등으로 현재 보유·관리하고 있지 않은 경우에는 공개대상이 아니다. 따라서 소를 제기하여도 소의 이익이 없어 각하판결을 받을 것이다. 그러나 판례에 따르면 이처럼 공공기관이 더 이상 정보를 보유·관리하고 있지 않다는 점에 대한 입증책임은 공공기관에게 있다고 판시하였다..[12] 정보라 함은, 공공기관이 직무상 작성 또는 취득하여 관리하고 있는 문서(전자문서를 포함)·도면·사진·필름·테이프·슬라이드 및 그 밖에 이에 준하는 매체 등에 기록된 사항을 말한다. 판례에 따르면 정보공개의 대상이 되는 문서가 반드시 원본일 필요도 없다.[13]

4. 비공개대상인 정보는 ① 다른 법률 또는 법률이 위임한 명령(국회규칙·대법원규칙·헌법재판소규칙·중앙선거관리위원회규칙·대통령령 및 조례에 한한다)에 의하여 비밀 또는 비공개 사항으로 규정된 정보, ② 국가안전보장·국방·통일·외교관계 등에 관한 사항으로서 공개될 경우 국가의 중대한 이익을 현저히 해할 우려가 있다고 인정되는 정보, ③ 공개될 경우 국민의 생명·신체 및 재산의 보호에 현저한 지장을 초래할 우려가 있다고 인정되는 정보, ④ 진행 중인 재판에 관련된 정보와 범죄의 예방, 수사, 공소의 제기 및 유지, 형의 집행, 교정, 보안처분에 관한 사항으로서 공개될 경우 그 직무수행을

부처분을 받은 것 자체가 법률상 이익의 침해에 해당한다."

12) 대법원 2004. 12. 9. 2003두12707 "정보공개제도는 공공기관이 보유·관리하는 정보를 그 상태대로 공개하는 제도로서 공개를 구하는 정보를 공공기관이 보유·관리하고 있을 상당한 개연성이 있다는 점에 대하여 원칙적으로 공개청구자에게 증명책임이 있다고 할 것이지만, 공개를 구하는 정보를 공공기관이 한 때 보유·관리하였으나 후에 그 정보가 담긴 문서등이 폐기되어 존재하지 않게 된 것이라면 그 정보를 더 이상 보유·관리하고 있지 아니하다는 점에 대한 증명책임은 공공기관에게 있다."

13) 대법원 2006. 5. 25. 2006두3049

현저히 곤란하게 하거나 형사피고인의 공정한 재판을 받을 권리를 침해한다고 인정할 만한 상당한 이유가 있는 정보, ⑤ 감사·감독·검사·시험·규제·입찰계약·기술개발·인사관리·의사결정과정 또는 내부검토과정에 있는 사항 등으로서 공개될 경우 업무의 공정한 수행이나 연구·개발에 현저한 지장을 초래한다고 인정할 만한 상당한 이유가 있는 정보, ⑥ 당해 정보에 포함되어 있는 이름·주민등록번호 등 개인에 관한 사항으로서 공개될 경우 개인의 사생활의 비밀 또는 자유를 침해할 우려가 있다고 인정되는 정보. (다만, 다음에 열거한 개인에 관한 정보는 제외한다. 가. 법령이 정하는 바에 따라 열람할 수 있는 정보, 나. 공공기관이 공표를 목적으로 작성하거나 취득한 정보로서 개인의 사생활의 비밀과 자유를 부당하게 침해하지 않는 정보, 다. 공공기관이 작성하거나 취득한 정보로서 공개하는 것이 공익 또는 개인의 권리구제를 위하여 필요하다고 인정되는 정보, 라. 직무를 수행한 공무원의 성명·직위, 마. 공개하는 것이 공익을 위하여 필요한 경우로써 법령에 의하여 국가 또는 지방자치단체가 업무의 일부를 위탁 또는 위촉한 개인의 성명·직업), ⑦ 법인·단체 또는 개인의 경영·영업상 비밀에 관한 사항으로서 공개될 경우 법인등의 정당한 이익을 현저히 해할 우려가 있다고 인정되는 정보. (다만, 다음에 열거한 정보를 제외한다. 가. 사업활동에 의하여 발생하는 위해로부터 사람의 생명·신체 또는 건강을 보호하기 위하여 공개할 필요가 있는 정보, 나. 위법·부당한 사업활동으로부터 국민의 재산 또는 생활을 보호하기 위하여 공개할 필요가 있는 정보), ⑧ 공개될 경우 부동산 투기·매점매석 등으로 특정인에게 이익 또는 불이익을 줄 우려가 있다고 인정되는 정보(제9조 제1항 1호 내지 8호)이다.[14)]

---

14) 대법원 2003. 8. 22. 2002두12946 "공공기관의정보공개에관한법률 제7조 제1항 제5호에서 규정하고 있는 '공개될 경우 업무의 공정한 수행에 현저한 지장을 초래한다고 인정할 만한 상당한 이유가 있는 경우'라 함은 같은 법 제1조의 정보공개제도의 목적 및 같은 법 제7조 제1항 제5호의 규정에 의한 비공개대상정보의 입법 취지에 비추어 볼 때 공개될 경우 업무의 공정한 수행이 객관적으로 현저하게 지장을 받을 것이라는 고도의 개연성이 존재하는 경우를 의미한다고 할 것이고, 여기에 해당하는지 여부는 비공개에

4. 공개청구한 정보가 비공개할 부분과 공개 가능한 부분이 혼합되어 있는 경우로서 공개청구의 취지에 어긋나지 아니하는 범위 안에서 두 부분을 분리할 수 있는 때에는 비공개할 부분을 제외하고 공개하여야 한다(제14조). 판례도 정보공개거부처분취소소송에서 청구취지의 변경이 없어도 분리 가능한 경우에는 공개가능정보만의 일부취소를 명할 수 있다고 한다.[15)]

5. 정보공개청구인이 정보공개와 관련한 공공기관의 결정에 대하여 불복이 있는 때에는 행정소송법이 정하는 바에 따라 행정소송을 제기할 수 있다(제20조). 이 경우 행정소송은 항고소송 중 거부처분취소소송 또는 부작위위법확인소송이다. 한편, 원고적격과 관련해서는 동법 제5조 1항에서 모든 국민이 정보공개청구권을 가진다고 하여 이는 법률

의하여 보호되는 업무수행의 공정성 등의 이익과 공개에 의하여 보호되는 국민의 알권리의 보장과 국정에 대한 국민의 참여 및 국정운영의 투명성 확보 등의 이익을 비교·교량하여 구체적인 사안에 따라 신중하게 판단되어야 한다.[학교환경위생구역 내 금지행위(숙박시설) 해제결정에 관한 피고 산하 학교환경위생정화위원회의 회의록은 이미 종료된 위 정화위원회의 심의회의절차를 사후적으로 기록한 것으로서 비록 법 제7조 제1항 제5호에서 규정하고 있는 '의사결정과정에 있는 사항' 그 자체는 아니지만 이에 준하는 사항에 해당한다고 보고 학교환경위생구역 내 금지행위(숙박시설) 해제결정에 관한 학교환경위생정화위원회의 회의록에 기재된 발언내용에 대한 해당 발언자의 인적사항 부분에 관한 정보는 공공기관의정보공개에관한법률 제7조 제1항 제5호 소정의 비공개대상에 해당한다고 한 사례]"; 대법원 2007. 6. 15. 2006두15936 "치과의사 국가시험에서 채택하고 있는 문제은행 출제방식이 출세의 시간·비용을 줄이면서도 양질의 문항을 확보할 수 있는 등 많은 장점을 가지고 있는 점, 그 시험문제를 공개할 경우 발생하게 될 결과와 시험업무에 초래될 부작용 등을 감안하면, 위 시험의 문제지와 그 정답지를 공개하는 것은 시험업무의 공정한 수행이나 연구·개발에 현저한 지장을 초래한다고 인정할 만한 상당한 이유가 있는 경우에 해당하므로, 공공기관의 정보공개에 관한 법률 제9조 제1항 제5호에 따라 이를 공개하지 않을 수 있다."

15) 대법원 2004. 12. 9. 2003두12707 "법원이 행정기관의 정보공개거부처분의 위법 여부를 심리한 결과 공개를 거부한 정보에 비공개대상 정보에 해당하는 부분과 공개가 가능한 부분이 혼합되어 있고 공개청구의 취지에 어긋나지 아니하는 범위 안에서 두 부분을 분리할 수 있음을 인정할 수 있을 때에는 청구취지의 변경이 없더라도 공개가 가능한 정보에 관한 부분만의 일부취소를 명할 수 있다 할 것이고, 공개청구의 취지에 어긋나지 아니하는 범위 안에서 비공개대상 정보에 해당하는 부분과 공개가 가능한 부분을 분리할 수 있다고 함은, 이 두 부분이 물리적으로 분리가능한 경우를 의미하는 것이 아니고 당해 정보의 공개방법 및 절차에 비추어 당해 정보에서 비공개대상 정보에 관련된 기술 등을 제외 내지 삭제하고 그 나머지 정보만을 공개하는 것이 가능하고 나머지 부분의 정보만으로도 공개의 가치가 있는 경우를 의미한다고 해석하여야 한다."

상 보호받는 이익이므로 원고적격은 문제되지 않는다.[16] 거부처분은 이른바 처분성이 인정되므로 헌법소원의 보충성의 요건과 관련해 이를 충족시키지 못해 헌법소원심판 청구는 불가능하다.[17]

6. 공공기관은 공개 청구된 공개대상정보의 전부 또는 일부가 제3자와 관련이 있다고 인정되는 때에는 그 사실을 제3자에게 지체 없이 통지하여야 하며, 필요한 경우에는 그의 의견을 청취할 수 있다(제11조 3항). 공개 청구된 사실을 통지받은 제3자는 통지받은 날부터 3일 이내에 당해 공공기관에 대하여 자신과 관련된 정보를 공개하지 아니할 것을 요청할 수 있다(제21조 1항). 제3자의 비공개요청에도 불구하고 공공기관이 공개결정을 하는 때에는 공개결정이유와 공개 실시일을 명시하여 지체 없이 문서로 통지하여야 하며, 제3자는 당해 공공기관에 문서로 이의신청을 하거나 행정심판 또는 행정소송을 제기할 수 있다. 이 경우 이의신청은 통지를 받은 날부터 7일 이내에 하여야 한다(제21조 2항).

제3장 행정조사

Ⅰ. 행정조사란 행정기관이 사인으로부터 행정상 필요한 자료나 정보를 수집하는 일체의 활동을 말한다. 예컨대, 국세기본법 제81조의 3의 국세청의 세무조사가 이에 해당한다. 행정조사기본법에 의하면 '행정조사'란 행정기관이 정책을 결정하거나 직무를 수행하는 데 필요한 정보나 자료를 수집하기 위하여 현장조사·문서열람·시료채취 등을

16) 대법원 2003. 12. 12. 2003두8050 "정보공개청구권은 법률상 보호되는 구체적인 권리이므로 청구인이 공공기관에 대하여 정보공개를 청구하였다가 거부처분을 받은 것 자체가 법률상 이익의 침해에 해당한다."

17) 헌법재판소 2001. 2. 22. 2000헌마620 "공공기관의정보공개에관한법률 제6조, 제9조, 제18조에 의하여 국민에게 불기소사건기록의 열람, 등사를 청구할 권리 내지 법에 정하여진 절차에 따라 그 허가여부의 처분을 행할 것을 요구할 수 있는 법규상의 지위가 부여되었으므로 경찰서장의 수사기록사본교부거부처분은 행정소송의 대상이 된다 할 것이므로 직접 헌법소원심판의 대상으로 삼을 수 없다."

하거나 조사대상자에게 보고요구·자료제출요구 및 출석·진술요구를 행하는 활동을 말한다(행정조사기본법 제2조 1호). 행정조사는 앞으로의 행정작용을 위해 필요한 정보를 수집하는 준비적·보조적 수단으로 행정의 실효성을 확보하기 위한 수단 중의 하나이다.

Ⅱ. 통설은 행정조사를 사실행위로 보고 있다. 따라서 그 자체로 어떠한 법적 효과를 의도하는 것은 아니다. 또한 행정조사는 권력적 조사와 비권력적 조사를 모두 포함한다 할 것이므로 권력적 사실행위의 경우에는 처분성이 인정되어 행정소송의 대상이 될 수 있다.

Ⅲ. 권력적 행정조사에 대한 일반법으로 행정조사기본법이 2007. 5. 17. 제정되어 2007. 8. 17.부터 적용되고 있다.[18] 개별법으로는 경찰관직무집행법

---

18) 행정조사기본법 제3조 ① 행정조사에 관하여 다른 법률에 특별한 규정이 있는 경우를 제외하고는 이 법으로 정하는 바에 따른다. 제4조 ① 행정조사는 조사목적을 달성하는데 필요한 최소한의 범위 안에서 실시하여야 하며, 다른 목적 등을 위하여 조사권을 남용하여서는 아니 된다. ② 행정기관은 조사목적에 적합하도록 조사대상자를 선정하여 행정조사를 실시하여야 한다. ③ 행정기관은 유사하거나 동일한 사안에 대하여는 공동조사 등을 실시함으로써 행정조사가 중복되지 아니하도록 하여야 한다. ④ 행정조사는 법령 등의 위반에 대한 처벌보다는 법령 등을 준수하도록 유도하는 데 중점을 두어야 한다. ⑤ 다른 법률에 따르지 아니하고는 행정조사의 대상자 또는 행정조사의 내용을 공표하거나 직무상 알게 된 비밀을 누설하여서는 아니된다. ⑥ 행정기관은 행정조사를 통하여 알게 된 정보를 다른 법률에 따라 내부에서 이용하거나 다른 기관에 제공하는 경우를 제외하고는 원래의 조사목적 이외의 용도로 이용하거나 타인에게 제공하여서는 아니 된다. 제5조 행정기관은 법령 등에서 행정조사를 규정하고 있는 경우에 한하여 행정조사를 실시할 수 있다. 다만, 조사대상자의 자발적인 협조를 얻어 실시하는 행정조사의 경우에는 그러하지 아니하다. 제17조 ① 행정조사를 실시하고자 하는 행정기관의 장은 제9조에 따른 출석요구서, 제10조에 따른 보고요구서·자료제출요구서 및 제11조에 따른 현장출입조사서를 조사개시 7일 전까지 조사대상자에게 서면으로 통지하여야 한다. ② 행정기관의 장이 출석요구서등을 조사대상자에게 발송하는 경우 출석요구서등의 내용이 외부에 공개되지 아니하도록 필요한 조치를 하여야 한다. 제19조 ① 행정기관의 장은 조사대상자에 대한 조사만으로는 당해 행정조사의 목적을 달성할 수 없거나 조사대상이 되는 행위에 대한 사실 여부 등을 입증하는 데 과도한 비용 등이 소요되는 경우로서 다음 각 호의 어느 하나에 해당하는 경우에는 제3자에 대하여 보충조사를 할 수 있다. 1) 다른 법률에서 제3자에 대한 조사를 허용하고 있는 경우, 2) 제3자의 동의가 있는 경우 ② 행정기관의 장은 제1항에 따라 제3자에 대한 보충조사를 실시하는 경우에는 조사개시 7일 전까지 보충조사의 일시·장소 및 보충조사의 취지 등을 제3자에게 서면으로 통지하여야 한다. ③ 행정기관의 장은 제3자에 대한 보충조사를 하기 전에 그 사실을 원래의 조사대상자에게 통지하여야 한다. 다만, 제3자에 대한 보충조사를 사전에

제3조 1항의 불심검문, 소방기본법 제30조상의 화재조사 등이 있다.

Ⅳ. 조세범처벌법 제3조에는 '세무공무원이 행정조사를 위하여 압수·수색이 필요한 경우에는 법원이 발부한 영장의 제시가 있어야 한다'라고 하여 영장주의를 규정하였다. 이와 같은 명문규정이 없는 경우 인신구속 또는 압수·수색 등이 수반되는 행정조사와 영장주의와의 관계가 문제된다. 판례는 원칙적으로 영장필요설에 입각하면서 예외적으로 긴급한 필요 등 행정목적 달성을 위해 불가피하다고 인정할만한 합리적인 사유가 있는 경우에는 사전영장주의의 적용을 받지 않는다고 보는 입장이다.[19]

제4장 개인정보보호

Ⅰ. 인류사회는 20세기 후반에 접어들면서 컴퓨터와 통신기술의 비약적인 발전에 힘입어 종전의 산업사회에서 정보사회로 진입하게 되었고, 이에 따른 정보환경의 급격한 변화로 인하여 개인정보의 수집·처리와 관련한 사생활보호라는 새로운 차원의 문제가 초미의 관심사로 제기되었다. 컴퓨터를 통한 개인정보의 데이터베이스화가 진행되면서 개인정보의 처리와 이용이 시공에 구애됨이 없이 간편하고 신속하게 이루어질 수 있게 되었고, 정보처리의 자동화와 정보파일의 결합을 통하여 여러 기관간의 정보교환이 쉬워짐에 따라 한 기관이 보유하고

통지하여서는 조사목적을 달성할 수 없거나 조사목적의 달성이 현저히 곤란한 경우에는 제3자에 대한 조사결과를 확정하기 전에 그 사실을 통지하여야 한다. ④ 원래의 조사대상자는 제3항에 따른 통지에 대하여 의견을 제출할 수 있다. 제24조 행정기관의 장은 법령 등에 특별한 규정이 있는 경우를 제외하고는 행정조사의 결과를 확정한 날부터 7일 이내에 그 결과를 조사대상자에게 통지하여야 한다.

19) 대법원 1976. 11. 9. 76도2703 "본건의 경우 세관공무원이 밀수품을 싣고 왔다는 정보에 의하여 정박 중인 선박에 대하여 수색을 하려면 선박의 소유자 또는 점유자의 승낙을 얻거나 법관의 압수 수색영장을 발부 받거나 또는 관세법 212조 1항 후단에 의하여 긴급을 요하는 경우에 한하여 수색압수를 하고 사후에 영장의 교부를 받아야 할터이다."

있는 개인정보를 모든 기관이 동시에 활용하는 것이 가능하게 되면서, 개인의 인적 사항이나 생활상의 각종 정보가 정보주체의 의사와는 전혀 무관하게 타인의 수중에서 무한대로 집적되고 이용 또는 공개될 수 있는 새로운 정보환경에 처하게 되었다. 이러한 현대의 정보통신기술의 발달에 내재된 위험성으로부터 개인정보를 보호함으로써 궁극적으로는 개인의 결정의 자유를 보호하기 위하여 헌법재판소는 개인정보자기결정권을 헌법상 독자적 기본권으로 보고 있다.[20]

Ⅱ. 개인정보보호법

1. 1995년 1월 8일 시행된 공공기관의 개인정보보호에 관한 법률이 최초로 제정되었다. 민간부문에 관하여는 정보통신망 이용촉진 및 정보보호에 관한 법률과 신용정보의 이용 및 보호에 관한 법률, 위치정보의 보호 및 이용 등에 관한 법률, 전기통신사업법 및 의료법 등 법률이 존재하였다. 공공기관의 개인정보보호에 관한 법률은 2011년 3월 29일 개인정보보호법이 제정되면서 폐지되었다.

2. 개인정보보호법 제2조는 "개인정보"를 살아 있는 개인에 관한 정보로서 성명, 주민등록번호 및 영상 등을 통하여 개인을 알아볼 수 있는 정보(해당 정보만으로는 특정 개인을 알아볼 수 없더라도 다른 정보와 쉽게 결합하여 알아볼 수 있는 것을 포함한다)를 말하는 것으로 규정

---

20) 헌법재판소 2005. 5. 26. 99헌마513, 2004헌마190 "개인정보자기결정권은 자신에 관한 정보가 언제 누구에게 어느 범위까지 알려지고 또 이용되도록 할 것인지를 그 정보주체가 스스로 결정할 수 있는 권리이다. 즉 정보주체가 개인정보의 공개와 이용에 관하여 스스로 결정할 권리를 말한다. 개인정보자기결정권의 보호대상이 되는 개인정보는 개인의 신체, 신념, 사회적 지위, 신분 등과 같이 개인의 인격주체성을 특징짓는 사항으로서 그 개인의 동일성을 식별할 수 있게 하는 일체의 정보라고 할 수 있고, 반드시 개인의 내밀한 영역이나 사사의 영역에 속하는 정보에 국한되지 않고 공적 생활에서 형성되었거나 이미 공개된 개인정보까지 포함한다. 또한 그러한 개인정보를 대상으로 한 조사・수집・보관・처리・이용 등의 행위는 모두 원칙적으로 개인정보자기결정권에 대한 제한에 해당한다. 개인정보자기결정권은 헌법 제17조의 사생활의 비밀과 자유, 헌법 제10조 제1문의 인간의 존엄과 가치 및 행복추구권에 근거를 둔 일반적 인격권 또는 위 조문들과 동시에 우리 헌법의 자유민주적 기본질서 규정 또는 국민주권원리와 민주주의원리 등을 이념적 기초로 하는 독자적 기본권으로서 헌법에 명시되지 아니한 기본권이다."

하고, "개인정보처리자"를 업무를 목적으로 개인정보파일을 운용하기 위하여 스스로 또는 다른 사람을 통하여 개인정보를 처리하는 공공기관, 법인, 단체 및 개인 등을 말하는 것으로 규정하고 있다.

3. 개인정보 보호법 제4조는 정보주체에게 개인정보의 처리에 관한 정보를 제공받을 권리, 개인정보의 처리에 관한 동의 여부, 동의 범위 등을 선택하고 결정할 권리, 개인정보의 처리 여부를 확인하고 개인정보에 대하여 열람을 요구할 권리, 개인정보의 처리 정지, 정정·삭제 및 파기를 요구할 권리를 규정하고 있다.

4. 개인정보보호법은 2014년 8월 7일 부터 법령상 근거없이 불필요하게 주민번호를 수집하는 행위는 엄격히 제한하고(위반시 과태료 부과)[21], 현재 보유중인 주민번호는 법 시행 2년 이내에 (2016년 8월6일) 파기하도록 하고 있다.

---

21) 제24조의2(주민등록번호 처리의 제한) ① 제24조제1항에도 불구하고 개인정보처리자는 다음 각 호의 어느 하나에 해당하는 경우를 제외하고는 주민등록번호를 처리할 수 없다. 1. 법령에서 구체적으로 주민등록번호의 처리를 요구하거나 허용한 경우 2. 정보주체 또는 제3자의 급박한 생명, 신체, 재산의 이익을 위하여 명백히 필요하다고 인정되는 경우 3. 제1호 및 제2호에 준하여 주민등록번호 처리가 불가피한 경우로서 안전행정부령으로 정하는 경우 ② 개인정보처리자는 제1항 각 호에 따라 주민등록번호를 처리하는 경우에도 정보주체가 인터넷 홈페이지를 통하여 회원으로 가입하는 단계에서는 주민등록번호를 사용하지 아니하고도 회원으로 가입할 수 있는 방법을 제공하여야 한다. ③ 안전행정부장관은 개인정보처리자가 제2항에 따른 방법을 제공할 수 있도록 관계 법령의 정비, 계획의 수립, 필요한 시설 및 시스템의 구축 등 제반 조치를 마련·지원할 수 있다.

제24조의2(주민등록번호 처리의 제한) ① 제24조제1항에도 불구하고 개인정보처리자는 다음 각 호의 어느 하나에 해당하는 경우를 제외하고는 주민등록번호를 처리할 수 없다. 1. 법령에서 구체적으로 주민등록번호의 처리를 요구하거나 허용한 경우 2. 정보주체 또는 제3자의 급박한 생명, 신체, 재산의 이익을 위하여 명백히 필요하다고 인정되는 경우 3. 제1호 및 제2호에 준하여 주민등록번호 처리가 불가피한 경우로서 안전행정부령으로 정하는 경우 ② 개인정보처리자는 제24조제3항에도 불구하고 주민등록번호가 분실·도난·유출·변조 또는 훼손되지 아니하도록 암호화 조치를 통하여 안전하게 보관하여야 한다. 이 경우 암호화 적용 대상 및 대상별 적용 시기 등에 관하여 필요한 사항은 개인정보의 처리 규모와 유출 시 영향 등을 고려하여 대통령령으로 정한다. ③ 개인정보처리자는 제1항 각 호에 따라 주민등록번호를 처리하는 경우에도 정보주체가 인터넷 홈페이지를 통하여 회원으로 가입하는 단계에서는 주민등록번호를 사용하지 아니하고도 회원으로 가입할 수 있는 방법을 제공하여야 한다. ④ 안전행정부장관은 개인정보처리자가 제3항에 따른 방법을 제공할 수 있도록 관계 법령의 정비, 계획의 수립, 필요한 시설 및 시스템의 구축 등 제반 조치를 마련·지원할 수 있다.

제7편

국가배상과 손실보상

제1장 국가배상

국가배상에 대하여 헌법 제29조 제1항과 국가배상법이 규정하고 있다. 국가배상법은 국가와 지방자치단체의 배상책임만을 규정하고 있고, 국가배상법에 대한 특별법으로 자동차손해배상보장법 제3조, 우편법 제38조, 원자력손해배상법 제3조 등이 있다. 통설은 국가배상법이 공법이고, 그 관할은 행정소송법상 당사자소송에 의하여야 한다고 주장하나, 판례는 국가배상법을 민법의 특별법로 보고, 민사소송에 의하여야 한다는 입장이다.[1)]

제1절 공무원의 위법한 직무집행에 관한 국가배상

Ⅰ. 배상책임의 요건

1. 국가배상법 제2조 제1항 본문 전단의 책임의 요건으로, ① 공무원이, ② 직무를, ③ 집행함에 당하여, ④ 고의 또는 과실로, ⑤ 법령에 위반하여, ⑥ 타인에게 손해를 가하고, ⑦ 가해행위와 손해 사이에 인과관계가 존

1) 대법원 1972. 10. 10. 69다701 "공무원의 직무상 불법행위로 손해를 받은 국민이 국가 또는 공공단체에 배상을 청구하는 경우 국가 또는 공공단체에 대하여 그의 불법행위를 이유로 손해배상을 구함은 국가배상법이 정한 바에 따른다 하여도 이 역시 민사상의 손해배상책임을 특별법인 국가배상법이 정한데 불과하다."

재하여야 한다.

2. 국가배상법상 공무원이란 조직법상의 공무원에 한정되지 않고 기능적 의미의 공무원을 포함하여 최광의의 공무원개념으로 해석하는 것이 통설과 판례이다. 따라서 공무를 수탁 받아 이를 수행하는 공무수탁사인도 공무원 개념에 해당하고, 행정업무의 대행자도 이에 포함되며, 행정보조자까지도 포함하게 된다.[2)]

3. 국가배상법상 직무의 의미에는 행정작용, 입법작용, 사법(司法)작용을 모두 포함한다. 그러나 사법(私法)작용은 포함되지 않는다.[3)] 국가배상법 제2조상의 청구와 관련해 국가배상법상 공무원의 직무상 행위가 관련법령에 위반되기만 하면 국가는 배상책임을 하여야 한다는 견해도 있으나, 오로지 공익만을 위한 행위여서 사인이 그로 인해 피해 받은 내용이 반사적 이익의 침해에 불과한 경우에도 국가는 배상책임을 지게 되면 국가배상책임의 범위가 지나치게 넓어지는 문제점이 있다. 따라서 국가배상법상 2조의 청구가 인용되기 위해서는 공무원의 직무상 의무를 규율하는 법령이 공익 외에도 사익을 함께 보호할 것을 요구된다할 것이다. 오로지 공익만을 위한 행위인 경우에는 그로 인해 피해자가 입은 피해는 단순한 반사적 이익에 불과하여 이 부분 청구는 기각된다.[4)] "직무를 집행함에 당하여"란 직무집행행위 외에도 널리 외형으로

2) 대법원 2001. 1. 5. 98다39060 "국가배상법 제2조 소정의 '공무원'이라 함은 국가공무원법이나 지방공무원법에 의하여 공무원으로서의 신분을 가진 자에 국한하지 않고, 널리 공무를 위탁받아 실질적으로 공무에 종사하고 있는 일체의 자를 가리키는 것으로서, 공무의 위탁이 일시적이고 한정적인 사항에 관한 활동을 위한 것이어도 달리 볼 것은 아니다. 지방자치단체가 '교통할아버지 봉사활동 계획'을 수립한 후 관할 동장으로 하여금 '교통할아버지'를 선정하게 하여 어린이 보호, 교통안내, 거리질서 확립 등의 공무를 위탁하여 집행하게 하던 중 '교통할아버지'로 선정된 노인이 위탁받은 업무 범위를 넘어 교차로 중앙에서 교통정리를 하다가 교통사고를 발생시킨 경우, 지방자치단체가 국가배상법 제2조 소정의 배상책임을 부담한다."

3) 대법원 2001. 1. 5. 98다39060 "국가배상청구의 요건인 '공무원의 직무'에는 권력적 작용만이 아니라 비권력적 작용도 포함되며 단지 행정주체가 사경제주체로서 하는 활동만 제외된다."

보아 직무와 관련 있는 행위까지 포함한다(외형설).[5)]

---

4) 대법원 1993. 12. 12. 91다43466 "선박안전법이나 유선및도선업법의 각 규정은 공공의 안전 외에 일반인의 인명과 재화의 안전보장도 그 목적으로 하는 것이라고 할 것이므로 국가 소속 선박검사관이나 시 소속 공무원들이 직무상 의무를 위반하여 시설이 불량한 선박에 대하여 선박중간검사에 합격하였다 하여 선박검사증서를 발급하고, 해당 법규에 규정된 조치를 취함이 없이 계속 운항하게 함으로써 화재사고가 발생한 것이라면, 화재사고와 공무원들의 직무상 의무위반행위와의 사이에는 상당인과관계가 있다."; 대법원 2006. 4. 14. 2003다41746 "일반적으로 국가 또는 지방자치단체가 권한을 행사할 때에는 국민에 대한 손해를 방지하여야 하고, 국민의 안전을 배려하여야 하며, 소속 공무원이 전적으로 또는 부수적으로라도 국민 개개인의 안전과 이익을 보호하기 위하여 법령에서 정한 직무상의 의무에 위반하여 국민에게 손해를 가하면 상당인과관계가 인정되는 범위 안에서 국가 또는 지방자치단체가 배상책임을 부담하는 것이지만, 공무원이 직무를 수행하면서 그 근거되는 법령의 규정에 따라 구체적으로 의무를 부여받았어도 그것이 국민의 이익과는 관계없이 순전히 행정기관 내부의 질서를 유지하기 위한 것이거나, 또는 국민의 이익과 관련된 것이라도 직접 국민 개개인의 이익을 위한 것이 아니라 전체적으로 공공 일반의 이익을 도모하기 위한 것이라면 그 의무에 위반하여 국민에게 손해를 가하여도 국가 또는 지방자치단체는 배상책임을 부담하지 아니한다. 하천법의 관련 규정에 비추어 볼 때, 하천의 유지·관리 및 점용허가 관련 업무를 맡고 있는 지방자치단체 담당공무원의 직무상 의무는 부수적으로라도 사회구성원 개개인의 안전과 이익을 보호하기 위하여 설정된 것이라고 본 사례."; 대법원 2003. 4. 25. 2001다59842 "주민등록사무를 담당하는 공무원으로서는 만일 개명과 같은 사유로 주민등록상의 성명을 정정한 경우에는 위에서 본 바와 같은 법령의 규정에 따라 반드시 본적지의 관할관청에 대하여 그 변경사항을 통보하여 본적지의 호적관서로 하여금 그 정정사항의 진위를 재확인할 수 있도록 할 직무상의 의무가 있다고 할 것이고, 이러한 직무상 의무는 단순히 공공 일반의 이익을 위한 것이거나 행정기관 내부의 질서를 규율하기 위한 것이 아니고 전적으로 또는 부수적으로 사회구성원 개인의 안전과 이익을 보호하기 위하여 설정된 것이다."; 대법원 2001. 10. 23. 99다36280 "상수원수의 수질을 환경기준에 따라 유지하도록 규정하고 있는 관련 법령(수질환경보전법, 수도법, 상수원관리규칙 등)의 취지·목적·내용과 그 법령에 따라 국가 또는 지방자치단체가 부담하는 의무의 성질 등을 고려할 때, 국가 등에게 일정한 기준에 따라 상수원수의 수질을 유지하여야 할 의무를 부과하고 있는 법령의 규정은 국민에게 양질의 수돗물이 공급되게 함으로써 국민 일반의 건강을 보호하여 공공 일반의 전체적인 이익을 도모하기 위한 것이지, 국민 개개인의 안전과 이익을 직접적으로 보호하기 위한 규정이 아니므로, 국민에게 공급된 수돗물의 상수원의 수질이 수질기준에 미달한 경우가 있고, 이로 말미암아 국민이 법령에 정하여진 수질기준에 미달한 상수원수로 생산된 수돗물을 마심으로써 건강상의 위해 발생에 대한 염려 등에 따른 정신적 고통을 받았다고 하더라도, 이러한 사정만으로는 국가 또는 지방자치단체가 국민에게 손해배상책임을 부담하지 아니한다. 또한 상수원수 2급에 미달하는 상수원수는 고도의 정수처리 후 사용하여야 한다는 환경정책기본법령상의 의무 역시 위에서 본 수질기준 유지의무와 같은 성질의 것이므로, 지방자치단체가 상수원수의 수질기준에 미달하는 하천수를 취수하거나 상수원수 3급 이하의 하천수를 취수하여 고도의 정수처리가 아닌 일반적 정수처리 후 수돗물을 생산·공급하였다고 하더라도, 그렇게 공급된 수돗물이 음용수 기준에 적합하고 몸에 해로운 물질이 포함되어 있지 아니한 이상, 지방자치단체의 위와 같은 수돗물 생산·공급행위가 국민에 대한 불법행위가 되지 아니한다."

4. 국가배상법 제2조상의 고의 또는 과실이란 주관적 요건으로서, 과실 여부는 당해 공무원을 기준으로 당해 직무를 담당하는 보통 일반의 공무원과 비교 할 때 통상 갖추어야 할 객관적 주의의무를 게을리 하였다고 볼 수 있는지 여부로 판단한다. 행정작용이 위법하지만 고의·과실이 인정 되지 않는 경우에는 국가배상청구도 어렵고 손실보상청구도 어려워 사인의 권리구제에 난관이 발생한다. 이러한 불합리함을 타개하고자 국가배상법상의 과실개념을 객관화하려는 노력과 함께 과실에 대한 입증책임을 완화시키려는 논의 및 가해공무원의 특정을 요하지 않는 견해 등이 주장되고 있다.[6] 대법원은 당해공무원의 과실에 대해 당해 직무를 담당하는 일반적 공무원을 기준으로 과실여부를 파악하여 과실의 객관화를 도모하고 있다.[7]

5. 대법원은 법령에 대한 해석이 복잡, 미묘하여 워낙 어렵고, 이에 대한 학설, 판례조차 귀일되어 있지 않는 등의 특별한 사정이 있는 경우에

---

5) 대법원 1966. 6. 28. 66다781 "본조 제1항에서 말하는 "직무를 행함에 당하여"라는 취지는 공무원의 행위의 외관을 객관적으로 관찰하여 공무원의 직무행위로 보여질 때에는 비록 그것이 실질적으로 직무행위이거나 아니거나 또는 행위자의 주관적 의사에 관계없이 그 행위는 공무원의 직무집행행위로 볼 것이요 이러한 행위가 실질적으로 공무집행행위가 아니라는 사정을 피해자가 알았다 하더라도 그것을 "직무를 행함에 당하여"라고 단정하는데 아무런 영향을 미치는 것이 아니다."; 대법원 1994. 5. 27. 94다6741 "국가배상법 제2조 소정의 "공무원이 그 직무를 집행함에 당하여"라고 함은 직무의 범위 내에 속한 행위이거나 직무수행의 수단으로써 또는 직무행위에 부수하여 행하여지는 행위로서 직무와 밀접한 관련이 있는 것도 포함되는바, 육군중사가 자신의 개인소유 오토바이 뒷좌석에 같은 부대 소속 군인을 태우고 다음날부터 실시예정인 훈련에 대비하여 사전정찰차 훈련지역 일대를 살피고 귀대하던 중 교통사고가 일어났다면, 그가 비록 개인소유의 오토바이를 운전한 경우라 하더라도 실질적, 객관적으로 위 운전행위는 그에게 부여된 훈련지역의 사전정찰임무를 수행하기 위한 직무와 밀접한 관련이 있다고 보아야 한다."

6) 공무원의 과실을 '위법행위로 인한 국가작용의 흠' 정도로 객관적으로 파악하는 견해, 공무원의 과실에 주관적 요소를 고려하지 않고 단지 국가작용의 하자라는 객관적 의미로만 파악하려는 견해, 위법성과 과실을 일원화하여 위법성과 과실 중 어느 하나만 입증되면 나머지는 당연히 입증이 되는 것으로 의제하는 견해 등이 주장되고 있다.

7) 대법원 2003. 11. 27. 2001다33789 "그 행정처분의 담당공무원이 보통 일반의 공무원을 표준으로 하여 볼 때 객관적 주의의무를 결하여 그 행정처분이 객관적 정당성을 상실하였다고 인정될 정도에 이른 경우에 비로소 국가배상법 제2조 소정의 국가배상책임의 요건을 충족하였다고 봄이 상당할 것이다."

공무원이 나름대로 신중하게 합리적 근거를 찾아서 한 것이라면 과실이 없다는 입장이며, 이는 행정입법을 하는 공무원의 잘못에 관하여도 같다.[8] 그러나 그러한 특별한 사정이 없는 한 일반적으로 공무원이 관계법규를 알지 못하거나 필요한 지식을 갖추지 못하고 법규의 해석을 그르쳐 행정처분을 하였다면 과실이 인정된다.[9] 어떠한 행정처분이 뒤에 항고소송에서 취소되었다고 할지라도 그 자체만으로 그 행정처분이 곧바로 공무원의 고의 또는 과실로 인한 불법행위를 구성한다고 단정할 수는 없는데, 그 이유는 행정청이 관계 법령의 해석이 확립되기 전에 어느 한 설을 취하여 업무를 처리한 것이 결과적으로 위법하게 되어 그 법령의 부당집행이라는 결과를 빚었다고 하더라도 처분 당시 그와 같은 처리방법 이상의 것을 성실한 평균적 공무원에게 기대하기 어려웠던 경우라면 특별한 사정이 없는 한 이를 두고 공무원의 과실로 인한 것이라고는 볼 수 없기 때문이라는 것이 대법원의 입장이다.[10] 또한 대법원은 공무원이 행정규칙에 따른 처분에 대해서는 비록 재량권 일탈·남용이 있었다하더라도 해당 공무원에게 과실이 있다고 볼 수 없다는 입장이다.[11] 판례는 공무원에게 과실을 인정하면서도 그것이 극히

8) 대법원 1995. 10.13. 95다32747; 대법원 1996. 11. 15. 96다30540

9) 대법원 1981. 8. 25. 80다1598; 대법원 2001. 2. 9. 98다52988

10) 대법원 2001. 3. 13. 2000다20731; 대법원 2000. 5. 12. 99다70600 "어떠한 행정처분이 후에 항고소송에서 취소되었다고 할지라도 그 기판력에 의하여 당해 행정처분이 곧바로 공무원의 고의 또는 과실로 인한 것으로서 불법행위를 구성한다고 단정할 수는 없는 것이고, 그 행정처분의 담당공무원이 보통 일반의 공무원을 표준으로 하여 볼 때 객관적 주의의무를 결하여 그 행정처분이 객관적 정당성을 상실하였다고 인정될 정도에 이른 경우에 국가배상법 제2조 소정의 국가배상책임의 요건을 충족하였다고 봄이 상당할 것이며, 이때에 객관적 정당성을 상실하였는지 여부는 피침해이익의 종류 및 성질, 침해행위가 되는 행정처분의 태양 및 그 원인, 행정처분의 발동에 대한 피해자측의 관여의 유무, 정도 및 손해의 정도 등 제반 사정을 종합하여 손해의 전보책임을 국가 또는 지방자치단체에게 부담시켜야 할 실질적인 이유가 있는지 여부에 의하여 판단하여야 한다."

11) 대법원 1994. 11. 8. 94다26141 "영업허가취소처분이 나중에 행정심판에 의하여 재량권을 일탈한 위법한 처분임이 판명되어 취소되었다고 하더라도 그 처분이 당시 시행되던 공중위생법시행규칙에 정하여진 행정처분의 기준에 따른 것인 이상 그 영업허가취소처분을 한 행정청 공무원에게 그와 같은 위법한 처분을 한 데 있어 어떤 직무집행상의 과실이 있다고 할 수는 없다."

경미함에 비하여 상대방에게는 과실이 크다는 등의 이유로 공평의 원칙을 적용하여 국가배상책임의 면책을 인정한 바도 있다.[12)]

6. 국가배상소송이 확정되어 기판력이 발생한 경우 이것이 취소소송에도 그대로 영향을 미치는지 문제되는데, 통설과 판례는 국가배상소송의 소송물은 국가배상청구권의 존부이고 위법성 판단은 판결 이유에서 제시되는 것에 불과하여, 기판력은 주문에만 인정된다는 입장이고, 이에 국가배상소송의 기판력은 취소소송에는 아무런 영향을 미치지 않는다.

7. 부작위로 인한 손해배상책임에 관하여 대법원은 "공무원의 부작위로 인한 국가배상책임을 인정하기 위하여는 공무원의 작위로 인한 국가배상책임을 인정하는 경우와 마찬가지로 '공무원이 그 직무를 집행함에 당하여 고의 또는 과실로 법령에 위반하여 타인에게 손해를 가한 때'라고 하는 국가배상법 제2조 제1항의 요건이 충족되어야 할 것인바, 여기서 '법령에 위반하여'라고 하는 것이 엄격하게 형식적 의미의 법령에 명시적으로 공무원의 작위의무가 규정되어 있는데도 이를 위반하는 경우만을 의미하는 것은 아니고, 국민의 생명, 신체, 재산 등에 대하여 절박하고 중대한 위험상태가 발생하였거나 발생할 우려가 있어서 국민의 생명, 신체, 재산 등을 보호하는 것을 본래적 사명으로 하는 국가가 초법규적·일차적으로 그 위험 배제에 나서지 아니하면 국민의 생명, 신체, 재산 등을 보호할 수 없는 경우에는 형식적 의미의 법령에 근거가 없더라도 국가나 관련 공무원에 대하여 그러한 위험을 배제할 작위의무를 인정할 수 있을 것이나, 그와 같은 절박하고 중대한 위험상태가 발생하였거나 발생할 우려가 있는 경우가 아닌 한, 원칙적으로 공무원이 관련 법령대로만 직무를 수행하였다면 그와 같은 공무원의 부작위를 가지고 '고의 또는 과실로 법령에 위반'하였다고 할 수는 없을 것이므로, 공무원의 부작위로 인한 국가배상책임을 인정할 것인지 여부가

12) 대법원 2001. 10. 9. 98다20929

문제되는 경우에 관련 공무원에 대하여 작위의무를 명하는 법령의 규정이 없다면 공무원의 부작위로 인하여 침해된 국민의 법익 또는 국민에게 발생한 손해가 어느 정도 심각하고 절박한 것인지, 관련 공무원이 그와 같은 결과를 예견하여 그 결과를 회피하기 위한 조치를 취할 수 있는 가능성이 있는지 등을 종합적으로 고려하여 판단하여야 한다"고 판시한 바 있다.[13)]

8. 손해란 위법행위로부터 발생한 일체의 손해를 의미하며, 이에는 생명, 신체 및 정신적 손해까지도 포함한다.[14)] 가해행위인 직무집행행위와 손해 사이에는 상당인과관계가 인정되어야 한다.[15)]

Ⅱ. 공무원의 개인책임

1. 공무원이 고의·과실로 위법한 직무집행을 하여 특정인에게 손해를 입힌 경우, 국가·지방자치단체가 배상책임을 지는 외에 공무원 개인도 배상책임을 지는지 문제된다. 종래 학설은 이를 국가배상책임의 본질에 관한 논의와 연결시켰다.[16)]

---

13) 대법원 2005. 6. 10. 2002다53995; 대법원 1998. 8. 25. 98다16890 "경찰관직무집행법 제5조는 경찰관은 인명 또는 신체에 위해를 미치거나 재산에 중대한 손해를 끼칠 우려가 있는 위험한 사태가 있을 때에는 그 각 호의 조치를 취할 수 있다고 규정하여 형식상 경찰관에게 재량에 의한 직무수행권한을 부여한 것처럼 되어 있으나, 경찰관에게 그러한 권한을 부여한 취지와 목적에 비추어 볼 때 구체적인 사정에 따라 경찰관이 그 권한을 행사하여 필요한 조치를 취하지 아니하는 것이 현저하게 불합리하다고 인정되는 경우에는 그러한 권한의 불행사는 직무상의 의무를 위반한 것이 되어 위법하게 된다."

14) 대법원 2004. 9. 23. 2003다49009 "윤락녀들이 윤락업소에 감금된 채로 윤락을 강요받으면서 생활하고 있음을 쉽게 알 수 있는 상황이었음에도, 경찰관이 이러한 감금 및 윤락강요행위를 제지하거나 윤락업주들을 체포·수사하는 등 필요한 조치를 취하지 아니하고 오히려 업주들로부터 뇌물을 수수하며 그와 같은 행위를 방치한 것은 경찰관의 직무상 의무에 위반하여 위법하므로 국가는 이로 인한 정신적 고통에 대하여 위자료를 지급할 의무가 있다."

15) 대법원 2006. 4. 14. 2003다41746 "공무원의 직무상 의무 위반행위와 국민의 손해 사이의 상당인과관계의 유무를 판단함에 있어서는 일반적인 결과 발생의 개연성은 물론이고, 더 나아가 직무상 의무를 부과하는 법령 기타 행동규범의 목적이나 가해행위의 태양 및 피해의 정도 등 구체적인 사정을 종합적으로 고려하여야 한다."

16) 국가배상책임의 본질에 대하여는 자기책임설, 대위책임설, 절충설 등이 주장되고 있다.

2. 대법원은 "국가배상법 제2조 제1항 본문 및 제2항의 입법 취지는 공무원의 직무상 위법행위로 타인에게 손해를 끼친 경우에는 변제자력이 충분한 국가 등에게 선임감독상 과실 여부에 불구하고 손해배상책임을 부담시켜 국민의 재산권을 보장하되, 공무원이 직무를 수행함에 있어 경과실로 타인에게 손해를 입힌 경우에는 그 직무수행상 통상 예기할 수 있는 흠이 있는 것에 불과하므로, 이러한 공무원의 행위는 여전히 국가 등의 기관의 행위로 보아 그로 인하여 발생한 손해에 대한 배상책임도 전적으로 국가 등에만 귀속시키고 공무원 개인에게는 그로 인한 책임을 부담시키지 아니하여 공무원의 공무집행의 안정성을 확보하고, 반면에 공무원의 위법행위가 고의·중과실에 기한 경우에는 비록 그 행위가 그의 직무와 관련된 것이라고 하더라도 그와 같은 행위는 그 본질에 있어서 기관행위로서의 품격을 상실하여 국가 등에게 그 책임을 귀속시킬 수 없으므로 공무원 개인에게 불법행위로 인한 손해배상책임을 부담시키되, 다만 이러한 경우에도 그 행위의 외관을 객관적으로 관

자기책임설은 국가나 지방자치단체가 부담하는 배상책임은 바로 그들 자신의 책임이라는 견해로, 구상권은 원칙적으로 불요하나 다만 국가가 공무원의 직무행위의 충실화를 위해 예외적, 정책적으로 도입한 것으로 본다. 이는 다시 두 가지 견해로 나누어진다. 첫 번째 견해는 기관이론에 입각한 자기책임설이다. 이는 공무원의 행위는 국가 등의 기관의 지위에서 하는 것이므로 민법상 법인의 불법행위와 마찬가지로 국가의 기관책임으로 구성하여 국가가 직접 자기의 책임으로서 부담하는 것이라는 견해이다. 이에 대해서는 공무원이 고의·중과실을 범하여 기관행위로서의 품격을 상실한 경우까지도 공무원의 행위를 기관행위로 보는 것은 그 실질을 무시한 것이라는 비판이 있다. 두 번째 견해는 위험책임론에 입각한 자기책임설이다. 이 설은 공무원의 직무집행행위는 국민에 대한 손해발생의 위험을 내포하고 있으므로 그러한 위험영역에서 발생한 손해는 국가가 자신의 책임으로 부담해야 한다고 한다. 이는 당해 직무를 집행하는 공무원의 주관적 책임은 요구되지 아니하고 일종의 무과실책임이 된다. 그러나 가해 공무원의 고의·과실을 요구하는 현행 국가배상법 하에서는 주장되기 어려운 것이라는 비판이 있다. 대위책임설은 위법한 공무원의 행위는 행정주체의 행위로 볼 수 없고, 공무원 개인이 책임져야 할 것이지만 국민의 보호를 위해 국가가 공무원에 대신해 부담하는 책임이 국가배상책임이라는 견해이다. 구상권을 그 본질적 요소로 한다. 절충설은 고의 또는 중과실에 기한 위법행위의 경우에는 기관의 행위로 볼 수 없지만 직무행위로서의 외형을 갖추고 있는 한 국민의 입장에서는 기관의 행위로 비출 수 있어 대외적으로 자기책임이고 한편 대내적인 공무원과의 관계에서는 국가가 책임을 지지 않고 구상책임을 물어 대위책임이고(자기책임과 대위책임의 혼합책임), 경과실에 기한 위법행위는 당해 공무원의 행위는 국가 등의 기관행위로 볼 수 있어 자기책임으로 보는 견해이다.

찰하여 공무원의 직무집행으로 보여질 때에는 피해자인 국민을 두텁게 보호하기 위하여 국가 등이 공무원 개인과 중첩적으로 배상책임을 부담하되 국가 등이 배상책임을 지는 경우에는 공무원 개인에게 구상할 수 있도록 함으로써 궁극적으로 그 책임이 공무원 개인에게 귀속되도록 하려는 것이라고 봄이 합당하다."고 판시하여 위법행위를 한 공무원에게 경과실만 있는 경우에는 책임이 없지만, 고의·중과실이 있으면 공무원 개인도 국가와 함께 중첩적으로 책임을 진다는 입장이다.[17]

3. 공무원 개인이 배상책임을 지는 경우 국가배상책임과는 부진정연대관계이다.

4. 고의나 중대한 과실이 있는 공무원에 대한 국가·지방자치단체의 구상권 행사는 신의칙상 상당한 한도 내에서만 행사하도록 제한된다.[18] 그러나 국가배상법에 대한 특별법인 회계관계직원 등의 책임에 관한 법률에 의한 공무원의 변상책임은 국가배상법에 의한 공무원의 구상책임과는 성립의 기초를 달리하므로 그 제한에 관한 원리를 유추적용하여 변상금액을 감액할 수 없다.[19]

Ⅲ. 군인 등의 이중배상 금지

1. 공무원의 위법한 직무집행으로 손해를 입은 사람은 누구나 국가배상법 제2조에 따른 국가배상을 청구할 수 있다. 그러나 군인·군무원·경찰

17) 대법원 1996. 2. 15. 95다38677 전원합의체

18) 대법원 1991. 5. 10. 91다6764 "국가 또는 지방자치단체의 산하 공무원이 그 직무를 집행함에 당하여 중대한 과실로 인하여 법령에 위반하여 타인에게 손해를 가함으로써 국가 또는 지방자치단체가 손해배상책임을 부담하고, 그 결과로 손해를 입게 된 경우에는 국가 등은 당해 공무원의 직무내용, 당해 불법행위의 상황, 손해발생에 대한 당해 공무원의 기여정도, 당해 공무원의 평소 근무태도, 불법행위의 예방이나 손실분산에 관한 국가 또는 지방자치단체의 배려의 정도 등 제반사정을 참작하여 손해의 공평한 분담이라는 견지에서 신의칙상 상당하다고 인정되는 한도 내에서만 당해 공무원에 대하여 구상권을 행사할 수 있다고 봄이 상당하다."

19) 대법원 2002. 10. 11. 2001두3297

공무원 또는 향토예비군대원이 전투·훈련 등 직무집행과 관련하여 전사·순직 또는 공상을 입은 경우에는 본인 또는 그 유족이 다른 법령[20]의 규정에 의하여 재해보상금·유족연금·상이연금 등의 보상을 지급받을 때[21]에는 국가배상법 및 민법의 규정에 의한 손해배상[22]을 청구할 수 없다(국가배상법 제2조 1항 단서).[23]

2. 국가배상법상 이중배상금지조항에 대해서 불법에 의한 배상과 국가에 바친 헌신으로서의 보상은 각각 목적을 달리하는 별개의 개념으로 이를 동종의 것으로 취급함은 비합리적이므로 헌법 제29조 제2항은 헌법에서 삭제될 것을 요하고 따라서 그에 근거한 국가배상법 제2조 1항 단서 규정도 위헌이라는 견해도 있으나, 헌법재판소는 국가배상법 제2조 1항 단서는 헌법 제29조 2항에 직접 근거하는 것으로 헌법의 규정과 실질적으로 그 내용을 같이한다는 이유로 합헌 선언을 하였다.[24]

3. 군인·군무원 등 국가배상법 제2조 제1항에 열거된 자가 전투, 훈련 기타 직무집행과 관련하는 등으로 공상을 입은 경우라고 하더라도 군인

---

20) 다른 법령은 군인연금법, 공무원연금법, 향토예비군설치법, 국가유공자등 예우 및 지원에 관한 법률 등을 말한다(대법원 1993. 5. 14. 92다33145).

21) 실제로 보상을 받았는지 여부는 묻지 않기 때문에, 보상금청구권이 시효로 소멸하였거나, 국가유공자등록거부처분이 확정된 경우에는 여전히 이중배상금지가 적용된다(대법원 2002. 5. 10. 2000다39735).

22) 자동차손해배상보장법상의 손해배상도 청구할 수 없다. 위자료청구도 손해배상청구인 이상 할 수 없다(대법원 1991. 8. 13. 90다16108).

23) 대법원 2002. 5. 10. 2000다39735 "헌법 제29조 제2항 및 이를 근거로 한 국가배상법 제2조 제1항 단서 규정의 입법 취지는, 국가 또는 공공단체가 위험한 직무를 집행하는 군인·군무원·경찰공무원 또는 향토예비군대원에 대한 피해보상제도를 운영하여, 직무집행과 관련하여 피해를 입은 군인 등이 간편한 보상절차에 의하여 자신의 과실 유무나 그 정도와 관계없이 무자력의 위험부담이 없는 확실하고 통일된 피해보상을 받을 수 있도록 보장하는 대신에, 피해 군인 등이 국가 등에 대하여 공무원의 직무상 불법행위로 인한 손해배상을 청구할 수 없게 함으로써, 군인 등의 동일한 피해에 대하여 국가 등의 보상과 배상이 모두 이루어짐으로 인하여 발생할 수 있는 과다한 재정지출과 피해 군인 등 사이의 불균형을 방지하고, 또한 가해자인 군인 등과 피해자인 군인 등의 직무상 잘못을 따지는 쟁송이 가져올 폐해를 예방하려는 데에 있다."

24) 헌법재판소 2001. 2. 22. 2000헌바38

연금법 또는 국가유공자예우등에관한법률에 의하여 재해보상금·유족연금·상이연금 등 별도의 보상을 받을 수 없는 경우에는 국가배상법 제2조 제1항 단서의 적용 대상에서 제외하여야 한다. 따라서 군인 또는 경찰공무원으로서 교육훈련 또는 직무 수행중 상이(공무상의 질병 포함)를 입고 전역 또는 퇴직한 자라고 하더라도 국가유공자예우등에관한법률에 의하여 국가보훈처장이 실시하는 신체검사에서 대통령령이 정하는 상이등급에 해당하는 신체의 장애를 입지 않은 것으로 판명되고 또한 군인연금법상의 재해보상 등을 받을 수 있는 장애등급에도 해당하지 않는 것으로 판명된 자는 위 각 법에 의한 적용 대상에서 제외되고, 따라서 그러한 자는 국가배상법 제2조 제1항 단서의 적용을 받지 않아 국가배상을 청구할 수 있다.[25]

4. 이러한 이중배상금지제도의 규정을 관철할 경우, 공무원과 공동으로 불법행위를 범한 민간인이 피해자인 군인·군무원·경찰공무원 등이나 유족에게 손해배상한 경우 민간인이 국가에 대해 구상권을 행사하는 것이 불가능한 것은 아닌지가 문제된다.

이에 대하여 대법원 2001. 2. 15. 96다42420 전원합의체 판결은 다음과 같이 판시하였다. “헌법 제29조 제2항, 국가배상법 제2조 제1항 단서의 입법 취지를 관철하기 위하여는, 국가배상법 제2조 제1항 단서가 적용되는 공무원의 직무상 불법행위로 인하여 직무집행과 관련하여 피해를 입은 군인 등에 대하여 위 불법행위에 관련된 일반국민(민간인)이 공동불법행위책임, 사용자책임, 자동차운행자책임 등에 의하여 그 손해를 자신의 귀책부분을 넘어서 배상한 경우에도, 국가 등은 피해군인 등에 대한 국가배상책임을 면할 뿐만 아니라, 나아가 민간인에 대한 국가의 귀책비율에 따른 구상의무도 부담하지 않는다고 하여야 할 것이다. 그러나 위와 같은 경우, 민간인은 여전히 공동불법행위자 등이라는 이유로 피해 군인 등의 손해 전부를 배상할 책임을 부담하도록

25) 대법원 1997. 2. 14. 96다28066

하면서 국가 등에 대하여는 귀책비율에 따른 구상을 청구할 수 없도록 한다면, 공무원의 직무활동으로 빚어지는 이익의 귀속주체인 국가 등과 민간인과의 관계에서 원래는 국가 등이 부담하여야 할 손해까지 민간인이 부담하는 부당한 결과가 될 것이고(가해 공무원에게 경과실이 있는 경우에는 그 공무원은 손해배상책임을 부담하지 아니하므로 민간인으로서는 자신이 손해발생에 기여한 귀책부분을 넘는 손해까지 종국적으로 부담하는 불이익을 받게 될 것이고, 가해 공무원에게 고의 또는 중과실이 있는 경우에도 그 무자력 위험을 사용관계에 있는 국가 등이 부담하는 것이 아니라 오히려 민간인이 감수하게 되는 결과가 된다.), 이는 위 헌법과 국가배상법의 규정에 의하여도 정당화될 수 없다고 할 것이다. 이러한 부당한 결과를 방지하면서 위 헌법 및 국가배상법 규정의 입법 취지를 관철하기 위하여는, 피해 군인 등은 위 헌법 및 국가배상법 규정에 의하여 국가 등에 대한 배상청구권을 상실한 대신에 자신의 과실 유무나 그 정도와 관계 없이 무자력의 위험부담이 없는 확실한 국가보상의 혜택을 받을 수 있는 지위에 있게 되는 특별한 이익을 누리고 있음에 반하여 민간인으로서는 손해 전부를 배상할 의무를 부담하면서도 국가 등에 대한 구상권을 행사할 수 없다고 한다면 부당하게 권리침해를 당하게 되는 결과가 되는 것과 같은 각 당사자의 이해관계의 실질을 고려하여, 위와 같은 경우에는 공동불법행위자 등이 부진정연대채무자로서 각자 피해자의 손해 전부를 배상할 의무를 부담하는 공동불법행위의 일반적인 경우와 달리 예외적으로 민간인은 피해 군인 등에 대하여 그 손해 중 국가 등이 민간인에 대한 구상의무를 부담한다면 그 내부적인 관계에서 부담하여야 할 부분을 제외한 나머지 자신의 부담부분에 한하여 손해배상의무를 부담하고, 한편 국가 등에 대하여는 그 귀책부분의 구상을 청구할 수 없다고 해석함이 상당하다 할 것이다."

제2절 영조물의 하자에 관한 국가배상

Ⅰ. 배상책임의 요건

1. 국가배상법 제5조는, '도로·하천 기타 공공의 영조물의 설치 또는 관리에 하자가 있기 때문에 타인에게 손해를 발생하게 하였을 때에는 국가 또는 지방자치단체는 그 손해를 배상하여야 한다.'라고 규정하여 영조물의 하자로 인한 국가배상책임을 인정하고 있다. 국가배상법 제5조의 책임이 성립하기 위해서는 ① 도로 등 공공의 영조물이, ② 설치·관리상의 하자가 있어서, ③ 그로 인해 타인에게 손해가 발생하고, ④ 하자와 손해 사이에 인과관계가 존재해야 한다.

2. "공공의 영조물"이라 함은 국가 또는 지방자치단체에 의하여 특정 공공의 목적에 공여된 유체물 내지 물적 설비를 지칭하며, 특정 공공의 목적에 공여된 물이라 함은 일반 공중의 자유로운 사용에 직접적으로 제공되는 공공용물에 한하지 아니하고, 행정주체 자신의 사용에 제공되는 공용물도 포함하며 국가 또는 지방자치단체가 소유권, 임차권 그 밖의 권한에 기하여 관리하고 있는 경우뿐만 아니라 사실상의 관리를 하고 있는 경우도 포함한다.[26)]

3. "영조물의 설치 또는 관리의 하자"라 함은 영조물이 그 용도에 따라 통상 갖추어야 할 안전성을 갖추지 못한 상태에 있음을 말하는 것이며, 다만 영조물이 완전무결한 상태에 있지 아니하고 그 기능상 어떠한 결함이 있다는 것만으로 영조물의 설치 또는 관리에 하자가 있다고 할 수 없는 것이고, 위와 같은 안전성의 구비 여부를 판단함에 있어서는 당해 영조물의 용도, 그 설치장소의 현황 및 이용 상황 등 제반 사정을 종합적으로 고려하여 설치·관리자가 그 영조물의 위험성에 비례하여

26) 대법원 1995. 1. 24. 94다45302; 법문상으로는 '도로·하천 기타 공공의 영조물'이라고 하였지만, 이는 강학상 공물을 의미한다고 보는 것이 통설이다. 이러한 공물에는 자연공물과 인공공물이 모두 포함되고, 공용물과 공공용물이 모두 포함된다. 그러나 공적 목적에 제공된 것이 아닌 잡종재산은 공물이라고 볼 수 없어 여기에 해당하지 않는다.

사회통념상 일반적으로 요구되는 정도의 방호조치의무를 다하였는지 여부를 그 기준으로 삼아야 하며, 만일 객관적으로 보아 시간적·장소적으로 영조물의 기능상 결함으로 인한 손해발생의 예견가능성과 회피가능성이 없는 경우 즉 그 영조물의 결함이 영조물의 설치·관리자의 관리행위가 미칠 수 없는 상황 아래에 있는 경우임이 입증되는 경우라면 영조물의 설치·관리상의 하자를 인정할 수 없다.[27)]

4. 영조물의 설치 또는 관리의 하자라 함은 공공의 목적에 공여된 영조물이 그 용도에 따라 갖추어야 할 안전성을 갖추지 못한 상태에 있음을 말하고, 여기서 "안전성을 갖추지 못한 상태", 즉 타인에게 위해를 끼칠 위험성이 있는 상태라 함은 당해 영조물을 구성하는 물적 시설 그 자체에 있는 물리적·외형적 흠결이나 불비로 인하여 그 이용자에게 위해를 끼칠 위험성이 있는 경우뿐만 아니라 그 영조물이 공공의 목적에 이용됨에 있어 그 이용 상태 및 정도가 일정한 한도를 초과하여 제3자에게 사회통념상 참을 수 없는 피해를 입히는 경우까지 포함된다고 보아야 할 것이고, 사회통념상 참을 수 있는 피해인지의 여부는 그 영조물의 공공성, 피해의 내용과 정도, 이를 방지하기 위하여 노력한 정도 등을 종합적으로 고려하여 판단하여야 한다.[28)]

Ⅱ. 면책가능성 여부

1. 판례에 따르면 불가항력의 경우 객관적 안정성을 갖춘 것으로 인정되면 면책된다고 한다. 그러나 판례는 이 경우 면책가능성을 엄격히 제한하는 편이다. 대법원은 "집중호우로 제방도로가 유실되면서 그 곳을 걸어가던 보행자가 강물에 휩쓸려 익사한 경우, 사고 당일의 집중호우가 50년 빈도의 최대강우량에 해당한다는 사실만으로 불가항력에 기인한 것으로 볼 수 없다는 이유로 제방도로의 설치·관리상의 하자가 인정된

27) 대법원 2001. 7. 27. 2000다56822
28) 대법원 2004. 3. 12. 2002다14242

다"고 판시하였다.[29)]

2. 대법원 1967. 2. 21. 66다1723 "영조물 설치의 하자라 함은 영조물의 축조에 불완전한 점이 있어 이 때문에 영조물 자체가 통상 갖추어야 할 완전성을 갖추지 못한 상태에 있음을 말한다고 할 것인바 그 하자 유무는 객관적 견지에서 본 안전성의 문제이고 그 설치자의 재정사정이나 영조물의 사용목적에 의한 사정은 안전성을 요구하는데 대한 정도 문제로서 참작사유에는 해당할지언정 안전성을 결정지을 절대적 요건에는 해당하지 아니한다 할 것이다."

3. 대법원 1997. 2. 10. 97다32536 "객관적으로 보아 시간적·장소적으로 영조물의 기능상 결함으로 인한 손해발생의 예견가능성과 회피가능성이 없는 경우 즉 그 영조물의 결함이 영조물의 설치·관리자의 관리행위가 미칠 수 없는 상황 아래에 있는 경우임이 입증되는 경우라면 영조물의 설치·관리상의 하자를 인정할 수 없다."

4. 대법원 1993. 6. 25. 93다14424 "강원도 인제읍 합강 3리 소재 44번 국도상에 아스팔트가 패여서 생긴 길이 1.2미터, 폭 0.7미터의 웅덩이가 있어서 이곳을 통과하던 소외 합자회사 중부관광여행사 소속 관광버스가 이를 피하기 위하여 중앙선을 침범운행한 과실로 마주오던 타이탄 화물트럭과 충돌하여 이 사건 교통사고가 발생하였는바, 피고는 위 도로의 관리책임자로서 위 도로를 주행하는 차량들의 안전운행을 위하여 도로상태의 안전점검을 철저하게 하였어야 함에도 불구하고 이를 게을리 하여 위와 같은 웅덩이를 방치함으로써 이 사건 교통사고의 발생에 한 원인을 제공하였으므로, 피고는 위 소외 회사와 공동불법행위자로서 손해배상책임이 있다는 원심의 인정판단은 정당하다."

---

29) 대법원 2000. 5. 26. 99다53247

5. 대법원 1998. 2. 13. 97다49800 "도로의 설치 후 집중호우 등 자연력이 작용하여 본래 목적인 통행상의 안전에 결함이 발생한 경우에는 그 결함이 제3자의 행위에 의하여 발생한 경우와 마찬가지로, 도로에 그와 같은 결함이 있다는 것만으로 성급하게 도로의 보존상 하자를 인정하여서는 안 되고, 당해 도로의 구조, 장소적 환경과 이용 상황 등 제반 사정을 종합하여 그와 같은 결함을 제거하여 원상으로 복구할 수 있는데도 이를 방치한 것인지 여부를 개별적·구체적으로 심리하여 하자의 유무를 판단하여야 한다. 종단면상 유(U)자형 도로의 가운데 부분에 빗물이 고여 있어 그 곳을 진행하는 차량이 그 고인 빗물을 피하려고 중앙선을 침범하여 교통사고를 일으킨 사안에서, 도로관리청이 사고지점 도로에 빗물이 고여 차량의 통행에 장애가 되는 것을 막을 수 있었는데도 이를 방치한 것인지 여부를 심리하여야 함에도 불구하고 이에 이르지 않은 채 사고가 운전자의 일방적 과실로 인하여 발생한 것이라고 판단한 원심판결을 파기한 사례."

6. 대법원 1997. 4. 22. 97다3194 "도로의 설치 또는 관리의 하자는 도로의 위치 등 장소적인 조건, 도로의 구조, 교통량, 사고 시에 있어서의 교통사정 등 도로의 이용상황과 그 본래의 이용목적 등 제반 사정과 물적 결함의 위치, 형상 등을 종합적으로 고려하여 사회통념에 따라 구체적으로 판단하여야 할 것인바, 도로의 설치 후 제3자의 행위에 의하여 그 본래 목적인 통행상의 안전에 결함이 발생한 경우에는 도로에 그와 같은 결함이 있다는 것만으로 성급하게 도로의 보존상 하자를 인정하여서는 안되고, 당해 도로의 구조, 장소적 환경과 이용 상황 등 제반 사정을 종합하여 그와 같은 결함을 제거하여 원상으로 복구할 수 있는데도 이를 방치한 것인지 여부를 개별적, 구체적으로 심리하여 하자의 유무를 판단하여야 한다." [승용차 운전자가 편도 2차선의 국도를 진행하다가 반대차선 진행차량의 바퀴에 튕기어 승용차 앞유리창을 뚫고 들어온 쇠파이프에 맞아 사망한 경우, 국가의 손해배상책임을 부정한 사례]

7. 대법원 2001. 7. 27. 2000다56822 "객관적으로 보아 시간적 · 장소적으로 영조물의 기능상 결함으로 인한 손해발생의 예견가능성과 회피가능성이 없는 경우 즉 그 영조물의 결함이 영조물의 설치 · 관리자의 관리행위가 미칠 수 없는 상황 아래에 있는 경우임이 입증되는 경우라면 영조물의 설치 · 관리상의 하자를 인정할 수 없다. 가변차로에 설치된 신호등의 용도와 오작동시에 발생하는 사고의 위험성과 심각성을 감안할 때, 만일 가변차로에 설치된 두 개의 신호기에서 서로 모순되는 신호가 들어오는 고장을 예방할 방법이 없음에도 그와 같은 신호기를 설치하여 그와 같은 고장을 발생하게 한 것이라면, 그 고장이 자연재해 등 외부요인에 의한 불가항력에 기인한 것이 아닌 한 그 자체로 설치 · 관리자의 방호조치의무를 다하지 못한 것으로서 신호등이 그 용도에 따라 통상 갖추어야 할 안전성을 갖추지 못한 상태에 있었다고 할 것이고, 따라서 설령 적정전압보다 낮은 저전압이 원인이 되어 위와 같은 오작동이 발생하였고 그 고장은 현재의 기술 수준상 부득이한 것이라고 가정하더라도 그와 같은 사정만으로 손해발생의 예견가능성이나 회피가능성이 없어 영조물의 하자를 인정할 수 없는 경우라고 단정할 수 없다고 한 사례."

8. 대법원 2003. 10. 23. 2001다48057 "자연영조물로서의 하천은 원래 이를 설치할 것인지 여부에 대한 선택의 여지가 없고, 위험을 내포한 상태에서 자연적으로 존재하고 있으며, 간단한 방법으로 위험상태를 제거할 수 없는 경우가 많고, 유수라고 하는 자연현상을 대상으로 하면서도 그 유수의 원천인 강우의 규모, 범위, 발생 시기 등의 예측이나 홍수의 발생 작용 등의 예측이 곤란하고, 실제로 홍수가 어떤 작용을 하는지는 실험에 의한 파악이 거의 불가능하고 실제 홍수에 의하여 파악할 수밖에 없어 결국 과거의 홍수 경험을 토대로 하천관리를 할 수밖에 없는 특질이 있고, 또 국가나 하천관리청이 목표로 하는 하천의 개수작업을 완성함에 있어서는 막대한 예산을 필요로 하고, 대규모 공사가 되어 이를 완공하는 데 장기간이 소요되며, 치수의 수단은 강우의

특성과 하천 유역의 특성에 의하여 정해지는 것이므로 그 특성에 맞는 방법을 찾아내는 것은 오랜 경험이 필요하고 또 기상의 변화에 따라 최신의 과학기술에 의한 방법이 효용이 없을 수도 있는 등 그 관리상의 특수성도 있으므로 이와 같은 관리상의 특질과 특수성을 감안한다면, 하천의 관리청이 관계 규정에 따라 설정한 계획홍수위를 변경시켜야 할 사정이 생기는 등 특별한 사정이 없는 한, 이미 존재하는 하천의 제방이 계획홍수위를 넘고 있다면 그 하천은 용도에 따라 통상 갖추어야 할 안전성을 갖추고 있다고 보아야 하고, 그와 같은 하천이 그 후 새로운 하천시설을 설치할 때 기준으로 삼기 위하여 제정한 '하천시설기준'이 정한 여유고를 확보하지 못하고 있다는 사정만으로 바로 안전성이 결여된 하자가 있다고 볼 수는 없다."

Ⅲ. 배상책임자

국가배상법 제5조에 의하면 '국가 또는 지방자치단체'가 영조물의 하자에 대한 배상책임이 있다고 규정하고 있다. 국가배상법 제5조상의 '국가 또는 지방자치단체'는 영조물의 관리주체・귀속주체로서의 배상책임자에 해당한다. 따라서 영조물의 관리사무가 기관위임사무의 경우 위임자인 국가 또는 지방자치단체가 동조항에 의해 배상책임을 지게 된다.

제3절 국가배상법 제6조(사무귀속주체와 비용부담자)

Ⅰ. 국가배상법 제6조 제1항에 의하면, '제2조, 제3조 및 제5조의 규정에 의하여 국가 또는 지방자치단체가 손해를 배상할 책임이 있는 경우에 공무원의 선임・감독 또는 영조물의 설치・관리를 맡은 자와 공무원의 봉급・급여 기타의 비용[30] 또는 영조물의 설치・관리의 비용을 부담하는 자가 동일하지 아니한 경우에는 그 비용을 부담하는 자도 손해

30) 봉급・급여 기타의 비용부담자가 부담하는 비용이라 함은 사무집행에 소요되는 비용까지 모두 포함하는 의미이다. 대법원 1994. 12. 9. 94다38137 "국가배상법 제6조 제1항 소정의 '공무원의 봉급・급여 기타의 비용'이란 공무원의 인건비만을 가리키는 것이 아니라 당해사무에 필요한 일체의 경비를 의미한다고 할 것이다."

를 배상하여야 한다'라고 하여 비용부담자도 일정한 경우 국가배상책임 있다고 규정하고 있다. 한편, 국가배상법 제6조 제2항에 의하면 '제1항의 경우에 손해를 배상한 자는 내부관계에서 그 손해를 배상할 책임이 있는 자에게 구상할 수 있다'라고 하여 최종적 배상책임자에 대해 규정하고 있다.

Ⅱ. 국가배상법 제6조 1항에서 '공무원의 선임 · 감독 또는 영조물의 설치 · 관리를 맡은 자'란 국가배상법 제2조 또는 제5조의 사무의 귀속주체 또는 영조물의 관리주체를 말하는 것이고, 같은 항의 '공무원의 봉급 · 급여 기타의 비용 또는 영조물의 설치 · 관리의 비용을 부담하는 자가 동일하지 아니한 경우에는 그 비용을 부담하는 자'란 사무 또는 영조물의 비용을 부담하는 자를 의미한다고 본다.

Ⅲ. 국가배상의 책임자는 국가와 지방자치단체이다. 그 직무가 국가사무 또는 지방자치단체의 장에게 위임된 기관위임사무인 경우 국가가 사무귀속자로서 배상책임자이며, 지방자치단체의 자치사무와 단체위임사무인 경우에는 지방자치단체가 사무귀속자로서 배상책임자이다.[31] 이와 같이 국가나 지방자치단체가 각 사무의 귀속주체로서 배상책임을 지는 경우에도 당해 사무집행 공무원에게 봉급 · 급여를 지급하거나[32] 기타의 사무처리비용[33]을 부담하는 국가나 지방자치단체가 따

31) 대법원 1981. 11. 24. 80다2303; 대법원 1991. 12. 24. 91다34097; 대법원 2000. 1. 14. 99다24201; 대법원 1996. 11. 8. 96다21331(상위 지방자치단체와 하위 지방자치단체 사이에도 사무귀속에 따라 배상책임을 진다)

32) 대법원 1994. 1. 11. 92다29528

33) 대법원 1994. 12. 9. 94다38137 "국가배상법 제6조 제1항 소정의 '공무원의 봉급 · 급여 기타의 비용'이란 공무원의 인건비만을 가리키는 것이 아니라 당해사무에 필요한 일체의 경비를 의미한다고 할 것이고, 적어도 대외적으로 그러한 경비를 지출하는 자는 경비의 실질적 · 궁극적 부담자가 아니더라도 그러한 경비를 부담하는 자에 포함된다. 구 지방자치법(1988.4.6. 법률 제4004호로 전문 개정되기 전의 것) 제131조(현행 제132조), 구 지방재정법(1988.4.6. 법률 제4006호로 전문 개정되기 전의 것) 제16조 제2항(현행 제18조 제2항)의 규정상, 지방자치단체의 장이 기관위임된 국가행정사무를 처리하는 경우 그에 소요되는 경비의 실질적 · 궁극적 부담자는 국가라고 하더라도 당해 지방자치

로 있는 경우에는 비용부담자도 배상책임을 진다(국가배상법 제6조 제1항).[34] 이때 사무귀속주체의 배상책임과 비용부담자의 배상책임간의 관계는 부진정연대관계이다.[35]

Ⅳ. 영조물의 설치·관리자와 설치·관리의 비용을 부담하는 자가 다른 경우에는 국가배상법 제6조가 적용되어 두 주체가 부진정연대책임을 지고, 배상을 한 자가 내부관계에서 배상책임이 있는 자에게 구상할 수 있으며, 구상에 있어서 두 주체가 모두 관리자 겸 비용부담자라면 그들간의 구상에 있어서 내부 부담부분은 제반 사정을 종합하여 결정한다.[36]

Ⅴ. 지방자치단체는 자치사무는 물론 위임받은 사무를 집행할 때에도 그 비용을 지출할 법적 의무가 있으므로(지방자치법 제14조 본문) 자치사무·위임사무의 형식적 비용부담자이고, 다만 국가는 위임사무(단체위임사무 포함)의 집행비용 전부를 당해 지방자치단체에 교부하여야 하므로(교부금, 지방자치법 제141조 단서, 지방재정법 제21조 제2항), 국가는 위임사무의 실질적 비용부담자이다. 이 경우 형식적 비용부담자와 실질적 비용부담자는 모두 배상책임을 지며 이들도 부진정연대관계에 있다.[37]

Ⅵ. 자치사무든 위임사무든 가리지 않고 법령에 의한 처리의무가 있는 사무(법령상의 필요사무)로서 국가와 지방자치단체 상호간에 이해관계

단체는 국가로부터 내부적으로 교부된 금원으로 그 사무에 필요한 경비를 대외적으로 지출하는 자이므로, 이러한 경우 지방자치단체는 국가배상법 제6조 제1항 소정의 비용부담자로서 공무원의 불법행위로 인한 같은 법에 의한 손해를 배상할 책임이 있다."

34) 대법원 2000. 5. 12. 99다70600

35) 대법원 1998. 9. 22. 97다42502,42519

36) 대법원 1998. 7. 10. 96다42819

37) 사법연수원, 행정구제법(2013), 306면; 대법원 1994. 12. 9. 94다38137 "적어도 그러한 경비를 지출하는 자는 경비를 지출하는 자는 경비의 실질적·궁극적 부담자가 아니더라도 그러한 경비를 부담하는 자에 포함된다."

가 있는 경우에는 원할한 사무처리를 위하여 국가에서 부담하여야 할 경비의 전부 또는 일부를 국가가 부담하는바(부담금, 지방재정법 제21조 제1항), 이러한 필요사무의 처리에 있어서는 국가가 실질적 비용부담자이고, 지방자치단체는 형식적 및 실질적 비용부담자가 되는 셈이다.[38] 사무의 위임이나 대가관계와는 무관하게 국가가 지방자치단체에 교부하는 보조금(지방재정법 제23조)의 경우에는 그것이 실질적으로 부담금이나 교부금의 성질을 가지는지에 따라 국가가 실질적 비용부담자가 되는지를 따져야 한다.[39]

Ⅶ. 도로법 제22조 2항에 의하면 “특별시 · 광역시 또는 시관할구역 안의 상급도로(고속국도와 읍 · 면지역의 일반국도 및 지방도를 제외한다)는 제1항의 규정에 불구하고 특별시장 · 광역시장 또는 시장이 관리청으로 된다”고 규정하고 있어, 원칙은 국도의 경우 도로법 제22조 1항에 따라 건설교통부가 관리청이 될 것이지만 동조 2항에 의해 시관할구역 안의 국도의 경우에는 당해시장이 관리청으로 된다. 이 경우 도로법 22조 2항과 관련하여 도로관리사무를 지방자치사무 중 어떤 사무로 해석할 것인지가 문제된다. 이에 대해 기관위임사무설은 도로법 22조 2항을 위임의 근거규정으로 보고 관리주체가 이를 국가기관인 지방자치단체장에게 위임한 것으로 본다. 대법원 1993. 1. 26. 92다2684 판결 역시 “이 사건 도로가 국도로서 도로법 제22조 제2항에 의하여 판시 무렵부터 서귀포시장이 관리청이 되었다 하더라도 이는 지방자치단체의 장인 서귀포시장이 피고 대한민국으로부터 그 관리업무를 위임받아 국가행정기관의 지위에서 집행하는 것이라 할 것이고 따라서 피고 대한민국은 이 사건 도로관리상의 하자로 인한 손해배상 책임을 면할 수 없다할 것이므로…”라고 판시하여 기관위임사무설을 취하고 있다.[40]

---

38) 사법연수원, 행정구제법(2013), 307면.

39) 홍준형, 행정구제법, 한울아카데미(1994), 204면.

40) 이와 달리 단체위임사무설(박균성)은 도로법 22조 2항은 지방자치단체의 사무로서 단

Ⅷ. 국가배상법 제6조 2항은 '제1항의 경우에 손해를 배상한 자는 내부관계에서 그 손해를 배상할 책임이 있다'고 하여 이 조항에 대한 해석과 관련해 누가 종국적 배상책임자인지가 문제된다. 사무귀속자설은 사무를 관리하는 자가 속하는 행정주체가 궁극적으로 배상책임이 있다는 견해이다. 그 논거는 귀속주체라는 뜻은 그 사무와 관련된 모든 권리와 의무가 귀속한다는 것이고 따라서 손해배상의무도 그에 포함되어 함께 귀속된다고 보기 때문이다. 따라서 원칙적인 책임이 사무귀속주체에게 있는 이상, 비용부담자는 피해자보호의 견지에서 책임이 인정되는 것에 불과하므로, 비용부담자는 사무귀속주체에게 배상한 금원을 구상할 수 있다고 해석한다. 이에 반하여 비용부담자설은 비용부담자가 궁극적인 배상책임자이며, 이 경우 실질적 비용부담자와 형식적 비용부담자로 나뉘는 경우에는 실질적 비용부담자가 종국적인 배상책임자라고 주장한다. 그 논거로 사무 또는 영조물의 관리비용에는 손해배상비용도 함께 포함되는 이상 그 비용 속에는 손해배상책임도 포함되어 있다는 점을 든다. 또한 사무귀속주체가 경합하는 경우 그들 간에 부담비율을 정하는 것은 어려운 반면에 실질적 비용부담자가 경합하는 경우 비용부담의 비율에 따른 배상액의 분배가 쉽다는 점도 그 근거로 내세운다. 기여도설은 배상책임자가 여럿 있는 경우 손해발생에 기여한 정도에 따라 각자가 그 부담부분 만큼의 책임이 있다는 견해이다.[41] 개별검토설은 획일적인 기준으로 궁극적 비용부담자를 판단하지 말고 각각의 사안에 따라 개별적으로 궁극적 비용부담자를 정하자는 견해이다. 판례는 기여도설을 취한 판례도 있고, 사무귀속자설을 취한 판례도 있다.[42]

체위임사무로 보아야 한다고 주장하고, 자치사무설(홍정선)은 도로법 22조 2항은 문언의 취지상 권한의 위임 규정이 아니라 국가와 지방자치단체 사이의 권한배분에 관한 규정으로 보아야 하고, 따라서 그에 따른 도로관리사무는 지방자치단체의 자치사무로 보는 것이 타당하다고 한다.

41) 박균성, 「행정구제법」, 박영사(2000), 97-99면.

42) 대법원 1998. 7. 10. 96다42819(기여도설) "원래 광역시가 점유・관리하던 일반국도 중 일부 구간의 포장공사를 국가가 대행하여 광역시에 도로의 관리를 이관하기 전에 교통사고가 발생한 경우, 광역시는 그 도로의 점유자 및 관리자, 도로법 제56조, 제55조, 도

국가배상법 제6조 제2항의 규정은 제1항의 의하여 비용부담자가 사무귀속주체와 함게 국가배상책임을 지는 경우(부진정연대)에 양자 사이의 구상관계에 관하여 규정한 것이므로, 제3자로부터 구상금청구를 당하는 경우에 위 규정을 내세워 면책을 주장할 수는 없다.[43)]

제2장 행정상 손실보상

제1절 개념

Ⅰ. 행정상 손실보상은 공공필요에 의한 적법한 공권력행사로 인하여 국민의 재산에 가해진 특별한 손해(희생)에 대하여 전체적인 평등부담의 견지에서 행하여지는 재산적 보상을 뜻한다. 전체적 평등부담의 견지에서 보상이 행해진다는 것은 공적 부담 앞에서의 평등의 원칙을 의미하고, 이는 손실보상의 이론적 근거이다.[44)]

로법시행령 제30조에 의한 도로관리비용 등의 부담자로서의 책임이 있고, 국가는 그 도로의 점유자 및 관리자, 관리사무귀속자, 포장공사비용 부담자로서의 책임이 있다고 할 것이며, 이와 같이 광역시와 국가 모두가 도로의 점유자 및 관리자, 비용부담자로서의 책임을 중첩적으로 지는 경우에는, 광역시와 국가 모두가 국가배상법 제6조 제2항 소정의 궁극적으로 손해를 배상할 책임이 있는 자라고 할 것이고, 결국 광역시와 국가의 내부적인 부담 부분은, 그 도로의 인계·인수 경위, 사고의 발생 경위, 광역시와 국가의 그 도로에 관한 분담비용 등 제반 사정을 종합하여 결정함이 상당하다."; 대법원 2001. 9. 25. 2001다41865(사무자귀속설) "국가배상법 제6조에서 내부관계에서 규정할 수 있도록 한 취지는 배상책임자가 불분명하여 피해자가 과연 누구를 손해배상청구의 상대방으로 할 것인지를 알 수 없는 경우에 비용부담자도 배상책임을 지는 것으로 함으로써 피해자의 상대방 선택의 부담을 완화하여 피해구제를 용이하게 하고, 그 내부관계에서는 실질적인 책임이 있는 자가 최종적으로 책임을 지게하려는 데 있는 것으로 풀이되는 바, 이 사건 교통신호기의 관리사무는 원고가 안산경찰서장에게 그 권한을 위임한 사무로서 피고 소속 경찰공무원들은 원고의 사무를 처리하는 지위에 있으므로, 원고가 그 사무에 관하여 선임·감독자에 해당하고 그 교통신호기 시설은 지방자치법 제132조 단서의 규정에 따라 원고의 비용으로 설치·관리되고 있으므로, 그 신호기의 설치, 관리의 비용을 실질적으로 부담하는 비용부담자의 지위도 아울러 지니고 있는 반면, 피고는 단지 그 소속 경찰공무원에게 봉급만을 지급하고 있을 뿐이므로, 원고와 피고 사이에서 이 사건 손해배상의 궁극적인 책임은 전적으로 원고에게 있다고 봄이 상당하다."

43) 대법원 1993. 1. 26. 92다2684

44) 사법연수원, 행정구제법(2013), 317면.

Ⅱ. 손실보상의 대상은 일반적으로는 공권력행사에 의하여 국민의 재산권에 가해진 직접손실을 의미하지만, 공공사업의 시행 결과 그 공공사업의 시행으로 기업지 밖에 미치는 간접손실도 이에 포함된다.[45]

제2절 손실보상청구권

Ⅰ. 헌법 제23조 제3항은 "공공필요에 의한 재산권에 대한 수용·사용·제한 및 그에 대한 보상은 법률로써 하되, 정당한 보상을 지급하여야 한다"고 규정한다. 따라서 재산권 침해는 반드시 법률에 근거하여야 하고, 그 경우 보상에 관하여 법률로 정하여야 한다. 헌법 제23조 3항의 '정당한 보상'은 완전한 보상을 뜻한다.[46]

Ⅱ. 종전에는 구 토지수용법이 헌법 제23조 제3항을 토지수용의 분야에서 구체화하여 투지수용의 근거 및 보상의 기준과 절차를 규정하고, 구 공공용지의 취득 및 손실보상에 관한 특례법이 공익사업 시행자와 토지 등의 소유자 사이의 협의에 의한 토지 등 취득과 보상에 관하여 규정함으로써 공익사업을 위한 토지 등의 취득과 손실보상에 관한 제도가 이원화되어 있었으나, 2003. 1. 1.부터 시행된 공익사업을 위한 토지 등의 취득 및 보상에 관한 법률(공익사업보상법)은 위 두 법을 통합하여 위 두 가지 유형의 손실보상에 관하여 일반법의 기능을 하게 되었다. 개별법령이 공공필요에 의한 재산권의 침해를 규정하는 경우

45) 대법원 1999. 10. 8. 99다27231

46) 대법원 1993. 7. 13. 93누2131 "정당한 보상이라 함은 원칙적으로 피수용재산의 객관적인 재산가치를 완전하게 보상하여야 한다는 완전보상을 뜻하는 것이라 할 것이나, 투기적인 거래에 의하여 형성되는 가격은 정상적인 객관적 재산가치로는 볼 수 없으므로 이를 배제한다고 하여 완전보상의 원칙에 어긋나는 것은 아니며, 공익사업의 시행으로 지가가 상승하여 발생하는 개발이익은 궁극적으로는 국민 모두에게 귀속되어야 할 성질의 것이므로 이는 완전보상의 범위에 포함되는 피수용토지의 객관적 가치 내지 피수용자의 손실이라고는 볼 수 없다."; 헌법재판소 1990. 6. 25. 89헌마107 "헌법 제23조 제3항에서 규정한 "정당한 보상"이란 원칙적으로 피수용재산의 객관적인 재산가치를 완전하게 보상하여야 한다는 완전보상을 뜻하는 것이지만, 공익사업의 시행으로 인한 개발이익은 완전보상의 범위에 포함되는 피수용토지의 객관적 가치 내지 피수용자의 손실이라고는 볼 수 없다."

위 공익사업보상법상의 손실보장규정을 준용하거나 규율대상의 특수성으로 인하여 독자적인 손실보상절차를 두거나 하고 있다.[47] 하천법 제76조, 도로법 제79조, 공유수면 관리 및 매립에 관한 법률 제57조, 수산업법 제81조, 산지관리법 제48조, 소방법 제25조 제4항 등은 재산권의 공용침해에 관한 손실보장을 개별적으로 규정하고 있다.

Ⅲ. 손실보상청구권의 법적 성질에 대해 통설은 손실보상의 원인행위가 공법적이기 때문에 그 효과로서의 권리회복인 손실보상도 공법적인 것으로 보아야 한다는 입장이다. 대법원도 같은 입장이다.[48]

---

47) 사법연수원, 행정구제법(2013), 319면.

48) 대법원 2006. 5. 18. 2004다6207 전원합의체 판결 "개정 하천법 부칙 제2조 제1항에서 개정 하천법의 시행일인 1984. 12. 31. 전에 유수지에 해당되어 하천구역으로 된 토지 및 구 하천법의 시행으로 국유로 된 제외지 안의 토지에 대하여는 관리청이 그 손실을 보상하도록 규정하였고, '법률 제3782호 하천법 중 개정법률 부칙 제2조의 규정에 의한 보상청구권의 소멸시효가 만료된 하천구역 편입토지 보상에 관한 특별조치법' 제2조는 구 하천법 부칙 제2조 제1항에 해당하는 토지로서 개정 하천법 부칙 제2조 제2항에서 규정하고 있는 소멸시효의 만료로 보상청구권이 소멸되어 보상을 받지 못한 토지에 대하여는 시・도지사가 그 손실을 보상하도록 규정하고 있는바, 위 각 규정들에 의한 손실보상청구권은 모두 종전의 하천법 규정 자체에 의하여 하천구역으로 편입되어 국유로 되었으나 그에 대한 보상규정이 없었거나 보상청구권이 시효로 소멸되어 보상을 받지 못한 토지들에 대하여, 국가가 반성적 고려와 국민의 권리구제 차원에서 그 손실을 보상하기 위하여 규정한 것으로서, 그 법적 성질은 하천법 본칙(본칙)이 원래부터 규정하고 있던 하천구역에의 편입에 의한 손실보상청구권과 하등 다를 바가 없는 것이어서 공법상의 권리임이 분명하므로 그에 관한 쟁송도 행정소송절차에 의하여야 한다. 하천법 부칙 제2조와 '법률 제3782호 하천법 중 개정법률 부칙 제2조의 규정에 의한 보상청구권의 소멸시효가 만료된 하천구역 편입토지 보상에 관한 특별조치법' 제2조, 제6조의 각 규정들을 종합하면, 위 규정들에 의한 손실보상청구권은 1984. 12. 31. 전에 토지가 하천구역으로 된 경우에는 당연히 발생되는 것이지, 관리청의 보상금지급결정에 의하여 비로소 발생하는 것은 아니므로, 위 규정들에 의한 손실보상금의 지급을 구하거나 손실보상청구권의 확인을 구하는 소송은 행정소송법 제3조 제2호 소정의 당사자소송에 의하여야 한다."; 대법원 2012. 10.11. 2010다23210 "구 공익사업을 위한 토지 등의 취득 및 보상에 관한 법률 제79조 제2항, 공익사업을 위한 토지 등의 취득 및 보상에 관한 법률 시행규칙 제57조에 따른 사업폐지 등에 대한 보상청구권은 공익사업의 시행 등 적법한 공권력의 행사에 의한 재산상 특별한 희생에 대하여 전체적인 공평부담의 견지에서 공익사업의 주체가 손해를 보상하여 주는 손실보상의 일종으로 공법상 권리임이 분명하므로 그에 관한 쟁송은 민사소송이 아닌 행정소송절차에 의하여야 한다. 또한 위 규정들과 구 공익사업법 제26조, 제28조, 제30조, 제34조, 제50조, 제61조, 제83조 내지 제85조의 규정 내용・체계 및 입법 취지 등을 종합하여 보면, 공익사업으로 인한 사업폐지 등으로 손실을 입게 된 자는 구 공익사업법 제34조, 제50조 등에 규정된 재결절

제3절 보상규정 없는 재산권침해

Ⅰ. 재산권침해에 관한 법률이 그에 대한 보상규정을 두지 않은 경우 보상규정을 두지 않은 법률은 위헌무효라 할 것이고 그에 의한 재산권침해는 법률상 근거가 없는 위법한 공권력의 행사가 될 것이므로 국가배상을 청구할 수 있다 할 것이다(위헌무효설).[49]

Ⅱ. 관련 판례

1. 대법원 1988.11.3. 자 88마850 결정 "토지수용법상 기업자는 토지수용으로 인하여 토지소유자 또는 관계인이 입게 되는 손실을 수용의 시기까지 보상할 의무가 있고 그 보상금의 지급 또는 공탁을 조건으로 수용의 시기에 그 수용목적물에 대한 권리를 취득하게 되는 것이므로, 이러한 보상을 함이 없이 수용목적물에 대한 공사를 시행하여 토지소유자 또는 관계인에게 손해를 입혔다면 이는 불법행위를 구성하는 것으로서 이와 같은 불법행위를 주장하여 손해금의 지급을 구하는 소는 손실보상이라는 용어를 사용하였다고 하여도 민사상의 손해배상청구임이 틀림없다. 기록에 의하면, 원고의 이 사건 청구원인사실의 요지는 원고는 진주시 평거동 305의 5에서 양계장을 경영해 왔는데 피고는 그 일대토지를 수용하여 임대아파트를 건설하면서 원고소유의 양계시설 및 사업이익 등에 관하여 적법한 보상을 함이 없이 정지공사를 시작함으로써 원고로 하여금 양계시설 손해금 5,000,000원과 폐업손해금 30,000,000원, 도합 35,000,000원 상당의 손해를 입게 하였으므로 그 지급을 구한다는 것이다. 원고의 이러한 주장은 토지수용법에서 규정하고 있는 공법상의 손실보상을 요구하는 취지라기 보다는 앞에서 설시한 바와 같은 사전보상을 결

차를 거친 다음 재결에 대하여 불복이 있는 때에 비로소 구 공익사업법 제83조 내지 제85조에 따라 권리구제를 받을 수 있다고 보아야 한다."

49) 이와 달리 헌법 제23조 제3항에 의하여 보상을 청구할 수 있다는 직접효력설, 헌법 제23조 제1항, 제11조에 근거하여 헌법 제23조 제3항 및 관련보상규정을 유추적용해서 보상을 청구할 수 있다고 보는 유추적용설도 주장된다.

여한 불법행위로 인한 손해배상을 구하는 취지라고 보여지므로 원심으로서는 과연 원고주장과 같은 불법행위가 인정될 수 있는지의 여부를 심리판단하여야 하며 심리한 결과 만일 원고가 피고주장과 같이 이미 사전보상절차를 거쳤다면 그 보상결정액이 적정한 보상액이 되지 못한다고 하여도 그 절차에서 이를 다툴 수 있을 뿐 사전보상절차를 거치지 않은 경우와 같이 따로이 불법행위책임을 물을 수는 없는 것이므로 이를 이유로 원고의 이 사건 손해배상청구를 배척하였어야 할 것이다. 그럼에도 불구하고 원심은 이에 이름이 없이 원고의 이 사건 청구원인이 직접 공법상의 법률관계당사자인 기업자를 피고로 삼아 중앙토지수용위원회의 수용재결에서 보상금으로 결정된 금액이 적음을 이유로 그 증액 또는 추가보상을 받기 위한 청구라고 보고 이러한 보상금지급청구의 소는 이른바 당사자소송으로서 행정소송에 해당한다고 판단하여 1심의 관할이송결정을 그대로 유지하고 있는 바, 이는 토지수용법상의 손실보상규정을 종전의 대법원판례와는 상반되게 이 사건과 같은 민사상의 손해배상까지 포함하는 것으로 확대해석하여 결론에 영향을 미친 위법을 저지른 것이라고 보지 못할 바 아니어서 원고의 재항고는 이유있다. 그러므로 원심결정을 파기환송하기로 하여 관여법관의 일치된 의견으로 주문과 같이 결정한다."

2. 대법원 1997. 3. 28. 선고 96다3258 판결 "공유수면매립의 면허를 받은 자가 공유수면매립법 제16조 제1항에 의한 보상을 함이 없이 공유수면매립사업을 시행하여 그 보상을 받을 권리를 가진 자에게 손해를 입혔다면 이는 불법행위를 구성하는 것으로서 민사상의 손해배상채무를 지게 되므로, 농업을 목적으로 하는 매립 또는 간척사업의 시행자가 그 사업의 대상인 공유수면에 대하여 권리를 가진 자에게 보상을 함이 없이 매립사업을 시행하여 그 권리를 가진 자에게 손해를 입혔다면 민사상의 손해배상채무를 지게 된다."

3. 대법원 2000. 5. 26. 선고 99다37382 판결 "개정 수산업법 제81조

제1항 제1호는 "동법 제34조 제1항 제1호 내지 제5호와 제35조 제8호(제34조 제1항 제1호 내지 제5호에 해당하는 경우에 한한다.)의 규정에 해당되는 사유로 인하여 면허·허가 또는 신고한 어업에 대한 처분을 받았거나 당해 사유로 인하여 제14조의 규정에 의한 어업면허의 유효기간의 연장이 허가되지 아니함으로써 손실을 입은 자는 그 처분을 행한 행정관청에 대하여 보상을 청구할 수 있다."라고 규정하고 있으므로, 면허·허가 또는 신고한 어업에 대한 위와 같은 처분으로 인하여 손실을 입은 자는 처분을 한 행정관청 또는 그 처분을 요청한 행정관청이 속한 권리주체인 지방자치단체 또는 국가를 상대로 민사소송으로 손실보상금지급청구를 할 수 있고, 이러한 법리는 농어촌진흥공사가 농업을 목적으로 하는 매립 또는 간척사업을 시행함으로 인하여 개정 수산업법 제44조의 규정에 의한 어업의 신고를 한 자가 더 이상 신고한 어업에 종사하지 못하게 되어 손실을 입은 경우에도 같이 보아야 할 것이며, 한편 이와 같이적법하게 어업의 신고를 하고 공유수면매립사업지구 내에서 신고한 어업에 종사하고 있던 어민들에 대하여 손실보상을 할 의무가 있는 사업시행자가 손실보상의무를 이행하지 아니한 채 공유수면매립공사를 시행함으로써 실질적이고 현실적인 침해를 가하였다면 이는 불법행위를 구성하고, 이 경우 어업의 신고를 한 자가 입세 되는 손해는 그 손실보상금 상당액이라고 할 것이다. 따라서 원심이 원고들 중 일부가 개정 수산업법 제44조의 규정에 의하여 적법하게 어업의 신고를 한 사실을 인정하고서도 신고 어업의 폐지에 따른 손실보상금 상당액의 손해배상을 구하는 원고들의 주장에 대하여 "피고가 이 사건 공공사업을 시행한 것만 가지고는 개정 수산업법 제81조에 규정된 신고어업에 대한 제한 등 행정처분이 있는 경우에 해당한다고 할 수 없다."는 이유를 들어 이를 배척한 것은 신고 어업에 대한 손해배상에 관하여 법리오해의 위법을 저지른 것이라고 아니할 수 없다. 상고이유 중 이 점을 지적하는 부분 또한 이유 있다."

4. 대법원 2001. 9. 4. 선고 99두11080 판결 "기업자가 수용과정에서 아무런 보상 없이 수용대상이 아닌 목적물을 철거함으로써 그 소유자 등에게 손해를 입혔다면 이는 불법행위를 구성하는 것으로서 이와 같은 불법행위로 인한 손해금의 지급을 구하는 소는 손실보상이라는 용어를 사용하였다고 하여도 민사상의 손해배상청구로 보아야 한다. 기록에 의하면, 원고는 피고 수원시가 아무 근거 없이 6 내지 8 지장물을 철거 또는 수거함으로써 원고에게 그 가액 상당의 손해를 입혔으므로, 이를 보상해 주어야 한다고 주장하면서 보상금 지급을 구하고 있는바, 이러한 원고의 청구는 보상금 증액 청구가 아닌 민사상 손해배상청구가 병합된 것으로 보고 이에 대하여 심리판단하여야 함에도 불구하고, 원심이 이를 보상금 증액 청구로만 보아 선뜻 배척하고 말았으니, 거기에는 행정소송절차에 병합된 민사상 손해배상청구의 심리절차에 관한 법리를 오해하여 판결에 영향을 미친 위법이 있다."

제4절 공익사업을 위한 토지 등의 취득 및 보상에 관한 법률(공익사업보상법)

공익사업보상법은 손실보상에 대하여 상세한 기준과 내용을 마련하고 있다. 공익사업보상법의 보상내용은 공용침해로 발생된 재산상의 손실에 대한 보상인 재산권보상과 공공사업의 실시 또는 완성 후에 시설이 사업지 밖의 재산권에 미치는 손실에 대한 보상인 사업손실보상(간접손실보상) 및 공용침해로 인하여 생활근거를 상실한 재산권자에 대한 생활재건을 내용으로 하는 생활보상으로 구분된다.

Ⅰ. 재산권보상

1. 공익사업보상법 제70조(취득하는 토지의 보상) ① 협의나 재결에 의하여 취득하는 토지에 대하여는 「부동산 가격공시 및 감정평가에 관한 법률」에 따른 공시지가[50]를 기준으로 하여 보상하되, 그 공시기준일부터

가격시점까지의 관계 법령에 따른 그 토지의 이용계획, 해당 공익사업으로 인한 지가의 영향을 받지 아니하는 지역의 대통령령으로 정하는 지가변동률, 생산자물가상승률(「한국은행법」 제86조에 따라 한국은행이 조사·발표하는 생산자물가지수에 따라 산정된 비율을 말한다)과 그 밖에 그 토지의 위치·형상·환경·이용상황 등을 고려하여 평가한 적정가격으로 보상하여야 한다.[51] ② 토지에 대한 보상액은 가격시점에서의 현실적인 이용상황과 일반적인 이용방법에 의한 객관적 상황을 고려하여 산정하되, 일시적인 이용상황과 토지소유자나 관계인이 갖는 주관적 가치 및 특별한 용도에 사용할 것을 전제로 한 경우 등은 고려하지 아니한다. ③ 사업인정 전 협의에 의한 취득의 경우에 제1항에 따

---

50) 대법원과 헌재 모두 공시지가에 의한 보상이 정당보상의 원칙에 반하지 않는다고 본다. 대법원 1993. 7. 13. 93누2131 "공시지가에 의하여 보상액을 산정하도록 되어 있는 구 토지수용법 제46조 제2항과 지가공시및토지등의평가에관한법률 제10조 제1항 제1호는 완전보상 원칙을 선언한 헌법 제23조 제3항에 위반되지 아니한다."; 헌법재판소 1995. 4. 20. 93헌바20·66, 94헌바4·9, 95헌바6 "구 토지수용법 제46조 제2항 및 지가공시및토지등의평가에관한법률 제10조 제1항 제1호가 토지수용으로 인한 손실보상액의 산정을 공시지가를 기준으로 하되 개발이익을 배제하고, 공시기준일부터 재결시까지의 시점보정을 인근토지의 가격변동률과 도매물가상승률 등에 의하여 행하도록 규정한 것은 위 각 규정에 의한 기준지가가 대상지역 공고일 당시의 표준지의 객관적 가치를 정당하게 반영하는 것이고, 표준지와 지가산정 대상토지 사이에 가격의 유사성을 인정할 수 있도록 표준지의 선정이 적정하며, 대상지역 공고일 이후 수용시까지의 시가변동을 산출하는 시점보정의 방법이 적정한 것으로 보이므로, 헌법상의 정당보상의 원칙에 위배되는 것이 아니며, 또한 위 헌법조항의 법률유보를 넘어섰다거나 과잉금지의 원칙에 위배되었다고 볼 수 없다."

51) 보상액을 산정함에 있어 당해 토지의 이용계획, 당해 공익사업으로 인한 지가의 영향을 받지 아니하는 지역의 대통령령이 정하는 지가변동률을 적용하게 함으로써 개발이익과는 무관한 정상적인 지가상승률만 반영되도록 한다(공익사업보상법 제70조 1항, 동시행령 제37조 2항). 당해 공익사업의 시행을 직접 목적으로 하여 용도지역 또는 용도지구 등이 변경된 토지에 대하여는 변경되기 전의 용도지역 또는 용도지구 등을 기준으로 평가한다(동시행규칙 제23조 2항). 이는 개발이익의 배제를 위한 것이다. 대법원 1995. 11. 7. 94누13725 "토지수용으로 인한 손실보상액을 산정함에 있어서는 당해 공공사업의 시행을 직접 목적으로 하는 계획의 승인·고시로 인한 가격변동은 이를 고려함이 없이 수용재결 당시의 가격을 기준으로 하여 적정가격을 정하여야 하는 것이므로, 택지개발계획의 시행을 위하여 용도지역이 경지지역에서 도시지역으로 변경된 토지들에 대하여 그 이후 이 사업을 시행하기 위하여 이를 수용하였다면, 표준지의 선정이나 지가변동률의 적용, 품등비교 등 그 보상액 재결을 위한 평가를 함에 있어서는 용도지역의 변경을 고려함이 없이 평가하여야 할 것이다."

른 공시지가는 해당 토지의 가격시점 당시 공시된 공시지가 중 가격시점과 가장 가까운 시점에 공시된 공시지가로 한다. ④ 사업인정 후의 취득의 경우에 제1항에 따른 공시지가는 사업인정고시일 전의 시점을 공시기준일로 하는 공시지가로서, 해당 토지에 관한 협의의 성립 또는 재결 당시 공시된 공시지가 중 그 사업인정고시일과 가장 가까운 시점에 공시된 공시지가로 한다.

2. 공익사업보상법 제71조(사용하는 토지의 보상 등) ① 협의 또는 재결에 의하여 사용하는 토지에 대하여는 그 토지와 인근 유사토지의 지료, 임대료, 사용방법, 사용기간 및 그 토지의 가격 등을 고려하여 평가한 적정가격으로 보상하여야 한다.

3. 공익사업보상법 제72조(사용하는 토지의 매수청구 등) 사업인정고시가 된 후 다음 각 호의 어느 하나에 해당할 때에는 해당 토지소유자는 사업시행자에게 해당 토지의 매수를 청구하거나 관할 토지수용위원회에 그 토지의 수용을 청구할 수 있다. 이 경우 관계인은 사업시행자나 관할 토지수용위원회에 그 권리의 존속을 청구할 수 있다. 1. 토지를 사용하는 기간이 3년 이상인 경우 2. 토지의 사용으로 인하여 토지의 형질이 변경되는 경우 3. 사용하려는 토지에 그 토지소유자의 건축물이 있는 경우

4. 공익사업보상법 75조(건축물등 물건에 대한 보상) ① 건축물 · 입목 · 공작물과 그 밖에 토지에 정착한 물건에 대하여는 이전에 필요한 비용으로 보상하여야 한다. 다만, 다음 각 호의 어느 하나에 해당하는 경우에는 해당 물건의 가격으로 보상하여야 한다. 1. 건축물등을 이전하기 어렵거나 그 이전으로 인하여 건축물등을 종래의 목적대로 사용할 수 없게 된 경우 2. 건축물등의 이전비가 그 물건의 가격을 넘는 경우 3. 사업시행자가 공익사업에 직접 사용할 목적으로 취득하는 경우 ② 농작물에 대한 손실은 그 종류와 성장의 정도 등을 종합적으로 고려하여 보상하여야

한다. ③ 토지에 속한 흙·돌·모래 또는 자갈(흙·돌·모래 또는 자갈이 해당 토지와 별도로 취득 또는 사용의 대상이 되는 경우만 해당한다)에 대하여는 거래가격 등을 고려하여 평가한 적정가격으로 보상하여야 한다. ④ 분묘에 대하여는 이장(移葬)에 드는 비용 등을 산정하여 보상하여야 한다. ⑤ 사업시행자는 사업예정지에 있는 건축물등이 제1항 제1호 또는 제2호에 해당하는 경우에는 관할 토지수용위원회에 그 물건의 수용 재결을 신청할 수 있다.

공익사업보상법 제76조(권리의 보상) ① 광업권·어업권 및 물(용수시설을 포함한다) 등의 사용에 관한 권리에 대하여는 투자비용, 예상수익 및 거래가격 등을 고려하여 평가한 적정가격으로 보상하여야 한다.

5. 공익사업보상법 제77조(영업의 손실 등에 대한 보상) ① 영업을 폐지하거나 휴업함에 따른 영업손실에 대하여는 영업이익과 시설의 이전비용 등을 고려하여 보상하여야 한다. ② 농업의 손실에 대하여는 농지의 단위면적당 소득 등을 고려하여 실제 경작자에게 보상하여야 한다. 다만, 농지소유자가 해당 지역에 거주하는 농민인 경우에는 농지소유자와 실제 경작자가 협의하는 바에 따라 보상할 수 있다. ③ 휴직하거나 실직하는 근로자의 임금손실에 대하여는 「근로기준법」에 따른 평균임금 등을 고려하여 보상하여야 한다.

Ⅱ. 사업손실보상(간접손실보상)

1. 공익사업보상법 제73조(잔여지의 손실과 공사비 보상) ① 사업시행자는 동일한 소유자에게 속하는 일단의 토지의 일부가 취득되거나 사용됨으로 인하여 잔여지의 가격이 감소하거나 그 밖의 손실이 있을 때 또는 잔여지에 통로·도랑·담장 등의 신설이나 그 밖의 공사가 필요할 때에는 국토교통부령으로 정하는 바에 따라 그 손실이나 공사의 비용을 보상하여야 한다. 다만, 잔여지의 가격 감소분과 잔여지에 대한 공사의 비용을 합한 금액이 잔여지의 가격보다 큰 경우에는 사업시행자는 그 잔여지

를 매수할 수 있다. ② 제1항 본문에 따른 손실 또는 비용의 보상은 해당 사업의 공사완료일부터 1년이 지난 후에는 청구할 수 없다.

2. 공익사업보상법 제74조(잔여지 등의 매수 및 수용 청구) ① 동일한 소유자에게 속하는 일단의 토지의 일부가 협의에 의하여 매수되거나 수용됨으로 인하여 잔여지를 종래의 목적에 사용하는 것이 현저히 곤란할 때에는 해당 토지소유자는 사업시행자에게 잔여지를 매수하여 줄 것을 청구할 수 있으며, 사업인정 이후에는 관할 토지수용위원회에 수용을 청구할 수 있다. 이 경우 수용의 청구는 매수에 관한 협의가 성립되지 아니한 경우에만 할 수 있으며, 그 사업의 공사완료일까지 하여야 한다. ② 제1항에 따라 매수 또는 수용의 청구가 있는 잔여지 및 잔여지에 있는 물건에 관하여 권리를 가진 자는 사업시행자나 관할 토지수용위원회에 그 권리의 존속을 청구할 수 있다.

3. 공익사업보상법 75조의2(잔여 건축물의 손실에 대한 보상 등) ① 사업시행자는 동일한 소유자에게 속하는 일단의 건축물의 일부가 취득되거나 사용됨으로 인하여 잔여 건축물의 가격이 감소하거나 그 밖의 손실이 있을 때에는 국토교통부령으로 정하는 바에 따라 그 손실을 보상하여야 한다. 다만, 잔여 건축물의 가격 감소분과 보수비(건축물의 나머지 부분을 종래의 목적대로 사용할 수 있도록 그 유용성을 동일하게 유지하는 데에 일반적으로 필요하다고 볼 수 있는 공사에 사용되는 비용을 말한다. 다만, 「건축법」 등 관계 법령에 따라 요구되는 시설 개선에 필요한 비용은 포함하지 아니한다)를 합한 금액이 잔여 건축물의 가격보다 큰 경우에는 사업시행자는 그 잔여 건축물을 매수할 수 있다. ② 동일한 소유자에게 속하는 일단의 건축물의 일부가 협의에 의하여 매수되거나 수용됨으로 인하여 잔여 건축물을 종래의 목적에 사용하는 것이 현저히 곤란할 때에는 그 건축물소유자는 사업시행자에게 잔여 건축물을 매수하여 줄 것을 청구할 수 있으며, 사업인정 이후에는 관할 토지수용위원회에 수용을 청구할 수 있다. 이 경우 수용 청구는 매수에

관한 협의가 성립되지 아니한 경우에만 하되, 그 사업의 공사완료일까지 하여야 한다.

4. 공익사업보상법 제79조(그 밖의 토지에 관한 비용보상 등) ① 사업시행자는 공익사업의 시행으로 인하여 취득하거나 사용하는 토지(잔여지를 포함한다) 외의 토지에 통로·도랑·담장 등의 신설이나 그 밖의 공사가 필요할 때에는 그 비용의 전부 또는 일부를 보상하여야 한다. 다만, 그 토지에 대한 공사의 비용이 그 토지의 가격보다 큰 경우에는 사업시행자는 그 토지를 매수할 수 있다. ② 공익사업이 시행되는 지역 밖에 있는 토지등이 공익사업의 시행으로 인하여 본래의 기능을 다할 수 없게 되는 경우에는 국토교통부령으로 정하는 바에 따라 그 손실을 보상하여야 한다.[52] ③ 사업시행자는 제2항에 따른 보상이 필요하다고 인정하는 경우에는 제15조에 따라 보상계획을 공고할 때에 보상을 청구할 수 있다는 내용을 포함하여 공고하거나 대통령령으로 정하는 바에 따라 제2항에 따른 보상에 관한 계획을 공고하여야 한다.

Ⅲ. 생활보상

1. 공익사업보상법 제78조(이주대책의 수립 등) ① 사업시행자는 공익사업의 시행으로 인하여 주거용 건축물을 제공함에 따라 생활의 근거를 상실하게 되는 자(이하 "이주대책대상자"라 한다)를 위하여 대통령령으로 정하는 바에 따라 이주대책을 수립·실시하거나 이주정착금을 지급하여야 한다.[53] ② 사업시행자는 제1항에 따라 이주대책을 수립하려

52) 동 조항에 의하여 이제는 간접손실을 입은 자도 보상에 관한 협의성립 여부를 불문하고 대지등의 보상(동법 시행규칙 59조), 건축물보상(60조), 소수잔존자에 대한 보상(61조), 공작물 등의 보상(62조), 어업피해보상(63조), 영업손실보상(64조), 농업손실보상(65조)을 청구할 수 있게 되었다.

53) 대법원 2011. 10. 13. 2008두17905 판결 "공익사업을 위한 토지 등의 취득 및 보상에 관한 법률은 제78조 제1항에서 "사업시행자는 공익사업의 시행으로 인하여 주거용 건축물을 제공함에 따라 생활의 근거를 상실하게 되는 자(이하 '이주대책대상자'라 한다)를 위하여 대통령령으로 정하는 바에 따라 이주대책을 수립·실시하거나 이주정착금을 지급하여야 한다."고 규정하고 있을 뿐, 생활대책용지의 공급과 같이 공익사업 시행 이전

면 미리 관할 지방자치단체의 장과 협의하여야 한다. ③ 국가나 지방자치단체는 이주대책의 실시에 따른 주택지의 조성 및 주택의 건설에 대하여는 「주택도시기금법」에 따른 주택도시기금을 우선적으로 지원하여야 한다. ④ 이주대책의 내용에는 이주정착지(이주대책의 실시로 건설하는 주택단지를 포함한다)에 대한 도로, 급수시설, 배수시설, 그 밖의 공공시설 등 통상적인 수준의 생활기본시설이 포함되어야 하며, 이에 필요한 비용은 사업시행자가 부담한다.[54] 다만, 행정청이 아닌 사업시행자가 이주대책을 수립·실시하는 경우에 지방자치단체는 비용의 일부를 보조할 수 있다. ⑤ 주거용 건물의 거주자에 대하여는 주거 이전에 필요한 비용과 가재도구 등 동산의 운반에 필요한 비용을 산정하

과 같은 경제수준을 유지할 수 있도록 하는 내용의 생활대책에 관한 분명한 근거 규정을 두고 있지는 않으나, 사업시행자 스스로 공익사업의 원활한 시행을 위하여 필요하다고 인정함으로써 생활대책을 수립·실시할 수 있도록 하는 내부규정을 두고 있고 내부규정에 따라 생활대책대상자 선정기준을 마련하여 생활대책을 수립·실시하는 경우에는, 이러한 생활대책 역시 "공공필요에 의한 재산권의 수용·사용 또는 제한 및 그에 대한 보상은 법률로써 하되, 정당한 보상을 지급하여야 한다."고 규정하고 있는 헌법 제23조 제3항에 따른 정당한 보상에 포함되는 것으로 보아야 한다. 따라서 이러한 생활대책대상자 선정기준에 해당하는 자는 사업시행자에게 생활대책대상자 선정 여부의 확인·결정을 신청할 수 있는 권리를 가지는 것이어서, 만일 사업시행자가 그러한 자를 생활대책대상자에서 제외하거나 선정을 거부하면, 이러한 생활대책대상자 선정기준에 해당하는 자는 사업시행자를 상대로 항고소송을 제기할 수 있다고 보는 것이 타당하다."

54) 이는 강행규정이다. 대법원 2002. 3. 15. 선고 2001다67126 판결 "공용지의취득및손실보상에관한특례법시행령 제5조 제1항은 "공공용지의취득및손실보상에관한특례법 제8조 제1항의 규정에 의하여 수립되는 이주대책의 내용에는 이주정착지에 대한 도로·급수시설·배수시설 기타 공공시설 등 당해 지역조건에 따른 생활기본시설이 포함되어야 한다."고 규정하고 있으며, 동 제4항은 "제1항의 규정에 의한 이주대책의 시행에 필요한 비용은 사업시행자의 부담으로 한다. 다만, 행정청이 아닌 사업시행자가 이주대책을 수행하는 경우에 지방자치단체는 비용의 일부를 보조할 수 있다."고 규정하고 있는바, 공공용지의취득및손실보상에관한특례법상의 이주대책의 제도적 취지에 비추어 볼 때, 위 시행령 제5조 제1항 및 제4항은 사업시행자가 이주자들을 위한 이주대책으로서 이주정착지에 택지를 조성하여 개별 공급하는 경우, 그 이주정착지에 대한 도로, 급수 및 배수시설 기타 공공시설 등 당해 지역조건에 따른 생활기본시설이 설치되어 있어야 하고, 또한 그 공공시설 등의 설치비용은 사업시행자가 부담하는 것으로서 이를 이주자들에게 전가할 수는 없는 것이며, 이주자들에게는 다만 분양받을 택지의 소지(소지)가격 및 택지조성비 정도를 부담시킬 수 있는 것으로 해석함이 상당하고, 이와 같은 규정들은 그 취지에 비추어 볼 때 당사자의 합의로도 그 적용을 배제할 수 없는 강행법규에 해당한다고 봄이 상당하다."

여 보상하여야 한다. ⑥ 공익사업의 시행으로 인하여 영위하던 농업·어업을 계속할 수 없게 되어 다른 지역으로 이주하는 농민·어민이 받을 보상금이 없거나 그 총액이 국토교통부령으로 정하는 금액에 미치지 못하는 경우에는 그 금액 또는 그 차액을 보상하여야 한다.[55] ⑦ 사업시행자는 해당 공익사업이 시행되는 지역에 거주하고 있는 「국민기초생활 보장법」 제2조제1호·제11호에 따른 수급권자 및 차상위계층이 취업을 희망하는 경우에는 그 공익사업과 관련된 업무에 우선적으로 고용할 수 있으며, 이들의 취업 알선을 위하여 노력하여야 한다.

2. 공익사업보상법 제78조의2(공장의 이주대책 수립 등) 사업시행자는 대통령령으로 정하는 공익사업의 시행으로 인하여 공장부지가 협의 양도되거나 수용됨에 따라 더 이상 해당 지역에서 공장(「산업집적활성화 및 공장설립에 관한 법률」 제2조제1호에 따른 공장을 말한다)을 가동할 수 없게 된 자가 희망하는 경우 「산업입지 및 개발에 관한 법률」에 따라 지정·개발된 인근 산업단지에 입주하게 하는 등 대통령령으로 정하는 이주대책에 관한 계획을 수립하여야 한다.

3. 대법원 1994. 5. 24. 선고 92다35783 전원합의체 판결 "사업시행자가 국가 또는 지방자치단체와 같은 행정기관이 아니고 이와는 독립하여 법률에 의하여 특수한 존립목적을 부여받아 국가의 특별감독하에 그 존립

55) 공익사업법 시행규칙 제56조(이농비 또는 이어비의 보상) ① 법 제78조제6항에서 "국토교통부령이 정하는 금액"이라 함은 「통계법」 제3조제3호에 따른 통계작성기관이 조사·발표하는 농가경제조사통계의 연간 전국평균 가계지출비 및 농업기본통계조사의 가구당 전국평균 농가인구를 기준으로 다음 산식에 의하여 산정한 가구원수에 따른 1년분의 평균생계비를 말한다. 가구원수에 따른 1년분의 평균생계비 = 연간 전국평균 가계지출비 ÷ 가구당 전국평균 농가인구 × 이주가구원수 ②제1항에 따른 이농비 또는 이어비(離漁費)는 공익사업의 시행으로 인하여 영위하던 농·어업을 계속할 수 없게 되어 다음 각 호의 어느 하나 외의 지역으로 이주하는 농민(「농지법 시행령」 제3조제1호에 따른 농업인으로서 농작물의 경작 또는 다년생식물의 재배에 상시 종사하거나 농작업의 2분의 1 이상을 자기의 노동력에 의하여 경작 또는 재배하는 자를 말한다) 또는 어민(연간 200일 이상 어업에 종사하는 자를 말한다)에게 보상한다. 1. 공익사업에 편입되는 농지의 소재지(어민인 경우에는 주소지를 말한다)와 동일한 시·군 또는 구 2. 제1호의 지역과 인접한 시·군 또는 구

목적인 공공사무를 행하는 공법인이 관계법령에 따라 공공사업을 시행하면서 그에 따른 이주대책을 실시하는 경우에도, 그 이주대책에 관한 처분은 법률상 부여받은 행정작용권한을 행사하는 것으로서 항고소송의 대상이 되는 공법상 처분이 되므로, 그 처분이 위법부당한 것이라면 사업시행자인 당해 공법인을 상대로 그 취소소송을 제기할 수 있다."

4. 이주대책대상자들이 이주대책으로서 수분양권이라는 실체적 권리를 과연 구체적으로 언제 취득하는지가 문제되는데, 대법원은 사업시행자가 이주대책자로 확인·결정하여야만 비로소 구체적인 수분양권이 발생한다고 본다. 따라서 사업시행자가 하는 확인·결정은 곧 구체적인 이주대책상의 수분양권을 취득하기 위한 요건이 되는 행정작용으로서의 처분이며, 수분양권의 취득을 희망하는 이주자가 소정의 절차에 따라 이주대책대상자 선정신청을 한 데 대하여 사업시행자가 이주대책대상자가 아니라고 하여 위 확인·결정 등의 처분을 하지 않고 이를 제외시키거나 또는 거부조치한 경우에는, 이주자로서는 당연히 사업시행자를 상대로 항고소송에 의하여 그 제외처분 또는 거부처분의 취소를 구할 수 있다. 사업시행자가 국가 또는 지방자치단체와 같은 행정기관이 아니고 이와는 독립하여 법률에 의하여 특수한 존립목적을 부여받아 국가의 특별감독 하에 그 존립목적인 공공사무를 행하는 공법인이 관계법령에 따라 공공사업을 시행하면서 그에 따른 이주대책을 실시하는 경우에도, 그 이주대책에 관한 처분은 법률상 부여받은 행정작용권한을 행사하는 것으로서 항고소송의 대상이 되는 공법상 처분이 되므로, 그 처분이 위법부당한 것이라면 사업시행자인 당해 공법인을 상대로 그 취소소송을 제기할 수 있다. 이러한 수분양권은 위와 같이 이주자가 이주대책을 수립.실시하는 사업시행자로부터 이주대책대상자로 확인·결정을 받음으로써 취득하게 되는 택지나 아파트 등을 분양받을 수 있는 공법상의 권리라 할 것이며, 이주자가 사업시행자에 대한 이주대책대상자 선정신청 및 이에 따른 확인·결정 등 절차를 밟지 아니하여 구체적인 수분양권을 아직 취득하지도 못한 상태에서 곧

바로 분양의무의 주체를 상대방으로 하여 민사소송이나 공법상 당사자소송으로 이주대책상의 수분양권의 확인 등을 구하는 것은 허용될 수 없고, 나아가 그 공급대상인 택지나 아파트 등의 특정부분에 관하여 그 수분양권의 확인을 소구하는 것도 불가능하다.[56]

56) 대법원 1994. 5. 24. 92다35783 전원합의체 "재산권의 보장 내지 사회보장에 이념적 기초를 두고 있는 특례법상의 이주대책은 그 실시를 위한 요건이나 절차, 대책의 내용 내지 그 실시에 따른 효과 등의 점에 대하여 이를 당해 법령의 규정에 의하지 않고 대부분 사업시행자의 개개의 처분에 맡기고 있다. 근본적으로 위 이주대책은 이주자가 이주정착지에 이주를 희망한다는 의사에 바탕을 두고 공공사업 시행자의 책임과 관리감독하에 수립·실시되는 것으로서, 특히 그 구체적인 내용은 사업시행자가 당해 공공사업의 종류 및 성질, 사업시행자의 사업상황이나 여건, 그 대상자의 규모 등 제반 사정을 고려하여 재량으로 결정하게 되며, 실제에 있어서도 사업에 따라 택지의 분양, 아파트 입주권의 부여, 개발제한구역 내 주택건축허가 등과 같이 다양한 급부형태를 취하게 되는 것이다. 이와 같은 점들에 비추어 볼 때, 특례법 제8조 제1항이 사업시행자에게 이주대책의 수립·실시의무를 부과하고 있다고 하여 그 규정 자체만에 의하여 이주자에게 사업시행자가 수립한 이주대책상의 택지분양권이나 아파트 입주권 등을 받을 수 있는 구체적인 권리(수분양권)가 직접 발생하는 것이라고는 도저히 볼 수 없으며, 사업시행자가 이주대책에 관한 구체적인 계획을 수립하여 이를 해당자에게 통지 내지 공고한 후, 이주자가 수분양권을 취득하기를 희망하여 이주대책에 정한 절차에 따라 사업시행자에게 이주대책대상자 선정신청을 하고 사업시행자가 이를 받아들여 이주대책대상자로 확인·결정하여야만 비로소 구체적인 수분양권이 발생하게 된다고 풀이함이 옳을 것이다."

제8편

행정심판

제1장 행정심판과 행정소송

Ⅰ. 행정심판법에서 말하는 행정심판이란 "행정청의 위법 또는 부당한 처분이나 부작위로 침해된 국민의 권리 또는 이익을 구제하고, 아울러 행정의 적정한 운영을 꾀함을 목적으로"하는 행정기관에 의한 심판절차를 뜻한다.

Ⅱ. 행정심판법은 취소심판, 무효등확인심판, 의무이행심판 세 가지를 두고 있다. 의무이행심판은 행정소송법에는 없다. 의무이행심판의 실효성을 확보하기 위하여 행정소송법에는 없는 임시처분을 두고 있다. 그러나 행정소송법에는 있는 당사자소송이 행정심판법에는 없다.

Ⅲ. 현행 행정소송법은 행정심판을 임의적 전치절차로 하였다. 그러나 국세부과처분, 공무원에 대한 징계처분, 도로교통법에 의한 처분 등은 개별법에서 행정심판을 반드시 거치도록 전치주의로 규정하고 있다.

제2장 행정심판기관

행정심판기관이라 함은 행정심판의 청구를 수리하고 이를 심리·재결할 수 있는 권한을 가진 행정기관을 의미하는데, 이러한 행정심판기관을 어디에 설치할 것인지, 그 권한을 구체적으로 어디 범위까지로 할 것인지는 입법정책에 따라 달라진다. 현재 행정심판법은 창구의 일원화 및 절차의 신속화를 꾀하기 위하여 행정심판위원회가 심리·의결·재결까지 하도록 하고 있다(행정심판법 제5조 제1항).[1]

제3장 행정심판의 대상

Ⅰ. 행정심판의 대상은 행정청의 처분 또는 부작위이다. "행정청"은 행정에 관한 의사를 결정하여 표시하는 국가 또는 지방자치단체의 기관, 그 밖에 법령 또는 자치법규에 따라 행정권한을 가지고 있거나 위탁을 받은 공공단체나 그 기관 또는 사인(私人)을 말한다(제2조 제4호). 행정심판법상의 행정청에는 행정부에 속하지 않는 국회사무총장·법원행정처방 및 헌법재판소사무처장도 포함된다. 처분이나 부작위가 있

1) 행정심판법에 따르면 감사원, 국가정보원장, 국회사무총장·법원행정처장·헌법재판소사무처장 및 중앙선거관리위원회사무총장, 국가인권위원회, 진실·화해를위한과거사정리위원회 등의 경우 해당 행정청 또는 그 소속 행정청의 처분 또는 부작위에 대한 행정심판의 청구는 해당 행정청에 두는 행정심판위원회에서 심리·재결한다. 위 행정청 외의 국가행정기관의 장 또는 그 소속 행정청, 특별시장·광역시장·특별자치시장·도지사·특별자치도지사(교육감 포함), 특별시·광역시·특별자치시·도·특별자치도의 의회(의장, 위원회의 위원장, 사무처장 등 의회 소속 모든 행정청 포함), 「지방자치법」에 따른 지방자치단체조합 등 관계 법률에 따라 국가·지방자치단체·공공법인 등이 공동으로 설립한 행정청의 처분 또는 부작위에 대한 심판청구는 국민권익위원회에 두는 중앙행정심판위원회에서 심리·재결한다. 시·도 소속 행정청, 시·도의 관할구역에 있는 시·군·자치구의 장, 소속 행정청 또는 시·군·자치구의 의회, 시·도의 관할구역에 있는 둘 이상의 지방자치단체·공공법인 등이 공동으로 설립한 행정청의 처분 또는 부작위에 대한 심판청구는 시·도지사 소속으로 두는 행정심판위원회에서 심리·재결한다. 대통령령으로 정하는 국가행정기관 소속 특별지방행정기관의 장의 처분 또는 부작위에 대한 심판청구에 대하여는 해당 행정청의 직근 상급행정기관에 두는 행정심판위원회에서 심리·재결한다.

은 뒤에 그 처분이나 부작위에 관계되는 권한이 다른 행정청에 승계된 때에는 그 권한을 승계한 행정청이 처분청 또는 부작위청이 된다(제17조 제1항).

Ⅱ. "처분"이란 행정청이 행하는 구체적 사실에 관한 법집행으로서의 공권력의 행사 또는 그 거부, 그 밖에 이에 준하는 행정작용을 말하며, "부작위"란 행정청이 당사자의 신청에 대하여 상당한 기간 내에 일정한 처분을 하여야 할 법률상 의무가 있는데도 처분을 하지 아니하는 것을 말한다(제2조 제1호, 제2호). 다만, 대통령의 처분 또는 부작위에 대하여는 다른 법률에 특별한 규정이 있는 경우를 제외하고는 행정심판을 제기할 수 없다(제3조 제2항). 대통령령도 행정심판의 대상이 되지 않는다. 심판청구에 대한 재결이 있으면 그 재결 및 같은 처분 또는 부작위에 대하여 다시 행정심판을 청구할 수 없다(제51조). 행정심판법 자체에서 행정심판의 대상에서 제외되는 것으로 규정하지 않은 사항이라고 하더라도 다른 법률에서 별도의 구제절차를 마련하고 있는 경우에는 행정심판의 대상에서 제외되는 것으로 보아야 한다.[2)]

제4장 행정심판의 청구기간

Ⅰ. 행정심판청구기간은 취소심판청구와 거부처분에 대한 의무이행심판청구에만 적용된다. 무효등확인심판청구와 부작위에 대한 의무이행심판청구에는 청구기간의 적용이 없다.

Ⅱ. 행정심판은 처분이 있음을 알게 된 날부터 90일 이내에 청구하여야 한다. 청구인이 천재지변, 전쟁, 사변, 그 밖의 불가항력으로 인하여 제1항에서 정한 기간에 심판청구를 할 수 없었을 때에는 그 사유가 소멸한 날부터 14일 이내에 행정심판을 청구할 수 있다. 다만, 국외에서

2) 정하중, 「행정법개론 제9판」, 법문사(2015), 623면.

행정심판을 청구하는 경우에는 그 기간을 30일로 한다. 행정심판은 처분이 있었던 날부터 180일이 지나면 청구하지 못한다. 다만, 정당한 사유가 있는 경우에는 그러하지 아니하다. 위 기간들은 불변기간으로 한다.

Ⅲ. 대법원 1992. 7. 28. 91누12844 판결 “행정심판법 제18조 제3항에 의하면 행정처분의 상대방이 아닌 제3자라도 처분이 있은 날로부터 180일을 경과하면 행정심판청구를 제기하지 못하는 것이 원칙이지만, 다만 정당한 사유가 있는 경우에는 그러하지 아니하도록 규정되어 있는바, 행정처분의 직접 상대방이 아닌 제3자는 일반적으로 처분이 있는 것을 바로 알 수 없는 처지에 있으므로, 위와 같은 심판청구기간 내에 심판청구를 제기하지 아니하였다고 하더라도, 그 기간 내에 처분이 있은 것을 알았거나 쉽게 알 수 있었기 때문에 심판청구를 제기할 수 있었다고 볼 만한 특별한 사정이 없는 한, 위 법조항 본문의 적용을 배제할 ‘정당한 사유’가 있는 경우에 해당한다고 보아 위와 같은 심판청구기간이 경과한 뒤에도 심판청구를 제기할 수 있다.”

Ⅳ. 대법원 1996. 9. 6. 95누16233 판결 “행정처분의 상대방이 아닌 제3자는 일반적으로 처분이 있는 것을 바로 알 수 없는 처지에 있으므로 처분이 있은 날로부터 180일이 경과하더라도 특별한 사유가 없는 한 행정심판법 제18조 제3항 단서 소정의 정당한 사유가 있는 것으로 보아 심판청구가 가능하나, 그 제3자가 어떤 경위로든 행정처분이 있음을 알았거나 쉽게 알 수 있는 등 행정심판법 제18조 제1항 소정의 심판청구기간 내에 심판청구가 가능하였다는 사정이 있는 경우에는 그 때로부터 90일 이내에 행정심판을 청구하여야 한다.”

제5장 행정심판의 종류

Ⅰ. 취소심판

취소심판은 행정청의 위법 또는 부당한 처분의 취소 또는 변경을 하는 심판을 말한다. 행정소송법 제4조 제1호의 "변경"은 소극적인 일부취소를 뜻하지만, 행정심판에서의 "변경"은 적극적 변경을 뜻한다. 취소심판은 처분의 취소 또는 변경을 구할 법률상 이익이 있는 자가 청구할 수 있다. 처분의 효과가 기간의 경과, 처분의 집행, 그 밖의 사유로 소멸된 뒤에도 그 처분의 취소로 회복되는 법률상 이익이 있는 자의 경우에도 또한 같다.

Ⅱ. 무효등확인심판

무효등확인심판은 행정청의 처분의 효력 유무 또는 존재여부의 확인을 구하는 심판이다. 무효등확인심판은 행정청의 처분의 효력의 유무 또는 존재여부의 확인을 구할 법률상 이익이 있는 자가 청구할 수 있다. 처분이 무효 또는 부존재인 경우에도 유효 또는 존재하는 처분으로 오인되어 집행될 우려가 있기 때문에 처분의 상대방이나 이해관계인은 그 효력 유무와 존재여부에 대한 확인을 구할 필요성이 있다. 무효등확인심판은 심판청구와 달리 청구기한의 제한을 받지 않는다.

Ⅲ. 의무이행심판

의무이행심판은 당사자의 신청에 대한 행정청의 위법 또는 부당한 거부처분이나 부작위에 대하여 일정한 처분을 하도록 하는 행정심판이다. 의무이행심판은 처분을 신청한 자로서 행정청의 거부처분 또는 부작위에 대하여 일정한 처분을 구할 법률상 이익이 있는 자가 청구할 수 있다. 거부처분에 대한 의무이행심판은 청구기간의 제한을 받으나, 부작위에 대한 의무이행심판은 그 청구기한의 제한이 없다.

제6장 행정심판 재결

Ⅰ. 행정심판법상 “재결”은 행정심판의 청구에 대하여 행정심판위원회가 행하는 판단을 말한다(제2조 제3호). 재결은 피청구인 또는 위원회가 심판청구서를 받은 날부터 60일 이내에 하여야 한다. 다만, 부득이한 사정이 있는 경우에는 위원장이 직권으로 30일을 연장할 수 있다(제45조 제1항). 재결기간을 연장한 때에는 재결기간이 만료되기 7일전까지 당사자에게 이를 통지하여야 한다(제45조 제2항). 재결기간에는 심판청구가 부적법하여 보정을 명한 경우의 보정기간은 산입되지 않는다(제32조 제5항). 재결은 서면으로 한다(제46조 제1항). 위원회는 심판청구의 대상이 되는 처분 또는 부작위 외의 사항에 대하여는 재결하지 못한다(불고불리의 원칙, 제47조 제1항). 위원회는 심판청구의 대상이 되는 처분보다 청구인에게 불리한 재결을 하지 못한다(불이익변경금지의 원칙, 제47조 제2항). 재결은 청구인에게 송달이 있은 때에 효력이 발생한다(제48조 제2항). 심판청구에 참가인이 있는 경우 그 참가인에게도 재결서의 등본을 송달하여야 하나(제48조 제3항), 이 송달은 재결의 효력과 무관하다. 처분의 상대방이 아닌 제3자가 심판청구를 한 경우 위원회는 재결서의 등본을 지체 없이 피청구인을 거쳐 처분의 상대방에게 송달하여야 한다(제48조 제4항).

Ⅱ. 행정심판은 행정소송과 달리 위법한 처분·부작위은 물론 부당한 처분·부작위에 대하여도 제기할 수 있으므로(제5조 제1호, 제3호), 재량권 한계 내에서의 재량권행사의 당부에 대하여 판단할 수 있다.

Ⅲ. 행정심판위원회는 심판청구의 요건이 갖추어지지 않은 경우 각하재결을 할 것이고, 본안심리 결과 이유가 있다고 인정되면 인용재결을, 이유가 없다고 인정되면 원처분을 지지하는 재결을 한다. 그러나 심판청구가 이유가 있는 경우에도 해당 처분을 취소·변경하는 것이 현저히 공공복리에 반할 경우 그 심판청구를 기각하는 재결을 할 수도 있다

(사정재결).

Ⅳ. 행정심판위원회가 사정재결을 하는 경우 재결의 주문에서 그 처분 또는 부작위가 위법하거나 부당하다는 것을 구체적으로 밝혀야 한다(제44조 제1항). 사정재결을 하는 경우 행정심판위원회는 청구인에 대하여 상당한 구제방법을 취하거나 상당한 구제방법을 취할 것을 피청구인에게 명할 수 있다(제44조 제2항). 사정재결은 무효등확인심판에는 적용하지 아니한다(제44조 제3항).

Ⅴ. 행정심판위원회는 의무이행심판의 청구가 이유있다고 인정하는 경우 의무이행재결을 한다. 의무이행재결은 청구인의 신청에 따른 처분을 할 것을 명하는 처분재결과 처분청에게 그 신청에 따른 처분을 할 것을 명하는 처분명령재결이 있다(제43조 제3항). 일반적인 취소·변경재결의 경우 위법·부당판단의 기준 시점은 처분시이다. 하지만, 의무이행재결의 경우에는 과거에 행하여진 거부처분이나 부작위를 계속 유지하는 것이 위법·부당한지 여부가 판단의 핵심이므로 재결시를 기준으로 위법·부당 여부를 판단하여야 할 것이다.[3]

Ⅵ. 심판청구를 인용하는 재결은 피청구인과 그 밖의 관계 행정청을 기속한다(재결의 기속력, 제49조 제1항).[4] 당사자의 신청을 거부하거나 부

3) 정하중, 「행정법개론 제9판」, 법문사(2015), 652면.

4) 기속력은 취소재결의 경우 위법판단시인 처분시, 의무이행재결인 경우 위법판단시인 재결시의 사실관계나 법적 상황을 전제로 하여 구속력을 갖는다. 따라서 그 이후 사실관계나 법적 상황이 변경된 경우에는 기속력이 미치지 않는다.; 대법원 1998. 2. 27. 96누13972 "행정심판법 제37조에서 정하고 있는 행정심판청구에 대한 재결이 행정청과 그 밖의 관계 행정청을 기속하는 효력은 당해 처분에 관하여 재결주문 및 그 전제가 된 요건사실의 인정과 판단에만 미치고 이와 직접 관계가 없는 다른 처분에 대하여는 미치지 아니한다."; 대법원 2005. 12. 9. 2003두7705 "재결의 기속력은 재결의 주문 및 그 전제가 된 요건사실의 인정과 판단, 즉 처분 등의 구체적 위법사유에 관한 판단에만 미친다고 할 것이고, 종전 처분이 재결에 의하여 취소되었다 하더라도 종전 처분시와는 다른 사유를 들어서 처분을 하는 것은 기속력에 저촉되지 않는다고 할 것이며, 여기에서 동일 사유인지 다른 사유인지는 종전 처분에 관하여 위법한 것으로 재결에서 판단된 사유와 기본

작위로 방치한 처분의 이행을 명하는 재결이 있으면 행정청은 지체 없이 이전의 신청에 대하여 재결의 취지에 따라 처분을 하여야 한다(의무이행재결에 따는 처분의무, 제49조 제2항). 법령의 규정에 따라 공고하거나 고시한 처분이 재결로써 취소되거나 변경되면 처분을 한 행정청은 지체 없이 그 처분이 취소 또는 변경되었다는 것을 공고하거나 고시하여야 한다(제49조 제4항). 법령의 규정에 따라 처분의 상대방 외의 이해관계인에게 통지된 처분이 재결로써 취소되거나 변경되면 처분을 한 행정청은 지체 없이 그 이해관계인에게 그 처분이 취소 또는 변경되었다는 것을 알려야 한다(제49조 제5항). 위원회는 피청구인이 재결에도 불구하고 처분을 하지 아니하는 경우에는 당사자가 신청하면 기간을 정하여 서면으로 시정을 명하고 그 기간에 이행하지 아니하면 **직접 처분을 할 수 있다.** 다만, 그 처분의 성질이나 그 밖의 불가피한 사유로 위원회가 직접 처분을 할 수 없는 경우에는 그러하지 아니하다(위원회의 직접 처분, 제50조 제1항).

Ⅶ. 행정심판의 재결은 판결과 유사한 기능을 하는 준사법작용이면서 동시에 행정행위로서 확인행위의 성질을 지니는 것으로 볼 수 있다.[5] 따라서 행정심판에서 처분에 대하여 재결을 거친 후에 불복할 경우에는 행정청의 원처분을 다투지만 예외적으로 재결 그 자체의 고유한 하자가 있을 경우에 이를 행정소송으로 다툴 수 있다(행정소송법 제19조 단서, 제38조). 그런데 행정심판의 피청구인인 처분청은 인용재결에 대하여 불복할 수 없다는 것이 판례의 입장이다.[6] 그러나 인용재결에

적 사실관계에 있어 동일성이 인정되는 사유인지 여부에 따라 판단되어야 한다."

5) 박균성, 「행정법강의」, 박영사(2004), 616면.

6) 대법원 1998. 5. 8. 97누15432 판결 "헌법 제117조 제1항은 "지방자치단체는 주민의 복리에 관한 사무를 처리하고 재산을 관리하며, 법령의 범위 안에서 자치에 관한 규정을 제정할 수 있다", 제2항은 "지방자치단체의 종류는 법률로 정한다"고 규정하는 등 지방자치의 제도적 보장, 지방자치단체의 권능과 종류의 법정주의를 규정하고 있고, 한편 지방자치제도는 국가와는 별개의 법인격을 가지는 지방자치단체를 두어 그 권한과 책임으로 지방에 관한 여러 사무를 처리시키는 것이기 때문에 지방자치단체의 자주성·자율성은 최대한 존중되어야 하므로 이에 대한 국가의 관여는 가능한 한 배제하는 것이 바람직하다 할 것

대하여 기속력의 조항이 있기 때문에 더 이상 처분청에 대하여 행정소송을 제기할 수 없도록 한 것은 결국 위법한 재결 등 하자가 있음에도 재결에 종국적인 효력이 부여되도록 함으로써 한편으로는 재결이 행정행위의 성질을 지니고 있음에도 불구하고 그 재결을 다툴 수 없도록 하게 되는 문제가 있다는 비판이 있다.[7)]

제7장 집행정지, 임시처분, 고지제도

Ⅰ. 집행정지

1. 행정심판청구는 처분의 효력이나 그 집행 또는 절차의 속행에 영향을 주지 아니한다(집행부정지원칙, 제30조 제1항). 행정심판법은 행정소송법과 마찬가지로 집행부정지원칙을 채택하고, 예외적으로 집행정지를

이다. 그러나 지방자치제도도 헌법과 법률에 의하여 국가 법 질서의 테두리 안에서 인정된 것이고, 지방자치행정도 중앙행정과 마찬가지로 국가행정의 일부이어서 상호 완전히 독립된 것이 아니고 밀접한 관계가 있는 것이므로 지방자치단체는 지방자치의 본질에 반하고, 지방자치의 제도적 보장을 파괴하지 아니하는 범위 내에서 어느 정도 국가의 지도·감독을 받지 않을 수 없는 것이다. 그리고 국가가 행정감독적인 수단으로 통일적이고 능률적인 행정을 위하여 중앙 및 지방행정기관 내부의 의사를 자율적으로 통제하고 국민의 권리구제를 신속하게 할 목적의 일환으로 행정심판제도를 도입하였는데, 심판청구의 대상이 된 행정청에 대하여 재결에 관한 항쟁수단을 별도로 인정하는 것은 행정상의 통제를 스스로 파괴하고 국민의 신속한 권리구제를 지연시키는 작용을 하게 될 것이다. 그리하여 행정심판법 제37조 제1항은 "재결은 피청구인인 행정청과 그 밖의 관계 행정청을 기속한다"고 규정하였고, 이에 따라 처분행정청은 재결에 기속되어 재결의 취지에 따른 처분의무를 부담하게 되므로 이에 불복하여 행정소송을 제기할 수 없다 할 것이며 그렇다고 하더라도 위 법령의 규정이 지방자치의 내재적 제약의 범위를 일탈하여 헌법상의 지방자치의 제도적 보장을 침해하는 것으로 볼 수는 없다고 할 것이다."

7) 김용섭, "재결의 기속력의 주관적 범위를 둘러싼 논의 - 대상판결 : 대법원 1998.5.8. 선고 97누15432 판결-", 인권과 정의 제354호, 대한변호사협회(2006), 215면. "재결에 대하여 처분청이 행정소송을 제기하여 다툴 수 없도록 한 것은 단심으로 결정되는 행정심판의 인용재결이 대법원의 확정판결과 동일한 효력이 있는 결과가 되어 사법절차를 준용하도록 한 헌법의 정신에도 어긋나고, 행정심판제도가 주관적 권리구제에 1차적 목적이 있다고 할지라도 청구인인 국민은 재결내용에 불복할 경우에 행정소송으로 다툴 수 있도록 하면서 피청구인인 처분청에 대하여는 불복의 기회를 주지 않는 것은 행정심판의 대심구조에 비추어 보거나 쟁송에 있어서 당사자의 대등성의 원칙에 비추어 볼 때 문제가 있다고 할 것이다."

인정하고 있다.

2. 행정심판위원회는 처분, 처분의 집행 또는 절차의 속행 때문에 중대한 손해가 생기는 것을 예방할 필요성이 긴급하다고 인정할 때에는 직권으로 또는 당사자의 신청에 의하여 처분의 효력, 처분의 집행 또는 절차의 속행의 전부 또는 일부의 정지를 결정할 수 있다. 다만, 처분의 효력정지는 처분의 집행 또는 절차의 속행을 정지함으로써 그 목적을 달성할 수 있을 때에는 허용되지 아니한다(제30조 제2항).

3. 집행정지는 공공복리에 중대한 영향을 미칠 우려가 있을 때에는 허용되지 아니한다(제30조 제3항). 위원회는 집행정지를 결정한 후에 집행정지가 공공복리에 중대한 영향을 미치거나 그 정지사유가 없어진 경우에는 직권으로 또는 당사자의 신청에 의하여 집행정지 결정을 취소할 수 있다(제30조 제4항).

4. 집행정지 신청은 심판청구와 동시에 또는 심판청구에 대한 위원회나 소위원회의 의결이 있기 전까지, 집행정지 결정의 취소신청은 심판청구에 대한 위원회나 소위원회의 의결이 있기 전까지 신청의 취지와 원인을 적은 서면을 위원회에 제출하여야 한다. 다만, 심판청구서를 피청구인에게 제출한 경우로서 심판청구와 동시에 집행정지 신청을 할 때에는 심판청구서 사본과 접수증명서를 함께 제출하여야 한다(제30조 제5항).

5. 행정심판위원회의 심리·결정을 기다릴 경우 중대한 손해가 생길 우려가 있다고 인정되면 위원장은 직권으로 위원회의 심리·결정을 갈음하는 결정을 할 수 있다. 이 경우 위원장은 지체 없이 위원회에 그 사실을 보고하고 추인을 받아야 하며, 위원회의 추인을 받지 못하면 위원장은 집행정지 또는 집행정지 취소에 관한 결정을 취소하여야 한다(제30조 제6항).

6. 행정심판위원회는 집행정지 또는 집행정지의 취소에 관하여 심리·결정하면 지체 없이 당사자에게 결정서 정본을 송달하여야 한다(제30조 제7항).

Ⅱ. 임시처분

1. 행정심판에는 행정소송과 달리 의무이행심판을 인정하고 있기 때문에, 그 실효성 확보를 위하여 민사소송법상 임시지위 가처분에 해당하는 임시처분을 도입하였다. 독일의 행정법원법과 재정법원법은 가명령 제도를 규정하고 있다.[8] 독일의 가명령규정은 민사소송법상의 가처분규정에 의지하여 성립되었는데, 그 과정에서 민사소송법상의 가처분이라는 용어 대신에 공법적인 용어로서 가명령이라는 용어가 선택되었다. 독일의 가명령은 형식적 확정력과 실체적 확정력(기판력)을 갖지만, 그 실체적 확정력은 성질상 본안사건절차에 있어서의 판결의 그것과는 다른 것으로 본안사건재판의 유보 하에서만 존재하는 것이라 한다.[9]

2. 행정심판위원회는 처분 또는 부작위가 위법·부당하다고 상당히 의심되는 경우로서 처분 또는 부작위 때문에 당사자가 받을 우려가 있는 중대한 불이익이나 당사자에게 생길 급박한 위험을 막기 위하여 임시지위를 정하여야 할 필요가 있는 경우에는 직권으로 또는 당사자의 신청에 의하여 **임시처분**을 결정할 수 있다(제31조 제1항). 임시처분은 집행정지로 목적을 달성할 수 있는 경우에는 허용되지 않는다(제31조 제3항).

---

8) 독일 행정법원법 제123조 제1항은 "당사자의 신청에 의하여 법원은 소송이 제기되기 전이라도 현상의 변경으로 인하여 신청인의 권리의 시현이 좌절되거나 본질적으로 곤란하여지게 될 수 있는 위험이 존재하면 분쟁대상과 관련하여 가명령을 할 수 있다. 가명령은 분쟁있는 법률관계와 관련하여 임시적인 상태를 규율하기 위하여, 그리고 이와 같은 규율이 특히 계속적인 법률관계에 있어, 본질적인 불이익을 피하거나 급박한 강폭을 방지하거나 또는 다른 이유들로부터 필요하다고 보이면 허용된다"고 규정한다. 또한 독일행정법원법 제123조 제5항은 "본안소송에서 취소소송 이외의 나머지 소송을 통하여 구제될 수밖에 없는 경우에는 오직 가명령을 통하여 보호된다"고 규정한다. 독일재정법원법 제114조 제1항은 독일행정법원법 제123조 제1항과 동일한 규정을 갖고 있다.

9) 사법연수원, 「독일법(2012)」, 249-258면.

3. 행정심판위원회는 임시처분결정을 한 후에 임시처분이 공공복리에 중대한 영향을 미치거나 임시지위를 정하여야 할 필요가 없어진 경우 직권으로 또는 당사자의 신청에 의하여 임시처분결정을 취소할 수 있다(제31조 제2항, 제30조 제4항).

Ⅲ. 행정심판 고지제도

1. 행정청이 처분을 하는 경우 그 상대방에게 처분에 관하여 행정심판을 청구할 수 있는지 여부, 청구하는 경우에 심판청구절차 · 심판청구기간을 알려주어야 하며, 이해관계인으로부터 이러한 사항을 알려 줄 것을 요구받은 때에는 서면으로 알려 주어야 한다(제58조).

2. 고지는 이의신청(국세기본법 제66조, 주민등록법 제21조, 산림법 제60조, 광업법 제90조 등), 심사청구(국세기본법 제61조, 공무원연금법 제108조), 심판청구(국세기본법 제68조) 등 다른 법령에 의한 심판청구 유형에도 요구된다는 것이 통설 · 판례이다.[10]

3. 행정청이 행정심판 고지를 하지 아니하거나 잘못 고지하여 청구인이 심판청구서를 다른 행정기관에 제출한 경우에는 그 행정기관은 그 심판청구서를 지체 없이 정당한 권한이 있는 피청구인에게 보내야 하고, 지체 없이 그 사실을 청구인에게 알려야 한다(제23조 제2항, 제3항). 행정청이 행정심판청구 기간을 법정심판청구기간보다 긴 기간으로 잘못 알린 경우 그 잘못 알린 기간에 심판청구가 있으면 그 행정심판은

10) 대법원 1992. 6. 9. 92누565 "토지수용위원회의 수용재결에 대한 이의절차는 실질적으로 행정심판의 성질을 갖는 것이므로 토지수용법에 특별한 규정이 있는 것을 제외하고는 행정심판법의 규정이 적용된다고 할 것이다. 토지수용법 제73조 및 제74조의 각 규정을 보면 수용재결에 대한 이의신청기간을 재결서정본송달일로부터 1월로 규정한 것 외에는 행정심판법 제42조 제1항 및 같은 법 제18조 제6항과 다른 내용의 특례를 규정하고 있지 않으므로, 재결서정본을 송달함에 있어서 상대방에게 이의신청기간을 알리지 않았다면 행정심판법 제18조 제6항의 규정에 의하여 같은 조 제3항의 기간 내에 이의신청을 할 수 있다고 보아야 할 것이다."

법정청구기간 내에 청구된 것으로 본다(제27조 제5항).

4. 행정소송의 경우에는 행정심판법 제27조 제5항이 적용되지 않기 때문에 당사자가 행정청으로부터 행정심판제기기간을 법정심판청구기간보다 긴 기간으로 잘못 통지받아 행정소송법상 법정 제소기간을 도과하였다고 하더라도 그것이 당사자가 책임질 수 없는 사유로 인한 것이라 할 수 없다는 것이 대법원의 입장이다.[11]

---

11) 대법원 2001. 5. 8. 2000두6916 "행정소송법 제20조 제1항, 제3항에서 말하는 "취소소송은 처분 등이 있음을 안 날부터 90일 이내에 제기하여야 한다."는 제소기간은 불변기간이고, 다만 당사자가 책임질 수 없는 사유로 인하여 이를 준수할 수 없었던 경우에는 같은 법 제8조에 의하여 준용되는 민사소송법 제160조 제1항에 의하여 그 사유가 없어진 후 2주일 내에 해태된 제소행위를 추완할 수 있다고 할 것이며, 여기서 당사자가 책임질 수 없는 사유란 당사자가 그 소송행위를 하기 위하여 일반적으로 하여야 할 주의를 다하였음에도 불구하고 그 기간을 준수할 수 없었던 사유를 말한다. 행정청이 법정 심판청구기간보다 긴 기간으로 잘못 알린 경우에 그 잘못 알린 기간 내에 심판청구가 있으면 그 심판청구는 법정 심판청구기간 내에 제기된 것으로 본다는 취지의 행정심판법 제18조 제5항의 규정은 행정심판 제기에 관하여 적용되는 규정이지, 행정소송 제기에도 당연히 적용되는 규정이라고 할 수는 없다. 행정심판과 행정소송은 그 성질, 불복사유, 제기기간, 판단기관 등에서 본질적인 차이점이 있고, 임의적 전치주의는 당사자가 행정심판과 행정소송의 유·불리를 스스로 판단하여 행정심판을 거칠지 여부를 선택할 수 있도록 한 취지에 불과하므로 어느 쟁송 형태를 취한 이상 그 쟁송에는 그에 관련된 법률 규정만이 적용될 것이지 두 쟁송 형태에 관련된 규정을 통틀어 당사자에게 유리한 규정만이 적용된다고 할 수는 없으며, 행정처분시나 그 이후 행정청으로부터 행정심판 제기기간에 관하여 법정 심판청구기간보다 긴 기간으로 잘못 통지받은 경우에 보호할 신뢰이익은 그 통지받은 기간 내에 행정심판을 제기한 경우에 한하는 것이지 행정소송을 제기한 경우에까지 확대된다고 할 수 없으므로, 당사자가 행정처분시나 그 이후 행정청으로부터 행정심판 제기기간에 관하여 법정 심판청구기간보다 긴 기간으로 잘못 통지받아 행정소송법상 법정 제소기간을 도과하였다고 하더라도, 그것이 당사자가 책임질 수 없는 사유로 인한 것이라고 할 수는 없다."

제9편

행정소송

제1장 서설

Ⅰ. 행정소송이란 행정법상의 법률관계에 관한 분쟁에 대하여 법원이 정식소송절차에 의하여 행하는 재판이다. 행정소송은 행정구제기능과 행정통제기능을 수행한다.

Ⅱ. 법원조직법 제2조 제1항은 "법원은 헌법에 특별한 규정이 있는 경우를 제외한 일체의 법률상 쟁송을 심판하고, 이 법과 다른 법률에 의하여 법원에 속하는 권한을 가진다"고 규정하고 있다. 이 조문은 법원의 심판권이 법률상 쟁송에 한정됨으로 알려 준다. 법률상 쟁송이란 법령의 해석・적용에 의하여 해결할 수 있는 당사자 사이의 구체적 권리・의무에 관한 분쟁을 뜻한다. 어떤 특정인이나 정당 등 특정단체의 의견이나 사상, 이념 등 법규가 아닌 것은 절대로 司法의 범위에 속하지 아니하게 하여 결국 이 규정은 우리나라의 법체제가 전제주의나 절대주의로 회귀하는 것을 구실을 한다.[1] 司法작용의 대상인 법률상 쟁송이란 '구체적인 법률관계에서 특정인의 법률상 이익과 관련해 발

1) 강현중, 「민사소송법강의」, 박영사(2013), 31면.

생하는 법령의 해석 및 적용상의 분쟁'을 말한다. 이러한 법률상 쟁송은, 권리주체간의 법률상 이익에 관한 구체적인 법적 분쟁을 말하는 구체적 사건성과 행정법령의 해석 및 적용가능성과 관련된 법적용상의 한계를 개념적 징표로 한다. 따라서 구체적 사건이 결부되지 않은 법령의 효력 또는 해석 자체를 직접 다투는 추상적 규범통제는 행정소송에서 인정될 수 없다. 현행법제는 법령의 효력 등이 문제되는 경우 처분을 우선 다투면서 처분에 근거한 법령에 대해 재판의 전제성이 인정될 경우 비로소 이에 대해 위헌·위법 여부 등을 심판할 수 있도록 하는 구체적 규범통제제도를 취하고 있다(헌법 제107조 1항, 2항).[2)]

Ⅲ. 행정소송은 공법상 권리·의무관계에 대한 소송이므로 공법상의 법률관계가 아닌 사실관계에 대한 존부의 확인 또는 역사적 사실에 대한 확인 등은 행정쟁송의 대상이 되지 않는다.[3)] 또한 행정소송은 법적으로 보호받는 이익과 관련한 법률관계에 대한 분쟁과 관련해 이를 해결하고자 하는 것이지, 반사적 이익에 불과한 분쟁을 해결하는 제도가 아니다. 따라서 현행 행정소송법도 법률상 이익이 있는 자에게만 항고소송의 원고적격을 인정하고 있다.

---

2) 그러나 지방자치법상 지방자치단체장 또는 감독청이 대법원에 소를 제기하는 조례안무효확인소송은 일종의 추상적 규범통제로 볼 수 있다.

3) 대법원 1990. 11. 23. 90누3553 "피고 국가보훈처장이 발행·보급한 독립운동사, 피고 문교부장관이 저작하여 보급한 국사교과서 등의 각종 책자와 피고 문화부장관이 관리하고 있는 독립기념관에서의 각종 해설문·전시물의 배치 및 전시 등에 있어서, 일제치하에서의 국내외의 각종 독립운동에 참가한 단체와 독립운동가의 활동상을 잘못 기술하거나, 전시·배치함으로써 그 역사적 의의가 그릇 평가되게 하였다는 이유로 그 사실관계의 확인을 구하고, 또 피고 국가보훈처장은 이들 독립운동가들의 활동상황을 잘못 알고 국가보훈상의 서훈추천권을 행사함으로써 서훈추천권의 행사가 적정하지 아니하였다는 이유로 이러한 서훈추천권의 행사, 불행사가 당연무효임의 확인, 또는 그 불작위가 위법함의 확인을 구하는 청구는 과거의 역사적 사실관계의 존부나 공법상의 구체적인 법률관계가 아닌 사실관계에 관한 것들을 확인의 대상으로 하는 것이거나 행정청의 단순한 부작위를 대상으로 하는 것으로서 항고소송의 대상이 되지 아니하는 것이다."

Ⅳ. 행정소송법에서 규정하고 있는 항고소송은 취소소송, 무효등확인소송, 부작위위법확인소송 등 3종류가 있다. 이것을 법정항고소송이라 한다. 반면, 이러한 법정항고소송은 아니지만 행정청의 처분 등을 대상으로 하여 학설로 인정 여부가 논해지고 있는 항고소송들이 있는데 이를 무명항고소송으로 총칭하고 있다.[4] 무명항고소송의 대표적인 것들로 적극적 형성소송, 의무이행소송, 예방적 부작위소송, (부)작위의무확인소송 등이 있다. 판례와 소송실무는 의무이행소송, 적극적 형성소송, 작위의무확인소송, 예방적 부작위소송 등 모든 무명항고소송을 인정하지 않고 있다.[5]

---

4) 헌법은 권력분립주의 원칙에 따라 입법권은 국회에, 사법권은 법원에, 집행권은 행정부에 각각 위임하고 각 기관은 견제와 균형의 원리에 의해 운영되고 있는바, 법원이 행정청의 고유권한으로 볼 수 있는 집행에 관여해 일정한 처분을 명하거나, 예방적으로 행정청의 행위를 금지하는 것 등이 행정청의 고유권한을 침해하는 것으로 볼 수 있어 권력분립원칙에 반해 인정되지 않는지가 문제된다. 이에 대하여 긍정설은 행정소송법상의 법정항고소송은 예시적 규정에 불과하고, 행정소송법 제4조 1호에서 취소소송의 정의와 관련해 '취소 또는 변경'하는 소송이라 하여 처분의 변경권도 가지고 있으며, 권력분립원칙은 실질적 의미의 기능분립으로 이해되어야 하며, 개인의 권리구제의 만전을 기하기 위해서는 무명항고소송을 긍정해야 한다고 한다. 이에 반하여 무명항고소송을 부정하는 입장은 무명항고소송을 인정하는 것은 권력분립원칙에 반하게 되고, 행정소송법은 제3조와 4조에 법정항고소송을 열거적・제한적으로만 규정하고 있으며, 현행 행정소송법이 의무이행소송을 규정하지 않고 부작위위법확인소송의 규정만으로 그친 점 및 기속력 중 하나로 재처분의무를 인정해 국민의 권리구제가 상당 정도 보장되고 있고, 행정소송법 제4조 1호의 변경은 '일부취소'를 의미할 뿐이라고 한다. 절충설은 법정항고소송이 규정되어 있는 만큼 법정항고소송으로 실효성 있는 권리구제를 받지 못할 예외적인 경우에만 무명항고소송을 인정하자고 한다. 이 견해는 처분요건이 일의적으로 규정되어 있고, 권리구제가 안되면 회복할 수 없는 손해가 발생할 우려가 있으며, 다른 권리구제 방법이 없는 경우를 그 예외라고 설명한다.

5) 대법원 1987. 3. 24. 86누182 "건축건물의 준공처분을 하여서는 아니된다는 내용의 부작위를 구하는 청구는 행정소송에서 허용되지 아니하는 것이므로 부적법하다."; 대법원 1997. 9. 30. 97누3200 "현행 행정소송법상 행정청으로 하여금 일정한 행정처분을 하도록 명하는 이행판결을 구하는 소송이나 법원으로 하여금 행정청이 일정한 행정처분을 행한 것과 같은 효과가 있는 행정처분을 직접 행하도록 하는 형성판결을 구하는 소송은 허용되지 아니한다."

제2장 취소소송의 소송요건

제1절 소송요건의 개념

Ⅰ. 소가 법원에서 적법한 것으로 취급되어 본안판결을 받기 위한 사항을 소송요건이라 한다. 이는 국가의 재판권행사를 효율적으로 운영하기 위해서 소송요건사항을 먼저 심리한 다음 이 사항에 흠이 없을 때에만 본안심리를 하기 위한 것이다. 소송요건은 당사자를 위한 것이 아니라 법원을 위한 것으로 소송요건에 흠이 생기면 본안에 관한 심리를 거절하여 법원의 노고를 덜 수 있도록 한 것이다.[6)]

Ⅱ. 피고가 원고의 소송에 소송요건상 흠이 있다고 다투는 것을 본안전 항변이라고 한다. 소송요건에 흠이 있는 경우 법원은 보정을 명할 수 있다. 법원의 보정명령에 당사자가 응하지 않으면 법원은 소를 각하할 수 있다. 이를 소송판결이라 한다. 다만 임의관할 위반의 경우에는 소송판결을 하지 않고 관할권이 있는 법원으로 이송하여야 하고, 병합된 소송에서 병합 요건을 갖추지 못한 경우 독립된 소로 취급하여야 한다.

Ⅲ. 소송요건에 흠이 있는데 이를 간과하고 본안판결이 내려진 경우 이는 상소에 의하여 취소할 수 있다. 소송요건을 갖추고 있는데도 잘못 판단하여 각하판결을 한 경우 상소를 제기할 수 있고, 상소가 이유 있으면 원심판결을 취소하고 사건을 원심에 환송하여야 한다.

Ⅳ. 행정소송법상 취소소송을 제기하려면 전심절차, 제소기간, 법원의 관할, 원고적격, 피고적격, 대상적격, 협의의 소의 이익 등을 갖추어야 한다.

6) 강현중, 「민사소송법강의」, 박영사(2013), 24면.

제2절 전심절차

Ⅰ. 행정심판의 전치란 처분에 대해 불복하기 위해 소를 제기하기 전 먼저 행정심판을 제기하여 처분의 시정을 구한 후 그 후에도 처분이 시정되지 않으면 비로소 소를 제기하는 절차를 말한다.[7] 여기서의 행정심판에는 행정심판법에 따른 행정심판은 물론 개별법이 정하고 있는 행정청의 심판도 포함된다. 현행 행정소송법 제18조 제1항에 따르면 행정심판은 원칙적으로 임의적인 절차이다. 예외적으로 국가공무원법 제16조, 교육공무원법 제53조, 지방공무원법 제20조의2, 국세기본법 제56조[8], 관세법 제120조, 도로교통법 제142조(과태료처분과 통고처분은 제외), 선박안전법 제72조 등이 행정소송 제기 전에 필수적으로 행정심판을 거치도록 하고 있다(행정심판 전치주의). 그 밖에 노동위원회의 결정이나 특허청의 거절사정 등과 같이 원 처분이 아니라 행정심판 재결만이 소송의 대상이 되는 사건에서도 행정심판을 거침이 불가피하나 이는 재결주의가 채택된 결과로서, 통상적인 필요적 전치주의 사건과는 구별된다.[9]

Ⅱ. 행정소송법 제18조는 부작위위법확인소송에는 준용되고 있으나 무효등확인소송에는 준용하고 있지 않고 있는바, 부작위위법확인소송의 경우 행정심판 전치주의가 적용되나, 무효등확인소송의 경우 행정심판 전치주의는 적용되지 않는다. 그러나 행정처분의 당연무효를 선언하는 의미에서 제기하는 취소소송의 경우에도 행정심판 전치주의가 적용되는 경우 행정심판절차를 거쳐야 한다는 것이 판례의 입장이다.[10] 행정심판은 항고쟁송에 해당하므로 당사자소송에는 적용이 없

7) 대법원 1988. 2. 23. 87누704 "행정소송을 제기함에 있어서 행정심판을 먼저 거치도록 한 것은 행정관청으로 하여금 그 행정처분을 다시 검토케 하여 시정할 수 있는 기회를 줌으로써 행정권의 자주성을 존중하고 아울러 소송사건의 폭주를 피함으로써 법원의 부담을 줄이고자 하는데 그 취지가 있다."

8) 2010. 3. 21. 법률 제10219호 지방세기본법이 제정되었는데, 국세기본법과 달리 지방세기본법상의 전치절차는 모두 임의적인 것이다.

9) 사법연수원, 행정구제법(2013), 140면.

다. 다만, 예비적 청구로 항고소송이 병합 제기된 경우에는 그 적용을 받는다.[11] 재결 자체의 고유한 위법이 있다는 이유로 제기하는 재결소송(제3자가 당사자가 받은 인용재결 그 자체 또는 이행명령재결에 따른 처분에 대해 소를 제기하는 경우 등 포함) 또는 재결주의에 따른 재결소송 등의 경우 이로써 처분청이 직접 시정할 기회를 갖게 된 것이므로 이에 대해 또 다시 행정심판을 전치하지 않고도 바로 취소소송을 제기할 수 있다.

Ⅲ. 행정처분의 상대방이 아닌 제3자가 제기하는 취소소송의 경우에도 행정심판법 제27조 제3항 단서 소정의 행정심판을 처분이 있은 날로부터 180일 이내에 제기할 수 없었던 정당한 사유가 있는 경우에 해당하는 것으로 보는 등 행정심판 청구기간에 특수성을 인정하는 것으로 족하고,[12] 행정심판전치주의 적용 자체를 부정할 수는 없다는 것이 판례의 입장이다.[13]

Ⅳ. 행정심판을 거쳤는지 여부는 소송요건이므로 직권조사사항이다. 그 충족에 대한 판단시점에 관하여 판례는 당해 취소소송의 사실심변론종결시라는 입장이다.[14] 이는 사실심변론종결시까지 행정심판을 거칠 경우 소송요건상 하자의 치유를 인정하겠다는 것이다. 판례는 부적법한 심판제기가 기각된 경우에는 심판을 전치하지 않은 것으로 보고 있다.[15]

---

10) 대법원 1987. 6. 9. 87누219

11) 대법원 1989. 10. 27. 89누39 "주위적 청구가 전심절차를 요하지 아니하는 당사자소송이더라도 병합 제기된 예비적 청구가 항고소송이라면 이에 대한 전심절차 등 제소의 적법요건을 갖추어야 한다."

12) 대법원 1997. 9. 12. 96누14661

13) 대법원 1989. 5. 9. 88누5150

14) 대법원 1987. 4. 28. 86누29 등

15) 대법원 1991. 6. 25. 90누8091

Ⅴ. 행정심판의 청구인과 행정소송의 원고가 같은 인물이어야 하는가에 대해 일반적인 견해는 원칙적으로는 동일인일 것을 요하지만 공동소송인 중 1인이 행정심판을 거쳤을 경우[16], 동종사건에 대해 이미 행정심판의 기각결정이 있은 경우(행정소송법 제18조 3항 1호), 심판청구인의 사망으로 상속인이 이를 수계하였을 경우 등에는 인적 동일성을 요하지 않는다고 본다. 행정심판의 공격방어방법과 행정소송의 그것이 동일하여야 하는지 역시 문제되는데 이 경우에는 서로 관련성이 없다는 것이 통설과 판례이다.[17]

Ⅵ. 행정심판청구가 있은 날로부터 60일이 지나도 재결이 없는 때, 처분의 집행 또는 절차의 속행으로 생길 중대한 손해를 예방하여야 할 긴급한 필요가 있는 때, 법령의 규정에 의한 행정심판기관이 의결 또는 재결을 하지 못할 사유가 있는 때, 그 밖의 정당한 사유가 있는 때에는 행정심판의 재결을 거치지 아니하고 취소소송을 제기할 수 있다(행정소송법 제18조 2항 1 내지 4호).

Ⅶ. 동종사건에 관하여 이미 행정심판의 기각재결이 있은 때[18], 서로 내용상 관련되는 처분 또는 같은 목적을 위하여 단계적으로 진행되는 처분

---

16) 대법원 1986. 10. 14. 83누584 "소원전치주의는 행정행위의 특수성, 전문성에 비추어 처분행정청으로 하여금 위법한 행정행위에 대하여 그 스스로 재고, 시정의 기회를 부여함에 그 뜻이 있는 제도이므로 동일한 행정처분에 의하여 공동의 법률적 이해관계를 갖는 공동권리자의 1인이 이미 적법한 소원을 제기하여 처분행정청으로 하여금 그 잘못을 재고, 시정할 기회를 부여하였다면 다른 공동권리자는 소원을 경유함이 없이 행정소송을 제기할 수 있다."

17) 대법원 1996. 6. 14. 96누754 "항고소송에 있어서 원고는 전심절차에서 주장하지 아니한 공격방어방법을 소송절차에서 주장할 수 있고 법원은 이를 심리하여 행정처분의 적법 여부를 판단할 수 있는 것이므로, 원고가 전심절차에서 주장하지 아니한 처분의 위법사유를 소송절차에서 새롭게 주장하였다고 하여 다시 그 처분에 대하여 별도의 전심절차를 거쳐야 하는 것은 아니다."

18) 여기서 동종사건이라 함은 당해 사건은 물론 당해사건과 기본적인 점에서 동질성이 인정되는 사건을 가리킨다(대법원 1992. 11. 24. 92누8972). 한편, 판례는 해석상 수인에 대한 동일한 처분이 있는 경우 그 중 일인이 행정심판을 받은 경우에 다른 수인 중 일인이 행정소송을 제기할 때도 동규정을 유추적용한다(대법원 1986. 10. 14. 83누584).

중 어느 하나가 이미 행정심판의 재결을 거친 때, 행정청이 사실심의 변론종결 후 소송의 대상인 처분을 변경하여 당해 변경된 처분에 관하여 소를 제기하는 때, 처분을 행한 행정청이 행정심판을 거칠 필요가 없다고 잘못 알린 때에는 행정심판을 제기함이 없이 취소소송을 제기할 수 있다(행정소송법 제18조 3항 1호 내지 4호).

Ⅷ. 행정소송법 제22조 1항에 따라 행정청이 소가 제기된 후 처분을 변경한 경우 당사자는 이에 대해 소변경을 청구할 수 있고, 이 경우 소변경이 되면 행정심판 전치의 경우 그 요건을 갖춘 것으로 본다(행정소송법 제22조 3항).

제3절 제소기간

Ⅰ. 행정소송법 제20조는 취소소송에 대하여 제소기간을 두고 있다. 제소기간이란 처분의 상대방 등이 당해 소송을 제기할 수 있는 기간을 말한다. 이는 소송요건으로서 법원의 직권조사사항이다. 필수적으로 행정심판절차를 거쳐야 하는 경우 제소기간의 기산일은 재결서 정본을 송달 받은 날부터 90일, 재결서의 정본은 송달받지 못한 경우에는 재결이 있은 날로부터 1년 내에 소를 제기하여야 한다. 행정심판 청구를 하지 않은 경우 제소기간은 처분등이 있음을 안 날로부터 90일, 처분이 있은 날로부터 1년이다. 이 두 기간 중 어는 것이나 먼저 도래한 기간 내에 제기하여야 하고, 어느 하나의 기간이라도 경과하면 제소기간은 종료한다.[19]

Ⅱ. "처분등이 있음을 안 날"이란 통지·공고 기타의 방법에 의하여 당해 처분의 존재를 현실적·구체적으로 안 날을 말한다. 판례는 처분을 기재한 서류가 당사자의 주소에 송달되어 사회통념상 처분이 있음을 당사자가 알 수 있는 상태에 놓여진 때에는 반증이 없는 한 그 처분이

19) 대법원 1964. 9. 8. 63누196

있음을 알았다고 추정할 수 있다고 한다.[20] 그러나 특정인에 대한 행정처분을 주소불명 등의 이유로 송달할 수 없어 관보·공보·게시판·일간신문 등에 공고한 경우에는, 공고가 효력을 발생하는 날에 상대방이 그 행정처분이 있음을 알았다고 볼 수는 없고, 상대방이 당해 처분이 있었다는 사실을 현실적으로 안 날에 그 처분이 있음을 알았다고 보아야 한다.[21]

Ⅲ. 행정처분의 상대방이 아닌 제3자는 처분등이 있음을 안 날로부터 진행되는 제소기간의 제한은 받지 않는 것이 원칙이나, 행정처분이 있음 알았을 때에는 그 때부터 90일 내에 소를 제기하여야 한다.[22] 행정처분의 상대방이 아닌 제3자는 일반적으로 처분이 있는 것을 바로 알 수 없는 처지에 있으므로 처분이 있은 날로부터 180일이 경과하더라도 특별한 사유가 없는 한 행정심판법 제18조 제3항 단서 소정의 정당한 사유가 있는 것으로 보아 심판청구가 가능하나, 그 제3자가 어떤 경위로든 행정처분이 있음을 알았거나 쉽게 알 수 있는 등 같은 법 제18조 제1항 소정의 심판청구기간 내에 심판청구가 가능하였다는 사정이 있는 경우에는 그 때로부터 60일 이내에 심판청구를 하여야 하고, 이 경우 제3자가 그 청구기간을 지키지 못하였음에 정당한 사유가 있는지 여부는 문제가 되지 아니한다.[23]

Ⅳ. 고시 또는 공고에 의한 행정처분(일반처분)의 경우에는 그 처분의 상대방이 불특정 다수인이고 그 처분의 효력이 불특정 다수인에게 일률적으로 적용되는 것이므로, 그 행정처분에 이해관계를 가지고 있는 자가 현실적으로 고시 또는 공고가 있었다는 사실을 알았는지 여부와 관계없이 고시가 효력을 발생한 날에 행정처분이 있음을 알았다고 보아

20) 대법원 1999. 12. 28. 99두9742
21) 대법원 2006. 4. 28. 2005두14851
22) 대법원 1989. 5. 9. 88누5150
23) 대법원 1995. 8. 25. 94누12494, 대법원 1997. 9. 12. 96누14661

야 한다.24)

Ⅴ. 90일의 기간은 불변기간으로 한다(제20조 제3항). 따라서 이 기간은 중단되거나 정지되지 않는다. 다만, 당사자가 책임질 수 없는 사유로 불변기간을 준수하지 못한 경우에는 민사소송법 제173조 1항 본문의 규정에 의하여 그 사유가 없어진 날로부터 2주 내에 소송행위를 추완하는 것은 가능하다.25)

Ⅵ. "처분이 있은 날"이란 처분이 외부로 표시되어 효력을 발생한 날을 뜻한다. 상대방이 있는 처분의 경우에는 상대방에게 도달하여야 한다. 그러나 처분이 있은 날로부터 1년이 경과하였다라도 정당한 사유가 있는 경우에는 상관없다(행정소송법 제20조 2항 단서). 정당한 사유란 불확정 개념으로서 사회통념상 상당하다고 할 수 있는가에 의하여 판단하여야 한다. 또한 제3자효 행정행위에서의 처분의 직접상대방 아닌 제3자는 이러한 정당한 사유에 의하여 구제받을 수 있는 경우가 많을 것이다.26)

---

24) 대법원 2007. 6. 14. 2004두619

25) 대법원 2005. 1. 13. 2004두9951 "행정소송법 제20조 제1항, 제3힝에서 말하는 "취소소송은 처분 등이 있음을 안 날부터 90일 이내에 제기하여야 한다."는 제소기간은 불변기간이고, 다만 당사자가 책임질 수 없는 사유로 인하여 이를 준수할 수 없었던 경우에는 같은 법 제8조에 의하여 준용되는 구 민사소송법 제160조 제1항에 의하여 그 사유가 없어진 후 2주일 내에 해태된 소송행위(제소행위)를 추완할 수 있다고 할 것이며, 여기서 당사자가 책임질 수 없는 사유란 당사자가 그 소송행위를 하기 위하여 일반적으로 하여야 할 주의를 다하였음에도 불구하고 그 기간을 준수할 수 없었던 사유를 말한다."

26) 대법원 1991. 6. 28. 90누6521 "행정소송법 제20조 제2항 소정의 "정당한 사유"란 불확정 개념으로서 그 존부는 사안에 따라 개별적, 구체적으로 판단하여야 하나 민사소송법 제160조의 "당사자가 그 책임을 질 수 없는 사유"나 행정심판법 제18조 제2항 소정의 "천재, 지변, 전재, 사변 그 밖에 불가항력적인 사유"보다는 넓은 개념이라고 풀이되므로, 제소기간도과의 원인 등 여러 사정을 종합하여 지연된 제소를 허용하는 것이 사회통념상 상당하다고 할 수 있는가에 의하여 판단하여야 한다."; 대법원 1989. 5. 9. 88누5150 "행정처분의 직접상대방이 아닌 제3자는 행정처분이 있음을 곧 알 수 없는 처지이므로 행정심판법 제18조 제3항 소정의 심판청구의 제척기간내에 처분이 있음을 알았다는 특별한 사정이 없는 한 그 제척기간의 적용을 배제할 같은 조항 단서 소정의 정당한 사유가 있는 때에 해당한다."

Ⅶ. 제소기간의 준수 여부는 여러개의 처분이 있을 경우 개별적으로 살펴야지 최초의 처분을 기준으로 해서는 안된다.[27] 거부처분이 반복되는 경우 반복된 신청에 대한 매 거부처분시마다 새로운 처분이 있는 것으로 보므로, 제소기간 역시 각 거부처분 마다 별도로 진행된다.

Ⅷ. 제소기간은 무효등확인소송에는 적용이 없지만, 판례는 취소소송이지만 무효사유인 경우 무효확인을 구하는 취지의 취소판결을 인정하고 있고, 이 경우 비록 무효사유이기는 하지만 취소소송의 소송요건을 모두 갖출 것을 요구하고 있어 제소기간도 준수해야 한다는 입장이다.[28]

Ⅸ. 행정소송을 행정소송에 관한 관할권 없는 법원에 제기한 결과 동 법원에서 관할권 있는 법원에 기록이송한 경우 소제기의 효력발생시기는 관할권 있는 법원이 이송 받은 때이다.[29] 또한 민사소송에서 행정소송으로 청구취지를 변경하여 구소가 취하되고 새로운 소가 제기된 것으로 변경되었을 때에 새로운 소에 대한 제소기간의 준수 등은 원칙적으로 소의 변경이 있은 때를 기준으로 하여야 한다.[30]

Ⅹ. 피고경정의 결정이 있은 경우 새로운 피고에 대한 소송은 처음에 소를 제기한 때에 제기된 것으로 본다. 법원은 취소소송을 당해 처분 등에 관계되는 사무가 귀속하는 국가 또는 공공단체에 대한 당사자소송 또는 취소소송외의 항고소송으로 변경하는 것이 상당하다고 인정할 때에는 청구의 기초에 변경이 없는 한 사실심의 변론종결시까지 원고의 신청에 의하여 결정으로써 소의 변경을 허가할 수 있는데, 이 경우 처

27) 대법원 2004. 12. 10. 2003두12257 "보충역편입처분취소처분의 효력을 다투는 소에 공익근무요원복무중단처분, 현역병입영대상편입처분 및 현역병입영통지처분의 취소를 구하는 청구를 추가적으로 병합한 경우, 공익근무요원복무중단처분, 현역병입영대상편입처분 및 현역병입영통지처분의 취소를 구하는 소의 소제기 기간의 준수 여부는 각 그 청구취지의 추가·변경신청이 있은 때를 기준으로 개별적으로 판단하여야 한다."

28) 대법원 1993. 3. 12. 92누11039

29) 대법원 1969. 3. 18. 64누51

30) 대법원 2004. 11. 25. 2004두7023

음에 소를 제기한 때에 소를 제기한 것으로 본다.

제4절 관할

Ⅰ. 취소소송의 제1심 관할법원은 피고의 소재지를 관할하는 행정법원이다. 다만 중앙행정기관 또는 그 장이 피고인 경우에는 대법원 소재의 행정법원으로 한다(행정소송법 제9조). 행정법원이 설치되지 않은 지역에 있어서의 행정법원의 권한에 속하는 사건은 행정법원이 설치될 때까지 해당 지방법원의 본원과 춘천지방법원 강릉지원이 제1심 관할법원이다(법원조직법 부칙 제2조). 토지수용 기타 부동산 또는 특정한 장소에 관계되는 처분 등에 대한 취소소송은 그 부동산 또는 장소의 소재지를 관할하는 행정법원에도 취소소송을 제기할 수 있다(행정소송법 제9조 제2항). 2개 이상의 관할구역에 걸쳐 있는 때에는 어느 구역을 관할하는 법원도 관할권을 가진다.

Ⅱ. 사무소・영업소 소재지의 특별재판적 등 민사소송법이 정한 특별재판적에 관한 규정도 원칙적으로 행정사건에 준용된다할 것이다. 따라서 근로복지공단 등 공법인을 피고로 한 행정소송에서 지점소재지 관할법원도 그 지점의 업무에 관한 처분을 소송의 대상으로 하는 한, 관할을 가진다(대법원 1994. 1. 25. 93누18655).[31]

Ⅲ. 행정사건은 원칙적으로 판사 3인으로 구성된 합의부에서 재판하여야 하는 합의사건이다(법원조직법 제7조 제3항). 다만 합의부가 단독판사가 재판할 것으로 결정한 사건에 대하여는 단독판사가 재판할 수 있다(법원조직법 제7조 제3항 단서).[32] 개별법규 중 보안관찰법 제23조,

31) 사법연수원, 행정구제법(2013), 25면.

32) 현재 서울행정법원은 '재정단독판사제도의 운영과 관련된 사무처리지침'을 통해 구청장을 피고로 하는 사건 중 영업취소(등록말소), 영업정지, 과징금부과처분 사건(징계, 건축허가, 정보공개 등은 제외), 출입국관리사무소장을 피고로 하는 강제퇴거, 출국명령, 체류기간 연장, 영주권 불허가, 보호명령 관련 사건(난민 사건은 제외), 서울지방고용노동청과 그 지청을 피고로 하는 사건, '공익사업을 위한 토지 등의 취득 및 보상에 관한

독점규제 및 공정거래에 관한 법률 제55조, 약관의 규제에 관한 법률 제30조의 2, 하도급거래공정화에 관한 법률 제27조 등은 서울고등법원을 제1심으로 규정하여 2심제를 채택하고 있다.

Ⅳ. 가사소송법 제2조 제1항은 가사사건이 가정법원의 전속관할임을 명문으로 규정하고 있다. 반면 행정소송법은 행정사건이 행정법원의 전속관할이라고 명문으로 규정하고 있지 않다. 그러나 통설과 판례는 성질상 행정사건은 행정법원의 전속관할이라고 보고 있고, 그에 따라 행정사건을 민사법원이나 가정법원이 관할하는 것은 전속관할의 위반이고, 절대적 상고이유가 된다. 행정법원이 설치되어 있지 않아 지방법원 본원합의부가 행정사건을 취급하는 경우, 행정사건을 민사사건으로 접수하여 처리하였다 하더라도 이는 사무 분담의 문제일 뿐이고 관할위반의 문제는 아니다.

Ⅴ. 행정소송의 토지관할은 임의관할이고, 당사자의 합의에 의한 합의관할이나 변론관할이 인정되나[33], 이는 행정법원의 역할을 할 수 있는 지방법원 본원에 대한 것일 때만 가능한 것이고, 지방법원 지원(춘천지방법원 강릉지원 제외)은 합의지원이 아니므로 행정사건을 다룰 수 없고, 당연히 합의관할도 생길 수 없다.

제5절 원고적격

Ⅰ. 당사자능력 · 당사자적격 · 원고적격

1. 당사자능력이란 소송상 당사자가 될 수 있는 능력을 말하고 이는 민법상의 권리능력에 대응하는 소송법상 개념이다.[34] 당사자능력은 원고 ·

법률'에 의한 손실보상금 청구사건 중 사업시행자를 상대로 이주정착금, 주거이전비, 이사비의 지급을 구하는 사건, 자동차운전면허취소처분 취소사건, 국 · 공유재산 변상금 관련 사건, 업무상(공무상) 재해관련 사건, 양도소득세부과처분 사건 등을 재정단독사건으로 처리하고 있다.

33) 대법원 2013. 2. 28. 2010두22368

피고·참가인이 소송의 주체가 될 수 있는 능력을 뜻한다. 권리의무의 주체는 당사자능력이 있다. 사람은 살아있는 동안 권리와 의무의 주체가 되고, 당연히 소송법상 당사자능력이 있다. 법인은 법에 의하여 권리능력이 인정되기 때문에 당사자능력이 있다. 국가는 시원적 권리의 주체이다. 지방자치법 제3조 제1항은 "지방자치단체는 법인으로 한다"고 규정하고 있다.

2. 당사자적격은 당사자가 소송목적이 되는 권리 또는 법률관계에 관하여 소송을 수행하고 본안판결을 받을 수 있는 자격이다. 이는 개별적이고 구체적인 사건에서 원고 또는 피고로서 소송을 수행할 수 있는 자격을 말한다. 이는 당연히 당사자능력이 있음을 전제로 한 개념이다.

3. 당사자적격을 가지는 원고에 한정하여 원고적격이 인정된다. 원고적격은 소송에서 원고가 될 수 있는 자격을 말한다. 취소소송은 이와 관련해 행정소송법 제12조 전문에서 "취소소송은 처분 등의 취소를 구할 법률상 이익 있는 자가 제기할 수 있다."라고 하여 원고적격에 관한 규

---

34) 소송능력이란 당사자가 소송을 수행하는데 필요한 능력을 뜻한다. 민법상 행위능력자는 모두 소송능력자이다. 미성년자와 제한능력자(한정치산자·금치산자)는 법정대리인에 의하여서만 소송행위를 할 수 있다. 다만, 미성년자 또는 제한능력자(한정치산자)가 독립하여 법률행위를 할 수 있는 경우에는 그러하지 아니하다. 외국인은 그의 본국법에 따르면 소송능력이 없는 경우라도 대한민국의 법률에 따라 소송능력이 있는 경우에는 소송능력이 있는 것으로 본다. 법정대리권이 있는 사실 또는 소송행위를 위한 권한을 받은 사실은 서면으로 증명하여야 한다. 선정당사자를 선정하고 바꾸는 경우에도 권한을 받은 사실을 서면으로 증명하여야 한다. 권한을 받은 사실에 관한 서면은 소송기록에 붙여야 한다. 소송능력·법정대리권 또는 소송행위에 필요한 권한의 수여에 흠이 있는 경우에는 법원은 기간을 정하여 이를 보정하도록 명하여야 하며, 만일 보정하는 것이 지연됨으로써 손해가 생길 염려가 있는 경우에는 법원은 보정하기 전의 당사자 또는 법정대리인으로 하여금 일시적으로 소송행위를 하게 할 수 있다. 소송능력, 법정대리권 또는 소송행위에 필요한 권한의 수여에 흠이 있는 사람이 소송행위를 한 뒤에 보정된 당사자나 법정대리인이 이를 추인한 경우에는, 그 소송행위는 이를 한 때에 소급하여 효력이 생긴다. 우리나라는 행정소송에 있어 민사소송과 마찬가지로 변호사강제주의를 채택하고 있지 않다. 그러나 헌법재판소 심판청구는 반드시 변호사를 대리인으로 선임하여야만 가능하다(헌법재판소법 제25조 제3항). 당사자는 언제나 어느 심급에서나 직접 소송을 수행할 수 있다.

정을 두고 있다.

4. 자연인과 법인은 법률상 이익의 주체가 될 수 있다. 법인에는 사법인과 공법인이 포함되고 지방자치단체도 공법인이기 때문에 자신의 일정한 권리가 침해될 경우 원고적격을 가질 수 있다. 한편, 국가는 지방자치단체의 사무 중 자치사무의 경우는 일정한 경우 법률상 이익을 가져 지방자치단체를 상대로 취소소송을 제기할 수 있으나, 기관위임사무와 관련해서는 국가나 지방자치단체나 같은 국가기관이기 때문에 동일한 행정부 내부의 일로 보아 취소소송 등이 불가할 것이다.[35] 국가의 기관은 권리능력 및 소송상 당사자능력이 없어 원칙적으로 원고적격을 갖지 못한다. 행정심판의 피청구인은 재결의 취지에 구속되어 그에 따른 처분의무를 부담하므로 이에 불복하여 항고소송을 제기할 수 없으므로 이와 관련하여 원고적격이 없다.[36]

---

35) 대법원 2007. 9. 20. 2005두6935 "건설교통부장관은 지방자치단체의 장이 기관위임사무인 국토이용계획 사무를 처리함에 있어 자신과 의견이 다를 경우 행정협의조정위원회에 협의·조정 신청을 하여 그 협의·조정 결정에 따라 의견불일치를 해소할 수 있고, 법원에 의한 판결을 받지 않고서도 행정권한의 위임 및 위탁에 관한 규정이나 구 지방자치법에서 정하고 있는 지도·감독을 통하여 직접 지방자치단체의 장의 사무처리에 대하여 시정명령을 발하고 그 사무처리를 취소 또는 정지할 수 있으며, 지방자치단체의 장에게 기간을 정하여 직무이행명령을 하고 지방자치단체의 장이 이를 이행하지 아니할 때에는 직접 필요한 조치를 할 수도 있으므로, 국가가 국토이용계획과 관련한 지방자치단체의 장의 기관위임사무의 처리에 관하여 지방자치단체의 장을 상대로 취소소송을 제기하는 것은 허용되지 않는다."

36) 대법원 1998. 5. 8. 97누15432 "그러나 지방자치제도도 헌법과 법률에 의하여 국가법질서의 테두리 안에서 인정된 것이고, 지방자치행정도 중앙행정과 마찬가지로 국가행정의 일부이어서 상호 완전히 독립된 것이 아니고 밀접한 관계가 있는 것이므로 지방자치단체는 지방자치의 본질에 반하고, 지방자치의 제도적 보장을 파괴하지 아니하는 범위 내에서 어느 정도 국가의 지도 감독을 받지 않을 수 없는 것이다. 그리고 국가가 행정감독적인 수단으로 통일적이고 능률적인 행정을 위하여 중앙 및 지방행정기관 내부의 의사를 자율적으로 통제하고 국민의 권리구제를 신속하게 할 목적의 일환으로 행정심판제도를 도입하였는데, 심판청구의 대상이 된 행정청에 대하여 재결에 관한 항쟁수단을 별도로 인정하는 것은 행정상의 통제를 스스로 파괴하고, 국민의 신속한 권리구제를 지연시키는 작용을 하게 될 것이다. 그리하여 행정심판법 제37조 제1항은 "재결은 피청구인인 행정청과 그 밖의 관계행정청을 기속한다"고 규정하였고, 이에 따라 처분행정청은 재결에 기속되어 재결의 취지에 따른 처분의무를 부담하게 되므로 이에 불복하여 행정소송을 제기할 수 없다 할 것이며 그렇다고 하더라도 위 법령의 규정이 지방자치의 내

Ⅱ. 처분의 상대방이 아닌 제3자

1. 제3자가 자신에게 내려진 처분이 아닌 타인의 처분(처분의 상대방에게 내려진 처분)에 대해 소송을 제기할 경우 과연 제3자에게 법률상 이익을 인정하여 원고적격을 긍정할 수 있는지가 문제된다. 이와 관련해 경원자소송, 경업자소송, 인인소송, 단체소송, 환경소송 등이 논의되고 있으며 주로 제3자효 있는 행정행위와 관련되어 있다.

2. 대법원 1995. 6. 30. 94누14230 "행정처분의 직접 상대방이 아닌 제3자라 하더라도 당해 행정처분으로 인하여 법률상 보호되는 이익을 침해당한 경우에는 그 처분의 무효확인을 구하는 행정소송을 제기하여 그 당부의 판단을 받을 자격이 있다 할 것이며, 여기에서 말하는 법률상 보호되는 이익이라 함은 당해 처분의 근거 법규 및 관련 법규에 의하여 보호되는 개별적 · 직접적 · 구체적 이익이 있는 경우를 말하고, 공익보호의 결과로 국민 일반이 공통적으로 가지는 일반적 · 간접적 · 추상적 이익이 생기는 경우에는 법률상 보호되는 이익이 있다고 할 수 없다."

Ⅲ. 법률상 이익

1. 행정소송법 제12조 전문의 '취소를 구할 법률상 이익'에서 「법률상 이익」의 의미에 대해서 여러 견해가 대립하나,[37] 판례는 "법률상의 이익은 당해 처분의 근거 법률에 의하여 보호되는 직접적이고 구체적인 이익이 있는 경우를 말하고, 다만 공익보호의 결과로 국민 일반이 공통적

재적 제약의 범위를 일탈하여 헌법상의 지방자치의 제도적 보장을 침해하는 것으로 볼 수는 없다고 할 것이다."

37) 법률상 이익이란 곧 권리를 말하고 따라서 권리가 침해된 자가 원고적격이 인정된다는 견해, 개인의 침해된 이익이 법률상 보호받을 필요가 있는 이익이라면 원고적격이 인정된다는 견해, 법상 보호되는 이익은 아니지만 행정쟁송을 통해 보호할 가치가 있다고 판단되는 경우에는 이러한 이익의 침해도 원고적격이 인정된다는 견해, 취소소송의 본질을 권리구제가 아닌 행정청의 적법성 보장으로 보고, 이에 대해 가장 이해관계를 많이 가지는 자가 원고적격을 가진다는 견해 등이 주장된다.

으로 가지는 추상적, 평균적, 일반적 이익과 같이 간접적이거나 사실적, 경제적 이해관계를 가지는 데 불과한 경우는 여기에 포함되지 않는다."는 입장이다.[38)]

2. 법률상 이익의 존부를 판단하기 위해서는 어느 범위까지의 관련 법률을 검토해야 할 것인지에 대하여 당해 처분의 근거가 되는 법률의 규정과 취지만을 고려해야 한다는 견해, 근거법률 및 당해 처분과 관련된 관련법령까지도 고려해야 한다는 견해, 근거법령과 관련법령 및 이와 더불어 헌법상의 기본권 규정까지도 고려해야 한다는 견해가 주장되고 있으며, 판례의 주된 입장은 당해 처분의 근거법률을 고려해야 하는 것이 원칙이지만, 제3자가 처분을 다툴 경우에는 처분의 관련 법률까지 고려해야 한다는 입장이다.

3. 반사적 이익이란 근거 법규가 오로지 공익의 실현만을 목적으로 하고 있어 행정주체가 어떠한 작위 또는 부작위의 행위를 하여 사인에게 어떠한 간접적·반사적인 이익이 발생하여도 법규상으로 보호받지 못하는 사실상의 이익을 말한다. 법률상 이익과 반사적 이익은 근거법규가 공익만을 목적으로 하면 반사적 이익이고 근거법규에서 사익도 보호목적으로 가지고 있으면 법률상 이익으로 되는 차이가 있다.

Ⅳ. 경업자 소송

1. 경업자 소송이란 서로 경쟁관계에 있는 사인들 사이에 일방에게 내려진 수익적 처분이 경쟁관계의 타방에게는 침익적 효과를 미쳐 이에 대해 그 시정을 구하고자 제3자가 처분의 직접상대방에게 내려진 처분을 다투는 소송을 말한다. 경업자소송의 종류로는 ① 기존업자의 신규업자에 대한 인허가 등 처분의 취소를 구하는 소송인 경업자 진입방어소송, ② 특정인에게 행해진 수익처분으로 인해 경쟁관계에서 불리한 경쟁상황

---

38) 대법원 1999. 12. 7. 97누12556 등

에 이르게 된 제3자가 그와 같은 수익처분에 대해서 다투는 경업자 수익방어소송으로 구분할 수 있다.

2. 경업자진입방어소송의 경우 학설은 대체로 기존업자가 허가업자인 경우 그로 인해 경영상 얻는 이익은 반사적 이익이라고 하여 원고적격을 부인하는 반면, 기존업자가 특허기업인 경우 경영상의 이익은 법률상 이익이고 따라서 원고적격을 인정하는 것이 일반적인 견해이다. 이는 허가의 경우 일반적 금지를 해제하고 자연적 권리를 회복시켜 주는 것에 그치는 반면, 특허의 경우에는 상대방에게 특별한 권리를 수여하여 경영하게 함으로써 그로 인해 발생하는 경영권도 법률상 보호를 해주기 때문이다. 그러나 허가의 경우 이러한 구분은 절대적인 것은 아니고 예외적으로 사익보호성이 인정되는 경우 법률상 이익의 침해로 보아 원고적격이 인정되기도 한다.

3. 판례는 허가의 경우 원칙적으로 반사적 이익으로 본다. 대법원 1963. 8. 31. 선고 63누101 판결 "원고에 대한 공중목욕장업 경영 허가는 경찰금지의 해제로 인한 영업자유의 회복이라고 볼 것이므로 이 영업의 자유는 법률(구 공중목욕장업법)이 직접 공중목욕장업 피허가자의 이익을 보호함을 목적으로 한 경우에 해당되는 것이 아니고 법률이 공중위생이라는 공공의 복리를 보호하는 결과로서 영업의 자유가 제한되므로 인하여 간접적으로 관계자인 영업자유의 제한이 해제된 피허가자에게 이익을 부여하게 되는 경우에 해당되는 것이고 거리의 제한과 같은 위의 시행세칙이나 도지사의 지시가 모두 무효인 이상 원고가 이 사건 허가처분에 의하여 목욕장업에 의한 이익이 사실상 감소된다하여도 이 불이익은 본건 허가처분의 단순한 사실상의 반사적 결과에 불과하고 이로 말미암아 원고의 권리를 침해하는 것이라고는 할 수 없음으로 원고는 피고의 피고 보조참가인에 대한 이 사건 목욕장업허가처분에 대하여 그 취소를 소구할 수 있는 법률상 이익이 없다할 것이다."

4. 그러나 예외적으로 법률상 이익으로 보는 경우도 있다. 대법원 2006. 7. 28. 선고 2004두6716 판결 "일반적으로 면허나 인·허가 등의 수익적 행정처분의 근거가 되는 법률이 해당 업자들 사이의 과당경쟁으로 인한 경영의 불합리를 방지하는 것도 그 목적으로 하고 있는 경우, 다른 업자에 대한 면허나 인·허가 등의 수익적 행정처분에 대하여 이미 같은 종류의 면허나 인·허가 등의 수익적 행정처분을 받아 영업을 하고 있는 기존의 업자는 경업자에 대하여 이루어진 면허나 인·허가 등 행정처분의 상대방이 아니라 하더라도 당해 행정처분의 취소를 구할 원고적격이 있다. 구 오수·분뇨 및 축산폐수의 처리에 관한 법률과 같은 법 시행령의 관계 규정에 의하면, 분뇨 및 축산폐수의 수집·운반 등은 시장·군수·구청장(이하 '시장' 등이라 한다)의 업무이고, 시장 등은 이를 스스로 처리하거나 당해 지방자치단체의 조례가 정하는 바에 따라 법 제35조의 규정에 의한 분뇨등 관련 영업자인 분뇨등 수집·운반업자 및 정화조청소업자 등에게 영업을 허가하여 그 수집·운반 등을 대행하게 할 수 있는 것으로서 분뇨등의 수집·운반 등은 공익성이 강하게 요청되는 사업에 해당하는 점, 위 분뇨등 관련 영업의 허가를 받기 위한 요건으로서 시행령에서 시설·장비 및 기술능력 등에 관한 최소한도를 정해 두었을 뿐 그 영업이 분뇨의 수집·운반대행에 적정한지의 여부에 대하여는 일률적으로 확정하여 규정하는 형식을 취하지 아니함으로써 그 적정 여부에 대하여 재량의 여지를 남겨두고 있으므로, 시장 등은 분뇨등 수집·운반업 및 정화조청소업에 대한 허가 여부를 결정함에 있어서 분뇨등의 수집·운반대행이 적정하게 이루어질 수 있도록 시행령에 규정된 허가요건 이외에 분뇨등의 처리계획, 관할구역 안에서의 현재 및 장래의 분뇨등의 발생량, 현재의 분뇨등의 처리상황 등을 고려할 수 있는 점, 당해 지방자치단체 내의 분뇨등의 발생량에 비하여 기존 분뇨등 수집·운반업 및 정화조청소업에 종사하는 업체의 시설이 과다하여 신규허가를 한다면 업체 간의 과당경쟁 및 무계획적인 수집·운반으로 인하여 분뇨등의 수집·운반에 관한 안정적이고 효율적인 책임행정의 이행이 불가능하게 될 것으로 예상되고, 또한 법 제35조 제3

항에 의하여 영업구역 등 조건을 붙이더라도 이를 해결할 수 없는 상태라고 판단되면 분뇨등 수집·운반업 및 정화조청소업의 신규허가를 제한할 수 있다고 보이는 점, 위와 같이 법과 시행령의 관계 규정이 당해 지방자치단체 내의 분뇨등의 발생량에 비하여 기존 업체의 시설이 과다한 경우 일정한 범위 내에서 분뇨등 수집·운반업 및 정화조청소업에 대한 허가를 제한할 수 있도록 하고 있는 것은 분뇨등을 적정하게 처리하여 자연환경과 생활환경을 청결히 하고 수질오염을 감소시킴으로써 국민보건의 향상과 환경보전에 이바지한다는 공익목적을 달성하고자 함과 동시에 업자 간의 과당경쟁으로 인한 경영의 불합리를 미리 방지하자는 데 그 목적이 있는 점 등 제반 사정에 비추어 보면, 업종을 분뇨등 수집·운반업 및 정화조청소업으로 하여 분뇨등 관련 영업허가를 받아 영업을 하고 있는 기존업자의 이익은 단순한 사실상의 반사적 이익이 아니고 법률상 보호되는 이익이라고 해석된다."

5. 판례는 특허의 경우 특별한 예외 없이 법률상 이익으로 본다. 대법원 2002. 10. 25. 선고 2001두4450 판결 "구 여객자동차운수사업법 제6조 제1항 제1호에서 '사업계획이 당해 노선 또는 사업구역의 수송수요와 수송력공급에 적합할 것'을 여객자동차운송사업의 면허기준으로 정한 것은 여객사동차운송사업에 관한 질서를 확립하고 여객자동차운송사업의 종합적인 발달을 도모하여 공공의 복리를 증진함과 동시에 업자 간의 경쟁으로 인한 경영의 불합리를 미리 방지하자는 데 그 목적이 있다 할 것이고, 한편 같은 법 제3조 제1항 제1호와 같은법 시행령 제3조 제1호, 같은법 시행규칙 제7조 제3항, 제4항등의 각 규정을 종합하여 보면, 시내버스운송사업과 시외버스운송사업은 다 같이 운행계통을 정하고 여객을 운송하는 노선여객자동차운송사업에 속하므로, 위 두 운송사업이 면허기준, 준수하여야 할 사항, 중간경유지, 기점과 종점, 운행방법, 이용요금 등에서 달리 규율된다는 사정만으로 본질적인 차이가 있다고 할 수는 없으며, 시외버스운송사업계획변경인가처분으로 인하여 기존의 시내버스운송사업자의 노선 및 운행계통과 시외버스운

송사업자들의 그것들이 일부 중복되게 되고 기존업자의 수익감소가 예상된다면, 기존의 시내버스운송사업자와 시외버스운송사업자들은 경업관계에 있는 것으로 봄이 상당하다 할 것이어서 기존의 시내버스운송사업자에게 시외버스운송사업계획변경인가처분의 취소를 구할 법률상의 이익이 있다."

6. 행정청이 경쟁관계에 있는 기존업자에게 보조금 등 자금지원행정을 하는 경우 다른 경쟁업자는 그 수익적 처분을 다툴 수 있는지가 문제되는데(경업자수익방어소송), 이 경우 수익적 처분의 요건법규가 공익뿐만 아니라 경쟁관계에 있는 자의 사익도 보호하고 있다고 볼 수 있는 경우에만 경쟁자에게 원고적격이 인정될 수 있을 것이다. 다만, 이 경우 일반적으로 관련법규가 당해수익적 처분의 상대방이 아닌 제3자의 이익까지도 보호하고 있다고 보기는 어려우므로 제3자는 원고적격 인정이 어려울 것이다. 이 경우 제3자에게 참을 수 없는 불리한 경쟁상황을 야기하는 경우에는 헌법상의 기본권의 경우까지 법률상의 이익을 확대하여 경쟁의 자유, 직업의 자유를 침해하는 것으로 보아 원고적격을 인정해야 한다는 견해(박균성)와 자유경쟁이라는 자유시장 원칙상 인정할 수 없다는 견해(김성수)가 대립한다. 이에 대해 헌법재판소는 헌법상의 기본권인 경쟁의 자유를 법률상 이익으로 보고 원고적격을 인정한 사례가 있다.[39]

V. 경원자 소송

1. 인·허가 등의 수익적 행정처분을 신청한 수인이 서로 경쟁관계에 있어서 일방에 대한 허가 등의 처분이 타방에 대한 불허가 등으로 귀결될 수밖에 없는 때(동일대상지역에 대한 공유수면매립면허나 도로점용허

39) 헌법재판소 1998. 4. 30. 97헌마141 "행정처분의 직접 상대방이 아닌 제3자라도 당해처분의 취소를 구할 법률상 이익이 있는 경우에는 행정소송을 제기할 수 있다. 이 사건에서 보건대, 설사 국세청장의 지정행위의 근거규범인 이 사건 조항들이 단지 공익만을 추구할 뿐 청구인 개인의 이익을 보호하려는 것이 아니라는 이유로 청구인에게 취소소송을 제기할 법률상 이익을 부정한다고 하더라도, 청구인의 기본권인 경쟁의 자유가 바로 행정청의 지정행위의 취소를 구할 법률상 이익이 된다 할 것이다."

가 혹은 일정지역에 있어서의 영업허가 등에 관하여 거리제한 규정이나 업소개수제한규정 등이 있는 경우를 그 예로 들 수 있다)를 경원자 관계라 한다. 경원자 관계에서 불인가 등을 받은 제3자는 처분의 상대방에게 발해진 행정처분에 대해 항고소송을 제기할 수도 있고(이를 특히 경원자 소송이라고 함), 한편, 제3자 자신의 입장에서 볼 때 이를 불허가 즉 거부로 보아 거부처분에 대한 항고소송을 제기할 수도 있다.

2. 이에 대해 대법원 1992. 5. 8. 선고 91누13274 판결은, "행정소송법 제12조는 '취소소송은 처분 등의 취소를 구할 법률상의 이익이 있는 자가 제기할 수 있다'고 규정하고 있는 바, 인·허가 등의 수익적 행정처분을 신청한 수인이 서로 경쟁관계에 있어서 일방에 대한 허가 등의 처분이 타방에 대한 불허가 등으로 귀결될 수 밖에 없는 때(이른바 경원관계에 있는 경우로서 동일대상지역에 대한 공유수면매립면허나 도로점용허가 혹은 일정지역에 있어서의 영업허가 등에 관하여 거리제한 규정이나 업소개수제한규정 등이 있는 경우를 그 예로 들 수 있다) 허가 등의 처분을 받지 못한 자는 비록 경원자에 대하여 이루어진 허가 등 처분의 상대방이 아니라 하더라도 당해 처분의 취소를 구할 당사자 적격이 있다 할 것이고, 다만 구체적인 경우에 있어서 그 처분이 취소된다 하더라도 허가 등의 처분을 받지 못한 불이익이 회복된다고 볼 수 없을 때에는 당해 처분의 취소를 구할 정당한 이익이 없다고 할 것이다."라고 판시하여 제3자도 경원자 관계가 인정되면 법률상 이익이 있다고 보아 원고적격을 인정하고 있다.

Ⅵ. 인인소송

1. 인인소송은 이웃하는 자들 사이에 특정인에게 주어지는 수익적 행정행위가 다른 타 주민들에게는 침익적 행정행위에 속하는 경우 타주민들이 특정인에게 주어진 수익적 행정행위 자체에 대해 항고소송을 제기하는 것을 말하며 주로 건축소송, 환경소송에서 많이 문제된다. 이 경우

타 주민들이 특정인에게 내려진 행정처분을 다툴 원고적격이 있는지가 문제된다. 인인소송에서 이웃주민의 원고적격 여부는 관련법규가 이웃주민의 사익도 보호하기 위한 목적이 인정되는지에 따라 결정된다.

2. 대법원 2006. 12. 22. 선고 2006두14001 판결 “행정처분의 직접 상대방이 아닌 자로서 그 처분에 의하여 자신의 환경상 이익이 침해받거나 침해받을 우려가 있다는 이유로 취소소송을 제기하는 제3자는, 자신의 환경상 이익이 그 처분의 근거 법규 또는 관련 법규에 의하여 개별적·직접적·구체적으로 보호되는 이익, 즉 법률상 보호되는 이익임을 입증하여야 원고적격이 인정되고, 다만 그 행정처분의 근거 법규 또는 관련 법규에 그 처분으로써 이루어지는 행위 등 사업으로 인하여 환경상 침해를 받으리라고 예상되는 영향권의 범위가 구체적으로 규정되어 있는 경우에는, 그 영향권 내의 주민들에 대하여는 당해 처분으로 인하여 직접적이고 중대한 환경피해를 입으리라고 예상할 수 있고, 이와 같은 환경상의 이익은 주민 개개인에 대하여 개별적으로 보호되는 직접적·구체적 이익으로서 그들에 대하여는 특단의 사정이 없는 한 환경상 이익에 대한 침해 또는 침해 우려가 있는 것으로 사실상 추정되어 법률상 보호되는 이익으로 인정됨으로써 원고적격이 인정되며, 그 영향권 밖의 주민들은 당해 처분으로 인하여 그 처분 전과 비교하여 수인한도를 넘는 환경피해를 받거나 받을 우려가 있다는 자신의 환경상 이익에 대한 침해 또는 침해 우려가 있음을 증명하여야만 법률상 보호되는 이익으로 인정되어 원고적격이 인정된다.”[40)]

40) 판례가 원고적격을 인정한 사례는 다음과 같다. 대법원 1975. 5. 13. 선고 73누96, 97 판결 “주거지역 안에서는 도시계획법 19조 1항과 개정 전 건축법 32조 1항에 의하여 공익상 부득이 하다고 인정될 경우를 제외하고는 거주의 안녕과 건전한 생활환경의 보호를 해치는 모든 건축이 금지되고 있을 뿐 아니라 주거지역내에 거주하는 사람이 받는 위와 같은 보호이익은 법률에 의하여 보호되는 이익이라고 할 것이므로 주거지역내에 위 법조 소정 제한면적을 초과한 연탄공장 건축허가처분으로 불이익을 받고 있는 제3 거주자는 비록 당해 행정처분의 상대자가 아니라 하더라도 그 행정처분으로 말미암아 위와 같은 법률에 의하여 보호되는 이익을 침해받고 있다면 당해행정 처분의 취소를 소구하여 그 당부의 판단을 받을 법률상의 자격이 있다.”; 대법원 1995. 9. 26. 선고 94

제6절 피고적격

Ⅰ. 취소소송은 다른 법률에 특별한 규정이 없는 한 그 처분 등을 행한

누14544 판결 "도시계획법 제12조 제3항의 위임에 따라 제정된 도시계획시설기준에관한규칙 제125조 제1항이 화장장의 구조 및 설치에 관하여는 매장및묘지등에관한법률이 정하는 바에 의한다고 규정하고 있어, 도시계획의 내용이 화장장의 설치에 관한 것일 때에는 도시계획법 제12조 뿐만 아니라 매장및묘지등에관한법률 및 같은법시행령 역시 그 근거 법률이 된다고 보아야 할 것이므로, 같은법 시행령 제4조 제2호가 공설화장장은 20호 이상의 인가가 밀집한 지역, 학교 또는 공중이 수시 집합하는 시설 또는 장소로부터 1,000m 이상 떨어진 곳에 설치하도록 제한을 가하고, 같은법 시행령 제9조가 국민보건상 위해를 끼칠 우려가 있는 지역, 도시계획법 제17조의 규정에 의한 주거지역, 상업지역, 공업지역 및 녹지지역 안의 풍치지구 등에의 공설화장장 설치를 금지함에 의하여 보호되는 부근 주민들의 이익은 위 도시계획결정처분의 근거 법률에 의하여 보호되는 법률상 이익이다."; 대법원 2006. 3. 16. 선고 2006두330 전원합의체 판결 "공유수면매립면허처분과 농지개량사업 시행인가처분의 근거 법규 또는 관련 법규가 되는 구 공유수면매립법, 구 농촌근대화촉진법, 구 환경보전법, 구 환경보전법 시행령, 구 환경정책기본법, 구 환경정책기본법 시행령의 각 관련 규정의 취지는, 공유수면매립과 농지개량사업시행으로 인하여 직접적이고 중대한 환경피해를 입으리라고 예상되는 환경영향평가 대상지역 안의 주민들이 전과 비교하여 수인한도를 넘는 환경침해를 받지 아니하고 쾌적한 환경에서 생활할 수 있는 개별적 이익까지도 이를 보호하려는 데에 있다고 할 것이므로, 위 주민들이 공유수면매립면허처분 등과 관련하여 갖고 있는 위와 같은 환경상의 이익은 주민 개개인에 대하여 개별적으로 보호되는 직접적·구체적 이익으로서 그들에 대하여는 특단의 사정이 없는 한 환경상의 이익에 대한 침해 또는 침해우려가 있는 것으로 사실상 추정되어 공유수면매립면허처분 등의 무효확인을 구할 원고적격이 인정된다. 한편, 환경영향평가 대상지역 밖의 주민이라 할지라도 공유수면매립면허처분 등으로 인하여 그 처분 전과 비교하여 수인한도를 넘는 환경피해를 받거나 받을 우려가 있는 경우에는, 공유수면매립면허처분 등으로 인하여 환경상 이익에 대한 침해 또는 침해우려가 있다는 것을 입증함으로써 그 처분 등의 무효확인을 구할 원고적격을 인정받을 수 있다."

판례가 원고적격을 부인한 사례는 다음과 같다. 대법원 1995. 9. 26. 94누14544 "상수원보호구역 설정의 근거가 되는 수도법 제5조 제1항 및 동 시행령 제7조 제1항이 보호하고자 하는 것은 상수원의 확보와 수질보전일 뿐이고, 그 상수원에서 급수를 받고 있는 지역주민들이 가지는 상수원의 오염을 막아 양질의 급수를 받을 이익은 직접적이고 구체적으로는 보호하고 있지 않음이 명백하여 위 지역주민들이 가지는 이익은 상수원의 확보와 수질보호라는 공공의 이익이 달성됨에 따라 반사적으로 얻게 되는 이익에 불과하므로 지역주민들에 불과한 원고들에게는 위 상수원보호구역변경처분의 취소를 구할 법률상의 이익이 없다."; 대법원 2006. 3. 16. 2006두330 전원합의체 "헌법 제35조 제1항에서 정하고 있는 환경권에 관한 규정만으로는 그 권리의 주체·대상·내용·행사방법 등이 구체적으로 정립되어 있다고 볼 수 없고, 환경정책기본법 제6조도 그 규정 내용 등에 비추어 국민에게 구체적인 권리를 부여한 것으로 볼 수 없다는 이유로, 환경영향평가 대상지역 밖에 거주하는 주민에게 헌법상의 환경권 또는 환경정책기본법에 근거하여 공유수면매립면허처분과 농지개량사업 시행인가처분의 무효확인을 구할 원고적격이 없다."

행정청을 피고로 한다(법 제13조 1항 본문). 원래 피고적격은 권리능력이 있는 주체가 되어야 하는데 그 기관에 불과한 행정청을 피고로 한 것은 순전히 행정소송 수행상의 편의를 위한 것이다. 따라서 취소소송 등 항고소송 이외에 당사자소송 등 나머지 기타의 소송은 모두 소송상 당사자능력이 있는 자인 권리주체가 피고가 된다.

Ⅱ. 여기서의 행정청은 소송의 대상인 행정처분을 그 자신의 명의로 행한 행정청을 의미한다. 따라서 독임제 행정청 외에 합의제 행정청도 피고가 될 수 있고, 재결이 항고소송의 대상이 된 경우에는 재결청이 피고가 되며, 지방의회도 지방의회의원에 대한 징계의결, 의장에 대한 불신임의결 등의 경우에는 행정청이 되기도 한다.[41] 반면, 조례에 대한 항고소송의 경우에는 공포권자인 지방자치단체장 또는 교육조례의 경우에는 교육감이 행정청이 된다.

Ⅲ. 단순히 행정조직상의 행정청 이외에도 법령에 의하여 행정권한의 위임 또는 위탁을 받은 행정기관, 공공단체 및 그 기관 또는 사인이 포함된다(법 제2조 2항). 이를 기능적 의미의 행정청이라고 한다.[42]

---

41) 대법원 1994. 10. 11. 94두23 "지방의회를 대표하고 의사를 정리하며 회의장 내의 질서를 유지하고 의회의 사무를 감독하며 위원회에 출석하여 발언할 수 있는 등의 직무권한을 가지는 지방의회 의장에 대한 불신임의결은 의장으로서의 권한을 박탈하는 행정처분의 일종으로서 항고소송의 대상이 된다."; 대법원 1995. 1. 12. 94누2602 "지방의회의 의장은 지방자치법 제43조, 제44조의 규정에 의하여 의회를 대표하고 의사를 정리하며, 회의장 내의 질서를 유지하고 의회의 사무를 감독할 뿐만 아니라 위원회에 출석하여 발언할 수 있는 등의 직무권한을 가지는 것이므로, 지방의회의 의사를 결정공표하여 그 당선자에게 이와 같은 의장으로서의 직무권한을 부여하는 지방의회의 의장선거는 행정처분의 일종으로서 항고소송의 대상이 된다고 할 것이다."

42) 대법원 2007. 8. 23. 2005두3776 "지방자치법 및 조례의 관계 규정과 대행계약서의 내용 등을 종합하여 보면, 피고 공사는 서울특별시장으로부터 서울특별시가 사업시행자가 된 이 사건 택지개발사업지구 내에 거주하다가 사업시행에 필요한 가옥을 제공함으로 인하여 생활의 근거를 상실하게 되는 이주자들에게 택지개발촉진법과 구 공공용지의 취득 및 손실보상에 관한 특례법(2002. 2. 4. 법률 6656호로 폐지되기 전의 것) 및 주택공급에 관한 규칙 등의 법령에 따라서 위 택지개발사업의 시행으로 조성된 토지를 분양하여 주거나 분양아파트 입주권을 부여하는 내용의 이주대책 수립권한을 포함한 택지개발사업에 따른 권한을 위임 또는 위탁받았다고 할 것이므로, 서울특별시가 사업시행자가

Ⅳ. 행정권한의 위임 또는 위탁된 경우에는 그러한 위임 또는 위탁을 받아 처분을 행한 수임청 또는 수탁청이 피고가 된다. 그러나, 내부위임의 경우에는 원칙은 처분권한이 이전되지 않기 때문에 위임기관이 피고가 되지만 수임기관이 자신의 명의로 처분한 경우 수임기관이 피고가 된다.[43]

된 이 사건 택지개발사업과 관련하여 이주대책 대상자라고 주장하는 자들이 피고 공사 명의로 이루어진 이주대책에 관한 처분에 대한 취소소송을 제기함에 있어 정당한 피고는 피고 공사(에스에이치공사, 구 서울특별시 도시개발공사)가 된다고 할 것이다."; 대법원 2005. 6. 24. 2003두6641 "구 유로도로법 제3조 제1항은 유료도로의 통행료 징수권은 그 도로관리청에 있다고 규정하고 있고, 고속국도법 제5조는 고속국도의 관리청을 피고 건설교통부장관(이하 '피고 장관'이라 한다)으로 규정하고 있으며, 한국도로공사법 제6조 제1항은 국가는 유료도로관리권을 피고 공사에 출자할 수 있다고 규정하고 있고, 구법 제2조 제3항은 유료도로관리권이라 함은 유료도로를 유지·관리하고 유료도로를 통행하거나 이용하는 자로부터 통행료 또는 점용료 등을 징수하는 권리를 말한다고 규정하고 있는바, 위에서 본 사실 및 관계 법령의 규정을 종합하면, 피고 공사(한국도로공사)는 국가로부터 유료도로 통행료 징수권이 포함된 유료도로관리권을 출자 받아 이 사건 구간의 통행료 징수권을 행사할 권한을 적법하게 가지게 되었고, 이에 따라 피고 공사가 이 사건 처분을 한 것이지 피고 장관이 이 사건 처분을 하였다고 볼 수 없으므로 이 사건 소 중 피고 장관을 상대로 한 부분은 부적법하다."

43) 대법원 1992. 11. 27. 92누3618 "항고소송은 행정청의 처분 등이나 부작위에 대하여 처분 등을 행한 행정청을 상대로 이를 제기할 수 있고 행정청에는 처분 등을 할 수 있는 권한이 있는 국가 또는 지방자치단체와 같은 행정기관뿐만 아니라 법령에 의하여 행정권한의 위임 또는 위탁을 받은 행정기관, 공공단체 및 그 기관 또는 사인이 포함되는바 특별한 법률에 근거를 두고 행정주체로서의 국가 또는 지방자치단체로부터 독립하여 특수한 존립목적을 부여받은 특수한 행정주체로서 국가의 특별한 감독 하에 그 존립목적인 특정한 공공사무를 행하는 공법인인 특수행정조직 등이 이에 해당한다. 대한주택공사의 설립목적, 취급업무의 성질, 권한과 의무 및 택지개발사업의 성질과 내용 등에 비추어 같은 공사가 관계법령에 따른 사업을 시행하는 경우 법률상 부여받은 행정작용권한을 행사하는 것으로 보아야 할 것이므로 같은 공사가 시행한 택지개발사업 및 이에 따른 이주대책에 관한 처분은 항고소송의 대상이 된다."; 대법원 1991. 10. 8. 91누520 "행정관청이 특정한 권한을 법률에 따라 다른 행정관청에 이관한 경우와 달리 내부적인 사무처리의 편의를 도모하기 위하여 그의 보조기관 또는 하급행정관청으로 하여금 그의 권한을 사실상 행하도록 하는 내부위임의 경우에는 수임관청이 그 위임된 바에 따라 위임관청의 이름으로 권한을 행사하였다면 그 처분청은 위임관청이므로 그 처분의 취소나 무효확인을 구하는 소송의 피고는 위임관청으로 삼아야 한다."; 대법원 1989. 11. 14. 89누4765 "행정처분의 취소 또는 무효확인을 구하는 행정소송은 다른 법률에 특별한 규정이 없는 한 그 처분을 행한 행정청을 피고로 하여야 하며, 행정처분을 행할 적법한 권한있는 상급행정청으로부터 내부위임을 받은데 불과한 하급행정청이 권한없이 행정처분을 한 경우에도 실제로 그 처분을 행한 하급행정청을 피고로 할 것이지 그 상급행정청을 피고로 할 것은 아니다."

Ⅴ. 권한의 대리가 있는 경우에는 피대리청이 피고가 된다. 다만, 대리청이 현명을 하지 않고 자신의 이름으로 처분한 경우에는 역시 대리청이 피고가 된다. 한편, 이 경우 판례는 대리청이 현명을 하지 않았지만 대리의 의사로 행정처분을 하였고, 상대방이 그 행정처분의 피대리행정청을 대리하여 한 것임을 알고 이를 받아들인 경우에는 피대리행정청이 피고가 되어야 한다고 판시하였다.[44)]

Ⅵ. 처분 등이 있은 뒤 그 처분 등에 관계되는 권한이 다른 행정청에 승계된 때에는 이를 승계한 행정청이 피고가 된다(행정소송법 제13조 1항 단서). 한편, 처분청이나 재결청이 없게 된 때에는 그 처분 등에 관한 사무가 귀속되는 국가 또는 공공단체를 피고로 한다(행정소송법 제13조 2항).

Ⅶ. 국가공무원법에 의하면 대통령이 행한 징계처분, 기타 본인의 의사에 반하는 불리한 처분 등에 대해서는 행정소송의 피고는 소속장관이 된다(국가공무원법 제16조 2항).

Ⅷ. 행정소송법 제14조는 원고가 피고를 잘못 지정한 때에는 법원은 원고의 신청에 의하여 결정으로써 피고의 경정을 허가할 수 있도록 하고 있다. 법원의 피고 경정 결정이 있은 때에는 새로운 피고에 대한 소송은 처음에 소를 제기한 때에 제기된 것으로 보며, 종전의 피고에 대한 소송은 취하된 것으로 본다. 행정소송법 제21조는 법원은 취소소송을 당해 처분 등에 관계되는 사무가 귀속하는 국가 또는 공공단체에 대한

44) 대법원 2006. 2. 23. 2005부4 결정 "대리권을 수여받은 데 불과하여 그 자신의 명의로는 행정처분을 할 권한이 없는 행정청의 경우 대리관계를 밝힘이 없이 그 자신의 명의로 행정처분을 하였다면 그에 대하여는 처분명의자인 당해 행정청이 항고소송의 피고가 되어야 하는 것이 원칙이지만, 비록 대리관계를 명시적으로 밝히지는 아니하였다 하더라도 처분명의자가 피대리 행정청 산하의 행정기관으로서 실제로 피대리 행정청으로부터 대리권한을 수여받아 피대리 행정청을 대리한다는 의사로 행정처분을 하였고 처분명의자는 물론 그 상대방도 그 행정처분이 피대리 행정청을 대리하여 한 것임을 알고서 이를 받아들인 예외적인 경우에는 피대리 행정청이 피고가 되어야 한다."

당사자소송 또는 취소소송외의 항고소송으로 변경하는 것이 상당하다고 인정할 때에는 청구의 기초에 변경이 없는 한 사실심의 변론종결시까지 원고의 신청에 의하여 결정으로써 소의 변경을 허가할 수 있다고 규정하고 있다.

제7절 대상적격

Ⅰ. 의의

1. 취소소송은 처분 등을 대상으로 한다. 다만, 재결취소소송의 경우에는 재결 자체에 고유한 위법이 있음을 이유로 하는 경우에 한한다(행정소송법 제19조). 이처럼 취소소송의 대상을 대상적격이라 한다. 이는 소송요건 중 하나로 직권조사사항이다.

2. 원처분주의란 취소소송의 대상을 원칙적으로 처분으로 하고, 재결은 그 자체에 고유한 위법이 있는 경우에만 예외적으로 대상으로 하는 것을 말하고, 재결주의란 취소소송의 대상을 원칙적으로 재결로 하고 재결소송에서 처분의 위법성까지 다툴 수 있도록 하는 것을 말한다. 우리나라 법제는 원칙적으로 원처분주의를 택하고 있다. 다만, 개별 법률에서 재결주의를 취하고 있는 경우도 있다.

Ⅱ. 처분에 대한 취소소송

1. "처분"이라 함은 '행정청이 행하는 구체적 사실에 관한 법집행으로서의 공권력의 행사 또는 그 거부와 그 밖에 이에 준하는 행정작용'을 말한다(행정소송법 제2조 1항 1호). 판례는 항고소송의 대상이 되는 처분의 개념에 대해 '국민의 권리의무에 직접 관계가 있는 행위' 또는 '국민의 권리의무에 영향을 미치는 행위'로 판시하고 있다.[45] 즉 행정소송법에

45) 대법원 2007. 11. 15. 2007두10198 "항고소송의 대상이 되는 행정처분은 행정청의 공법상 행위로서 특정사항에 대하여 법규에 의한 권리의 설정 또는 의무의 부담을 명하거나, 기타 법률상 효과를 발생하게 하는 등 국민의 권리의무에 직접 관계가 있는 행위를 가

서는 처분에 "그 밖에 이에 준하는 행정작용"을 그 개념에 포함시키고 있으나, 판례는 행정소송법에 처분에 관한 정의규정이 없었던 때와 마찬가지로, 독일의 행정행위 개념과 동일하게 "행정청의 공법상의 행위로서 상대방의 법률상 지위에 직접적인 법률적 변동을 일으키는 행위"라고 보고 있다.

2. 일반적인 행정조직법상의 행정청은 '행정주체의 의사를 결정·표시할 수 있는 권한을 가진 기관'으로 정의된다. 그런데 행정소송법의 행정청은 이러한 조직법상의 행정청 외에 기능적 의미의 행정청을 포함하고 있다. 이는 행정소송법 제2조 2항에 '이 법을 적용함에 있어서 행정청에는 법령에 의하여 행정권한의 위임 또는 위탁을 받은 행정기관, 공공단체 및 그 기관 또는 사인이 포함된다.'라고 규정하고 있기 때문이다. 따라서 공기업은 물론 사기업 및 사인이라 하여도 행정권한을 위임 또는 위탁받은 한도 내에서는 행정청이 된다.[46]

3. 처분은 구체적 사실에 대한 법집행이어야 한다. 일반적 추상적인 법령 또는 내규나 사업계획 등은 그 규율 대상이 제한되어 있다고 하더라도 행정소송 대상이 될 수 없다.[47] 행정계획은 원칙적으로 항고소송의 대상이 되지 않지만, 행정계획 자체로써 특정인의 법률상 이익을 개별적·구체적으로 규제하는 효과가 있는 경우에는 항고소송의 대상이 된다.[48] 또한 직무명령과 같은 행정기관의 내부적 행위[49]나 법적 행위가

리키는 것이고, 상대방 또는 기타 관계자들의 법률상 지위에 직접적인 영향을 미치지 않는 행위는 항고소송의 대상이 되는 행정처분이 아니다."

46) 대법원 1997. 2. 28. 96누1757 "성업공사가 체납압류된 재산을 공매하는 것은 세무서장의 공매권한 위임에 의한 것으로 보아야 할 것이므로, 성업공사가 한 그 공매처분에 대한 취소 등의 항고소송을 제기함에 있어서는 수임청으로서 실제로 공매를 행한 성업공사를 피고로 하여야 하고, 위임청인 세무서장은 피고적격이 없다."

47) 대법원 1992. 3. 10. 91누12639; 대법원 1994. 9. 10. 94두33; 그러나 법령 또는 조례 등이 구체적 집행행위 없이 그 자체로서 직접 국민에 대하여 구체적 효과를 발생하여 특정한 권리의무를 형성케 하는 경우에는 행정소송 대상이 된다(대법원 1991. 6. 28. 90누9346; 대법원 1996. 9. 20. 95누8003).

48) 대법원 1982. 3. 9. 선고 80누105 판결 "도시계획결정(현행 국토의계획및이용에관한법

아닌 알선, 권고, 지도와 같은 사실행위는 처분에 해당하지 않는다.

4. 공권력의 행사의 거부란 신청을 전제로 하는 처분과 관련해 행정청이 사인의 신청을 거절하는 것을 말한다. 거부가 처분이 되기 위한 요건으로 판례는 ① 신청한 행위가 공권력의 행사 또는 이에 준하는 행정작용일 것, ② 거부행위가 신청인의 법률관계에 어떤 변동을 일으키는 것일 것, ③ 원고에게 법규상·조리상 신청권이 있을 것을 요구한다.[50] 이

률상의 도시관리계획의 결정)이 고시되면 그 구역 안의 토지나 건물소유자의 토지형질결정, 건축물의 신축·개축·증축 등 권리행사가 일정한 제한을 받게 되는 바, 이런 점에서 고시된 도시계획결정은 특정 개인의 권리를 개별적이고 구체적으로 규제하는 효과를 가져오게 하는 행정청의 처분이다"라고 판시한 바 있다. 또한, 시장·군수·구청장이 지가공시및토지등의평가에관한법률 제10조의2 규정에 의하여 하는 개별공시지가 결정은 토지초과이득세, 택지초과소유부담금, 개발부담금 산정의 기준이 되어 국민의 권리나 의무 또는 법률상 이익에 직접 관계되므로 항고소송의 대상이 된다는 것이 판례이다(대법원 1993. 6. 11. 92누16706).

49) 독점규제및공정거래에관한법률에 의한 공정거래위원회의 고발(대법원 1995. 5. 12. 94누13794), 경제기획원장관이 정부투자기관관리기본법 제21조에 의하여 한 예산편성지침통보(대법원 1993. 4. 12. 93두2, 대법원 1993. 9. 14. 93누9163), 교육공무원법상 총학장의 대학교원 임용제청과 철회(대법원 1989. 6. 27. 88누9640; 1993. 7. 27. 93누2315 판결), 건설교통부장관이 토지구획정리사업법 제7조 제1항에 의하여 지방자치단체 등에게 하는 토지구획정리사업시행명령(대법원 1996. 12. 23. 95누17700), 지방자치단체장이 개발제한구역 안에서의 혐오시설 설치허가에 앞서 건설부훈령인 "개발제한구역관리규정"에 의하여 사전승인신청을 함에 따라 건설교통부장관이 한 승인행위(대법원 1997. 9. 26. 97누8540), 과세처분의 선행적 절차로 세무서장이 내부적으로 행하는 과세표준결정(대법원 1986. 1. 21. 82누236), 법인세법상 손금불산입·익금가산처분·인정상여결정과 그에 따른 소득금액변경통지(대법원 1993. 6. 8. 92누12483, 대법원 1996. 9. 24. 95누12842), 제2차납세의무자지정 통지(대법원 1985. 2. 8. 84누132), 근로복지공단이 산업재해보상보험료 부과처분에 앞서 한 보험료산정기준 사업변경처분(대법원 1995. 7. 28. 94누8853), 징병검사시의 신체등위판정(대법원 1993. 8. 27. 93누3356), 지적측량성과도 검사처분(대법원 1997. 3. 28. 96누19000), 문화체육부장관의 외국영화 수입추천에 앞서 거치는 절차인 공연윤리위원회의 수입불가심의(대법원 1997. 10. 24. 96누5889) 등은 처분에 해당하지 않는다.

50) 대법원 2003. 9. 23. 2001두10936 등; 판례는 법규상·조리상 신청권을 원고의 신청에 대한 일반적·추상적 단순응답요구권으로 파악하여 이를 형식적 신청권으로 보고 이러한 신청권은 대상적격의 요건에 파악한다. 거부는 당사자의 신청에 대해 이를 거절하는 행정청의 행위이며 따라서 거부가 처분이 되기 위한 전제조건으로 당사자의 신청권이 필요하다는 것이다. 이와 달리 원고적격설은 행정소송법 2조 1항 1호에 의해 처분이 명확하게 개념제시가 되어 있으므로 그에 의해 대상적격을 파악하면 되고 여기에 새로운 요건을 추가하면 안 되며, 신청권의 존부는 원고적격의 문제로 보아야 한다고 주장한다. 더 나아가 신청권을 소송요건의 문제로 보면 본안판단의 선취가 되어 국민의 권익구제

때 법규상·조리상 신청권은 일반적·추상적으로 단순히 신청에 따른 응답을 받을 형식적 권리를 의미할 뿐이다.[51] 법령상 일정기간이 지나면 거부로 간주되는 간주거부와 묵시적 거부도 거부에 포함되며, 신청인에 대해 직접 거부의 의사표시를 하지 않았어도 신청인이 정황상 거부로 알 수 있었다고 인정되면 거부처분으로 볼 수 있다.[52] 한편, 반복된 거부처분의 경우 각각 독립하여 취소소송의 대상이 된다.[53]

5. "그 밖에 이에 준하는 행정작용"은 권력적 사실행위, 일반처분, 처분적 법령, 사실상 강제력 있는 비권력적 사실행위, 행정지도, 행정조사 등 다양한 행정작용 중 구체의 필요성이 인정되고, 항고소송을 통한 구제가 실체 의미 있는 효과를 가지는지를 고려하여 구체적으로 법원이 판단할 사항이라 할 것이다.

Ⅲ. 재결에 대한 취소소송(재결소송)

1. 재결소송이란 재결이 항고소송의 대상이 되는 소송을 말한다. 여기서의 재결이란 행정심판법상의 재결만을 의미하는 것이 아니라 이 외에도 기타 개별법령에서 행정청이 준사법기관으로서 처분 등에 대해 심판하

의 길을 부당히 축소시키는 결과를 만드는 결과가 되므로 신청권의 존부 또는 행정청의 처분 의무는 본안에 가서 판단하여야 한다는 견해도 주장된다.

51) 대법원 1996. 6. 11. 95누12460 "거부처분의 처분성을 인정하기 위한 전제요건이 되는 신청권의 존부는 구체적 사건에서 신청인이 누구인가를 고려하지 않고 관계 법규의 해석에 의하여 일반 국민에게 그러한 신청권을 인정하고 있는가를 살펴 추상적으로 결정되는 것이고, 신청인이 그 신청에 따른 단순한 응답을 받을 권리를 넘어서 신청의 인용이라는 만족적 결과를 얻을 권리를 의미하는 것은 아니다."

52) 대법원 1991. 2. 12. 90누5825 "검사 지원자 중 한정된 수의 임용대상자에 대한 임용결정은 한편으로는 그 임용대상에서 제외한 자에 대한 임용거부결정이라는 양면성을 지니는 것이므로 임용대상자에 대한 임용의 의사표시는 동시에 임용대상에서 제외한 자에 대한 임용거부의 의사표시를 포함한 것으로 볼 수 있고, 이러한 임용 거부의 의사 표시는 본인에게 직접 고지되지 않았다고 하여도 본인이 이를 알았거나 알 수 있었을 때에 그 효력이 발생한 것으로 보아야 한다."

53) 대법원 2002. 3. 29. 2000두6084 "거부처분은 관할 행정청이 국민의 처분신청에 대하여 거절의 의사표시를 함으로써 성립되고, 그 이후 동일한 내용의 새로운 신청에 대하여 다시 거절의 의사표시를 한 경우에는 새로운 거부처분이 있는 것으로 보아야 할 것이다."

는 것도 포함하는 개념이다. 원처분주의에 의하면 재결소송은 재결자체에 고유한 위법이 있는 경우에만 가능하다. 반면, 재결주의에 의하면 재결소송은 원처분의 위법이 있는 경우에도 재결소송을 제기할 수 있다.

2. 행정소송법 제19조는 취소소송은 행정청의 원처분을 대상으로 하되(원처분주의), 다만 "재결 자체에 고유한 위법이 있음을 이유로 하는 경우"에 한하여 행정심판의 재결도 취소소송의 대상으로 삼을 수 있도록 규정하고 있으므로 재결취소소송의 경우 재결 자체에 고유한 위법이 있는지 여부를 심리할 것이고, 재결 자체에 고유한 위법이 없는 경우에는 원처분의 당부와는 상관없이 당해 재결취소소송은 이를 기각하여야 한다는 것이 판례의 기본입장이다.[54)]

3. 재결 자체의 고유한 위법이란 권한이 없는 행정기관이 재결을 하였거나, 법령에서 요구되는 형식 및 절차를 준수하지 못한 재결과 재결 내용의 위법을 말한다.[55)]

4. 심판청구가 적법함에도 불구하고 재결청이 이를 각하재결한 경우에는 재결 자체의 고유한 위법에 해당한다. 기각재결의 경우에는 당사자는 원처분의 하사에 대해 다시금 항고소송을 제기하는 것이 원칙이겠지만, 예외적으로 ① 심판청구의 범위가 아님에도 불구하고 처분권주의에 어긋나게 기각재결한 경우, ② 불이익변경금지원칙에 어긋나게 원처분보다 더 불이익하게 재결한 경우, ③ 위법 또는 부당하지만 공익상

54) 대법원 1994. 1. 25. 93누16901; 재결소송을 하였으나 심리 결과 재결 자체의 고유한 위법이 없는 경우 이에 대해 법원이 각하판결을 할지 기각판결을 할지가 문제된다. 이는 '재결 자체의 고유한 위법'을 소송요건으로 볼지 아니면 본안요건으로 볼지의 문제이다. 판례는 이를 본안요건으로 보아 기각하여야 한다는 입장인 것이다.

55) 대법원 1997. 9. 12. 선고 96누14661판결은, "행정소송법 제19조에서 말하는 '재결 자체에 고유한 위법'이란 원처분에는 없고 재결에만 있는 재결청의 권한 또는 구성의 위법, 재결의 절차나 형식의 위법, 내용의 위법 등을 뜻하고, 그 중 내용의 위법에는 위법·부당하게 인용재결을 한 경우가 해당한다."고 판시하여 재결 자체의 고유한 위법에 "내용의 위법"을 포함시키고 있으며 통설도 같은 입장이다.

이유로 사정재결한 경우 등에는 재결 자체의 고유한 위법에 해당하여 재결에 대해 항고소송을 제기할 수 있다.

5. 인용재결의 경우는 주로 제3자효 있는 행정처분에서 문제된다. 즉, 제3자효 있는 행정처분과 관련해서 심판청구가 부적법함에도 불구하고 이를 각하재결을 하지 않고 인용재결을 한 경우, 또는 원처분 자체는 제3자에게 불리하지 않았으나 인용재결로 인해 비로소 제3자에게 불리하게 된 경우 등에는 제3자는 인용재결에 대해 항고소송을 제기할 수 있다. 이 경우 제3자효 있는 행정처분의 제3자가 제기하는 재결에 대한 소송이 행정소송법 제19조 본문상의 소송인지, 동조 단서상의 소송인지가 문제되는데[56], 대법원 1998. 4. 24. 선고 97누17131 판결은 "원처분의 상대방이 아닌 제3자가 행정심판을 청구하여 재결청이 원처분을 취소하는 형성재결을 한 경우에 그 원처분의 상대방은 그 재결에 대하여 항고소송을 제기할 수밖에 없고, 이 경우 재결은 원처분과 내용을 달리 하는 것이어서 재결의 취소를 구하는 것은 원처분에 없는 재결 고유의 위법을 주장하는 것이 된다."고 판시하여 행정소송법 제19조 단서상의 소송이라고 보고 있다.

6. 일부취소재결의 경우 일부취소재결을 소의 대상으로 할지 아니면 일부취소되고 남은 원처분을 소의 대상으로 할지에 대해 통설은 일부취소되고 남은 원처분이 소의 대상이 된다고 한다. 한편, 변경재결(수정재결)의 경우 항고소송의 대상이 원처분인지 또는 변경재결인지에 대해 학설은 변경(수정)된 원처분이 항고소송의 대상이 된다는 원처분설과 수정재결의 경우에는 수정재결이 원처분을 대체하는 완전히 다른 새로운 처분이 되는 것이므로 수정재결이 항고소송의 대상적격이 된다는

---

56) 이에 대하여 제3자가 제기하는 재결에 대한 소송은 재결 자체의 고유한 위법이 있는 경우에 해당하므로 행정소송법 제19조 단서에 따라 재결소송을 제기하는 것이라는 견해와 원처분의 당사자의 입장에서는 재결이겠지만 제3자효 있는 행정행위의 상대방의 입장에서는 최초의 처분이므로 이는 원처분에 해당하고 따라서 제3자가 재결에 대해 제기하는 소송은 행정소송법 제19조 본문의 원처분소송이라는 견해가 주장된다.

수정재결설이 대립한다. 대법원은 변경재결에 해당하는 사례에서도 원처분을 가지고 소를 제기해야 한다고 하여 원처분설을 취하고 있다.[57)]

7. 취소재결의 경우에는 당해 취소재결 자체가 재결소송의 대상이 되고, 그 후 행정청이 취소사실을 통보하는 것은 단순한 사실의 통지에 불과해 소의 대상이 되지 않는다.[58)]

8. 취소명령재결의 경우 재결이 소의 대상인지, 아니면 재결에 따라 취소한 처분이 소의 대상인지가 문제되는데[59)], 판례는 양자 모두 취소소송의 대상적격이 될 수 있다고 한다.[60)]

---

57) 대법원 1993. 8. 24. 93누5673 "항고소송은 원칙적으로 당해 처분을 대상으로 하나, 당해 처분에 대한 재결 자체에 고유한 주체, 절차, 형식 또는 내용상의 위법이 있는 경우에 한하여 그 재결을 대상으로 할 수 있다고 해석되므로, 징계혐의자에 대한 감봉 1월의 징계처분을 견책으로 변경한 소청결정 중 그를 견책에 처한 조치는 재량권의 남용 또는 일탈로서 위법하다는 사유는 소청결정 자체에 고유한 위법을 주장하는 것으로 볼 수 없어 소청결정의 취소사유가 될 수 없다."

58) 대법원 1997. 12. 23. 96누10911 "당해 재결과 같이 그 인용재결청인 문화체육부장관 스스로가 직접 당해 사업계획승인처분을 취소하는 형성적 재결을 한 경우에는 그 재결 외에 그에 따른 행정청의 별도의 처분이 있지 않기 때문에 재결 자체를 쟁송의 대상으로 할 수밖에 없다."; 대법원 1998. 4. 24. 97누17131 "당해 의약품제조품목허가처분취소재결은 보건복지부장관이 재결청의 지위에서 스스로 제약회사에 대한 위 의약품제조품목허가처분을 취소한 이른바 형성재결임이 명백하므로, 위 회사에 대한 의약품제조품목허가처분은 당해 취소재결에 의하여 당연히 취소·소멸되었고, 그 이후에 다시 위 허가처분을 취소한 당해 처분은 당해 취소재결의 당사자가 아니어서 그 재결이 있었음을 모르고 있는 위 회사에게 위 허가처분이 취소·소멸되었음을 확인하여 알려주는 의미의 사실 또는 관념의 통지에 불과할 뿐 위 허가처분을 취소·소멸시키는 새로운 형성적 행위가 아니므로 항고소송의 대상이 되는 처분이라고 할 수 없다."

59) 취소명령재결 그 자체가 소의 대상이 된다고 보는 재결설은 재결이 그대로 유지되는 상태에서는 그에 따른 처분만을 소의 대상으로 하여 취소하더라도 아무런 실익이 없다고 한다. 이와 반대로 취소처분설은 이 경우 취소명령재결에 따라 취소처분한 것이 소의 대상이 된다는 입장으로 취소명령재결이 있어도 그에 따른 행정청의 처분이 있기 전까지는 구체적·현실적으로 국민의 권리의무에 변동이 생긴 것이 아니라는 것을 그 근거로 주장한다. 판례는 취소명령재결 또는 그에 따른 취소처분 모두 독립된 행정처분이므로 양자 모두 취소소송의 대상적격이 될 수 있다는 견해를 따르고 있는 것으로 보인다.

60) 대법원 1993. 9. 28. 92누15093 "행정심판법 제37조 제1항의 규정에 의하면 재결은 피청구인인 행정청을 기속하는 효력을 가지므로 재결청이 취소심판의 청구가 이유 있다고 인정하여 처분청에게 처분을 취소할 것을 명하면 처분청으로서는 그 재결의 취지에

9. 개별법령에서 재결주의를 취하고 있는 경우에는 재결주의에 따른 재결소송을 해야 한다. 예컨대, 감사원의 변상판정처분에 대한 불복절차, 중앙노동위원회의 재심판정에 대한 불복절차, 특허심판원의 심결에 대한 불복절차 등이 재결주의에 따른 재결소송에 해당한다.

10. 일부이행명령재결(일부취소명령재결 또는 변경명령재결)이 있는 경우 변경명령재결에 따라 변경하는 처분이 새로운 처분이 되어 항고소송의 대상이며 제소기간도 변경처분을 안날로부터 90일 이내로 하여야 한다는 견해도 있으나, 판례는 이 경우 일부취소명령재결 또는 변경명령재결에 의해 행정청이 일부취소처분 또는 변경처분을 하면 그로 인해 수정된 원처분이 소의 대상이 된다고 하고 제소기간의 준수 여부도 변경처분이 아닌 변경된 당초처분을 기준으로 하여야 한다고 판시하였다.[61]

따라 처분을 취소하여야 하는 것이지만, 그렇다고 하여 그 재결의 취지에 따른 취소처분이 위법할 경우 그 취소처분의 상대방이 이를 항고소송으로 다툴 수 없는 것은 아니다. 또 위와 같은 취소처분의 상대방이 재결 자체의 효력을 다투는 별소를 제기하였고 그 소송에서 판결이 확정되지 아니하였다 하여 재결의 취지에 따른 취소처분의 취소를 구하는 항고소송사건을 심리하는 법원으로서는 그 청구의 당부를 판단할 수 없는 것이라고 할 수도 없다."

61) 대법원 2007. 4. 27. 2004두9302 "행정청이 식품위생법령에 따라 영업자에게 행정제재처분을 한 후 그 처분을 영업자에게 유리하게 변경하는 처분을 한 경우, 변경처분에 의하여 당초 처분은 소멸하는 것이 아니고 당초부터 유리하게 변경된 내용의 처분으로 존재하는 것이므로, 변경처분에 의하여 유리하게 변경된 내용의 행정제재가 위법하다 하여 그 취소를 구하는 경우 그 취소소송의 대상은 변경된 내용의 당초 처분이지 변경처분은 아니고, 제소기간의 준수 여부도 변경처분이 아닌 변경된 내용의 당초 처분을 기준으로 판단하여야 한다." 이 판결은 피고(전주시 완산구청장)가 2002. 12. 26. 원고에 대하여 3월의 영업정지처분이라는 이 사건 당초처분을 하였고, 이에 대하여 원고가 행정심판청구를 하자 재결청은 2003. 3. 6. "피고가 2002. 12. 26. 원고에 대하여 한 3월의 영업정지처분을 2월의 영업정지에 갈음하는 과징금부과처분으로 변경하라"는 일부기각(일부인용)의 이행재결을 하였으며, 2003. 3. 10. 그 재결서 정본이 원고에게 도달하였다. 피고는 위 재결취지에 따라 "2003. 3. 13. 3월의 영업정지처분을 과징금 560만 원으로 변경한다"는 취지의 이 사건 후속 변경처분을 함으로써 이 사건 당초처분을 원고에게 유리하게 변경하는 처분을 하였으며, 원고는 2003. 6. 12. 이 사건 소를 제기하면서 청구취지로써 "2003. 3. 13.자 과징금부과처분의 취소"를 구한 사안이다.

Ⅳ. 과세경정처분 관련

1. 과세관청은 과세처분에 잘못이 있는 경우에 당초처분을 시정하기 위한 경정처분을 할 수 있는데, 이러한 과세경정처분의 경우 당초처분과 경정처분 중 어느 것이 항고소송의 대상적격이 될 것인지에 대해서 견해가 대립하여 왔다.[62] 국세기본법 제22조의 2는 이에 관한 규정을 두고 있다.

2. 국세기본법 제22조의 2(경정 등의 효력) ① 세법에 따라 당초 확정된 세액을 증가시키는 경정(更正)은 당초 확정된 세액에 관한 이 법 또는 세법에서 규정하는 권리・의무관계에 영향을 미치지 아니한다. ② 세법에 따라 당초 확정된 세액을 감소시키는 경정은 그 경정으로 감소되는 세액 외의 세액에 관한 이 법 또는 세법에서 규정하는 권리・의무관계에 영향을 미치지 아니한다.

3. 감액경정처분의 경우 학설과 판례 모두 감액경처분을 당초처분의 일부를 취소시킨 것으로 보고[63], 감액된 당초처분이 취소소송의 대상이 되고, 제소기간준수 여부도 당초처분을 기준으로 판단하여야 한다는 입장이다.[64]

---

62) 흡수설-당초처분은 경정처분에 흡수되어 소멸하고 경정처분만이 효력을 가지며 소송의 대상이 된다는 견해이다. 병존적 흡수설-당초처분의 효력이 그대로 존속하지만 경정처분만이 소송의 대상이 된다고 보는 견해이다. 역흡수설-경정처분은 당초처분에 흡수되어 경정처분에 의하여 수정된 당초의 처분이 소송의 대상이 된다고 보는 견해이다. 병존적 역흡수설-당초처분과 경정처분은 결합하여 일체로서 병존하나, 소송의 대상은 경정처분으로 수정된 당초처분이라는 견해이다. 병존설-두 처분은 독립된 처분으로 각기 별개의 소송대상이라는 견해이다.

63) 대법원 2006. 3. 9. 2003두2861 "감액경정처분은 당초처분의 일부 취소로서의 성질을 가지고 있으므로, 당초처분에 취소사유인 하자가 있는 경우 그것이 처분 전체에 영향을 미치는 절차상 사유에 해당하는 등의 사정이 없는 한 당초처분 자체를 취소하고 새로운 과세처분을 하는 대신 하자가 있는 해당부분 세액을 감액하는 경정처분에 의해 당초처분의 하자를 시정할 수 있다."

64) 대법원 1991. 9. 13. 91누391 "과세관청이 조세부과처분을 한 뒤에 그 불복절차과정에서 국세청장이나 국세심판소장으로부터 그 일부를 취소하도록 하는 결정을 받고 이에 따라 당초 부과처분의 일부를 취소, 감액하는 내용의 경정결정을 한 경우 위 경정처분

4. 증액경정처분의 경우 원칙적으로 당초신고나 결정에 대한 불복기간의 경과 여부 등에 관계없이 증액경정처분만이 항고소송이 심판대상이라는 것은 다수설과 판례의 입장이다.[65)]

5. 납세자는 소송계속 중에 청구취지를 변경하는 형식으로 증액경정처분의 취소를 구하는 경우의 제소기간의 준수 여부는 형식적인 청구취지의 변경 시가 아니라 증액경정처분에 대한 불복의 의사가 담긴 당초의 소 제기 시를 기준으로 판단하여야 한다.[66)]

은 당초 부과처분과 별개 독립의 과세처분이 아니라 그 실질은 당초 부과처분의 변경이고, 그에 의하여 세액의 일부 취소라는 납세자에게 유리한 효과를 가져오는 처분이라 할 것이므로 그 경정결정으로도 아직 취소되지 않고 남아 있는 부분이 위법하다고 하여 다투는 경우에는 항고소송의 대상이 되는 것은 당초의 부과처분 중 경정결정에 의하여 취소되지 않고 남은 부분이 된다 할 것이고, 경정결정이 항고소송의 대상이 되는 것은 아니라 할 것이므로, 이 경우 제소기간을 준수하였는지 여부도 당초처분을 기준으로 하여 판단하여야 할 것이다."

65) 대법원 2013. 4. 18. 2010두11733 전원합의체 "과세표준과 세액을 증액하는 증액경정처분은 당초 납세의무자가 신고하거나 과세관청이 결정한 과세표준과 세액을 그대로 둔 채 탈루된 부분만을 추가로 확정하는 처분이 아니라 당초신고나 결정에서 확정된 과세표준과 세액을 포함하여 전체로서 하나의 과세표준과 세액을 다시 결정하는 것이므로, 당초신고나 결정에 대한 불복기간의 경과 여부 등에 관계없이 오직 증액경정처분만이 항고소송의 심판대상이 되는 점, 증액경정처분의 취소를 구하는 항고소송에서 증액경정처분의 위법 여부는 그 세액이 정당한 세액을 초과하는지 여부에 의하여 판단하여야 하고 당초신고에 관한 과다신고사유나 과세관청의 증액경정사유는 증액경정처분의 위법성을 뒷받침하는 개개의 위법사유에 불과한 점, 경정청구나 부과처분에 대한 항고소송은 모두 정당한 과세표준과 세액의 존부를 정하고자 하는 동일한 목적을 가진 불복수단으로서 납세의무자로 하여금 과다신고사유에 대하여는 경정청구로써, 과세관청의 증액경정사유에 대하여는 항고소송으로써 각각 다투게 하는 것은 납세의무자의 권익보호나 소송경제에도 부합하지 않는 점 등에 비추어 보면, 납세의무자는 증액경정처분의 취소를 구하는 항고소송에서 과세관청의 증액경정사유뿐만 아니라 당초신고에 관한 과다신고사유도 함께 주장하여 다툴 수 있다고 할 것이다. 이와 달리 신고납세방식의 조세인 부가가치세에 관하여 매출액 등이 과다신고된 경우라도 납세의무자가 이를 다투기 위해서는 그 부분에 관하여 감액경정청구절차를 밟아야 하고 과세관청의 부과처분에 대한 취소소송에서는 과다신고사유를 주장할 수 없다는 취지로 판시한 대법원 2005. 11. 10. 선고 2004두9197 판결의 견해는 이와 저촉되는 범위에서 변경하기로 한다."

66) 대법원 2013. 2. 14. 2011두25005 "당초의 과세처분에 존재하고 있다고 주장되는 위법사유가 증액경정처분에도 마찬가지로 존재하고 있어 당초의 과세처분이 위법하다고 판단되면 증액경정처분도 위법하다고 하지 않을 수 없는 경우라면, 당초의 과세처분에 대한 전심절차의 진행 중에 증액경정처분이 이루어졌음에도 불구하고 그대로 전심절차를 진행한 납세자의 행위 속에는 달리 특별한 사정이 없는 한 당초의 과세처분에 대한

6. 증액경정처분은 당초 처분과 증액되는 부분을 포함하여 전체로서 하나의 과세표준과 세액을 다시 결정하는 것이어서 당초 처분은 증액경정처분에 흡수되어 독립된 존재가치를 상실하고 오직 증액경정처분만이 쟁송의 대상이 되어 납세의무자로서는 증액된 부분만이 아니라 당초 처분에서 확정된 과세표준과 세액에 대하여도 그 위법 여부를 다툴 수 있는 것이지만, 증액경정처분이 제척기간 도과 후에 이루어진 경우에는 증액부분만이 무효로 되고 제척기간 도과 전에 있었던 당초 처분은 유효한 것이므로, 납세의무자로서는 그와 같은 증액경정처분이 있었다는 이유만으로 당초 처분에 의하여 이미 확정되었던 부분에 대하여 다시 위법 여부를 다툴 수는 없다.[67]

7. 당초처분에 대한 소송 계속 중 증액경정처분이 있을 경우 당초처분은 경정처분에 흡수되어 소송의 대상이 될 수 없으므로, 청구취지를 변경하여 경정처분을 소송의 대상으로 하여야 하고, 만약 소변경을 하지 않으면 당초처분에 대한 소는 대상이 없어 부적법 각하된다. 판례는 이 경우, "재증액경정처분이 있었음에도 불구하고 당사자가 청구취지를 변경하지 아니하고 증액경정처분에 대하여만 변론하는 경우 법원으로서는 그 진의가 과연 무엇인지 석명을 구하여 소송관계를 명확히 하고

심사청구 또는 심판청구를 통하여 당초의 과세처분을 흡수하고 있는 증액경정처분의 취소를 구하는 의사가 묵시적으로 포함되어 있다고 봄이 타당하다. 따라서 이러한 경우에는 설령 납세자가 당초의 과세처분에 대한 전심절차에서 청구의 취지나 이유를 변경하지 아니하였다고 하더라도 증액경정처분에 대한 별도의 전심절차를 거칠 필요 없이 당초 제기한 심사청구 또는 심판청구에 대한 결정의 통지를 받은 날부터 90일 이내에 증액경정처분의 취소를 구하는 행정소송을 제기할 수 있다고 할 것이다. 그리고 납세자가 이와 같은 과정을 거쳐 행정소송을 제기하면서 당초의 과세처분의 취소를 구하는 것으로 청구취지를 기재하였다 하더라도, 이는 잘못된 판단에 따라 소송의 대상에 관한 청구취지를 잘못 기재한 것이라 할 것이고, 그 제소에 이른 경위나 증액경정처분의 성질 등에 비추어 납세자의 진정한 의사는 증액경정처분에 흡수됨으로써 이미 독립된 존재가치를 상실한 당초의 과세처분이 아니라 증액경정처분 자체의 취소를 구하는 데에 있다고 보아야 할 것이다. 따라서 납세자는 그 소송계속 중에 청구취지를 변경하는 형식으로 증액경정처분의 취소를 구하는 것으로 청구취지를 바로잡을 수 있는 것이고, 이때 제소기간의 준수 여부는 형식적인 청구취지의 변경 시가 아니라 증액경정처분에 대한 불복의 의사가 담긴 당초의 소 제기 시를 기준으로 판단하여야 한다."

67) 대법원 2004. 2. 13. 2002두9971

또 그에 대하여 변론을 하게 함으로써 당사자가 변론을 하지 않았던 문제로 전혀 뜻밖의 판결을 받는 일이 없도록 조처하여야 한다""고 판시하여 석명의무를 부과하고 있다.[68]

8. 증액경정처분이 고지서의 부적법 송달 등으로 인해 송달이 안된 경우 증액경정처분은 무효이고, 당초처분은 무효인 경정처분에 흡수·소멸되지 않고 독립하여 존속하고 그 처분의 당부에 관하여 별도로 다툴 수 있다. 판례도, "과세처분에 관한 납세고지서의 송달이 국세기본법 제8조 제1항의 규정에 위배되는 부적법한 것으로서 송달의 효력이 발생하지 아니하는 이상, 그 과세처분은 무효이다."라고 판시하고 있다.[69]

9. 내부적으로 경정결정만 있고, 납세의무자에게 이를 통지하지 아니한 경우는 경정처분이 있다고 할 수 없고, 따라서 당초의 처분이 소송의 대상이 된다. 대법원도, "국세심판소의 결정에 따라 과세관청이 내부적으로 세액의 감액경정결정을 하였으나 납세의무자에게 아직 이를 통지하지 아니하였다면 과세처분취소소송의 대상은 경정 이전의 당초의 부과처분이 되는 것이다"라고 판시하였다.[70]

10. 수차의 경정처분이 있는 경우 대법원은, "과세처분이 있은 후 이를 증액하는 경정처분이 있으면 당초 처분은 경정처분에 흡수되어 독립된 존재가치를 상실하여 소멸하는 것이고, 그 후 다시 이를 감액하는 재경정처분이 있으면 재경정처분은 위 증액경정처분과는 별개인 독립의 과세처분이 아니라 그 실질은 위 증액경정처분의 변경이고 그에 의하여 세액의 일부 취소라는 납세의무자에게 유리한 효과를 가져오는 처분이라 할 것이므로, 그 감액하는 재경정결정으로도 아직 취소되지 않고 남아 있는 부분이 위법하다 하여 다투는 경우 항고소송의 대상은

68) 대법원 1993. 12. 21. 92누14441
69) 대법원 1995. 8. 22. 95누3909
70) 대법원 1990. 11. 13. 90누6903

그 증액경정처분 중 감액재경정결정에 의하여 취소되지 않고 남은 부분이고, 감액재경정결정이 항고소송의 대상이 되는 것은 아니다. 이러한 법리는 국세심판소가 심판청구를 일부 인용하면서 정당한 세액을 명시하여 취소하지 아니하고 경정기준을 제시하여 당해 행정청으로 하여금 구체적인 과세표준과 세액을 결정하도록 함에 따라, 당해 행정청이 감액경정결정을 함에 있어 심판결정의 취지에 어긋나게 결정하거나 혹은 그 결정 자체에 위법사유가 존재하여 그에 대하여 별도의 쟁송수단을 인정하여야 할 특별한 사정이 없는 한 마찬가지로 적용된다"고 판시하였다.[71)]

11. 당초 과세처분과의 차액만을 추가 고지한 증액경정처분의 경우 대법원은 "과세표준과 세액을 증액하는 경정처분이 있은 경우 그 경정처분은 당초처분을 그대로 둔 채 당초처분에서의 과세표준과 세액을 초과하는 부분만을 추가 확정하려는 처분이 아니고, 재조사에 의하여 판명된 결과에 따라서 당초처분에서의 과세표준과 세액을 포함시켜 전체로서의 과세표준과 세액을 결정하는 것이므로, 증액경정처분이 되면 먼저 된 당초처분은 증액경정처분에 흡수되어 당연히 소멸하고 오직 경정처분만이 쟁송의 대상이 되는 것이고, 이는 증액경정 시에 당초 결징분과의 차액만을 추가로 고지한 경우에도 동일하다 할 것이며, 당초처분이 불복기간의 경과나 전심절차의 종결로 확정되었다 하여도 증액경정처분에 대한 소송절차에서 납세자는 증액경정처분으로 증액된 과세표준과 세액에 관한 부분만이 아니라 당초처분에 의하여 결정된 과세표준과 세액에 대하여도 그 위법 여부를 다툴 수 있으며 법원은 이를 심리·판단하여 위법한 때에는 취소를 할 수 있다"고 판시하였다.[72)]

71) 대법원 1996. 7. 30. 95누6328
72) 대법원 1999. 5. 28. 97누16329

V. 교원징계 관련

1. 사립학교 교원의 경우 사립학교 재단법인으로부터 받은 징계는 원처분이 아니고 이는 단순히 민사소송 사안이며, 위 징계에 대해 교원지위향상을 위한 특별법 제7조에 의한 교원소청심사위원회에 재결을 요청하여 그로부터 재결을 받은 것이 바로 원처분이 된다. 따라서 위와 같은 재결에 대해 행정소송을 제기하거나 아니면 최초 사립재단으로부터 받은 징계에 대해서 민사소송을 제기하는 등 둘 중 하나를 선택할 수 있다.[73)]

2. 공립학교 교원의 경우 관할 교육청으로부터 징계를 받게 되고 이것이 원처분에 해당하며 이에 대해 교원지위향상을위한특별법상의 교원소청심사위원회의 재결을 거쳐 원처분에 대해 행정소송을 제기하게 된다.

3. 대법원 1995. 11. 14. 선고 95누2036 판결 "국가공무원법 제69조에 의하면 공무원이제33조 각 호의 1에 해당할 때에는 당연히 퇴직한다고 규정하고 있으므로, 국가공무원법상 당연퇴직은 결격사유가 있을 때 법률상 당연히 퇴직하는 것이지 공무원관계를 소멸시키기 위한 별도의 행정처분을 요하는 것이 아니며, 당연퇴직의 인사발령은 법률상 당연히 발생하는 퇴직사유를 공적으로 확인하여 알려주는 이른바 관념의 통지에 불과하고 공무원의 신분을 상실시키는 새로운 형성적 행위가

---

73) 대법원 1993. 2. 12. 92누13707 "사립학교 교원은 학교법인 또는 사립학교 경영자에 의하여 임면되는 것으로서 사립학교 교원과 학교법인의 관계를 공법상의 권력관계라고는 볼 수 없으므로 사립학교 교원에 대한 학교법인의 해임처분을 취소소송의 대상이 되는 행정청의 처분으로 볼 수 없고, 따라서 학교법인을 상대로 한 불복은 행정소송에 의할 수 없고 민사소송절차에 의할 것이다. 사립학교 교원에 대한 해임처분에 대한 구제방법으로 학교법인을 상대로 한 민사소송 이외 교원지위향상을위한특별법 제7 내지 10조에 따라 교육부 내에 설치된 교원징계재심위원회에 재심청구를 하고 교원징계재심위원회의 결정에 불복하여 행정소송을 제기하는 방법도 있으나, 이 경우에도 행정소송의 대상이 되는 행정처분은 교원징계재심위원회의 결정이지 학교법인의 해임처분이 행정처분으로 의제되는 것이 아니며 또한 교원징계재심위원회의 결정을 이에 대한 행정심판으로서의 재결에 해당되는 것으로 볼 수는 없다."

아니므로 행정소송의 대상이 되는 독립한 행정처분이라고 할 수 없다."

VI. 재개발 · 재건축 관련

1. 대법원 2002. 12. 10. 선고 2001두6333 판결 "도시재개발법에 의한 재개발조합은 조합원에 대한 법률관계에서 적어도 특수한 존립목적을 부여받은 특수한 행정주체로서 국가의 감독하에 그 존립 목적인 특정한 공공사무를 행하고 있다고 볼 수 있는 범위 내에서는 공법상의 권리의무 관계에 서 있는 것이므로 분양신청 후에 정하여진 관리처분계획의 내용에 관하여 다툼이 있는 경우에는 그 관리처분계획은 토지 등의 소유자에게 구체적이고 결정적인 영향을 미치는 것으로서 조합이 행한 처분에 해당하므로 항고소송의 방법으로 그 무효확인이나 취소를 구할 수 있다."

2. 대법원 2005. 7. 8. 선고 2005두487 판결 "구 남녀차별금지및구제에관한법률 제28조에 의하면, 국가인권위원회의 성희롱결정과 이에 따른 시정조치의 권고는 불가분의 일체로 행하여지는 것인데 국가인권위원회의 이러한 결정과 시정조치의 권고는 성희롱 행위자로 결정된 자의 인격권에 영향을 미침과 동시에 공공기관의 장 또는 사용자에게 일정한 법률상의 의무를 부담시키는 것이므로 국가인권위원회의 성희롱결정 및 시정조치권고는 행정소송의 대상이 되는 행정처분에 해당한다고 보지 않을 수 없다."

3. 대법원 2009. 9. 17. 선고 2007다2428 전원합의체 판결 "도시 및 주거환경정비법에 따른 주택재건축정비사업조합은 관할 행정청의 감독 아래 도시정비법상의 주택재건축사업을 시행하는 공법인으로서, 그 목적 범위 내에서 법령이 정하는 바에 따라 일정한 행정작용을 행하는 행정주체의 지위를 갖는다. 그리고 재건축조합이 행정주체의 지위에서 도시정비법 제48조에 따라 수립하는 관리처분계획은 정비사업의 시행 결과 조성되는 대지 또는 건축물의 권리귀속에 관한 사항과 조합원의

비용 분담에 관한 사항 등을 정함으로써 조합원의 재산상 권리·의무 등에 구체적이고 직접적인 영향을 미치게 되므로, 이는 구속적 행정계획으로서 재건축조합이 행하는 독립된 행정처분에 해당한다. 그런데 관리처분계획은 재건축조합이 조합원의 분양신청 현황을 기초로 관리처분계획안을 마련하여 그에 대한 조합 총회결의와 토지 등 소유자의 공람절차를 거친 후 관할 행정청의 인가·고시를 통해 비로소 그 효력이 발생하게 되므로, 관리처분계획안에 대한 조합 총회결의는 관리처분계획이라는 행정처분에 이르는 절차적 요건 중 하나로, 그것이 위법하여 효력이 없다면 관리처분계획은 하자가 있는 것으로 된다. 따라서 행정주체인 재건축조합을 상대로 관리처분계획안에 대한 조합 총회결의의 효력 등을 다투는 소송은 행정처분에 이르는 절차적 요건의 존부나 효력 유무에 관한 소송으로서 그 소송결과에 따라 행정처분의 위법 여부에 직접 영향을 미치는 공법상 법률관계에 관한 것이므로, 이는 행정소송법상의 당사자소송에 해당한다. 그리고 이러한 소송은, 관리처분계획이 인가·고시되기 전이라면 위법한 총회결의에 대해 무효확인 판결을 받아 이를 관할 행정청에 자료로 제출하거나 재건축조합으로 하여금 새로이 적법한 관리처분계획안을 마련하여 다시 총회결의를 거치도록 함으로써 하자 있는 관리처분계획이 인가·고시되어 행정처분으로서 효력이 발생하는 단계에까지 나아가지 못하도록 저지할 수 있고, 또 총회결의에 대한 무효확인판결에도 불구하고 관리처분계획이 인가·고시되는 경우에도 관리처분계획의 효력을 다투는 항고소송에서 총회결의 무효확인소송의 판결과 증거들을 소송자료로 활용함으로써 신속하게 분쟁을 해결할 수 있으므로, 관리처분계획에 대한 인가·고시가 있기 전에는 허용할 필요가 있다. 그러나 나아가 관리처분계획에 대한 관할 행정청의 인가·고시까지 있게 되면 관리처분계획은 행정처분으로서 효력이 발생하게 되므로, 총회결의의 하자를 이유로 하여 행정처분의 효력을 다투는 항고소송의 방법으로 관리처분계획의 취소 또는 무효확인을 구하여야 하고, 그와 별도로 행정처분에 이르는 절차적 요건 중 하나에 불과한 총회결의 부분만을 따로 떼어내어 효력 유무를 다투는 확인의 소를 제기하는 것은 특별한 사정이 없는 한 허용되지 않는다고 보아야 한다."

4. 대법원 2009. 11. 2. 자 2009마596 결정 "사업시행계획안에 대한 조합 총회결의는 그 행정처분에 이르는 절차적 요건 중 하나에 불과한 것으로서, 그 계획이 확정된 후에는 항고소송의 방법으로 계획의 취소 또는 무효확인을 구할 수 있을 뿐, 절차적 요건에 불과한 총회결의 부분만을 대상으로 그 효력 유무를 다투는 확인의 소를 제기하는 것은 허용되지 아니한다."

5. 대법원 2010. 12. 9. 선고 2010두1248판결은 "도시 및 주거환경정비법에 기초하여 도시환경정비사업조합이 수립한 사업시행계획은 그것이 인가·고시를 통해 확정되면 이해관계인에 대한 구속적 행정계획으로서 독립된 행정처분에 해당하므로, 사업시행계획을 인가하는 행정청의 행위는 도시환경정비사업조합의 사업시행계획에 대한 법률상의 효력을 완성시키는 보충행위에 해당한다. 따라서 기본행위가 적법·유효하고 보충행위인 인가처분 자체에만 하자가 있다면 그 인가처분의 무효나 취소를 주장할 수 있다고 할 것이지만, 인가처분에 하자가 없다면 기본행위에 하자가 있다 하더라도 따로 그 기본행위의 하자를 다투는 것은 별론으로 하고 기본행위의 무효를 내세워 바로 그에 대한 인가처분의 취소 또는 무효확인을 구할 수 없다."

6. 대법원 2013. 6. 13. 선고 2011두19994 판결 "구 도시 및 주거환경정비법 제8조 제3항, 제28조 제1항에 의하면, 토지 등 소유자들이 그 사업을 위한 조합을 따로 설립하지 아니하고 직접 도시환경정비사업을 시행하고자 하는 경우에는 사업시행계획서에 정관 등과 그 밖에 국토해양부령이 정하는 서류를 첨부하여 시장·군수에게 제출하고 사업시행인가를 받아야 하고, 이러한 절차를 거쳐 사업시행인가를 받은 토지 등 소유자들은 관할 행정청의 감독 아래 정비구역 안에서 구 도시정비

법상의 도시환경정비사업을 시행하는 목적 범위 내에서 법령이 정하는 바에 따라 일정한 행정작용을 행하는 행정주체로서의 지위를 가진다. 그렇다면 토지 등 소유자들이 직접 시행하는 도시환경정비사업에서 토지 등 소유자에 대한 사업시행인가처분은 단순히 사업시행계획에 대한 보충행위로서의 성질을 가지는 것이 아니라 구 도시정비법상 정비사업을 시행할 수 있는 권한을 가지는 행정주체로서의 지위를 부여하는 일종의 설권적 처분의 성격을 가진다고 할 것이다."

제8절 협의의 소의 이익(권리보호의 필요)

Ⅰ. 협의의 소의 이익이라 함은 원고가 본안판결을 통해 얻을 수 있는 실제상의 이익 내지 법률상 이익을 실제적으로 보호할 필요성을 말하는 것으로 권리보호의 필요이라고도 한다. 소를 제기하여 인용판결을 받더라도 실제적으로 보호받을 필요가 없는 경우에는 소를 유지할 이유가 없기 때문에 이를 소송요건으로 두어 법원의 심리부담의 가중을 막기 위해 둔 제도이다. 예컨대, "행정처분이 취소되면 그 처분은 취소로 인하여 그 효력이 상실되어 더 이상 존재하지 않는 것이고, 존재하지 않는 행정처분을 대상으로 한 취소소송은 소의 이익이 없어 부적법하다"[74]고 할 것이다.

Ⅱ. 광의의 소의 이익은 취소소송의 대상적격, 원고적격, 권리보호의 필요를 모두 합한 것을 말하고, 협의의 소의 이익은 이 중 권리보호의 필요만을 의미한다. 행정소송법 제12조 2문[75]은 협의의 소의 이익(권리보호의 필요)을 규정한 것으로 보는 견해가 다수설이다.[76] 판례는 기본

---

74) 대법원 2006. 9. 28. 2004두5317 행정청이 당초의 분뇨 등 관련영업 허가신청 반려처분의 취소를 구하는 소의 계속 중, 사정변경을 이유로 위 반려처분을 직권취소함과 동시에 위 신청을 재반려하는 내용의 재처분을 한 경우, 당초의 반려처분의 취소를 구하는 소는 더 이상 소의 이익이 없게 되었다고 한 사례이다.

75) 행정소송법 제12조(원고적격) "취소송은 처분등의 취소를 구할 법률상의 이익이 있는 자가 제기할 수 있다. <u>처분의 효과가 기간의 경과, 처분등의 집행 그 밖의 사유로 인하여 소멸된 뒤에도 그 처분등의 취소로 인하여 회복되는 법률상 이익이 있는 자의 경우에도 또한 같다</u>."

적으로 행정소송법 제12조 2문의 "회복되는 법률상 이익"의 개념을 행정소송법 제12조 1문의 "취소를 구할 법률상 이익"의 개념과 동일하게 파악하여 처분의 근거법률에 의하여 보호되는 직접적이고 구체적인 이익으로 본다. 최근 개인의 명예·신용 등 인격적 이익도 고려하여 협의의 소의 이익을 인정하는 판례도 있는 등 그 인정 범위를 넓혀가고 있다.

Ⅲ. 원상회복이 불가능한 경우(대법원 1987. 2. 24. 86누676 등), 처분의 효력이 소멸된 경우(대법원 1993. 7. 27. 93누3899 등), 소송보다 더 간소한 다른 구제방법이 있는 경우(대법원 1993. 4. 23. 92누17297 등), 국가시험에서 불합격처분 후 후에 합격한 경우 등 이익침해상황이 해소된 경우(대법원 1993. 11. 9. 93누6867 등), 소권 남용 또는 원고의 청구가 신의칙에 반하는 경우(대법원 1993. 5. 24. 92다51433 등) 등에는 원칙적으로 권리보호의 필요가 없다.

Ⅳ. 처분의 효력이 소멸된 경우에는 보호할 법률상 이익이 없기 때문에 원칙적으로 권리보호의 필요가 없다고 할 것이나, 예외적으로 처분의 효력이 소멸되었다 하더라도 위법한 처분이 반복될 위험이 있거나(대법원 2007. 7. 19. 2006두19297)[77] 또는 가중된 제재적 처분이 향후 예

---

76) 이와 달리 행정소송법 제12조 2문을 법문에 충실하게 원고적격에 관한 규정으로 보고, 협의의 소의 이익은 판례와 학설에 의해 인정되는 것으로 보는 견해도 주장된다.

77) 대법원 2007. 7. 19. 2006두19297 전원합의체 판결 "제소 당시에는 권리보호의 이익을 갖추었는데 제소 후 취소 대상 행정처분이 기간의 경과 등으로 그 효과가 소멸한 때, 동일한 소송 당사자 사이에서 동일한 사유로 위법한 처분이 반복될 위험성이 있어 행정처분의 위법성 확인 내지 불분명한 법률문제에 대한 해명이 필요하다고 판단되는 경우, 그리고 선행처분과 후행처분이 단계적인 일련의 절차로 연속하여 행하여져 후행처분이 선행처분의 적법함을 전제로 이루어짐에 따라 선행처분의 하자가 후행처분에 승계된다고 볼 수 있어 이미 소를 제기하여 다투고 있는 선행처분의 위법성을 확인하여 줄 필요가 있는 경우 등에는 행정의 적법성 확보와 그에 대한 사법통제, 국민의 권리구제의 확대 등의 측면에서 여전히 그 처분의 취소를 구할 법률상 이익이 있다. 임시이사 선임처분에 대하여 취소를 구하는 소송의 계속 중 임기만료 등의 사유로 새로운 임시이사들로 교체된 경우, 선행 임시이사 선임처분의 효과가 소멸하였다는 이유로 그 취소를 구할 법률상 이익이 없다고 보게 되면, 원래의 정식이사들로서는 계속 중인 소를 취하하고

상될 경우(대법원 2002. 1. 11. 2000두3306 등)[78]에는 회복해야할

후행 임시이사 선임처분을 별개의 소로 다툴 수밖에 없게 되며, 그 별소 진행 도중 다시 임시이사가 교체되면 또 새로운 별소를 제기하여야 하는 등 무익한 처분과 소송이 반복될 가능성이 있으므로, 이러한 경우 법원이 선행 임시이사 선임처분의 취소를 구할 법률상 이익을 긍정하여 그 위법성 내지 하자의 존재를 판결로 명확히 해명하고 확인하여 준다면 위와 같은 구체적인 침해의 반복 위험을 방지할 수 있을 뿐 아니라, 후행 임시이사 선임처분의 효력을 다투는 소송에서 기판력에 의하여 최초 내지 선행 임시이사 선임처분의 위법성을 다투지 못하게 함으로써 그 선임처분을 전제로 이루어진 후행 임시이사 선임처분의 효력을 쉽게 배제할 수 있어 국민의 권리구제에 도움이 된다. 그러므로 취임승인이 취소된 학교법인의 정식이사들로서는 그 취임승인취소처분 및 임시이사 선임처분에 대한 각 취소를 구할 법률상 이익이 있고, 나아가 선행 임시이사 선임처분의 취소를 구하는 소송 도중에 선행 임시이사가 후행 임시이사로 교체되었다고 하더라도 여전히 선행 임시이사 선임처분의 취소를 구할 법률상 이익이 있다."

78) 대법원 1990. 10. 23. 90누3119 "행정처분의 효력기간이 경과하였다고 하더라도 그 처분을 받은 전력이 장래에 불이익하게 취급되는 것으로 법정의 가중요건으로 되어 있고, 이후 그 법정가중요건에 따라 새로운 제재적인 행정처분이 가해지고 있다면 선행행정처분의 잔존으로 인하여 법률상의 이익이 침해되고 있다고 볼만한 특별한 사정이 있는 경우에 해당한다고 볼 것인바, 연 2회 이상 건축사의 업무정지명령을 받은 경우 그 정지기간이 통산하여 12월 이상이 된 때를 건축사사무소의 등록을 취소할 경우의 하나로 규정하고 있는 건축사법 제28조 제1항 제5호의 규정은 제재적인 행정처분의 법정가중요건을 규정해 놓은 것으로 보아야 하고, 원고가 변론재개신청과 함께 이 사건 건축사업무정지명령이 전제가 되어 원고의 건축사사무소 등록이 취소되었음을 알 수 있는 소명자료까지 제출하고 있다면, 이 사건 건축사업무정지명령에서 정한 정지기간이 도과하였다고 하더라도 그 처분으로 인하여 원고에게는 건축사사무소등록취소라는 법률상의 이익이 침해되고 있다는 사정을 나타내 보인 것이라고 할 것이므로 원심으로서는 이 사건 건축사업무정지 명령취소소송에 있어서 소의 이익 유무를 판단하기 위하여 변론의 재개를 허용하는 방법 등으로 충분한 심리를 다했어야 한다"; 대법원 1999. 2. 5. 98두13997 "건설기술관리법시행령에서 감리원에 대한 제재적인 업무정지처분을 일반정지처분과 가중정지처분의 2단계 조치로 규정하면서 전자의 제재처분을 좀 더 무거운 후자의 제재처분의 요건으로 규정하고 있는 이상, 감리원 업무정지처분에서 정한 업무정지기간이 도과되었다 하더라도 위 처분을 그대로 방치하여 둠으로써 장래 가중된 감리원 업무정지의 행정처분을 받게 될 우려가 있다는 점에서 감리원으로서 업무를 행할 수 있는 법률상 지위에 대한 위험이나 불안을 제거하기 위하여 위 처분의 취소를 구할 법률상 이익이 있다고 보아야 할 것이다."; 대법원 2006. 6. 22. 2003두1684 전원합의체 "제재적 행정처분이 그 처분에서 정한 제재기간의 경과로 인하여 그 효과가 소멸되었으나, 부령인 시행규칙 또는 지방자치단체의 규칙의 형식으로 정한 처분기준에서 제재적 행정처분을 받은 것을 가중사유나 전제요건으로 삼아 장래의 제재적 행정처분을 하도록 정하고 있는 경우, 제재적 행정처분의 가중사유나 전제요건에 관한 규정이 법령이 아니라 규칙의 형식으로 되어 있다고 하더라도, 그러한 규칙이 법령에 근거를 두고 있는 이상 그 법적 성질이 대외적·일반적 구속력을 갖는 법규명령인지 여부와는 상관없이, 관할 행정청이나 담당공무원은 이를 준수할 의무가 있으므로 이들이 그 규칙에 정해진 바에 따라 행정작용을 할 것이 당연히 예견되고, 그 결과 행정작용의 상대방인 국민으로서는 그 규칙의 영향을 받을 수밖에 없다. 따라서 그러한 규칙이 정한 바에 따라 선행처분을 받은 상대

불가피한 이익이 있다는 것이 판례이다.

V. 관련 판례

1. 대법원 1977. 7. 12. 74누147 "징계처분으로서 감봉처분이 있은 후 공무원의 신분이 상실된 경우에도 위법한 감봉처분의 취소가 필요한 경우에는 위 감봉처분의 취소를 구할 소의 이익이 있다."

2. 대법원 1985. 6. 25. 85누39 "파면처분취소소송의 사실심변론종결 전에 동원고가 허위공문서등작성죄로 징역 8월에 2년간 집행유예의 형을 선고받아 확정되었다면 원고는 지방공무원법 제61조의 규정에 따라 위 판결이 확정된 날 당연퇴직되어 그 공무원의 신분을 상실하고, 당연퇴직이나 파면이 퇴직급여에 관한 불이익의 점에 있어 동일하다 하더라도 최소한도 이 사건 파면처분이 있은 때부터 위 법규정에 의한 당연퇴직일자까지의 기간에 있어서는 파면처분의 취소를 구

방이 그 처분의 존재로 인하여 장래에 받을 불이익, 즉 후행처분의 위험은 구체적이고 현실적인 것이므로, 상대방에게는 선행처분의 취소소송을 통하여 그 불이익을 제거할 필요가 있다. 또한, 나중에 후행처분에 대한 취소소송에서 선행처분의 사실관계나 위법 등을 다툴 수 있는 여지가 남아 있다고 하더라도, 이러한 사정은 후행처분이 이루어지기 전에 이를 방지하기 위하여 직접 선행처분의 위법을 다투는 취소소송을 제기할 필요성을 부정할 이유가 되지 못한다. 그러한 쟁송방법을 막는 것은 여러 가지 불합리한 결과를 초래하여 권리구제의 실효성을 저해할 수 있기 때문이다. 오히려 앞서 본 바와 같이 행정청으로서는 선행처분이 적법함을 전제로 후행처분을 할 것이 당연히 예견되므로, 이러한 선행처분으로 인한 불이익을 선행처분 자체에 대한 소송에서 사전에 제거할 수 있도록 해 주는 것이 상대방의 법률상 지위에 대한 불안을 해소하는 데 가장 유효적절한 수단이 된다고 할 것이고, 또한 그 소송을 통하여 선행처분의 사실관계 및 위법 여부가 조속히 확정됨으로써 이와 관련된 장래의 행정작용의 적법성을 보장함과 동시에 국민생활의 안정을 도모할 수 있다. 이상의 여러 사정과 아울러, 국민의 재판청구권을 보장한 헌법 제27조 제1항의 취지와 행정처분으로 인한 권익침해를 효과적으로 구제하려는 행정소송법의 목적 등에 비추어 행정처분의 존재로 인하여 국민의 권익이 실제로 침해되고 있는 경우는 물론이고 권익침해의 구체적·현실적 위험이 있는 경우에도 이를 구제하는 소송이 허용되어야 한다는 요청을 고려하면, 규칙이 정한 바에 따라 선행처분을 가중사유 또는 전제요건으로 하는 후행처분을 받을 우려가 현실적으로 존재하는 경우에는, 선행처분을 받은 상대방은 비록 그 처분에서 정한 제재기간이 경과하였다 하더라도 그 처분의 취소소송을 통하여 그러한 불이익을 제거할 권리보호의 필요성이 충분히 인정된다고 할 것이므로, 선행처분의 취소를 구할 법률상 이익이 있다고 보아야 한다."

하여 그로 인해 박탈당한 이익의 회복을 구할 소의 이익이 있다 할 것이다."

3. 대법원 1991. 6. 28. 90누9346 "국회해직공무원인 원고가 복직은 되었으나 원·피고 사이에 원고의 면직처분의 무효 여부에 관하여 다툼이 있고 원고가 면직으로 인한 퇴직기간을 재직기간으로 인정받지 못하고 있어 퇴직급여, 승진소요연수의 계산 및 호봉승급 등에 있어서 현재에도 계속하여 불이익한 대우를 받고 있다면 그 법률상의 지위의 불안, 위험을 제거할 필요가 있고 다른 소송수단(국가배상소송이나 민사소송)으로는 위와 같은 원고들의 권리 또는 법률상의 지위의 불안, 위험을 제거하기에 미흡하여 면직처분무효확인의 소가 필요하고도 적절한 것이므로 면직처분무효확인의 소는 확인의 이익이 있다고 할 것이다."

4. 대법원 2003. 12. 26. 2003두1875 "병역법 제2조 제1항 제3호에 의하면 '입영'이란 병역의무자가 징집·소집 또는 지원에 의하여 군부대에 들어가는 것이고, 같은 법 제18조 제1항에 의하면 현역은 입영한 날부터 군부대에서 복무하도록 되어 있으므로 현역병입영통지처분에 따라 현실적으로 입영을 한 경우에는 그 처분의 집행은 종료되지만, 한편, 입영으로 그 처분의 목적이 달성되어 실효되었다는 이유로 다툴 수 없도록 한다면, 병역법상 현역입영대상자로서는 현역병입영통지처분이 위법하다 하더라도 법원에 의하여 그 처분의 집행이 정지되지 아니하는 이상 현실적으로 입영을 할 수밖에 없으므로 현역병입영통지처분에 대하여는 불복을 사실상 원천적으로 봉쇄하는 것이 되고, 또한 현역입영대상자가 입영하여 현역으로 복무하는 과정에서 현역병입영통지처분 외에는 별도의 다른 처분이 없으므로 입영한 이후에는 불복할 아무런 처분마저 없게 되는 결과가 되며, 나아가 입영하여 현역으로 복무하는 자에 대한 병적을 당해 군 참모총장이 관리한다는 것은 입영 및 복무의 근거가 된 현역병입영통지처분이 적법함을 전제로 하는 것으로서 그 처분이 위법한 경우까지를 포

함하는 의미는 아니라고 할 것이므로, 현역입영대상자로서는 현실적으로 입영을 하였다고 하더라도, 입영 이후의 법률관계에 영향을 미치고 있는 현역병입영통지처분 등을 한 관할지방병무청장을 상대로 위법을 주장하여 그 취소를 구할 소송상의 이익이 있다."

5. 대법원 1991. 6. 28. 90누9346 "공무원면직처분무효확인의 소의 원고들이 상고심 심리종결일 현재 이미 공무원법상의 정년을 초과하였거나 사망하여 면직된 경우에는 원고들은 면직처분이 무효확인된다 하더라도 공무원으로서의 신분을 다시 회복할 수 없고, 면직으로 인한 퇴직기간을 재직기간으로 인정받지 못함으로써 받게된 퇴직급여 등에 있어서의 과거의 불이익은 면직처분으로 인한 급료, 명예침해 등의 민사상 손해배상청구소송에서 그 전제로서 면직처분의 무효를 주장하여 구제받을 수 있는 것이므로 독립한 소로써 면직처분의 무효확인을 받는 것이 원고들의 권리 또는 법률상의 지위에 현존하는 불안, 위험을 제거하는데 필요하고도 적절한 것이라고 할 수 없어, 원고들의 위 무효확인의 소는 확인의 이익이 없다."

6. 대법원 1992. 4. 24. 91누11131 "건축허가가 건축법 소정의 이격거리를 두지 아니하고 건축물을 건축하도록 되어 있어 위법하다 하더라도 그 건축허가에 기하여 건축공사가 완료되었다면 그 건축허가를 받은 대지와 접한 대지의 소유자인 원고가 위 건축허가처분의 취소를 받아 이격거리를 확보할 단계는 지났으며 민사소송으로 위 건축물 등의 철거를 구하는 데 있어서도 위 처분의 취소가 필요한 것이 아니므로 원고로서는 위 처분의 취소를 구할 법률상의 이익이 없다."

7. 대법원 1992. 4. 28. 91누13441 "건축허가된 부지가 건축법상의 도로로서 출입, 통행하는 데 이용하고 있어서 건축허가처분이 건축법상 보장된 통행권 또는 통행이익을 침해하는 처분이라 하더라도 건축공사를 완료하고 준공검사까지 받았다면 건축허가의 취소를 받아 건축물의 건립을 저지함으로써 통행권 또는 통행이익을 확보할 수

있는 단계는 이미 지났고, 또한 건축허가처분이 취소된다 하여 바로 통행권 또는 통행이익이 확보되는 것도 아니며 민사소송으로 건축물의 철거나 손해배상청구를 하는 경우 건축허가처분의 취소를 명하는 판결이 필요한 것도 아니므로 건축허가처분의 취소를 소구할 법률상 이익이 없다."

8. 대법원 1993. 6. 8. 93누6164 "대집행계고처분 취소소송의 변론종결 전에 대집행영장에 의한 통지절차를 거쳐 사실행위로서 대집행의 실행이 완료된 경우에는 행위가 위법한 것이라는 이유로 손해배상이나 원상회복 등을 청구하는 것은 별론으로 하고 처분의 취소를 구할 법률상 이익은 없다."

9. 대법원 1999. 10. 8. 99두6873 "토지구획정리사업법에 의한 토지구획정리는 환지처분을 기본적 요소로 하는 것으로서 환지예정지지정처분은 사업시행자가 사업시행지구 내의 종전 토지 소유자로 하여금 환지예정지지정처분의 효력발생일로부터 환지처분의 공고가 있는 날까지 당해 환지예정지를 사용수익할 수 있게 하는 한편 종전의 토지에 대하여는 사용수익을 할 수 없게 하는 처분에 불과하고 환지처분이 일단 공고되어 효력을 발생하게 되면 환지예정지지정처분은 그 효력이 소멸되는 것이므로, 환지처분이 공고된 후에는 환지예정지지정처분에 대하여 그 취소를 구할 법률상 이익은 없다."

10. 대법원 1998. 9. 4. 97누19588 "원자로 및 관계 시설의 부지사전승인처분은 그 자체로서 건설부지를 확정하고 사전공사를 허용하는 법률효과를 지닌 독립한 행정처분이기는 하지만, 건설허가 전에 신청자의 편의를 위하여 미리 그 건설허가의 일부 요건을 심사하여 행하는 사전적 부분 건설허가처분의 성격을 갖고 있는 것이어서 나중에 건설허가처분이 있게 되면 그 건설허가처분에 흡수되어 독립된 존재가치를 상실함으로써 그 건설허가처분만이 쟁송의 대상이 되는 것이므로, 부지사전승인처분의 취소를 구하는 소는 소의 이익

을 잃게 되고, 따라서 부지사전승인처분의 위법성은 나중에 내려진 건설허가처분의 취소를 구하는 소송에서 이를 다투면 된다."

제3장 취소소송의 소송참가 · 소변경 · 가구제

제1절 소송참가

Ⅰ. 의의

1. 소송참가라 함은 현재 계속 중인 소에 소송과 이해관계 있는 제3자나 다른 행정청이 소송에 참여하는 것을 말한다. 이러한 소송참가를 인정하는 이유는 보조참가인이 소송에 참가하게 되면 판결의 효력이 보조참가인에게도 미치기 때문이다. 따라서 당사자와 보조참가인 사이에도 분쟁이 방지되어 소송경제를 이루고, 분쟁 대상의 모순되는 판결을 방지함으로써 법적 안정성도 얻을 수 있다.

2. 행정소송법상의 소송참가로는 제3자의 소송참가(법 제16조)와 행정청의 소송참가(법 제17조)가 있다. 행정소송법은 취소소송에서 위 규정들을 정하면서 이를 무효등확인소송, 부작위위법확인소송, 당사자소송에 준용하고 있다. 한편, 행정소송법 제8조 2항에 의해 민사소송법상의 소송참가 규정이 적용될 수도 있다.

Ⅱ. 제3자 소송참가

1. 제3자 소송참가는 주로 제3자효 행정행위와 관련해 의미를 갖는다. 즉, 행정소송법 제29조 1항에 의하면 처분 등을 취소하는 확정판결은 제3자에 대하여도 효력이 있기 때문에 제3자를 소송에 참가시켜 직접 공격·방어방법을 제출하도록 하여 다툴 수 있도록 함으로써 권리보호를 도모하고자 하는 것이다.

2. 그 요건으로는 ① 타인 간에 소송이 계속 중일 것, ② 제3자는 소송의 결과에 따라 이익의 침해를 받게 될 것, ③ 법원의 참가결정 등이다. 여기서 말하는 제3자의 이익이란 판례에 따르면 법률상의 이해관계를 말한다.[79]

3. 법원이 제3자의 소송참가 결정을 하고자 할 때에는 미리 당사자 및 제3자의 의견을 들어야 한다(행정소송법 제16조 2항). 소송참가 신청을 한 제3자는 그 신청을 각하한 결정에 대하여 즉시항고할 수 있다(행정소송법 제16조 3항).

4. 제3자의 소송참가에 대해서는 민사소송법 제67조가 준용되므로(행정소송법 제16조 4항), 참가인과 피참가인 사이에는 필수적 공동소송에서의 공동소송인에 준하는 지위에 있게 되는데, 다만 참가인은 원고 또는 피고에게 독자적인 청구를 하는 것은 아니므로 공동소송적 보조참가인(민사소송법 제78조)의 지위에 있게 된다. 따라서 참가인은 피참가인과는 별도로 피참가인의 의사에 반해서도 독자적인 소송행위 즉, 공격·방어방법을 수행할 수 있다. 구체적으로, ① 참가인과 피참가인의 모두의 이익을 위한 경우에는 참가인의 소송행위만으로도 효력을 가지고, ② 반면 불리한 행위는 전원이 함께하지 않는 한 참가인의 소송행위만으로는 효력이 없으며, ③ 상대방이 참가인 또는 피참가인 중 한쪽에게만 한 소송행위는 참가인과 피참가인 모두에게 미친다. 또한 참가인은 피참가인과는 독립하여 상소할 수도 있다. 이처럼 제3자가 소송참가를 하게 되면 현실적으로 소송행위를 하였는지와 상관 없이 판결의 효력을 받게 된다.

---

79) 대법원 2000. 9. 8. 99다26924 "특정 소송사건에서 당사자 일방을 보조하기 위하여 보조참가를 하려면 당해 소송의 결과에 대하여 이해관계가 있어야 하고, 여기서 말하는 이해관계라 함은 사실상, 경제상 또는 감정상의 이해관계가 아니라 법률상의 이해관계를 가리킨다."

5. 따라서 원래 제3자는 '자기에게 책임 없는 사유로 소송에 참가하지 못함으로써 판결의 결과에 영향을 미칠 공격 또는 방어방법을 제출하지 못한 때에는' 이를 이유로 확정된 종국판결에 대해 재심의 청구를 할 수 있는데(행정소송법 제31조 1항), 이처럼 제3자가 소송에 참가하게 되면 이러한 재심청구를 할 수 없게 된다.

Ⅲ. 행정청 소송참가

1. 법원은 다른 행정청을 소송에 참가시킬 필요가 있다고 인정할 때에는 당사자 또는 제3자의 신청 또는 직권에 의하여 결정으로써 그 제3자를 소송에 참가시킬 수 있다(행정소송법 제17조 1항). 이를 행정청의 소송참가라 한다. 다른 행정청의 소송참가를 규정한 이유는 취소판결의 효력이 다른 관계있는 행정청에게도 미치기 때문이다. 특히 협력을 요하는 행정행위에 있어서 다른 행정청의 협력을 필요로 하는 경우에는 다른 행정청을 소송참가시켜 소송행위를 수행할 수 있도록 하는 것이 분쟁의 일회적 해결을 위해 필요하다.

2. 그 요건으로는 ① 소송이 계속 중이어야 하고, ② 참가행정청은 피고행정청과 다른 행정청으로 당해 처분 등에 관계있는 행정청이어야 하며, ③ 법원의 참가결정이 있어야 한다. 법원이 참가결정을 하고자 할 때는 당사자 및 당해 행정청의 의견을 들어야 한다(행정소송법 제17조 2항). 소송에 참가하는 행정청은 민사소송법 제76조의 규정이 적용되므로 통상의 보조참가인의 지위에 있게 된다. 따라서 참가인은 공격·방어방법, 이의, 상소 등 일체의 소송행위를 할 수 있지만 그것이 참가인의 의사에 반하는 경우에는 효력이 없게 된다.

Ⅳ. 보조참가·독립당사자참가

1. 행정소송법 제8조 2항에 따라 민사소송법이 준용되므로 행정소송의 특수성에 반하지 않는 한도 내에서 민사소송법상의 보조참가 규정이 적

용될 수 있다.

2. 행정소송에서의 피고적격은 행정청이나 그 소속기관으로 정하고 있으므로 행정청 아닌 원고(당사자)를 피고로 하여 독립당사자참가를 하는 것은 허용되지 않을 것이므로 행정소송에서 민사소송법상 독립당사자참가는 적용될 수 없다.[80]

제2절 소변경

Ⅰ. 의의

소변경이란 소송 계속 중에 당사자 또는 소송물의 전부 또는 일부를 변경하는 것을 말한다. 이 중 당사자의 변경은 피고경정을 통해 이루어지고 협의의 소변경은 소송물의 변경을 의미한다. 한편, 소송물은 청구취지와 청구원인으로 특정되는 것이므로 결국 협의의 소변경은 청구취지 또는 청구원인의 변경이라 할 수 있다. 그러나 단순한 공격방어방법의 변경은 소변경이 아니다. 행정소송상의 소변경은 행정소송법상의 소종류의 변경, 처분변경 등으로 인한 소변경 및 그 외에 민사소송법에 의한 소변경 등이 있다.

Ⅱ. 소종류의 변경

1. 법원은 취소소송을 당해 처분 등에 관계되는 사무가 귀속하는 국가 또는 공공단체에 대한 당사자소송 또는 취소소송외의 항고소송으로 변경하는 것이 상당하다고 인정할 때에는 청구의 기초에 변경이 없는 한 사실심의 변론종결시까지 원고의 신청에 의하여 결정으로써 소의 변경을 허가할 수 있다(행정소송법 제21조 1항). 이를 소종류의 변경이라고 한다. 이는 행정소송의 종류가 다양하여 소종류를 잘못 선택한 경우에 당사자의 권리구제의 만전을 기하기 위해 이를 변경할 기회를 주는 것이다.

---

80) 대법원 1970. 8. 31. 70누70 · 71

2. 소변경은 ① 취소소송이 계속 중이어야 하고, ② 청구의 기초에 변경이 없어야 하며, ③ 변경 신청에 상당한 이유가 있어야 하고, ④ 사실심 변론종결시 전까지 원고의 신청이 있어야 하며, ⑤ 변경된 소는 적법하게 제기될 수 있어야 하고, ⑥ 취소소송을 당사자소송 또는 취소소송 외의 항고소송으로 변경하는 것이어야 한다.

3. 소변경을 위해 원고 신청 외에 변경허가로 피고를 달리하게 된 경우에는 새로이 피고될 자의 의견을 들어야 한다(행정소송법 제21조 2항). 이처럼 소변경을 할 때 피고의 변경도 가능하다는 점에서 민사소송법상의 소변경(민사소송법 제262조)과는 다르다. 또한 소변경이 되기 위해서는 원고의 신청과 그에 대한 법원의 허가가 있어야 한다. 피고의 변경이 있는 경우 새로운 피고에 대한 소송은 처음부터 소를 제기한 때에 제기된 것으로 보고(행정소송법 제21조 4항, 14조 4항), 종전 피고에 대한 소송은 취하된 것으로 본다(행정소송법 제21조 4항, 14조 5항). 한편, 소변경이 있게 되면 종전의 소와 관련된 일련의 절차는 변경된 소에 그대로 유지된다.

Ⅲ. 처분변경으로 인한 소변경

1. 법원은 행정청이 소송의 대상인 처분을 소가 제기된 후 변경한 때에는 원고의 신청에 의하여 결정으로써 청구의 취지 또는 원인의 변경을 허가할 수 있다(행정소송법 제22조 제1항). 이를 처분변경으로 인한 소변경이라고 한다. 이는 소 계속 중 처분변경이 있을 경우 소변경을 하지 않으면 기존의 소에 대해 권리보호의 이익이 없어 각하판결을 하게 되는 것을 방지하고 변경된 처분에 대해서도 심리할 수 있도록 하기 위한 것이다.

2. 이를 위하여는 먼저, ① 처분의 변경이 있어야 하고, ② 소송이 계속 중이어야 하며, ③ 처분의 변경이 있음을 안날로부터 60일 이내에 원

고의 신청이 있어야 하고, ④ 사실심변론종결전 이어야 하며, ⑤ 변경된 소는 적법하게 제기될 수 있어야 하고, 다만 변경 전 처분에 대해 행정심판전심절차를 거쳤다면 변경된 처분에 대해 별도의 전심절차를 거치지 않아도 된다(행정소송법 제22조 3항). 이는 절차를 간소화하여 원고의 권익을 보호하려는 것이다.

Ⅳ. 민사소송법에 의한 소변경

1. 행정소송법 제8조 2항에 의해 민사소송법에 따른 소의 변경도 가능하다 할 것이다(민사소송법 제262조, 263조). 이러한 민사소송법에 의한 소변경으로는 소종류의 변경에 이르지 않는 정도의 청구취지의 변경, 청구원인의 변경 등이 이에 해당한다.

2. 행정소송법에서 규정하고 있는 소종류의 변경은 행정소송 내에서의 변경을 말한다. 그 외에 항고소송을 민사소송으로 변경하거나 또는 민사소송을 항고소송으로 변경하는 것이 민사소송법에 의한 소변경으로서 가능한지가 문제된다. 부정설은 소변경이 이루어지기 위해서는 소변경 역시 소송의 병합의 일종이므로 동종절차, 공통관할권이라는 요건을 필요로 하는데 행정소송과 민사소송은 동종절차도 아니고 공통관할권도 아니므로 양소송 사이의 소변경은 허용되지 않는다는 입장이고, 긍정설은 행정법원은 사법법원으로부터 독립된 것이 아니라 사법법원의 하나로서 전문법원에 불과하고 피고가 처분청에서 국가 등으로 변경되는 것도 실질에 있어서는 동일성이 있으므로 당사자의 권리구제의 만전을 위해 이를 긍정하는 입장이다. 판례는 민사소송에서 행정소송으로의 소의 변경은 인정하지만, 아직까지 행정소송에서 민사소송으로 소의 변경을 인정한 사례는 없다.[81]

---

81) 대법원 1999. 11. 26. 97다42250 "행정소송법 제7조는 원고의 고의 또는 중대한 과실 없이 행정소송이 심급을 달리하는 법원에 잘못 제기된 경우에 민사소송법 제31조 제1항을 적용하여 이를 관할 법원에 이송하도록 규정하고 있을 뿐 아니라 관할 위반의 소를 부적법하다고 하여 각하하는 것보다 관할 법원에 이송하는 것이 당사자의 권리 구제나

소송경제의 측면에서 바람직하므로, 원고가 고의 또는 중대한 과실 없이 행정소송으로 제기하여야 할 사건을 민사소송으로 잘못 제기한 경우 수소법원으로서는 만약 그 행정소송에 대한 관할도 동시에 가지고 있는 경우라면, 행정소송으로서의 전심절차 및 제소기간을 도과하였거나 행정소송의 대상이 되는 처분 등이 존재하지도 아니한 상태에 있는 등 행정소송으로서의 소송요건을 결하고 있음이 명백하여 행정소송으로 제기되었더라도 어차피 부적법하게 되는 경우가 아닌 이상, 원고로 하여금 항고소송으로 소 변경을 하도록 하여 그 1심법원으로 심리·판단하여야 한다.

제3절 가구제

Ⅰ. 의의

가구제라 함은 최종적인 판결이 있기 전까지는 오랜 세월이 흐르므로 그 사이에 권리보호의 필요성이 소멸하는 등 권리보호의 목적을 달성할 수 없는 경우가 발생할 수 있어 이를 방지하기 위해 판결이 있기 전이라도 임시적·잠정적으로 일시적 조치를 통해 원고의 권리를 보호해 주는 것을 말한다. 이러한 가구제로 행정법상 논의되는 것은 집행정지제도와 가처분제도가 있다.

Ⅱ. 집행정지제도(소극적 의미의 가구제)

1. 취소소송이 제기된 경우 처분 등이나 집행 또는 절차의 속행으로 인하여 생길 회복하기 어려운 손해를 예방하기 위하여 긴급한 필요가 있다고 인정될 때 본안이 계속되고 있는 법원은 당사자의 신청 또는 직권에 의하여 처분 등의 효력이나 집행 또는 절차의 속행의 전부 또는 일부를 결정할 수 있는바 이를 집행정지제도라 한다. 집행정지제도는 가처분과 비교해 볼 때 소극적 행위에 그쳐 소극적 의미의 가구제에 해당한다. 행정소송법은 원활한 행정 운용의 확보를 위해서 집행부정지제도를 원칙으로 하면서도 그로 인해 개인의 권리가 침해될 소지가 있는 경우 개인 권리확보차원에서 집행정지제도를 예외적으로 인정해 그 조화를 이루고 있다.

2. 집행정지는 ① 본안이 계속 중일 것, ② 처분 등이 존재할 것, ③ 회복

하기 어려운 손해를 예방하기 위한 것일 것, ④ 긴급한 필요가 있을 것, ⑤ 공공복리에 중대한 영향이 없을 것, ⑥ 본안청구의 이유 없음이 명백하지 않을 것을 요건으로 하고 있다(행정소송법 23조 2항). 회복하기 어려운 손해와 관련해 대법원은 특별한 사정이 없는 한 금전 보상이 가능한 경우에는 ③번 요건을 결여한 것으로 엄격해석하고 있다.[82] 한편, 기업의 경우 중대한 경영상 위기가 그 기준의 하나가 된다.[83] 집행정지 신청의 요건 중 '처분 등이 존재할 것'과 관련해 거부처분의 경우에도 집행정지가 인정될 수 있는지 문제가 되는데[84], 판례는 부정하는 입장이다.[85]

---

82) 대법원 1991. 3. 2. 91두1 "행정소송법 제23조 제2항 소정의 행정처분 등의 효력이나 집행을 정지하기 위한 요건으로서의 "회복하기 어려운 손해"라 함은 특별한 사정이 없는 한 금전으로 보상할 수 없는 손해로서 이는 금전보상이 불능인 경우뿐만 아니라 금전보상으로는 사회 관념상 행정처분을 받은 당사자가 참고 견딜 수 없거나 또는 참고 견디기가 현저히 곤란한 경우의 유형, 무형의 손해를 일컫는다고 할 것인바, 유흥접객영업허가의 취소처분으로 5,000 여만원의 시설비를 회수하지 못하게 된다면 생계까지 위협받게 되는 결과가 초래될 수 있다는 등의 사정은 위 처분의 존속으로 당사자에게 금전으로 보상할 수 없는 손해가 생길 우려가 있는 경우라고 볼 수 없다."

83) 대법원 2003. 4. 25. 자 2003무2 "당사자가 행정처분 등이나 그 집행 또는 절차의 속행으로 인하여 재산상의 손해를 입거나 기업 이미지 및 신용이 훼손당하였다고 주장하는 경우에 그 손해가 금전으로 보상할 수 없어 '회복하기 어려운 손해'에 해당한다고 하기 위해서는, 그 경제적 손실이나 기업 이미지 및 신용의 훼손으로 인하여 사업자의 자금사정이나 경영 전반에 미치는 파급효과가 매우 중대하여 사업 자체를 계속할 수 없거나 중대한 경영상의 위기를 맞게 될 것으로 보이는 등의 사정이 존재하여야 한다."

84) 이에 대하여 집행정지결정에도 기속력이 인정되고 따라서 거부처분이 집행정지되면 행정청은 결정의 취지에 따라야 될 의무가 있으므로 결국 거부처분에 대한 집행정지의 실익이 있으므로 이를 긍정하는 견해와 집행정지는 신청 전의 상태를 그대로 지속시키는 것에 불과하고, 거부처분이 행하여지지 아니한 상태로 회복될 뿐 잠정적으로 당해 신청이 허가된 것으로 보거나 행정청이 신청에 따르는 처분을 하여야 할 의무가 생기게 하는 것도 아니므로 거부처분의 집행정지로는 허가신청의 거부로 인해 신청인에게 발생할 손해를 방지함에 있어서 아무런 신청의 이익이 없다는 이유로 부정하는 견해가 있다. 또한 원칙적으로는 부정설의 입장에 서면서도, 거부처분이라 하여도 집행정지의 신청의 실익이 있다고 볼 수 있는 경우 즉, 연장허가신청에 대한 거부처분이 있을 때까지 권리가 존속한다고 법에 특별규정이 있는 경우, 인허가 등에 붙여진 기간이 존속기간(효력소멸기간)이 아닌 갱신기간(조건의 존속기간)이라고 볼 수 있는 경우, 외국인 체류연장신청거부 등의 경우에는 거부처분에도 집행정지를 인정할 실익이 있으므로 허용된다는 견해(박균성)도 주장된다.

85) 대법원 1991. 5. 2. 91두15 "허가신청에 대한 거부처분은 그 효력이 정지되더라도 그 처분이 없었던 것과 같은 상태를 만드는 것에 지나지 아니하는 것이고 그 이상으로 행

3. 한편, 행정소송법에 규정된 바 없는 '본안청구의 이유 없음이 명백하지 않을 것'을 집행정지의 추가적 요건으로 할 것인가에 대해서 판례는 집행정지신청은 본안청구의 인용가능성을 전제로 하는 것이므로, '본안청구의 이유 없음이 명백하지 않을 것'을 집행정지신청의 소극적 요건으로 보고 있다.86)

4. 처분의 효력 정지는 처분의 집행 또는 절차의 속행을 정지함으로써 목적을 달성할 수 있는 경우에는 허용되지 아니한다(행정소송법 제23조 2항 단서). 이는 집행정지에 비례의 원칙을 도입한 것으로 집행 또는 절차의 속행정지만으로 목적을 달성할 수 있는 경우에는 처분청의 의사를 존중하는 차원에서 그 효력 자체는 일단 유효한 것으로 유지해 두고자 하는 취지이다.87)

정청에 대하여 어떠한 처분을 명하는 등 적극적인 상태를 만들어 내는 경우를 포함하지 아니하는 것이므로, 교도소장이 접견을 불허한 처분에 대하여 효력정지를 한다 하여도 이로 인하여 위 교도소장에게 접견의 허가를 명하는 것이 되는 것도 아니고 또 당연히 접견이 되는 것도 아니어서 접견허가거부처분에 의하여 생길 회복할 수 없는 손해를 피하는 데 아무런 보탬도 되지 아니하니 접견허가거부처분의 효력을 정지할 필요성이 없다."

86) 대법원 1994. 10. 11. 94두23 "행정처분의 효력정지를 구하는 신청사건에 있어서는 행정처분 자체의 적법 여부는 궁극적으로 본안판결에서 심리를 거쳐 판단할 성질의 것이므로 원칙적으로는 판단할 것이 아니고, 그 행정처분의 효력을 정지할 것인가에 대한 행정소송법 제23조 제2항 소정의 요건의 존부만이 판단의 대상이 되나, 본안소송에서의 처분의 취소가능성이 없음에도 불구하고 처분의 효력정지를 인정한다는 것은 제도의 취지에 반하므로, 효력정지사건 자체에 의하여도 신청인의 본안청구가 이유 없음이 명백할 때에는 행정처분의 효력정지를 명할 수 없다."

87) 대법원 2000. 1. 8. 200무35 "산업기능요원 편입 당시 지정업체의 해당 분야에 종사하지 아니하였음을 이유로 산업기능요원의 편입이 취소된 사람은 편입되기 전의 신분으로 복귀하여 현역병으로 입영하게 하거나 공익근무요원으로 소집하여야 하는 것으로 되어 있는데, 그 취소처분에 의하여 생기는 손해로서 그 동안의 근무실적이 산업기능요원으로서 종사한 것으로 인정받지 못하게 된 손해 부분은 본안소송에서 그 처분이 위법하다고 하여 취소하게 되면 그 취소판결의 소급효만으로 그대로 소멸되게 되므로, 그 부분은 그 처분으로 인하여 생기는 회복할 수 없는 손해에 해당한다고 할 수가 없고, 결국 그 취소처분으로 인하여 입게 될 회복할 수 없는 손해는 그 처분에 의하여 산업기능요원 편입이 취소됨으로써 편입 이전의 신분으로 복귀하여 현역병으로 입영하게 되거나 혹은 공익근무요원으로 소집되는 부분이라고 할 것이며, 이러한 손해에 대한 예방은 그 처분의 효력을 정지하지 아니하더라도 그 후속절차로 이루어지는 현역병 입영처분이나 공익근무요원 소집처분 절차의 속행을 정지함으로써 달성할 수가 있으므로, 산업기능요원편

5. 집행정지결정은 당사자인 행정청과 그 밖의 관계 행정청을 기속한다(행정소송법 제23조 6항, 제30조 1항). 그러므로 행정청은 집행정지결정의 취지에 반하는 행정행위를 또 다시 발령할 수는 없고 이를 위반하면 위법한 처분이 되어 중대명백한 하자이므로 무효사유로 보는 것이 통설이다. 집행정지결정 중 효력정지결정은 잠정적이기는 하지만 효력 그 자체를 정지시키는 것이기 때문에 그로 인해 당사자의 권리・의무에 변동이 발생하게 된다. 또한 제3자에게도 이러한 효력은 그대로 미친다(행정소송법 제29조 2항, 23조). 집행정지신청이 인용되면 정지결정의 효력기간은 집행정지결정시점부터 결정주문에서 정한 시기까지이며, 통상 주문에 결정종기가 없으면 본안판결이 확정될 때까지 존속한다.[88]

6. 집행정지의 결정이 확정된 후 집행정지가 공공복리에 중대한 영향을 미치거나 그 정지사유가 없어진 때에는 당사자의 신청 또는 직권에 의하여 결정으로써 집행정지의 결정을 취소할 수 있다(행정소송법 제24조 1항). 집행정지의 결정 또는 기각의 결정에 대하여는 즉시항고할 수 있다. 이 경우 집행정지의 결정에 대한 즉시항고에는 결정의 집행을 정지하는 효력이 없다(행정소송법 제23조 5항).

Ⅲ. 가처분(적극적 의미의 가구제)

1. 가처분이란 금전 이외의 특정 급부를 목적으로 하는 청구권의 집행을 보전할 목적으로 또는 다툼 있는 법률관계에 대하여 잠정적으로 임시

입취소처분에 대한 집행정지로서는 그 후속절차의 속행정지만이 가능하고 그 처분 자체에 대한 효력정지는 허용되지 아니한다."

88) 대법원 1962. 4. 12. 4294민상1541; 대법원 1999. 2. 23. 98두14471 "행정소송법 제23조에 의한 집행정지결정의 효력은 결정주문에서 정한 시기까지 존속하며 그 시기의 도래와 동시에 효력이 당연히 소멸하는 것이므로, 일정기간 동안 영업을 정지할 것을 명한 행정청의 영업정지처분에 대하여 법원이 집행정지결정을 하면서 주문에서 당해 법원에 계속 중인 본안소송의 판결선고시까지 처분의 효력을 정지한다고 선언하였을 경우에는 처분에서 정한 영업정지기간의 진행은 그 때까지 저지되는 것이고 본안소송의 판결선고에 의하여 당해 정지결정의 효력은 소멸하고 이와 동시에 당초의 영업정지처분의 효력이 당연히 부활되어 처분에서 정하였던 정지기간(정지결정 당시 이미 일부 진행되었다면 나머지 기간)은 이때부터 다시 진행한다."

의 지위를 정하는 것을 목적으로 하는 보전처분이다(민사집행법 제300조). 행정소송법에는 이에 관한 규정이 없다. 이는 집행정지제도와는 달리 행정청으로 하여금 어떠한 처분을 잠정적으로 할 것을 명하는 것이기 때문에 적극적 의미의 가구제에 해당한다.

2. 행정소송법 제8조에 의해 민사집행법을 준용하도록 되어 있고, 가처분을 배제하는 특별조항도 없으며, 국민의 권리구제의 만전을 기하기 위해서는 행정소송의 경우에도 가처분을 긍정하여야 한다는 견해와 권력분립원칙에 비추어 볼 때 법원이 행정청으로 하여금 어떠한 명을 내린다는 것은 행정청의 권한을 침해할 소지가 많고, 현행법상으로는 의무이행소송 또는 예방적 부작위소송이 인정되지 않아 가처분의 본안소송도 존재하지 않는 것이어서 이를 인정할 수 없다는 견해가 대립한다. 판례는 부정설을 취하고 있다.[89]

제4장 취소소송의 심리와 판결

제1절 취소소송의 심리

Ⅰ. 의의

1. 소송의 심리는 법원이 제기된 청구에 대하여 판결을 위하여 그 기초가 되는 소송자료인 사실 및 증거를 수집하는 것을 의미한다. 심리의 기본

89) 대법원 1992. 7. 6. 92마54 "민사소송법상의 보전처분은 민사판결절차에 의하여 보호받을 수 있는 권리에 관한 것이므로, 민사소송법상의 가처분으로써 행정청의 어떠한 행정행위의 금지를 구하는 것은 허용될 수 없다 할 것이다. 채권자가, 채무자와 제3채무자(국가)를 상대로 채무자의 공유수면매립면허권에 관하여, '채무자는 이에 대한 일체의 처분행위를 하여서는 아니되며, 제3채무자는 위 면허권에 관하여 채무자의 신청에 따라 명의개서 기타 일체의 변경절차를 하여서는 아니된다.'는 요지의 내용을 신청취지로 하여 가처분신청을 한 데 대하여, 원심이, 채무자에 대한 신청부분은 인용하면서도, 제3채무자에 대한 부분에 대하여는, 위 신청취지를 채무자가 면허권을 타에 양도할 경우 면허관청으로 하여금 그 양도에 따른 인가를 금지하도록 명해 달라는 뜻으로 풀이한 후, 이 부분 신청은 허용될 수 없다."

원칙은 당사자주의와 직권주의가 있는데, 당사자주의는 소송의 주도권을 당사자가 가지는 것을 말하고, 직권주의는 소송절차에서 법원이 주도권을 가지는 것을 말한다.

2. 행정소송은 단사소송과 마찬가지로 당사자주의를 기본으로 한다. 심리는 요건심리와 본안심리로 나뉘는데, 요건심리는 제기된 소가 소송요건을 갖추었는지를 판단하는 것이고, 본안심리는 소송요건이 갖추어진 경우 청구가 이유있는지에 대하여 실체적 심리를 하는 것이다. 소송요건이 갖추어졌는지 여부는 소제기에 판단하는 것이나, 변론종결시까지 보완되면 그 하자는 치유된다. 본안심리는 사실문제와 법률문제에 대한 것이다.

3. 심리의 범위는 당사가 제기한 소의 청구범위 내에 국한된다. 행정소송법 제27조는 “행정청의 재량에 속하는 처분이라도 재량권의 한계를 넘거나 그 남용이 있는 때에는 법원은 이를 취소할 수 있다”고 규정하여 법원의 심리 범위에 행정청의 재량에 속하는 처분도 당연히 포함시키고 있다. 심리절차는 행정소송법에 특별한 규정이 없으면 민사소송법에 의한다. 따라서 처분권주의, 변론주의, 공개심리주의, 구술심리주의 등 민사소송법상 제원칙이 그대로 적용된다.

4. 주장책임과 입증책임은 행정소송의 심리의 방법이다. 이들은 모두 변론주의에서 주로 문제되는데, 변론주의라 함은 판결의 기초가 되는 사실과 증거의 수집・제출을 당사자의 책임으로 돌리고 당사자가 수집하여 변론에 제출한 소송자료만을 재판의 기초로 삼는 원칙을 말한다. 입증책임은 변론주의뿐만 아니라 이와 대칭되는 직권탐지주의에서도 문제가 되는데 여기서 직권탐지주의란 법원이 판결에 기초가 되는 사실을 당사자의 신청 여부와 상관 없이 직접 조사할 수 있는 원칙을 말하며, 이에는 사실의 직권탐지 및 직권증거조사를 그 내용으로 한다. 그러나 이러한 직권탐지가 항상 입증문제를 완벽하게 해결해 주는 것은

아니고 진실불명의 사태는 직권탐지주의하에서도 문제될 수 있기 때문에 입증책임은 직권탐지주의에서도 여전히 적용된다.

Ⅱ. 행정소송법 제26조[직권심리]

1. 행정소송법 제26조는 "법원은 필요하다고 인정할 때에는 직권으로 증거조사할 수 있고, 당사자가 주장하지 아니한 사실에 대하여도 판단할 수 있다"라고 규정하고 있는데 이와 관련해 변론주의보충설과 직권탐지주의설이 대립한다. 전자는 행정소송법 제26조에 대해 당사자가 주장하지 않은 사실은 심판의 대상이 되지 않고 당사자가 주장한 사실에 대해 예외적으로 법원이 직권으로 증거조사를 할 수 있다는 의미에서 변론주의를 보충하는 규정으로 해석한다. 이에 반해 후자는 행정소송의 목적이 권리구제 외에도 행정의 적법성 통제라는 공익적 목적이 있으므로 행정소송법 제26조를 직권탐지주의를 규정한 것으로 보고 우리나라의 행정소송법은 직권탐지주의가 원칙이라고 보는 견해이다.

2. 판례는 "행정소송법 제26조가 규정하는 바는 행정소송의 특수성에서 연유하는 당사자주의, 변론주의에 대한 일부 예외규정일 뿐 법원이 아무런 제한 없이 당사자가 주장하지 아니한 사실을 판단할 수 있는 것은 아니고, 기록상 현출되어 있는 사항에 관하여서만 직권으로 증거조사를 하고 이를 기초로 하여 판단할 수 있을 따름이다."라고 판시하여, 행정소송에 있어서는 당사자가 주장하지 아니한 사실도 판단할 수 있지만, 기록상 그 자료가 현출된 경우에 한하는 것으로 극히 제한적으로 행정소송법 제26조를 적용하는 입장이다.[90]

90) 대법원 1994. 4. 26. 92누17402; 그러나 행정소송의 목적이 권리구제 외에도 행정의 적법성 통제에도 있는 점, 행정소송법 제26조이 직권탐지주의를 규정한 점에 비추어 볼 때 이러한 판례의 입장은 잘못된 것이고, 행정소송의 관할을 확대하려는 일련의 태도와도 조화되지 않는 것이다.

Ⅲ. 행정심판기록제출명령

법원은 당사자의 신청이 있는 때에는 결정으로써 그 재결을 행한 행정청에 대하여 행정심판에 관한 기록의 제출을 명할 수 있으며, 이 경우 행정심판위원회는 지체 없이 당해 행정심판에 관한 기록을 법원에 제출하여야 한다(행정소송법 제25조 제1항, 제2항).

Ⅳ. 주장책임

1. 변론주의 하에서 당사자가 분쟁의 중요한 사실관계를 주장하지 않으면 자기에게 이익되는 법률판단을 받지 못하는 당사자의 위험 내지 불이익을 주장책임이라고 한다. 변론주의 하에서 법원은 당사자가 변론에서 제출한 것에 한하여 판결의 기초로 할 수 있으므로 당사자가 변론에서 주장하지 아니하면 법원은 알고 있는 사실도 존재하지 않는 것으로 다루어야 한다. 따라서 이러한 주장책임은 변론주의에만 특유한 제도이다. 한편, 행정소송법 제26조는 보충적으로 직권탐지주의를 규정하고 있기 때문에 그 한도 내에서는 주장책임이 완화될 수 있다. 변론주의가 인정되는 범위 내에서는 중요 사실관계의 주장이 있어야 비로소 소송자료가 마련되고 입증의 문제도 생긴다. 따라서 주장책임은 논리적, 시간적으로 입증책임에 선행하는 관계에 있다. 또한 양자는 그 분배원칙에 있어서도 일치하고 있다. 즉, 주장책임의 대상 및 범위는 원칙적으로 입증책임의 그것과 일치한다.

2. 주장책임은 원칙적으로 독자적인 규정을 갖지 않고 입증책임에 관한 규정에 의해 보충되며 입증책임의 규정에 따라 결정된다. 따라서 주장책임에 관하여도 입증책임에 상응하는 학설의 대립이 있으나 통설인 법률요건분류설에 따르면 권리주장자가 권리근거규정의 요건사실에 대해 주장책임을 지며, 권리주장의 상대방은 권리장애, 권리멸각, 권리저지 규정의 요건사실에 대해 주장책임을 진다.

3. 행정소송에 있어서 특단의 사정이 있는 경우를 제외하면 당해 행정처분의 적법성에 관하여는 당해 처분청이 이를 주장·입증하여야 할 것이나, 행정소송에 있어서 직권주의가 가미되어 있다고 하여도 여전히 당사자주의, 변론주의를 그 기본 구조로 하는 이상 행정처분의 위법을 들어 그 취소를 청구함에 있어서는 직권조사사항을 제외하고는 그 위법된 구체적인 사실을 먼저 주장하여야 한다.[91)]

4. 불복기간의 경과로 인한 불가쟁력의 발생은 기판력과는 상관없기 때문에 그 경우라도 당사자는 처분의 기초가 된 사실관계와 모순되는 주장을 할 수 있다. 즉 일반적으로 행정처분이나 행정심판 재결이 불복기간의 경과로 인하여 확정될 경우 그 확정력은, 그 처분으로 인하여 법률상 이익을 침해받은 자가 당해 처분이나 재결의 효력을 더 이상 다툴 수 없다는 의미일 뿐, 더 나아가 판결에 있어서와 같은 기판력이 인정되는 것은 아니어서 그 처분의 기초가 된 사실관계나 법률적 판단이 확정되고 당사자들이나 법원이 이에 기속되어 모순되는 주장이나 판단을 할 수 없게 되는 것은 아니다.[92)]

Ⅴ. 입증책임

1. 입증책임이란 소송상 어느 사실관계의 존부가 확정되지 않을 때 당해 사실이 존재하지 않는 것으로 취급되어 법률판단을 받게 되는 당사자 일방이 위험 또는 불이익을 받는 것을 말한다. 이러한 입증책임은 변론주의뿐만 아니라 직권탐지주의에서도 의미를 갖는다.

2. 행정소송에 있어 입증책임의 분배에 관하여 원고책임설은 행정행위에는 공정력이 있고 공정력에 의해 처분의 적법성까지 추정되므로 처분의 위법성에 대한 입증책임은 원고에게 있다고 주장하며, 피고책임설

91) 대법원 2000. 5. 30. 98두20162
92) 대법원 2004. 7. 8. 2002두11288

은 행정행위의 공정력은 처분의 적법성까지 추정되는 것이라고 볼 수 없고 단지 유효성까지만 추정되는 것이며 국가행위의 적법성은 국가가 담보하여야 하므로 국가에게 적법성에 대한 입증책임이 있다는 주장한다. 독자분배설은 행정소송의 입증책임은 행정소송의 특수성을 고려하여 독자적으로 정해져야 한다는 견해로 권리의 제한 또는 의무의 부과는 행정청이 적법성에 대한 입증책임을, 권리나 이익의 확장은 원고가 입증책임을 부담한다고 보아야 한다는 입장이다. 입증책임분배설은 입증책임의 분배는 특별한 사정이 없는 한 민사소송법상의 입증책임 분배의 원칙에 따라야 한다는 견해로 그 중 민사소송법에서의 통설과 판례인 법률요건분류설을 주장한다. 법률요건분류설이란 당사자가 자기에게 유리한 법규의 요건사실의 존부에 대해 입증책임을 지는 것으로, 먼저 소송요건의 존부는 원고에게 유리하므로 원고가 입증책임이 있고, 다음으로 본안문제에서는 권리의 존재를 주장하는 자가 권리근거규정의 요건사실을, 권리의 존재를 다투는 상대방이 권리장애, 권리멸각, 권리행사저지사실을 입증해야 하는 것을 말한다.

3. 판례는 "민사소송법의 규정이 준용되는 행정소송에 있어서 입증책임은 원칙적으로 민사소송의 일반원칙에 따라 당사자간에 분배되고 항고소송의 경우에는 그 특성에 따라 당해 처분의 적법을 주장하는 피고에게 그 적법사유에 대한 입증책임이 있다 할 것인바 피고가 주장하는 당해 처분의 적법성이 합리적으로 수긍할 수 있는 일응의 입증이 있는 경우에는 그 처분은 정당하다 할 것이며 이와 상반되는 주장과 입증은 그 상대방인 원고에게 그 책임이 돌아간다고 할것이다."고 판시하여 법률요건분류설을 취하고 있다.[93)]

4. 구체적으로 살펴보면 소송요건은 원칙적으로 법원의 직권조사사항이지만 법원의 직권조사를 통해서도 그 존부가 불분명할 경우 그 존재는

93) 대법원 1984. 7. 24. 84누124

원고에게 유리한 것이므로 최종적으로 원고에게 입증책임이 있다. 행정청은 자신의 처분의 근거로 삼은 법규의 요건사실에 대한 입증책임이 있다. 사인인 원고는 허가나 특허와 같이 수익적 행정의 경우에는 허가발령의 일반적 요건을 구비하였음에 대한 입증책임을 진다. 행정청의 처분을 저지하는 요건의 입증책임은 원고가 부담한다. 따라서 행정처분이 재량권의 한계를 벗어나 위법하다는 점도 권리행사저지사실에 해당하므로 그러한 처분의 효력을 다투는 자인 원고가 이에 대한 입증책임을 부담한다.[94] 허가발령 등 수익적 행정에서 이를 저지하는 요건은 행정청이 입증책임이 있다.

Ⅵ. 위법판단의 기준시

1. 처분 등이 이루어진 뒤에 당해 처분 등의 근거가 된 법령이 개정・폐지되거나 사실상태에 변동이 있는 경우, 법원은 어느 때를 위법판단의 기준시점으로 할 것인지 문제되는바, 판례는 처분당시의 법령과 사실상태를 기준으로 판단하여야 한다는 입장이다.[95] 거부처분취소소송에서도 같다.[96] 그러나 부작위위법확인소송의 경우 판결시를 기준으로 한다.[97]

---

94) 대법원 1987. 12. 8. 87누861 "자유재량에 의한 행정처분이 그 재량권의 한계를 벗어난 것이어서 위법하다는 점은 그 행정처분의 효력을 다투는 자가 이를 주장. 입증하여야 하고 처분청이 그 재량권의 행사가 정당한 것이었다는 점까지 주장. 입증할 필요는 없다."

95) 대법원 2007. 5. 11. 2007두1811 "행정소송에 행정처분의 위법 여부는 행정처분이 행하여졌을 때의 법령과 사실상태를 기준으로 판단하여야 하고, 처분 후 법령의 개폐나 사실상태의 변동에 의하여 영향을 받지는 않는다."

96) 대법원 2008.7.24. 2007두3930 "행정소송에서 행정처분의 위법 여부는 행정처분이 행하여졌을 때의 법령과 사실 상태를 기준으로 하여 판단하여야 하고, 처분 후 법령의 개폐나 사실상태의 변동에 의하여 영향을 받지는 않으므로, 난민 인정 거부처분의 취소를 구하는 취소소송에 있어서도 그 거부처분을 한 후 국적국의 정치적 상황이 변화하였다고 하여 처분의 적법 여부가 달라지는 것은 아니다."

97) 대법원 1990. 9. 25. 89누4758 "부작위위법확인의 소는 행정청이 국민의 법규상 또는 조리상의 권리에 기한 신청에 대하여 상당한 기간내에 그 신청을 인용하는 적극적 처분 또는 각하하거나 기각하는 등의 소극적 처분을 하여야 할 법률상의 응답의무가 있음에도 불구하고 이를 하지 아니하는 경우, 판결(사실심의 구두변론 종결)시를 기준으로 그 부작위의 위법을 확인함으로써 행정청의 응답을 신속하게 하여 부작위 내지 무응답이라고 하는 소극적인 위법상태를 제거하는 것을 목적으로 하는 것이고, 나아가 당해 판결의 구속력에 의하여 행정청에게 처분 등을 하게 하고 다시 당해 처분 등에 대하여 불복이

2. 위법판단의 기준시점에 대해 처분시를 기준으로 하는 이상 처분사유의 추가나 변경은 처분시까지 객관적으로 존재하던 사유이어야 하고, 처분 이후에 발생한 새로운 사실적 또는 법적 사유를 추가하거나 변경할 수 없다. 판례는 기본적 사실관계의 동일성이 인정되는 범위 내에서 처분사유의 추가 또는 변경이 가능하다는 입장이다.[98)]

3. 처분 이후에 발생한 새로운 사실적 또는 법적 사유를 근거로 처분을 행한 행정청이 다시 처분을 할 경우 소송계속 중인 처분은 취소된 것이고, 이에 따라 해당 소송은 소의 이익을 상실하게 된다. 따라서 원고는 처분변경으로 인한 소의 변경을 신청할 수 있게 된다(행정소송법 제22조). 처분사유의 추가 또는 변경이 처분의 동일성을 상실한 경우도 마찬가지다.

Ⅶ. 처분사유의 추가 · 변경

1. 처분사유의 추가 · 변경은 취소소송의 소송물의 범위 내에서만 가능하고 소송물이 본질적으로 변경되는 것이어서는 안된다. 즉, 처분의 동일성이 인정되는 범위 내에서만 가능하다. 그러므로 처분사유의 추가 · 변경이 새로이 소송물을 추가 또는 변경하는 것이라면 이는 처분의 변경에 해당하여 처분변경으로 인한 소변경(행정소송법 제22조)을 이끄는 사유가 된다. 이러한 처분의 동일성이 인정되는 경우란 기본적 사실관계에서 동일성이 인정되는 경우를 의미한다는 것이 통설과 판례이다.

있는 때에는 그 처분 등을 다투게 함으로써 최종적으로는 국민의 권리이익을 보호하려는 제도이므로, 소제기의 전후를 통하여 판결시까지 행정청이 그 신청에 대하여 적극 또는 소극의 처분을 함으로써 부작위상태가 해소된 때에는 소의 이익을 상실하게 되어 당해 소는 각하를 면할 수가 없는 것이다."

98) 대법원 1987. 7. 21. 85누694 "행정처분취소소송에 있어서는 실질적 법치주의와 행정처분의 상대방인 국민에 대한 신뢰보호라는 견지에서 처분청은 당초의 처분사유와 기본적 사실관계에 있어서 동일성이 인정되는 한도 내에서만 새로운 처분사유를 추가하거나 변경할 수 있고 기본적 사실관계와 동일성이 전혀 없는 별개의 사실을 들어 처분사유로서 주장함은 허용되지 아니하며 법원으로서도 당초 처분사유와 기본적 사실관계의 동일성이 없는 사실은 처분사유로 인정 할 수 없다."

2. 기본적 사실관계의 동일성 유무는 처분사유를 법률적으로 평가하기 이전의 구체적인 사실에 착안하여 그 기초가 되는 사회적 사실관계가 기본적인 점에서 동일한지 여부에 따라 결정된다.[99] 처분의 법적 근거를 변경하였으나 그에 따른 기초적 사실관계는 동일한 경우 처분의 동일성이 인정된다.[100] 허가기준에 맞지 않아 불허가한 후 구체적 불허가 사유를 제시하는 경우도 처분의 동일성이 인정된다.[101] 개별적 처분사유와 중대한 공익상의 필요라는 사유 사이에는 처분의 동일성이 인정된다.[102] 그러나 처분의 법적 근거를 변경하였지만 그에 따른 기초적 사실관계가 동일하지 않은 경우[103], 전혀 이질적인 내용의 처분 이유를

---

99) 대법원 2004. 11. 26. 2004두4482

100) 대법원 2005. 3. 10. 2002두9285 "자동차운송사업면허취소처분의 취소를 구하는 소송 계속 중 헌법재판소의 위헌결정으로 인하여 처분의 당초 근거규정인 구 여객자동차운수사업법 제76조 제1항 단서 중 제8호가 그 효력을 상실하자 처분청이 명의이용금지 위반의 기본적 사실관계는 변경하지 아니한 채 효력이 유지되고 있는 같은 법 제76조 제1항 본문 및 제8호로 그 법률상 근거를 적법하게 변경한 경우, 위 처분이 법률의 근거가 없는 위법한 처분이라고 할 수 없다."

101) 대법원 1989. 7. 25. 88누11926 "동래구청장은 원고가 제출한 이 사건 허가신청에 대하여 관계법 및 부산시 고시 동래구 허가기준에 의거 검토한 결과 허가기준에 맞지 않아 허가신청을 반려한다고 하였는바 그 취지는 다른 허가기준에는 들어맞으나 소론과 같은 액화석유가스판매업 허가기준 보완시행 안에 정하여진 허가기준에 맞지 아니하여 허가신청을 반려한다는 의미라고 할 수는 없고 위에서 본 모든 허가기준에 의거하여 검토한 결과 그 허가기준(원고에 대하여는 이격거리에 관한 허가기준을 나타내는 것이라 함은 위에서 본 바와 같다)에 맞지 아니하여 반려한다는 것으로 이해되는 바이니 피고가 이 사건에서 이격거리 기준위배를 반려사유로 주장하는 것은 그 처분의 사유를 구체적으로 표시하는 것이지 당초의 처분사유와 기본적 사실관계와 동일성이 없는 별개의 또는 새로운 처분사유를 추가하거나 변경하는 것이라고 할 수는 없으므로 이와 같은 취지의 원심판단도 정당하다."

102) 대법원 2004. 11. 26. 2004두4482 "주택신축을 위한 산림형질변경허가신청에 대하여 행정청이 거부처분을 하면서 당초 거부처분의 근거로 삼은 준농림지역에서의 행위제한이라는 사유와 나중에 거부처분의 근거로 추가한 자연경관 및 생태계의 교란, 국토 및 자연의 유지와 환경보전 등 중대한 공익상의 필요라는 사유는 기본적 사실관계에 있어서 동일성이 인정된다."; 대법원 2001. 9. 28. 2000두8684 "토지형질변경 불허가처분의 당초의 처분사유인 국립공원에 인접한 미개발지의 합리적인 이용대책 수립시까지 그 허가를 유보한다는 사유와 그 처분의 취소소송에서 추가하여 주장한 처분사유인 국립공원 주변의 환경·풍치·미관 등을 크게 손상시킬 우려가 있으므로 공공목적상 원형유지의 필요가 있는 곳으로서 형질변경허가 금지 대상이라는 사유는 기본적 사실관계에 있어서 동일성이 인정된다."

103) 대법원 2001. 3. 23. 99두6392 "행정청이 구 의료보험법 제33조 제1항 등 관련 규정이

추가 · 변경하는 경우[104]에는 처분의 동일성이 인정되지 않는다. 처분이유의 추가 · 변경은 변론종결시까지만 허용된다.[105]

제2절 처분의 하자 판단과 관련하여 참고할 판례들

1. 권한이 없는 행정청이 한 처분은 무효이다. 설치승인권한이 없는 행정청이 한 폐기물처리시설 설치승인처분은 당연무효이다.[106] 이 때 처분권한의 유무는 직권조사사항이 아니다.[107] 기관위임사무이어서 자치단체의 규칙으로 권한을 재위임할 수 있을 뿐 자치단체의 조례로 재위임할 수 없는데도, 재위임한 조례에 근거한 처분은 중대하지만 명백하지 않아 무효사유에 해당하지 않는다.[108] 자치사무이어서 조례로 권한을 위임하야야 하고, 자치단체의 규칙으로 위임할 수 없는데, 자치단체의 규칙으로 위임한 경우 그 규칙에 근거한 처분 역시 중대하지만 명백하지 않아 무효사유에 해당하지 않는다.[109]

정하는 의료보험요양기관 지정 취소의 사유가 발생하였음을 이유로 하여 명문의 규정에 의하여 요양기관의 지정을 취소하는 처분을 하고 나서 그 처분의 근거 규정이 효력을 상실하자 원래 처분의 효력을 상실케 하는 별개의 행정행위로서의 행정행위 철회를 하지 아니한 채 명문의 규정을 근거로 한 요양기관 지정 취소처분이 바로 행정행위 철회에 해당하여 유효하다고 주장하는 것은 실질적 법치주의와 행정처분의 상대방인 국민에 대한 신뢰보호라는 견지에서 철회로써 달성하려는 공익상의 필요와 그 상대방이 입게 될 불이익을 비교할 필요도 없이 허용될 수 없다."

104) 대법원 1996. 9. 6. 96누7427 "주류면허 지정조건 중 제6호 무자료 주류판매 및 위장거래 항목을 근거로 한 면허취소처분에 대한 항고소송에서, 지정조건 제2호 무면허판매업자에 대한 주류판매를 새로이 그 취소사유로 주장하는 것은 기본적 사실관계가 다른 사유를 내세우는 것으로서 허용될 수 없다."; 대법원 1995. 11. 21. 95누10952 "피고의 이 사건 처분사유인 기존 공동사업장과의 거리제한규정에 저촉된다는 사실과 피고 주장의 최소 주차용지에 미달한다는 사실은 기본적 사실관계를 달리하는 것임이 명백하여 피고가 이를 새롭게 처분사유로서 주장할 수는 없는 것이다."

105) 대법원 1999. 2. 9. 98두16675 "과세관청은 소송 도중이라도 당해 처분에서 인정한 과세표준 또는 세액의 정당성을 뒷받침할 수 있는 새로운 자료를 제출하거나 처분의 동일성이 유지되는 범위 내에서 그 사유를 교환 · 변경할 수 있다고 할 것이나 이는 사실심 변론종결시까지만 허용된다."

106) 대법원 2004. 7. 22. 2002두10704

107) 대법원 1996. 6. 25. 96누570

108) 대법원 1995. 7. 11. 94누4615 전원합의체

109) 대법원 1997. 6. 19. 95누8669 전원합의체

2. 근거법규가 없는 침해적 처분은 무효이다. 위헌으로 무효가 된 법률에 근거한 처분은 취소사유일 뿐이다.[110] 위헌결정의 소급효는 이미 불가쟁력이 발생한 처분에 미치지 않는다.[111] 처분의 내용이 사회통념상 실현불가능한 경우 그 처분은 무효다.[112] 내용이 불명확한 처분도 무효다. 재결이나 판결의 기속력에 반한 처분은 무효다.

3. 납세의무자가 취득세 면제대상인 토지에 관하여 자진신고납부에 앞서 과세관청에 취득세 면제신청을 하였다가 면제대상이 아니라는 회신을 받게 되자, 자진신고납부 해태에 따른 부가세의 부담 회피와 체납처분에 따른 문제점 등의 이유로 부득이 자진신고납부한 다음 바로 이의신청 및 심사청구와 행정소송을 거쳐 민사소송에 이른 경우, 신고행위에 조세채무의 확정력을 인정할 여지가 없는 중대하고 명백한 하자가 있어 당연무효에 해당한다.[113] 면제신청을 아니한 납세자의 국세 자진신고납부행위는 당연무효가 아니다.[114]

4. 일반적으로 과세대상이 되는 법률관계나 소득 또는 행위 등의 사실관계가 전혀 없는 사람에게 한 과세처분은 그 하자가 중대하고도 명백하다고 할 것이지만 과세대상이 되지 아니하는 어떤 법률관계나 사실관계에 대하여 이를 과세대상이 되는 것으로 오인할 만한 객관적인 사정이 있는 경우에 그것이 과세대상이 되는지의 여부가 그 사실관계를 정확히 조사하여야 비로소 밝혀질 수 있는 경우라면 그 하자가 중대한 경우라도 외관상 명백하다고 할 수 없어 그와 같이 과세 요건사실을 오인한 위법의 과세처분을 당연무효라고 볼 수 없다.[115]

---

110) 대법원 1994. 10. 28. 92누9463
111) 대법원 2000. 11. 14. 2000다20144
112) 대법원 2006. 4. 13. 2005두15151
113) 대법원 2001. 4. 27. 99다11618
114) 대법원 1995. 12. 5. 94다60363
115) 대법원 1996. 12. 20. 95다20379, 대법원 2001. 6. 29. 2000다17339 등

5. 과세처분의 근거가 된 확인서, 명세서, 자술서, 각서 등이 과세관청 내지 그 상급관청이나 수사기관의 일방적이고 억압적인 강요로 작성자의 자유로운 의사에 반하여 별다른 합리적이고 타당한 근거도 없이 작성된 경우 그 자료들은 그 작성경위에 비추어 내용이 진정한 과세자료라고 볼 수 없으므로, 그 과세자료에 터잡은 과세처분의 하자는 중대한 하자임은 물론 위와 같은 과세자료의 성립과정에 직접 관여하여 그 경위를 잘 아는 과세관청에 대한 관계에 있어서 객관적으로 명백한 하자라고 할 것이다.[116]

5. 조세감면규제법 소정의 부가가치세 면제대상인 국민주택에 해당되는 다가구용 건물의 세대별 분양에 대하여 부가가치세 및 가산세를 부과한 과세처분에는 중대한 하자가 있으나, 주택건설촉진법상 공동주택의 종류는 아파트, 연립주택, 다세대주택의 3가지로 규정되어 있고, 위 건물은 공부상 단독주택으로 등재되어 있던 점 및 조세감면규제법이나 주택건설촉진법상 국민주택의 개념 자체가 명확하지 아니하여 위 건물과 같은 다가구용 단독주택을 다세대주택과 유사한 공동주택으로 볼 것인지의 여부는 법령의 해석상 다툼의 여지가 있을 수도 있는 점 등을 고려하여 볼 때, 위 과세처분은 과세대상의 법률관계 내지 사실관계를 오인한 것에 불과하여 그 하자가 객관적으로 명백하다고 할 수 없다.[117]

6. 제척기간이 도과된 후의 과세처분은 무효이다. 그러나 제척기간의 도과 후에 증액경정처분이 있었다 하여도 당초 처분이 제척기간의 도과 전에 있었다면 그 증액경정처분이 전부 무효로 되는 것은 아니고 증액된 부분에 한하여서만 무효로 된다.[118]

---

116) 대법원 1992. 3. 31. 91다32053, 대법원 1985. 11. 12. 84누250
117) 대법원 1995. 4. 28. 94다55019
118) 대법원 1995. 5. 23. 94누15189

7. 산업재해보상보험법 제23조, 제25조, 제27조, 제27조의2, 제29조의 각 규정을 종합하여 보면, 보험가입자는 매보험연도마다 연도 초에 당해 연도의 개산보험료를 보고납부하고, 전년도의 확정보험료를 산정하여 이를 보고하며, 부족분에 대하여는 추가납부하도록 되어 있고, 개산보험료든 확정보험료든 보고를 하지 아니하거나 그 보고가 사실과 다른 때에는 그 사실을 조사하여 개산 혹은 확정보험료를 산정하여 전액 혹은 미납분을 징수하도록 되어 있는바, 그 징수절차로서는 보험료가 보고된 바 없거나 보고된 내용이 사실과 달라 그 사실을 조사한 경우는 물론 보고된 그대로 보험료가 확정된 경우에도 먼저 징수대상인 보험료채권을 구체적으로 확정한후 납부의무자에게 청구하기 위하여 법 제29조 소정의 납부통지를 요한다고 할 것이며, 그 납부통지에 의하여도 납부하지 아니하는 경우 독촉을 하여야 하고, 그 독촉이 있음에도 불구하고 납부하지 아니하는 경우에 국세체납처분의 예에 의하여 이를 징수할 수 있는 것으로 보아야 하며, 만일 위와 같은 절차중 납부통지 절차를 거치지 아니하였다면 그 보험가입자에 대하여 한 압류등 체납처분은 그 하자가 중대하고도 명백하여 무효라 할 것이다.[119)]

행정법의 일반원칙인 비례의 원칙, 평등의 원칙, 신의성실의 원칙[120)] 등에 위반되는 처분은 원칙적으로 취소사유가 있는 처분이지 당연무효는 아니다.

8. 행정절차법 등 법령상 정해진 청문절차, 협의절차, 사전통지절차, 의견제출기회부여 등의 절차를 거치지 않는 처분은 취소사유가 있는 처분이지, 무효인 처분은 아니다. 그러나 법령이 아닌 대외적구속력이 없는 행정규칙에 규정된 절차를 거치지 않은 경우에는 위법하지 않아 취소사유가 있다고 할 수 없다.[121)]

---

119) 대법원 1994. 6. 24. 93누6782

120) 대법원 2002. 4. 26. 2002두1465 "신의칙에 반하는 행정처분이라도 외관상은 적법한 행위로서 그 하자가 중대・명백한 것이라고 볼 수는 없다."

121) 대법원 1994. 8. 9. 94누3414 "청문을 포함한 당사자의 의견청취절차 없이 어떤 행정처분을 한 경우에도 관계법령에서 당사자의 의견청취절차를 시행하도록 규정하지 않고

9. 신청을 요하는 처분인데, 신청 없이 행해진 처분은 무효이다.[122] 운전면허취소·정지 처분과 같이 문서로 하도록 되어 있는 처분을 구두로 한 경우 무효이다.[123]

10. 과태료와 같은 행정질서벌은 행정질서유지를 위한 의무의 위반이라는 객관적 사실에 대하여 과하는 제재이므로 반드시 현실적인 행위자가 아니라도 법령상 책임자로 규정된 자에게 부과되고 원칙적으로 위반자의 고의·과실을 요하지 아니하나, 위반자가 그 의무를 알지 못하는 것이 무리가 아니었다고 할 수 있어 그것을 정당시할 수 있는 사정이 있을 때 또는 그 의무의 이행을 그 당사자에게 기대하는 것이 무리라고 하는 사정이 있을 때 등 그 의무 해태를 탓할 수 없는 정당한 사유가 있는 때에는 이를 부과할 수 없다.[124]

11. 제재적 행정처분인 청소년보호법상의 과징금부과처분에 있어서 관련 법령이 충돌되는 것 같은 외관이 초래됨으로써 그 해석적용상의 혼란 등으로 인하여 위반자가 자신의 비디오물감상실에 18세 이상 19세 미만의 청소년을 출입시킨 행위가 관련 법률에 의하여 허용된다고 믿었고, 그렇게 믿었던 것에 대하여 정당한 이유가 있는 때와 같이 위반자

있는 경우에는 그 행정처분이 위법하게 되는 것은 아니라 할 것인바, 문화재보호법과 대구직할시문화재보호조례에 의하면 시지정문화재는 시장이 문화재위원회의 자문을 받아 지정한다고만 규정되어 있을 뿐 그 지정에 있어서 문화재의 소유자나 기타 이해관계인의 신청이 필요하다는 규정이나 소유자 기타 이해관계인의 의견을 들어야 한다는 행정절차의 규정은 없고, 비록 국민의권익보호를위한행정절차에관한훈령에 따라 1990. 3. 1.부터 시행된 행정절차운영지침에 의하면 행정청이 공권력을 행사하여 국민의 구체적인 권리 또는 의무에 직접적인 변동을 초래하게 하는 행정처분을 하고자 할 때에는 미리 당사자에게 행정처분을 하고자 하는 원인이 되는 사실을 통지하여 그에 대한 의견을 청취한 다음 이유를 명시하여 행정처분을 하여야 한다고 규정되어 있으나 이는 대외적 구속력을 가지는 것이 아니므로, 시장이 건조물 소유자의 신청이 없는 상태에서 소유자의 의견을 듣지 아니하고 건조물을 문화재로 지정하였다고 하여 위법한 것이라고 할 수 없다."

122) 대법원 1999. 12. 28. 98두1895

123) 대법원 1995. 8. 12. 95누3909

124) 대법원 2000. 5. 26. 98두5972

에게 그 의무 해태를 탓할 수 없는 정당한 사유가 있는 때에는 이를 부과할 수 없다.[125]

12. 공정거래위원회는 법 위반행위에 대하여 과징금을 부과할 것인지 여부와 만일 과징금을 부과한다면 일정한 범위 안에서 과징금의 부과액수를 얼마로 정할 것인지에 관하여 재량을 가지고 있다 할 것이므로 공정거래위원회의 법 위반행위자에 대한 과징금 부과처분은 재량행위라 할 것이나, 이러한 과징금 부과의 재량행사에 있어서 사실오인, 비례·평등의 원칙 위배 등의 사유가 있다면 이는 재량권의 일탈·남용으로서 위법하다.[126]

13. 제재적 행정처분이 사회통념상 재량권의 범위를 일탈하였거나 남용하였는지 여부는 처분사유인 위반행위의 내용과 당해 처분행위에 의하여 달성하려는 공익목적 및 이에 따르는 제반 사정 등을 객관적으로 심리하여 공익 침해의 정도와 그 처분으로 인하여 개인이 입게 될 불이익을 비교·형량하여 판단하여야 한다. 제재적 행정처분의 기준이 부령의 형식으로 규정되어 있더라도 그것은 행정청 내부의 사무처리 준칙을 정한 것에 지나지 아니하여 대외적으로 국민이나 법원을 기속하는 효력이 없고, 당해 처분의 적법 여부는 위 처분기준만이 아니라 관계 법령의 규정 내용과 취지에 따라 판단되어야 하므로, 위 처분기준에 적합하다 하여 곧바로 당해 처분이 적법한 것이라고 할 수는 없지만, 위 처분기준이 그 자체로 헌법 또는 법률에 합치되지 아니하거나 위 처분기준에 따른 제재적 행정처분이 그 처분사유가 된 위반행위의 내용 및 관계 법령의 규정 내용과 취지에 비추어 현저히 부당하다고 인정할 만한 합리적인 이유가 없는 한 섣불리 그 처분이 재량권의 범위를 일탈하였거나 재량권을 남용한 것이라고 판단해서는 안 된다.[127]

---

125) 대법원 2002. 5. 24. 2001두3952
126) 대법원 2002. 5. 28. 2000두6121

14. 납세지를 관할하는 세무서장이 아닌 다른 세무서장의 소득세 부과·징수처분은 관할 없는 과세관청의 처분으로서 위법하다고 할 것이나, 한편 하자 있는 행정처분이 당연무효가 되기 위하여는 그 하자가 법규의 중요한 부분을 위반한 중대한 것으로서 객관적으로 명백한 것이어야 하며, 하자가 중대하고 명백한 것인지 여부를 판별함에 있어서는 그 법규의 목적, 의미, 기능 등을 목적론적으로 고찰함과 동시에 구체적 사안 자체의 특수성에 관하여도 합리적으로 고찰하여야 할 것이다. 북부산세무서장의 이 사건 양도소득세 등 부과·징수처분은 관할 없는 세무서장의 처분으로서 그 하자가 중대하다고 할 것이나, 위와 같은 주민등록의 빈번한 이전 및 말소 경위, 처분에 이르기까지의 주소확인 과정과 앞서 본 구 소득세법 규정들에 비추어 보면, 이 사건의 경우, 위와 같은 하자는 일견하여 객관적으로 명백한 것이라고 할 수 없으므로 당연무효사유는 아니라고 보아야 할 것이다.[128)]

15. 도시계획의 수립에 있어서 도시계획법 제16조의2 소정의 공청회를 열지 아니하고 공공용지의취득및손실보상에관한특례법 제8조 소정의 이주대책을 수립하지 아니하였더라도 이는 절차상의 위법으로서 취소사유에 불과하고 그 하자가 도시계획결정 또는 도시계획사업시행인가를 무효라고 할 수 있을 정도로 중대하고 명백하다고는 할 수 없으므로 이러한 위법을 선행처분인 도시계획결정이나 사업시행인가 단계에서 다투지 아니하였다면 그 쟁소기간이 이미 도과한 후인 수용재결단계에 있어서는 도시계획수립 행위의 위와 같은 위법을 들어 재결처분의 취소를 구할 수는 없다고 할 것이다. 기업자가 토지조서나 물건조서를 작성함에 있어 소유자들의 입회와 서명날인이 있었는지의 여부는 그 기재의 증명력에 관한 문제이어서 입회나 서명날인이 없었다는 사유만으로는 중앙토지수용위원회의 이의재결이 위법하다 하여 그 취소의 사유로 삼을 수는 없다.[129)]

127) 대법원 2007. 9. 20. 2007두6946
128) 대법원 2001. 6. 1. 99다1260

16. 택지개발촉진법 제3조에 의한 건설교통부장관의 택지개발예정지구의 지정은 그 처분의 고시에 의하여 개발할 토지의 위치, 면적과 그 행사가 제한되는 권리내용 등이 특정되는 처분인 반면에, 같은 법 제8조에 의한 건설교통부장관의 택지개발사업 시행자에 대한 택지개발계획의 승인은 당해 사업이 택지개발촉진법 상의 택지개발사업에 해당함을 인정하여 시행자가 그 후 일정한 절차를 거칠 것을 조건으로 하여 일정한 내용의 수용권을 설정하여 주는 처분으로서 그 승인고시에 의하여 수용할 목적물의 범위가 확정되는 것이므로, 위 두 처분은 후자가 전자의 처분을 전제로 한 것이기는 하나 각각 단계적으로 별개의 법률효과를 발생하는 독립한 행정처분이어서 선행처분에 불가쟁력이 생겨 그 효력을 다툴 수 없게 된 경우에는 선행처분에 위법사유가 있다고 할지라도 그것이 당연무효 사유가 아닌 한 선행처분의 하자가 후행처분에 승계되는 것은 아니다. 선행처분과 후행처분이 서로 독립하여 별개의 법률효과를 목적으로 하는 때에는 선행처분의 하자가 중대하고 명백하여 당연무효인 경우를 제외하고는 선행처분의 하자를 이유로 후행처분의 효력을 다툴 수 없다.[130]

17. 조세의 부과처분과 압류 등의 체납처분은 별개의 행정처분으로서 독립성을 가지므로 부과처분에 하자가 있더라도 그 부과처분이 취소되지 아니하는 한 그 부과처분에 의한 체납처분은 위법이라고 할 수는 없지만, 체납처분은 부과처분의 집행을 위한 절차에 불과하므로 그 부과처분에 중대하고도 명백한 하자가 있어 무효인 경우에는 그 부과처분의 집행을 위한 체납처분도 무효라 할 것이나, 그 부과처분의 무효확인청구를 기각하는 판결이 확정된 경우에는 사실심변론종결 이전의 사유를 들어 그 부과처분의 무효를 주장하고 이로써 압류처분의 무효를 다툴 수는 없다. 독촉절차 없이 압류처분을 하였다고 하더라도 이러한 사유만으로는 압류처분을 무효로 되게 하는 중대하고도 명백한

129) 대법원 1990. 1. 23. 87누947

130) 대법원 1996. 3. 22. 95누10075

하자가 되지 아니한다.[131)]

18. 허가관청이 액화석유가스판매사업허가를 하면서 붙인 사업소 소재지 반경 25미터 이내 가옥주의 동의를 받아 사업개시 전에 그 동의서를 제출하도록 한 조건이 액화석유가스의안전및사업관리법 제3조 제2항, 제4항 및 같은법시행령 제3조 제1항에 위배되어 액화석유가스판매사업허가처분에 하자가 있다고 하더라도 위 하자는 그 처분 자체를 무효라고 볼 정도로 중대하고 명백한 하자라고 볼 수 없으므로 그와 같은 하자가 취소사유가 되는 위법한 것이라도 그 처분이 취소될 때까지는 누구도 그 효력을 부인할 수 없을 뿐 아니라, 이는 선행처분인 액화석유가스판매사업허가 단계에서 다투었어야 할 것이고 그 쟁송기간이 이미 경과된 후인 사업개시신고 단계에 있어서는 그 효력을 다툴수 없고, 또 선행처분인 사업허가처분에 위와 같은 하자가 있다고 하여 후행처분인 사업개시신고반려처분도 당연히 위법한 것은 아니다.[132)]

19. 의료기사법 제6조, 제7조 제2항, 제13조의3과 같은법시행령 제4조, 제7조 등 관계법령의 규정에 의하면, 안경사가 되고자 하는 자는 보건사회부의 소속기관인 국립보건원장이 시행하는 안경사 국가시험에 합격한 후 보건사회부장관의 면허를 받아야 하고 보건사회부장관은 안경사 국가시험에 합격한 자에게 안경사면허를 주도록 규정하고 있으므로, 국립보건원장이 같은 법 제7조 제2항에 의하여 안경사 국가시험의 합격을 무효로 하는 처분을 함에 따라 보건사회부장관이 안경사면허를 취소하는 처분을 한 경우 합격무효처분과 면허취소처분은 동일한 행정목적을 달성하기 위하여 단계적인 일련의 절차로 연속하여 행하여지는 행정처분으로서, 안경사 국가시험에 합격한 자에게 주었던 안경사면허를 박탈한다는 하나의 법률효과를 발생시키기 위하여 서로

131) 대법원 1988. 6. 28. 87누1009
132) 대법원 1991. 4. 23. 90누8756

결합된 선행처분과 후행처분의 관계에 있다.[133)]

20. 대집행의 계고, 대집행영장에 의한 통지, 대집행의 실행, 대집행에 요한 비용의 납부명령 등은 타인이 대신하여 행할 수 있는 행정의무의 이행을 의무자의 비용부담하에 확보하고자 하는, 동일한 행정목적을 달성하기 위하여 단계적인 일련의 절차로 연속하여 행하여지는 것으로서, 서로 결합하여 하나의 법률효과를 발생시키는 것이므로, 선행처분인 계고처분이 하자가 있는 위법한 처분이라면, 비록 그 하자가 중대하고도 명백한 것이 아니어서 당연무효의 처분이라고 볼 수 없고 행정소송으로 효력이 다투어지지도 아니하여 이미 불가쟁력이 생겼으며, 후행처분인 대집행영장발부통보처분 자체에는 아무런 하자가 없다고 하더라도, 후행처분인 대집행영장발부통보처분의 취소를 청구하는 소송에서 청구원인으로 선행처분인 계고처분이 위법한 것이기 때문에 그 계고처분을 전제로 행하여진 대집행영장발부통보처분도 위법한 것이라는 주장을 할 수 있다.[134)]

21. 표준지공시지가결정은 이를 기초로 한 수용재결 등과는 별개의 독립된 처분으로서 서로 독립하여 별개의 법률효과를 목적으로 하지만, 표준지공시지가는 이를 인근 토지의 소유자나 기타 이해관계인에게 개별적으로 고지하도록 되어 있는 것이 아니어서 인근 토지의 소유자 등이 표준지공시지가결정 내용을 알고 있었다고 전제하기가 곤란할 뿐만 아니라, 결정된 표준지공시지가가 공시될 당시 보상금 산정의 기준이 되는 표준지의 인근 토지를 함께 공시하는 것이 아니어서 인근 토지 소유자는 보상금 산정의 기준이 되는 표준지가 어느 토지인지를 알 수 없으므로, 인근 토지 소유자가 표준지의 공시지가가 확정되기 전에 이를 다투는 것은 불가능하다. 더욱이 장차 어떠한 수용재결 등 구체적인 불이익이 현실적으로 나타나게 되었을 경우에 비로소 권리

133) 대법원 1993. 2. 9. 92누4567
134) 대법원 1996. 2. 9. 95누12507

구제의 길을 찾는 것이 우리 국민의 권리의식임을 감안하여 볼 때, 인근 토지소유자 등으로 하여금 결정된 표준지공시지가를 기초로 하여 장차 토지보상 등이 이루어질 것에 대비하여 항상 토지의 가격을 주시하고 표준지공시지가결정이 잘못된 경우 정해진 시정절차를 통하여 이를 시정하도록 요구하는 것은 부당하게 높은 주의의무를 지우는 것이고, 위법한 표준지공시지가결정에 대하여 그 정해진 시정절차를 통하여 시정하도록 요구하지 않았다는 이유로 위법한 표준지공시지가를 기초로 한 수용재결 등 후행 행정처분에서 표준지공시지가결정의 위법을 주장할 수 없도록 하는 것은 수인한도를 넘는 불이익을 강요하는 것으로서 국민의 재산권과 재판받을 권리를 보장한 헌법의 이념에도 부합하는 것이 아니다. 따라서 표준지공시지가결정이 위법한 경우에는 그 자체를 행정소송의 대상이 되는 행정처분으로 보아 그 위법 여부를 다툴 수 있음은 물론, 수용보상금의 증액을 구하는 소송에서도 선행처분으로서 그 수용대상 토지 가격 산정의 기초가 된 비교표준지공시지가결정의 위법을 독립한 사유로 주장할 수 있다.[135]

22. 공중위생관리법 제11조 제5항에서, 영업소폐쇄명령을 받은 후 6월이 지나지 아니한 경우에는 동일한 장소에서는 그 폐쇄명령을 받은 영업과 같은 종류의 영업을 할 수 없다고 규정하고 있고, 같은법시행규칙 제19조 [별표 7] 행정처분기준 Ⅱ. 개별기준 3. 이용업에서 업주의 위반사항에 대하여 3차 또는 4차 위반시에는 영업장폐쇄명령을 하고, 그보다 위반횟수가 적을 경우에는 영업정지, 개선명령 등을 하게 되며, 일정한 경우 하나의 위반행위에 대하여 영업소에 대한 영업정지 또는 영업장폐쇄명령을, 업주에 대한 업무정지 또는 면허취소 처분을 동시에 할 수 있다고 규정하고 있는 점 등을 고려하여 볼 때 영업정지나 영업장폐쇄명령 모두 대물적 처분으로 보아야 할 이치이고, 아울러 공중위생관리법 제3조 제1항에서 보건복지부장관은 공중위생영업

135) 대법원 2008. 8. 21. 2007두13845

자로 하여금 일정한 시설 및 설비를 갖추고 이를 유지·관리하게 할 수 있으며, 제2항에서 공중위생영업자가 영업소를 개설한 후 시장 등에게 영업소개설사실을 통보하도록 규정하는 외에 공중위생영업에 대한 어떠한 제한규정도 두고 있지 아니한 것은 공중위생영업의 양도가 가능함을 전제로 한 것이라 할 것이므로, 양수인이 그 양수 후 행정청에 새로운 영업소개설통보를 하였다 하더라도, 그로 인하여 영업양도·양수로 영업소에 관한 권리의무가 양수인에게 이전하는 법률효과까지 부정되는 것은 아니라 할 것인바, 만일 어떠한 공중위생영업에 대하여 그 영업을 정지할 위법사유가 있다면, 관할 행정청은 그 영업이 양도·양수되었다 하더라도 그 업소의 양수인에 대하여 영업정지처분을 할 수 있다고 봄이 상당하다.[136)]

23. 석유사업법 제9조 제3항 및 그 시행령이 규정하는 석유판매업의 적극적 등록요건과 제9조 제4항, 제5조가 규정하는 소극적 결격사유 및 제9조 제4항, 제7조가 석유판매업자의 영업양도, 사망, 합병의 경우뿐만 아니라 경매 등의 절차에 따라 단순히 석유판매시설만의 인수가 이루어진 경우에도 석유판매업자의 지위승계를 인정하고 있는 점을 종합하여 보면, 석유판매업 등록은 원칙적으로 대물적 허가의 성격을 갖고, 또 석유판매업자가 같은 법 제26조의 유사석유제품 판매금지를 위반함으로써 같은 법 제13조 제3항 제6호, 제1항 제11호에 따라 받게 되는 사업정지 등의 제재처분은 사업자 개인의 자격에 대한 제재가 아니라 사업의 전부나 일부에 대한 것으로서 대물적 처분의 성격을 갖고 있으므로, 위와 같은 지위승계에는 종전 석유판매업자가 유사석유제품을 판매함으로써 받게 되는 사업정지 등 제재처분의 승계가 포함되어 그 지위를 승계한 자에 대하여 사업정지 등의 제재처분을 취할 수 있다.[137)]

---

136) 대법원 2001. 6. 29. 2001두1611
137) 대법원 2003. 10. 23. 2003두8005

24. 환경영향평가를 거쳐야 할 대상사업에 대하여 환경영향평가를 거치지 아니하였음에도 불구하고 승인 등 처분이 이루어진다면, 사전에 환경영향평가를 함에 있어 평가대상지역 주민들의 의견을 수렴하고 그 결과를 토대로 하여 환경부장관과의 협의내용을 사업계획에 미리 반영시키는 것 자체가 원천적으로 봉쇄되는바, 이렇게 되면 환경파괴를 미연에 방지하고 쾌적한 환경을 유지·조성하기 위하여 환경영향평가제도를 둔 입법 취지를 달성할 수 없게 되는 결과를 초래할 뿐만 아니라 환경영향평가대상지역 안의 주민들의 직접적이고 개별적인 이익을 근본적으로 침해하게 되므로, 이러한 행정처분의 하자는 법규의 중요한 부분을 위반한 중대한 것이고 객관적으로도 명백한 것이라고 하지 않을 수 없어, 이와 같은 행정처분은 당연무효이다.[138)]

25. 국립공원 관리청이 국립공원 집단시설지구개발사업과 관련하여 그 시설물기본설계 변경승인처분을 함에 있어서 환경부장관과의 협의를 거친 이상, 환경영향평가서의 내용이 환경영향평가제도를 둔 입법 취지를 달성할 수 없을 정도로 심히 부실하다는 등의 특별한 사정이 없는 한, 공원관리청이 환경부장관의 환경영향평가에 대한 의견에 반하는 처분을 하였다고 하여 그 처분이 위법하다고 할 수는 없다. 환경영향평가법령에서 정한 환경영향평가를 거쳐야 할 대상사업에 대하여 그러한 환경영향평가를 거치지 아니하였음에도 승인 등 처분을 하였다면 그 처분은 위법하다 할 것이나, 그러한 절차를 거쳤다면, 비록 그 환경영향평가의 내용이 다소 부실하다 하더라도, 그 부실의 정도가 환경영향평가 제도를 둔 입법 취지를 달성할 수 없을 정도이어서 환경영향평가를 하지 아니한 것과 다를 바 없는 정도의 것이 아닌 이상, 그 부실은 당해 승인 등 처분에 재량권 일탈·남용의 위법이 있는지 여부를 판단하는 하나의 요소로 됨에 그칠 뿐, 그 부실로 인하여 당연히 당해 승인 등 처분이 위법하게 되는 것이 아니다.[139)]

---

138) 대법원 2006. 6. 30. 2005두14363

139) 대법원 2001. 7. 27. 99두2970

제3절 취소판결의 효력

취소소송의 판결의 효력으로는 불가변력, 불가쟁력, 기판력, 기속력, 형성력, 간접강제력을 들 수 있다. 기속력, 형성력, 집행력은 행정소송에 특유한 효력이라 할 수 있다. 불가쟁력, 기판력, 기속력, 형성력, 간접강제력은 확정판결의 효력이다. 기속력, 형성력, 간접강제는 확정된 인용판결의 경우에만 인정되는 효력이다.

Ⅰ. 불가변력 · 불가쟁력

법원의 판결이 선고되면 선고법원은 자신의 판결 내용을 함부로 취소·변경할 수 없게 되는바 이를 불가변력 또는 자박력이라 한다. 이는 선고법원에 대한 판결의 효력이다. 불가쟁력이란 소송당사자가 상소를 포기한 경우 또는 3심제를 모두 거쳐 대법원에서 최종 확정된 경우 또는 상소제기기간이 도과한 경우 등 판결이 확정되면 발생하는 것으로 당사자가 더 이상 판결의 내용에 대해 다툴 수 없게 되는 효력을 말한다. 이를 형식적 확정력이라고도 한다. 불가쟁력은 소송당사자에 대한 판결의 효력이다.

Ⅱ. 기판력

1. 기판력이라 함은 판결이 확정된 경우 후소법원은 전소법원의 판결과 모순되는 판단을 할 수 없고, 당사자도 전소에서 판단된 동일 소송물을 또 다시 다투는 것이 금지되는 것을 말한다. 실질적 확정력이라고도 한다. 법원에서 일단 판결이 확정되면 그에 대해 전소판결에서 확정된 내용이 선결문제 또는 재판의 전제가 된 경우 후소법원은 전소법원이 확정한 판결 내용과 다른 내용의 모순되는 판단을 해서는 안된다(모순금지효). 법원에서 일단 판결이 확정되면 당사자는 판결이 확정된 소송물과 동일한 소송물을 다시금 법원에 소를 제기할 수 없다. 이 경우 동일소송물임이 확인되면 후소법원은 각하판결을 한다(반복금지효). 기판력은 당사자 및 보조참가인 그리고 당사자와 동일시 할 수 있는 사실심변론종결시 이후에 당사자로부터 소송물을 승계한 자에게도 미친다. 그러

나 재판에 참가하지 않은 제3자효 있는 행정행위의 제3자의 경우에는 기판력이 미치지 않는다. 기판력은 판결의 주문에 나타난 소송물에 대한 판단에 미치고 판결이유에서 제시된 법률관계의 존부 등에는 미치지 않는다. 판결이유는 다만 판결주문의 해석에 대해서만 고려될 뿐이다.[140] 이는 행정소송이나 민사소송(민사소송법 제216조 1항 참조)이나 마찬가지이다.

2. 취소소송의 소송물의 의미에 대하여는 여러 견해가 주장되고 있지만[141], 판례는 취소소송의 소송물을 처분의 취소원인이 되는 위법성 일반으로 보고 있다.[142] 판례와 같이 소송물의 개념을 처분의 위법성 일반이라고 할 경우 기판력은 다음과 같이 작용하게 된다. 전소와 후소가 동일소송물일 경우 반복금지효가 적용되어 상대방은 비록 전소에서와는 다른 처분의 위법사유를 이유로 동일한 처분에 대해 후소를 제기

---

140) 대법원 2000. 2. 25. 99다55472 "확정판결의 기판력은 그 판결의 주문에 포함된 것, 즉 소송물로 주장된 법률관계의 존부에 관한 판단의 결론 그 자체에만 미치는 것이고 판결이유에서 설시된 그 전제가 되는 법률관계의 존부에까지 미치는 것은 아니다."

141) 취소소송의 소송물을 처분의 위법성 일반이라고 보는 견해는 분쟁의 일회적 해결과 법적 안정성 등을 근거로 한다. 이에 의하면 원고의 처분의 개개의 위법사유에 대한 주장은 단순한 공격방어방법에 지나지 않게 된다. 또한 취소소송에서의 기판력도 처분의 위법 또는 적법 일반에 대해 미치게 된다. 이 견해에 대하여는 재판에서 다투어지지 않은 위법사유에까지 모두 기판력이 미치게 되어 국민의 권리구제에 문제가 있다는 비판이 있다. 취소소송의 소송물을 처분의 개개의 위법사유라고 보는 견해는 당사자의 권리구제의 만전을 위하고, 기판력의 취지를 당사자가 재판에서 다투어진 것에 대해서만 후소에서 주장할 수 없도록 하는 것이라고 본다. 이에 의하면 원고가 처분의 개개의 위법사유를 추가 또는 변경하는 것은 소변경에 해당하게 되고, 취소소송에서의 기판력도 전소에서 다투어진 처분의 개개의 위법사유에만 미치게 된다. 그러나 이 견해에 의하면 분쟁의 일회적 해결 및 법적 안정성에 반하게 된다는 비판이 있다. 주관소송적 관점설은 소송물을 독립된 소송법적 관점에서 고찰하여 취소소송을 주관소송으로 보면서 소송물은 '처분 등이 위법하고 또한 그 처분을 통해 자신의 권리가 침해되었다는 원고의 법적 권리 주장 그 자체'로 본다. 이 견해에 대하여는 권리 침해는 원고적격의 문제에 불과하다는 비판이 있다. 생각건대, 분쟁의 일회적 해결을 위해서는 처분의 위법성 일반이라고 보는 견해가 타당하다고 볼 것이다.

142) 대법원 1990. 3. 23. 89누5386 "원래 과세처분이란 법률에 규정된 과세요건이 충족됨으로써 객관적, 추상적으로 성립한 조세채권의 내용을 구체적으로 확인하여 확정하는 절차로서, 과세처분취소소송의 소송물은 그 취소원인이 되는 위법성 일반이고 그 심판의 대상은 과세처분에 의하여 확인된 조세채무인 과세표준 및 세액의 객관적 존부이다."

해 이를 다투더라도 이는 동일소송물에 해당하여 소각하판결을 받게 된다.[143] 전소에서 판단된 소송물이 후소에서 재판의 전제가 된 경우 이를 선결관계라 하고, 이 경우 모순금지효가 적용된다. 따라서 당해 처분이 전소인 취소소송에서 적법하다는 판단을 받은 경우 원고는 비록 후소인 국가배상청구소송에서 전소인 취소소송에서 주장하지 않은 처분의 다른 위법사유를 주장하여 후소에서 판단하기에 그 위법사유가 위법하다는 생각이 들어도 모순금지효로 인해 후소는 당해 처분이 위법하다는 판단을 할 수 없게 된다.[144]

3. 기판력은 사실심변론종결시를 기준으로 그 시점에서의 권리관계의 존부에 기판력이 생긴다. 즉, 당사자는 사실심변론종결시까지 소송자료를 제출할 수 있고, 법원도 그때까지 제출한 자료를 토대로 판단을 하므로 그 시점에서의 권리관계의 존부에 기판력이 발생하는 것이다. 따라서 당사자가 사실심변론종결시 전까지 존재했던 법률관계나 사실관계에 대한 주장은 이를 후소에서 새로이 주장・제출할 수 없으며 이를 차단효라 한다. 그러나 사실심변론종결 이후에 법적 상황 또는 사실관계의 변경 등이 발생한 경우 이를 후소에서 새로이 제출할 수 있다.[145]

Ⅲ. 기속력

1. 취소소송의 인용판결은 그 사건에 관하여 당사자인 행정청과 그 밖의

---

143) 대법원 1996. 4. 26. 95누5820 "취소판결의 기판력은 소송물로 된 행정처분의 위법성 존부에 관한 판단 그 자체에만 미치는 것이므로 전소와 후소가 그 소송물을 달리하는 경우에는 전소 확정판결의 기판력이 후소에 미치지 아니한다."

144) 대법원 2000. 2. 25. 99다55472 "전소와 후소의 소송물이 동일하지 아니하여도 전소의 기판력 있는 법률관계가 후소의 선결적 법률관계가 되는 때에는 전소의 판결의 기판력이 후소에 미쳐 후소의 법원은 전에 한 판단과 모순되는 판단을 할 수 없다."

145) 대법원 1992. 2. 25. 91누6108 "과세처분무효확인소송의 경우 소송물은 권리 또는 법률관계의 존부 확인을 구하는 것이며, 이는 청구취지만으로 소송물의 동일성이 특정된다고 할 것이고 따라서 당사자가 청구원인에서 무효사유로 내세운 개개의 주장은 공격방어방법에 불과하다고 볼 것이며, 한편 확정된 종국판결은 그 기판력으로서 당사자가 사실심의 변론종결시를 기준으로 그때까지 제출하지 않은 공격방어방법은 그 뒤 다시 동일한 소송을 제기하여 이를 주장할 수 없다."

관계 행정청을 기속한다(행정소송법 제30조 1항). 즉, 행정청과 그 밖의 관계 행정청은 판결의 취지에 따라야 할 구속을 받으며, 이를 기속력이라 한다. 기속력은 확정된 인용판결의 경우에만 적용된다. 이러한 기속력은 무효등확인소송과 부작위위법확인소송에도 준용되고 있다(행정소송법 제38조 제1항, 제2항, 제30조).[146]

2. 취소판결이 확정되면 당해 행정청 및 관계행정청은 취소판결에서 확정된 것과 ① 동일한 법적상황 및 사실관계에서 ② 동일당사자에게 ③ 동일한 사유로 ④ 동일한 내용의 재처분을 하는 것은 기속력에 반하여 금지된다. 처분청 및 관계행정청은 인용판결의 취지에 저촉되는 처분을 하여서는 아니된다. 위법성 판단의 기준시점은 처분시이므로 기속력의 시적 범위는 처분시를 기준으로 처분시의 법적 상황 및 사실관계를 판단의 대상으로 한다. 따라서 처분시 이후에 법적상황 및 사실관계가 변경된 경우에는 그 사유를 내세워 동일한 내용의 처분을 하여도 반복금지효 위반은 아니다.

3. 기속력의 객관적 범위를 판결의 취지에 적시된 개개의 위법사유로 보는 판례에 따르면 판결의 취지에서 행정청이 그러한 위법사유를 근거로 또 다시 동일한 내용의 처분을 하는 것을 금지한다는 것이므로 위법사유를 시정한 경우[147]와 다른 사유를 근거로 처분하는 경우[148]는 기

---

146) 이러한 기속력을 기판력과 동일하게 보는 견해도 있고, 취소소송의 인용판결의 실효성을 확보하기 위하여 행정소송법이 특별히 규정한 효력일하고 보는 견해도 있다. 판례는 기속력과 기판력을 혼용해서 사용하고는 있다. 생각건대, 기속력은 당사자인 행정청와 관계 행정청에만 미치지만, 기판력은 당사자와 후소법원도 구속한다는 점, 기속력은 인용판결에만 미치지만, 기판력은 모든 확정판결에 미친다는 점, 기속력은 실체법적 효력이지만, 기판력은 소송법적 효력이라는 점 등에서 차이가 있으므로 행정소송법이 특별히 규정한 효력으로 보는 것이 타당하다할 것이다.

147) 기존의 위법사유를 수정・보완하여 동일한 내용의 처분을 하는 것은 반복금지효 위반이 아니다. 한편, 기존의 위법사유는 절차 또는 형식상의 하자도 포함하므로 행정청이 적법한 절차 또는 형식으로 시정하여 행한 동일한 내용의 처분은 기속력에 반하지 않는다. 대법원 1986. 11. 11. 85누231 "과세처분시 납세고지서에 과세표준, 세율, 세액의 산출근거 등이 누락되어 있어 이러한 절차 내지 형식의 위법을 이유로 과세처분을 취

속력 위반이 아니다.

4. 판결에 의하여 취소되는 처분이 당사자의 신청을 거부하는 것을 내용으로 하는 경우에는 그 처분을 행한 행정청은 인용판결의 취지에 따라 다시 이전의 신청에 대한 처분을 하여야 할 적극적 작위의무가 있으며(행정소송법 제30조 2항) 이는 신청에 따른 처분이 절차의 위법을 이유로 취소되는 경우에 준용한다(행정소송법 제30조 3항). 이를 재처분의무라고 하며, 이는 의무이행소송이 인정되지 않는 현 행정소송법에서 신청인의 실질적인 권리구제를 도모하기 위한 규정이다. 행정처분의 적법 여부는 그 행정처분이 행하여 진 때의 법령과 사실을 기준으로 하여 판단하는 것이므로 거부처분 후에 법령이 개정・시행된 경우에는 개정된 법령 및 허가기준을 새로운 사유로 들어 다시 이전의 신청에 대한 거부처분을 할 수 있으며 그러한 처분도 행정소송법 제30조 제2항에 규정된 재처분에 해당된다.[149] 재처분은 판결주문 및 이유에 설시된 판결의 취지에 따를 것을 요구하고 있지 원고의 신청에 따를 것을 요구하는 것은 아니다. 따라서 판결의 취지에 따르기만 하였다면 위법사유를 시정한 경우[150]와 다른 사유를 근거로 거부처분[151]을 하는 경

소하는 판결이 확정된 경우에 그 확정판결의 기판력은 확정판결에 적시된 절차 내지 형식의 위법사유에 한하여 미친다고 할 것이므로 과세처분권자가 그 확정판결에 적시된 위법사유를 보완하여 행한 새로운 과세처분은 확정판결에 의하여 취소된 종전의 과세처분과는 별개의 처분으로서 확정판결의 기판력에 저촉되는 것은 아니다."

148) 처분시에 존재한 개개의 위법사유와는 다른 사유를 근거로 동일한 내용을 처분하는 것은 반복금지효 위반이 아니다. 여기서의 다른 사유라 함은 기본적 사실관계에 있어서 동일성이 인정되지 아니하는 사유를 의미한다. 따라서 다른 사유라는 것이 기본적 사실관계의 동일성이 인정되는 범위 내의 사유에 해당하면 기속력에 위반되어 그에 근거한 재처분은 금지된다.

149) 대법원 1998. 1. 7. 97두22

150) 기속력의 객관적 범위를 판결의 취지에 적시된 개개의 위법사유로 보는 판례에 따르면 종전 위법사유를 보완하여 원고 신청을 또 다시 거부하더라도 이는 재처분의무 위반이 아니다. 한편, 이는 절차의 위법을 이유로 취소되는 경우에도 마찬가지로 재채분의무가 있어서 결국 '신청에 따른 처분이 절차의 위법을 이유로 취소되는 경우에도 재처분의무를 부과'한 행정소송법 제30조 3항의 규정은 당연한 것을 규정한 주의규정에 불과하다. 대법원 2005. 1. 14. 2003두13045 "행정소송법 제30조 제2항의 규정에 의하면 행정청의 거부처분을 취소하는 판결이 확정된 경우에는 그 처분을 행한 행정청이 판결의

우는 기속력 위반이 아니다.

5. 행정청이 행정소송법 제30조 제2항의 규정에 의한 재처분 의무를 이행하지 아니하는 때에는 제1심수소법원은 당사자의 신청에 의하여 결정으로써 상당한 기간을 정하고 행정청이 그 기간 내에 이행하지 아니하는 때에는 그 지연기간에 따라 일정한 배상을 할 것을 명하거나 즉시 손해배상을 할 것을 명할 수 있다.(행정소송법 제34조 1항)

6. 기속력은 그 사건에 관하여 당사자인 행정청과 그 밖의 관계행정청을 기속한다. 기판력은 판결의 주문에만 미치지만, 기속력의 객관적 범위는 판결의 주문뿐만 아니라 그 전제가 되는 처분 등의 구체적 위법사유에 관한 판결 이유 중의 판단에 대해서도 인정된다.[152] 따라서 기속력 위반 여부를 검토함에 있어 '판결의 취지'를 살필 때는 주문과 그 전제로 판결이유에 설시된 요건사실의 인정 및 효력까지도 함께 판단하게 된다. 반면, 판결의 결론과는 직접 관계없는 방론이나 간접사실, 가정판단에는 미치지 않는다. 기속력의 객관적 범위는 처분의 동일성이 인정되는 범위에 미친다.[153]

취지에 따라 이전의 신청에 대하여 재처분할 의무가 있다고 할 것이나, 그 취소사유가 행정처분의 절차, 방법의 위법으로 인한 것이라면 그 처분 행정청은 그 확정판결의 취지에 따라 그 위법사유를 보완하여 다시 종전의 신청에 대한 거부처분을 할 수 있고, 그러한 처분도 위 조항에 규정된 재처분에 해당한다."

151) 판결의 취지에 설시된 종전 거부처분과는 다른 사유를 근거로 거부해도 재처분의무 위반이 아니다. 여기서의 다른 사유 역시 기본적 사실관계의 동일성이 인정되지 않는 사유를 의미한다.

152) 대법원 2001. 3. 23. 99두5238 "행정소송법 제30조 제1항에 의하여 인정되는 취소소송에서 처분 등을 취소하는 확정판결의 기속력은 주로 판결의 실효성 확보를 위하여 인정되는 효력으로서 판결의 주문뿐만 아니라 그 전제가 되는 처분 등의 구체적 위법사유에 관한 이유 중의 판단에 대하여도 인정된다."

153) 대법원 2005. 12. 9. 2003두7705 "재결의 기속력은 재결의 주문 및 그 전제가 된 요건사실의 인정과 판단, 즉 처분 등의 구체적 위법사유에 관한 판단에만 미친다고 할 것이고, 종전 처분이 재결에 의하여 취소되었다 하더라도 종전 처분시와는 다른 사유를 들어서 처분을 하는 것은 기속력에 저촉되지 않는다고 할 것이며, 여기에서 동일 사유인지 다른 사유인지는 종전 처분에 관하여 위법한 것으로 재결에서 판단된 사유와 기본적 사실관계에 있어 동일성이 인정되는 사유인지 여부에 따라 판단되어야 한다."

7. 기속력은 기판력과 같은 소송법적 효력이 아니라 실체법적 효력으로서 법원의 처분에 대한 위법성 판단 시점을 기준으로 그 당시에 존재했던 법적 상황 및 사실관계를 토대로 기속력이 미치고, 그 시점 이후로 새로이 발생한 사정 변경 등에 대해서는 위법성 판단시 고려되지 않은 사항이기 때문에 행정청이 그와 같이 사정 변경에 따라 새로운 처분을 할 수 있으며, 그것이 비록 위법하다는 확정판결을 받은 당초 처분과 동일한 내용의 처분이 되더라도 이는 기속력 위반이 아니다. 따라서 기속력의 시간적 범위와 관련해 위법성 판단의 기준시점을 정하는 것이 필요하다. 판례는 처분시설을 따르고 있다. 이에 따르면 처분시까지 발생했던 법적·사실적 상황은 기판력이 미치지만 그 이후에 발생한 사정변경은 기속력이 미치지 않는다.[154)]

8. 기속력에 반하여 한 행정청의 처분은 그 하자가 중대하고 명백하다고 하여서 무효사유가 된다.[155)] 이를 단순히 취소사유에 불과하다고 볼 경우에는 당해 처분이 제기기간의 경과 등으로 형식적 확정력이 발생될 수 있어 행정소송법이 기속력을 인정한 취지에 반한다.

9. 취소소송의 청구인용판결이 확정되면 그로 인해 처분이 소급적으로 소멸함으로써 당사자의 공법상 법률관계에 변동이 생긴다. 이를 형성력이라 한다. 형성력에 대한 명시적인 근거는 없지만 행정소송법 제29조

154) 대법원 1998. 1. 7. 97두22 "건축불허가처분을 취소하는 판결이 확정된 후 국토이용관리법시행령이 준농림지역 안에서의 행위제한에 관하여 지방자치단체의 조례로써 일정 지역에서 숙박업을 영위하기 위한 시설의 설치를 제한할 수 있도록 개정된 경우, 당해 지방자치 단체장이 위 처분 후에 개정된 신법령에서 정한 사유를 들어 새로운 거부처분을 한 것이 행정소송법 제30조 제2항 소정의 확정판결의 취지에 따라 이전의 신청에 대한 처분을 한 경우에 해당한다."

155) 대법원 1982. 5. 11. 80누104 "어떠한 행정처분에 위법한 하자가 있다는 이유로 그 취소를 소구한 행정소송에서 그 행정처분을 취소하는 판결이 선고되어 확정된 경우에 처분행정청이 그 행정소송의 사실심 변론종결 이전의 사유를 내세워 다시 확정판결에 저촉되는 행정처분을 하는 것은 확정판결의 기판력에 저촉되어 허용될 수 없는 것이고 이와 같은 행정처분은 그 하자가 명백하고 중대한 경우에 해당되어 당연무효라 할 것이다."

1항의 '처분 등을 취소하는 확정판결은 제3자에 대하여도 효력이 있다' 부분을 간접적인 법적 근거로 본다. 취소판결이 있게 되면 처분시로 소급하여 처분의 효력이 소멸하게 된다. 따라서 취소된 처분을 전제로 형성된 또 다른 처분도 모두 법률상 원인을 상실하여 무효가 된다.[156] 취소판결이 확정되면 별도로 행정청이 다시 처분을 취소한다거나 이를 통지하는 등의 절차가 없어도 당연히 취소의 효과가 발생한다.[157]

10. 행정소송법 제29조 1항의 '처분 등을 취소하는 확정판결은 제3자에 대하여도 효력이 있다'라고 규정하고 있는데 이와 같이 소송에 관여하지 않은 제3자에게도 취소판결의 효력이 미치는 것을 제3자효라고 한다. 대세효라고도 한다. 이러한 대세효가 없다고 하면 취소판결에서 승소하여도 제3자에게 취소판결의 효력을 주장할 수 없게 되므로 이처럼 취소판결의 실효성을 확보하고, 승소자의 권리를 확실히 보호하며, 또한 취소판결의 행정상의 법률관계를 통일적으로 규율하고자 하는 것이 그 취지로 볼 수 있다. 판례는 취소판결의 제3자효의 의미에 대해 단순히 제3자가 그러한 판결의 효력을 용인하여야 함을 의미한다고 보고 있다.[158]

---

156) 대법원 1989. 5. 9. 88다카16096 "과세처분을 취소하는 판결이 확정되면 그 과세처분은 처분시에 소급하여 소멸하므로 그 뒤에 과세관청에서 그 과세처분을 갱정하는 갱정처분을 하였다면 이는 존재하지 않는 과세처분을 갱정한 것으로서 그 하자가 중대하고 명백한 당연무효의 처분이다."

157) 대법원 1991. 10. 11. 90누5443 "행정처분을 취소한다는 확정판결이 있으면 그 취소판결의 형성력에 의하여 당해 행정처분의 취소나 취소통지 등의 별도의 절차를 요하지 아니하고 당연히 취소의 효과가 발생한다고 할 것이고 별도로 취소의 절차를 취할 필요는 없을 것이다."

158) 대법원 1986. 8. 19. 83다카2022 "행정처분을 취소하는 확정판결이 제3자에 대하여도 효력이 있다고 하더라도 일반적으로 판결의 효력은 주문에 포함한 것에 한하여 미치는 것이니 그 취소판결 자체의 효력으로써 그 행정처분을 기초로 하여 새로 형성된 제3자의 권리까지 당연히 그 행정처분 전의 상태로 환원되는 것이라고는 할 수 없고, 단지 취소판결의 존재와 취소판결에 의하여 형성되는 법률관계를 소송당사자가 아니었던 제3자라 할지라도 이를 용인하지 않으면 아니된다는 것을 의미하는 것에 불과하다 할 것이며, 따라서 취소판결의 확정으로 인하여 당해 행정처분을 기초로 새로 형성된 제3자의 권리관계에 변동을 초래하는 경우가 있다 하더라도 이는 취소판결 자체의 형성력에 기한 것이 아니라 취소판결의 위와 같은 의미에서의 제3자에 대한 효력의 반사적

11. 취소판결로 처분이 취소된 경우 그러한 처분에 근거한 법률관계의 효력은 어떻게 되는지가 문제되는데, 판례는 취소판결로 취소된 처분에 근거한 법률관계는 일단 그 효력은 유지하고, 다만 취소판결에 의해 형성되는 법률관계를 용인할 의무가 생긴다고 본다.[159)]

Ⅳ. 간접강제

1. 행정청이 제30조 제2항의 규정에 의한 재처분을 하지 아니하는 때에는 제1심 수소법원은 당사자의 신청에 의하여 결정으로써 상당한 기간을 정하고 행정청이 그 기간 내에 이행하지 아니하는 때에는 그 지연기간에 따라 일정한 배상을 할 것을 명하거나 즉시 손해배상을 할 것을 명할 수 있다(행정소송법 제34조 1항). 이를 간접강제라 한다. 이는 취소소송의 승소확정 판결시에 인정되는 효력이다. 간접강제제도는 부작위위법확인소송에도 준용된다(행정소송법 제38조 2항, 34조 1항). 다만, 무효확인소송의 경우에는 준용되고 있지 않은데 이에 대해 거부처분무효확인소송의 경우 행정소송법 제28조 2항의 재처분의무를 준용하면서 간접강제를 준용하고 있지 않은 것은 입법의 불비로 보는 것이 다수설이다.

효과로서 그 취소판결이 제3자의 권리관계에 대하여 그 변동을 초래할 수 있는 새로운 법률요건이 되는 까닭이라 할 것이다."

159) 대법원 1986. 8. 19. 83다카2022 "환지계획변경처분으로 원고명의의 소유권이전등기가 경료되었으나 그후 위 변경처분으로 인하여 불이익을 입게 된 소외인이 동 처분의 취소를 구하는 행정소송을 제기하여 승소판결을 받아 이를 근거로 원고명의의 소유권이전등기의 말소청구소송을 제기하여 동 소외인 승소판결이 확정됨에 따라 원고가 그 소유권상실의 손해를 입게 된 경우, 원고명의의 소유권이전등기는 위 취소판결 자체의 효력에 의하여 당연히 말소되는 것이 아니라 소외인이 위 취소판결의 존재를 법률요건으로 주장하여 원고에게 그 말소를 구하는 소송을 제기하여 승소의 확정판결을 얻어야 비로소 말소될 수 있는 것이며, 위 말소청구소송에서의 승패 또한 위 취소판결의 존재가 주장되었다는 한가지 사실만으로 바로 판가름나는 것이라 할 수 없고 당사자의 주장 입증내용에 따라 달라질 여지가 있는 것이라 할 것이므로 원고는 위 말소청구의 소장부본을 송달받은 때가 아니라 위 말소청구의 소에서 원고패소가 확정됨으로써 비로소 그 손해를 알게 되었다고 봄이 상당하다."

2. 행정소송법 제34조 소정의 간접강제결정에 기한 배상금은 거부처분취소판결이 확정된 경우 그 처분을 행한 행정청으로 하여금 확정판결의 취지에 따른 재처분의무의 이행을 확실히 담보하기 위한 것으로서, 확정판결의 취지에 따른 재처분의무 내용의 불확정성과 그에 따른 재처분에의 해당 여부에 관한 쟁송으로 인하여 간접강제결정에서 정한 재처분의무의 기한 경과에 따른 배상금이 증가될 가능성이 자칫 행정청으로 하여금 인용처분을 강제하여 행정청의 재량권을 박탈하는 결과를 초래할 위험성이 있는 점 등을 감안하면, 이는 확정판결의 취지에 따른 재처분의 지연에 대한 제재나 손해배상이 아니고 재처분의 이행에 관한 심리적 강제수단에 불과한 것으로 보아야 한다. 따라서 특별한 사정이 없는 한 간접강제결정에서 정한 의무이행 기한이 경과한 후에라도 확정판결의 취지에 따른 재처분의 이행이 있으면 배상금을 추심함으로써 심리적 강제를 꾀할 목적이 상실되어 처분상대방이 더 이상 배상금을 추심하는 것은 허용되지 않는다.[160]

제4절 사정판결 · 일부취소판결

Ⅰ. 사정판결

1. 사정판결이란 원고의 청구가 이유 있다고 인정하는 경우에도 처분 등을 취소하는 것이 현저히 공공복리에 적합하지 아니하다고 인정하는 때에는 법원은 원고의 청구를 기각하는 판결을 말한다(행정소송법 제28조 1항).

2. 사정판결제도는 원고의 청구가 이유 있음에도 불구하고 청구 기각판결을 하는 것이므로 이는 헌법상의 법치주의 원칙에 반하여 인정할 수 없지 않는가라는 문제가 있으나, 공익과 사익이 충돌할 때 그에 따른 비교형량을 통해 공익이 더 큰 경우 부득이하게 당사자에게는 손해배상청구 등의 가능성을 남겨둔 채 공익을 위해 원고 패소판결하는 것이므

160) 대법원 2004. 1. 15. 2002두2444

로 합헌이라고 본다. 따라서 사정판결제도는 예외적인 경우에만 인정되어야 할 것이다.[161)]

3. 사정판결의 요건은, ① 당해 처분의 위법성이 인정되고, ② 처분의 취소가 현저히 공공복리에 적합하지 않아야 한다는 것이다. 현저히 공공복리에 적합하지 아니한지 여부는 위법한 행정처분을 취소·변경하여야 할 필요와 그 취소·변경으로 인하여 발생할 수 있는 공공복리에 반하는 사태 등을 비교·교량하여 판단하여야 한다. 공공복리에 대한 부적합성 여부에 대한 판단의 기준시는 사실심변론종결시이다.[162)] 사정판결은 당사자의 명백한 주장이 없는 경우에도 기록에 나타난 여러 사정을 기초로 직권으로 할 수 있다.[163)]

4. 행정소송법에 의하면 사정판결은 취소소송에서만 인정되고, 무효등확인소송이나 부작위위법확인소송의 경우에는 준용되지 않고 있다. 이와 관련해 부작위위법확인소송의 경우에는 적용되지 않음에 이설이 없으나, 무효등확인소송(또는 무효사유에 대해서 취소소송을 제기한 경우)에서 무효인 처분에 대해서도 사정판결이 인정될 수 있는지가 문제된다. 무효와 취소의 구별이 상대적이라는 점, 사정판결의 인정여부는 공공복리 적합성에 따라 판단해야지 무효 여부로 판단할 것은 아니라는 점, 무효인 경우에도 공익상의 사유로 기성사실을 존중할 필요가 있다는 점 등을 근거로 긍정하는 견해와 무효의 경우에는 법적 효력 자체가 없으므로 원고패소라 해서 처분을 유효하다고 할 수도 없는 노릇이고, 준용규정도 없으므로 이를 부정하는 견해가 대립한다. 판례는 후자의 입장이다.[164)]

---

161) 대법원 2000. 2. 11. 99두7210 "위법한 행정처분을 존치시키는 것은 그 자체가 공공복리에 반하는 것이므로 행정처분이 위법함에도 불구하고 이를 취소하는 것이 현저히 공공복리에 적합하지 아니하다고 인정하여 사정판결을 함에 있어서는 극히 엄격한 요건 아래 제한적으로 하여야 할 것이다."

162) 대법원 1970. 3. 24. 69누29

163) 대법원 2006. 9. 22. 2005두2506

Ⅱ. 일부취소판결

1. 일부취소판결이라 함은 원고의 청구 중 일부만 인용하여 취소판결을 하는 것을 말한다. 일부취소판결의 가능성과 관련해 일부취소판결의 근거조항으로는 행정소송법 제4조 1호를 들 수 있다.[165)]

2. 대법원 1964. 5. 19. 63누177 판결은 "법원이 새로운 내용의 행정처분을 직접 할 수는 없으나 조세부과처분의 일부를 취소하는 것은 법원의 정당한 권한행사라 할 것이다."라고 판시하여 일부취소판결이 가능하다고 보고 있다.

3. 일부취소판결이 가능하기 위해서는 먼저 ① 처분이 분리가능하거나 일부만의 특정이 가능하고, ② 일부에 대해서만 위법성이 인정되어야 하며, ③ 취소되고 남은 처분만으로도 의미가 있고, ④ 처분청의 명백한 의사에 반하지 않아야 한다. 판례는 처분의 분리가능성 또는 일부특정성이 있는 경우[166)], 기속행위인 금전부과처분에서 법원이 적법하게 부

---

164) 대법원 1996. 3. 22. 95누5509 "당연무효의 행정처분을 소송목적물로 하는 행정소송에서는 존치시킬 효력이 있는 행정행위가 없기 때문에 행정소송법 제28조 소정의 사정판결을 할 수 없다."

165) 행정소송법 제4조 1호에서는 취소소송에 대해 '행정청의 위법한 처분 등을 취소 또는 변경하는 소송'이라고 정의하였는데 이 중 '변경'의 의미 해석에 대해 일부취소설과 적극적 변경설이 대립한다. 전자는 행정소송법 제4조 1호의 변경은 일부취소를 의미한다는 견해로, 적극적 형성판결 또는 의무이행소송은 권력분립원칙에 반하고 현행 행정소송법에 규정되어 있지 않은 점, 단지 부작위위법확인소송만을 규정한 점 등을 근거로 적극적 변경으로 볼 수 없다고 한다. 후자는 행정소송법 제4조 1호의 변경은 적극적 의미의 변경을 의미한다는 견해로, 권력분립주의도 실질적 의미의 권력분립주의로 해석하면 이에 상치되지 않고, 행정소송법상의 법정항고소송은 예시적 조항에 불과해서 적극적 형성판결 또는 의무이행소송을 인정해야만 국민의 권리구제에 만전을 기할 수 있다는 이유로 적극적 변경으로 해석한다. 판례는 일부취소설을 따르고 있다.

166) 대법원 1995. 11. 16. 95누8850 "외형상 하나의 행정처분이라 하더라도 가분성이 있거나 그 처분대상의 일부가 특정될 수 있다면 그 일부만의 취소도 가능하고 그 일부의 취소는 당해 취소부분에 관하여 효력이 생긴다고 할 것인바, 이는 한 사람이 여러 종류의 자동차 운전면허를 취득한 경우 그 각 운전면허를 취소하거나 그 운전면허의 효력을 정지함에 있어서도 마찬가지이다. 제1종 보통, 대형 및 특수 면허를 가지고 있는 자가 레이카크레인을 음주운전한 행위는 제1종 특수면허의 취소사유에 해당될 뿐 제1종 보통 및 대형 면허의 취소사유는 아니므로, 3종의 면허를 모두 취소한 처분 중 제1종

과금액을 산정할 수 있을 경우[167] 일부취소판결이 가능하다고 본다. 일부취소가 불가한 경우에는 전부취소를 하게 된다.

4. 판례는 과징금부과처분, 영업정지처분 등 재량행위인 제재처분의 경우에는 재량권 등을 존중하여 전부취소를 한다.[168] 또한 기속행위인 금전부과처분에서 법원이 적법하게 부과금액을 산정할 수 없을 경우에도 전부취소를 한다.[169]

제5장 무효등확인소송 · 부작위위법확인소송 · 당사자소송

제1절 무효등확인소송

1. 무효등확인소송은 처분 등의 존재 또는 유효 여부를 주장하는 행정청의 태도에 맞서 다투는 항고소송으로 행정청의 처분 등의 효력 유무 또는 존재 여부를 확인하는 소송이다(행정소송법 제4조 2호). 무효등확인소

보통 및 대형 면허에 대한 부분은 이를 이유로 취소하면 될 것이나, 제1종 특수면허에 대한 부분은 원고가 재량권의 일탈 · 남용하여 위법하다는 주장을 하고 있음에도, 원심이 그 점에 대하여 심리 · 판단하지 아니한 채 처분 전체를 취소한 조치는 위법하다."

167) 판례는 조세부과처분, 개발부담금부과처분 등 금전부과처분에서 부과금 산정에 잘못이 있을 때 법원이 주어진 자료만으로 적법하게 부과금액을 산출할 수 있는 경우에는 일부취소판결을 한다. 대법원 2004. 7. 22. 2002두11233 "개발부담금부과처분 취소소송에 있어 당사자가 제출한 자료에 의하여 적법하게 부과될 정당한 부과금액이 산출할 수 없을 경우에는 부과처분 전부를 취소할 수밖에 없으나, 그렇지 않은 경우에는 그 정당한 금액을 초과하는 부분만 취소하여야 한다."

168) 대법원 1982. 6. 22. 81누375 "행정청이 영업정지 처분을 함에 있어서 그 정지 기간을 어느 정도로 정할 것인지는 행정청의 재량권에 속하는 사항인 것이며 다만 그것이 공익의 원칙이나 평등의 원칙 또는 비례의 원칙 등에 위반하여 재량권의 한계를 벗어난 재량권 남용에 해당하는 경우에만 위법한 처분으로서 사법심사의 대상이 되는 것이다. 그러므로 법원으로서는 영업정지처분이 재량권 남용이라고 판단될 때에는 위법한 처분으로서 그 처분의 취소를 명할 수 있을 따름이고 재량권의 한계 내에서 어느 정도가 적정한 영업정지기간인지를 가리는 일은 사법심사의 범위를 벗어나는 것이며 그 권한 밖의 일이라고 하겠으니, 이 사건 영업정지처분중 적정한 영업정지기간을 초과하는 부분만 취소하지 아니하고 전부를 취소한 것은 이유의 모순이라는 논지도 받아들일 수 없다."

169) 대법원 2004. 7. 22. 2002두11233 등

송에는 처분 등의 유효확인소송, 처분 등의 무효확인소송, 처분 등의 존재확인소송, 처분 등의 부존재확인소송, 처분 등의 실효확인소송 등이 있다. 한편, 판례는 취소소송을 제기하였으나 무효사유인 경우 무효확인을 구하는 취지의 취소소송으로 보고 이를 허용하고 있으며 이 경우 취소소송의 소송요건을 구비할 것을 요구하고 있다.

2. 무효등확인소송의 대상적격은 취소소송의 경우와 동일하게 행소법 제2조 1호의 '처분 등'이다. 무효등확인소송은 처분 등의 효력유무 또는 존재 여부의 확인을 구할 법률상 이익 있는 자가 제기할 수 있다(행정소송법 제35조). 여기서의 법률상 이익 있는 자의 의미는 취소소송의 경우와 동일하게 '당해 처분의 근거법률에 의하여 보호되는 직접적이고 구체적인 이익'을 말한다.[170] 또한 협의의 권리보호의 필요가 있어야 하는데, 이는 취소소송의 협의의 권리보호의 필요에 대한 의미와 동일하다.[171] 행정소송법 제35조에서 '확인을 구할 법률상 이익'이라고 하는 것과 관련해 이 규정이 민사소송에서의 '즉시확정의 법률상 이익'을 포함하는 것으로 보아, 확인소송의 경우에도 확인소송의 보충성이 권리보호의 필요로서 요구되는지가 문제된다. 학설은 대립하나[172], 판례

170) 대법원 2001. 7. 10. 2000두2136

171) 대법원 1991. 6. 28. 90누9346 "공무원면직처분무효확인의 소의 원고들이 상고심 심리종결일 현재 이미 공무원법상의 정년을 초과하였거나 사망하여 면직된 경우에는 원고들은 면직처분이 무효확인된다 하더라도 공무원으로서의 신분을 다시 회복할 수 없고, 면직으로 인한 퇴직기간을 재직기간으로 인정받지 못함으로써 받게 된 퇴직급여 등에 있어서의 과거의 불이익은 면직처분으로 인한 급료, 명예침해 등의 민사상 손해배상청구소송에서 그 전제로서 면직처분의 무효를 주장하여 구제받을 수 있는 것이므로 독립한 소로써 면직처분의 무효확인을 받는 것이 원고들의 권리 또는 법률상의 지위에 현존하는 불안, 위험을 제거하는데 필요하고도 적절한 것이라고 할 수 없어, 원고들의 위 무효확인의 소는 확인의 이익이 없다."; 대법원 1993. 6. 8. 91누11544 "건축허가처분이 당연무효라 하더라도 허가처분을 받은 자가 원심변론종결 전에 건축공사를 완료하고 준공검사필증까지 교부받았다면 건축허가처분의 무효확인을 받아 건물의 건립을 저지할 수 있는 단계는 지났다고 할 것이므로 허가처분의 무효확인을 소구할 법률상 이익이 없다."

172) 필요설은 무효등확인소송도 그 본질이 확인소송인 만큼 민사소송에서의 '확인의 이익'을 필요로 하며, 따라서 무효확인소송보다 더 본말색원적인 구제수단이 있으면 그를 택해야 하며 중도반단적인 확인을 구하는 것은 권리보호의 이익이 없다고 본다. 이에

는 불요설의 입장이다.[173] 무효등확인소송은 행정심판 전치주의의 적용 및 제소기간의 적용이 없다.

3. 본안판단과 관련해 소송의 심리범위, 심리방법 등 취소소송과 크게 다를 바 없다. 다만, 입증책임과 관련해 판례는 원고에게 그 행정처분의 무효인 사유를 주장 및 입증할 책임이 있다고 한다.[174] 행정처분의 당연무효를 구하는 소송에 있어서 그 무효를 구하는 사람에게 그 행정처분에 존재하는 하자가 중대하고 명백하다는 것을 주장 입증할 책임이 있다.[175]"

4. 무효등확인소송의 판결의 효력은 취소소송의 경우와 동일하다. 따라서 제3자효 및 판결의 기속력 등이 모두 인정되고, 다만, 간접강제의 준용이 없다. 무효등확인소송에는 사정판결이 허용되지 않는다.[176]

반해 불요설은 무효등확인소송도 취소소송과 같이 항고소송이고, 따라서 권리보호의 필요에 대한 개념을 취소소송에서의 법률상 이익과 달리 볼 이유가 없으며, 무효등확인소송에서도 기속력이 준용되어 무효확인판결 자체로도 판결의 실효성 확보가 가능하므로 민사소송에서와 같이 확인소송의 보충성은 필요하지 않다고 한다.

173) 대법원 2008. 3. 20. 2007두6342 전원합의체 "행정소송은 행정청의 위법한 처분 등을 취소·변경하거나 그 효력 유무 또는 존재 여부를 확인함으로써 국민의 권리 또는 이익의 침해를 구제하고 공법상의 권리관계 또는 법 적용에 관한 다툼을 적정하게 해결함을 목적으로 하므로, 대등한 주체 사이의 사법상 생활관계에 관한 분쟁을 심판대상으로 하는 민사소송과는 목적, 취지 및 기능 등을 달리한다. 또한 행정소송법 제4조에서는 무효확인소송을 항고소송의 일종으로 규정하고 있고, 행정소송법 제38조 제1항에서는 처분 등을 취소하는 확정판결의 기속력 및 행정청의 재처분 의무에 관한 행정소송법 제30조를 무효확인소송에도 준용하고 있으므로 무효확인판결 자체만으로도 실효성을 확보할 수 있다. 그리고 무효확인소송의 보충성을 규정하고 있는 외국의 일부 입법례와는 달리 우리나라 행정소송법에는 명문의 규정이 없어 이로 인한 명시적 제한이 존재하지 않는다. 이와 같은 사정을 비롯하여 행정에 대한 사법통제, 권익구제의 확대와 같은 행정소송의 기능 등을 종합하여 보면, 행정처분의 근거 법률에 의하여 보호되는 직접적이고 구체적인 이익이 있는 경우에는 행정소송법 제35조에 규정된 '무효확인을 구할 법률상 이익'이 있다고 보아야 하고, 이와 별도로 무효확인소송의 보충성이 요구되는 것은 아니므로 행정처분의 무효를 전제로 한 이행소송 등과 같은 직접적인 구제수단이 있는지 여부를 따질 필요가 없다고 해석함이 상당하다."

174) 대법원 2000. 3. 23. 99두11851 등

175) 대법원 1984. 2. 28. 82누154

176) 대법원 1985. 5. 26. 84누380 등

5. 하자 있는 행정처분을 놓고 이를 무효로 볼 것인지 아니면 단순히 취소할 수 있는 처분으로 볼 것인지는 동일한 사실관계를 토대로 한 법률적 평가의 문제에 불과하고, 행정처분의 무효확인을 구하는 소에는 특단의 사정이 없는 한 그 취소를 구하는 취지도 포함되어 있다고 보아야 하는 점 등에 비추어 볼 때, 동일한 행정처분에 대하여 무효확인의 소를 제기하였다가 그 후 그 처분의 취소를 구하는 소를 추가적으로 병합한 경우, 주된 청구인 무효확인의 소가 적법한 제소기간 내에 제기되었다면 추가로 병합된 취소청구의 소도 적법하게 제기된 것으로 봄이 상당하다.[177)]

제2절 부작위위법확인소송

1. 부작위위법확인소송이란 행정청의 부작위가 위법하다는 것을 확인하는 소송을 말한다. 여기서, 부작위란 '행정청이 당사자의 신청에 대하여 상당한 기간 내에 일정한 처분을 하여야 할 법률상 의무가 있음에도 불구하고 이를 하지 아니하는 것'을 말한다(행정소송법 제2조 1항 1호). 부작위위법확인소송은 확인소송에 속한다.

2. 신청을 전제로 하는 쌍방적 행정행위에서 국민의 신청에 대해 행정청이 거부 또는 부작위하는 경우 이에 대해 국민의 권리구제를 위해서는 가장 확실한 보장책이 적극적 형성소송 또는 의무이행소송이겠지만 이를 인정시 권력분립주의와의 마찰이 있을 수 있어 이를 완화해서 인정하고자 하는 것이 바로 부작위가 위법함을 확인하는 부작위위법확인소송이다.

3. 행정소송법 제2조 1항 2호에 의하면, "부작위라 함은 행정청이 당사자의 신청에 대하여 상당한 기간 내에 일정한 처분을 하여야 할 법률상 의무가 있음에도 불구하고 이를 하지 아니한 것을 말한다"라고 규정되

177) 대법원 2005. 12. 23. 2005두3554

어 있다. 이에 의할 때 부작위의 성립요건으로는 ① 당사자의 신청이 있을 것, ② 행정청에 일정한 처분을 할 법률상 의무가 있을 것, ③ 상당한 기간이 경과하도록 행정청이 아무런 처분도 하지 않을 것 등이 해당한다.

4. 신청의 대상은 행정소송법 제2조 1항 1호의 처분을 의미한다. 따라서 행소법상의 처분 개념에 해당하지 아니하는 비권력적 사실행위(관념의 통지 또는 확인행위 등) 등에 대한 신청은 그 요건을 결하게 된다.[178)]

5. 부작위위법확인의 소에 있어 당사자가 행정청에 대하여 어떠한 행정행위를 하여 줄 것을 요구할 수 있는 법규상 또는 조리상 권리를 갖고 있지 아니한 경우에는 원고적격이 없거나 항고소송의 대상인 위법한 부작위가 있다고 볼 수 없어 그 부작위위법확인의 소는 부적법하다.[179)]

6. 부작위위법확인소송은 처분의 신청을 한 자로서 부작위의 위법확인을 구할 법률상 이익이 있는 자만이 제기할 수 있다 할 것이며 이를 통하여 구하는 행정청의 응답행위는 행정소송법 제2조 제1항 제1호 소정의 처분에 관한 것이라야 하므로 당사자가 행정청에 대하여 어떠한 행정

---

178) 대법원 1995. 3. 10. 94누14018 "형사본안사건에서 무죄가 선고되어 확정되었다면 형사소송법 제332조 규정에 따라 검사가 압수물을 제출자나 소유자 기타 권리자에게 환부하여야 할 의무가 당연히 발생한 것이고, 권리자의 환부신청에 대한 검사의 환부결정 등 어떤 처분에 의하여 비로소 환부의무가 발생하는 것은 아니므로 압수가 해제된 것으로 간주된 압수물에 대하여 피압수자나 기타 권리자가 민사소송으로 그 반환을 구함은 별론으로 하고 검사가 피압수자의 압수물 환부신청에 대하여 아무런 결정이나 통지도 하지 아니하고 있다고 하더라도 그와 같은 부작위는 현행 행정소송법상의 부작위위법확인소송의 대상이 되지 아니한다."

179) 대법원 1999. 12. 7. 97누17568; 판례가 요구하는 법규상·조리상 신청권의 성질에 대하여 이를 원고의 신청에 대한 일반적·추상적인 단순응답요구권(형식적 신청권)으로 보아 대상적격의 요건에 해당한다고 보는 견해(김연태)와 행정소송법 2조 1항 2호에 의해 부작위의 개념이 명확하게 제시가 되어 있는 이상 그에 의해 대상적격을 파악하면 족하고, 그와 같은 부작위의 개념에서 신청권에 대해서는 따로 언급이 없으므로 새로운 요건을 추가하면 안 되고, 신청권의 존부는 원고적격의 문제 즉, 법률상 이익 여부로 보아야 한다는 견해(홍정선)가 주장된다.

행위를 하여 줄 것을 신청하지 아니하였거나 신청을 하였더라도 당사자가 행정청에 대하여 그러한 행정행위를 하여 줄 것을 요구할 수 있는 법규상 또는 조리상 권리를 갖고 있지 아니하든지 또는 행정청이 당사자의 신청에 대하여 거부처분을 한 경우에는 원고적격이 없거나 항고소송의 대상인 위법한 부작위가 있다고 볼 수 없어 그 부작위위법확인의 소는 부적법하다.[180)]

7. 상당한 기간과 관련하여 행정절차법에 따라 공표된 처리기간 내 처분을 하지 않은 경우 바로 상당한 기간이 경과하였다고 볼 수 있는지가 문제되나, 행정절차법상의 처리기간은 주의적·선언적 규정으로 보아야 할 것이므로 이를 위반하였다 하여 바로 상당한 기간을 도과하였다고 보기는 어려울 것이다.

8. 행정소송법상 취소소송이나 부작위위법확인소송에 있어서는 당해 행정처분 또는 부작위의 직접상대방이 아닌 제3자라 하더라도 그 처분의 취소 또는 부작위위법확인을 받을 법률상의 이익이 있는 경우에는 원고적격이 인정되나 여기서 말하는 법률상의 이익은 그 처분 또는 부작위의 근거법률에 의하여 보호되는 직접적이고 구체적인 이익을 말하고, 간접적이거나 사실적, 경제적 관계를 가지는데 불과한 경우는 포함되지 않는다.[181)]

9. 부작위위법확인의 소는 행정청이 국민의 법규상 또는 조리상의 권리에 기한 신청에 대하여 상당한 기간 내에 그 신청을 인용하는 적극적 처분 또는 각하하거나 기각하는 등의 소극적 처분을 하여야 할 법률상의 응답의무가 있음에도 불구하고 이를 하지 아니하는 경우, 판결(사실심의 구두변론 종결)시를 기준으로 그 부작위의 위법을 확인함으로써 행정청의 응답을 신속하게 하여 부작위 내지 무응답이라고 하는 소극적인

180) 대법원 1993. 4. 23. 92누17099
181) 대법원 1989. 5. 23. 88누8135

위법상태를 제거하는 것을 목적으로 하는 것이고, 나아가 당해 판결의 구속력에 의하여 행정청에게 처분 등을 하게하고 다시 당해 처분 등에 대하여 불복이 있는 때에는 그 처분 등을 다투게 함으로써 최종적으로는 국민의 권리이익을 보호하려는 제도이므로, 소제기의 전후를 통하여 판결 시까지 행정청이 그 신청에 대하여 적극 또는 소극의 처분을 함으로써 부작위상태가 해소된 때에는 소의 이익을 상실하게 되어 당해 소는 각하를 면할 수가 없는 것이다.[182)]

10. 부작위위법확인의 소의 경우 당사자의 신청이 있은 이후 당사자에게 생긴 사정의 변화로 인하여 위 부작위가 위법하다는 확인을 받는다고 하더라도 종국적으로 침해되거나 방해받은 권리와 이익을 보호·구제받는 것이 불가능하게 되었다면 그 부작위가 위법하다는 확인을 구할 이익은 없다.[183)]

11. 제소기간에 대해 부작위위법확인소송은 취소소송의 제소기간 규정(행소법 제20조)을 준용하고 있다. 이에 대해 부작위위법확인소송이 행정심판을 전치한 경우에는 위 규정이 적용됨에는 의문이 없지만, 그렇지 않은 경우 부작위위법확인소송은 외관상 아무런 명시적 처분이 없어 제소기간을 정할 수 없으므로 제소기간의 적용을 받지 않는다할 것이다.

12. 부작위위법확인소송의 경우 본안판단과 관련해 어디까지를 심리의 범위로 할 것인지가 문제된다. 절차적 심리설은 의무이행소송을 규정하지 않고 부작위위법확인소송의 제정만으로 그친 입법 취지 등을 고려하여 법원은 행정청의 소극적 위법상태 즉 응답의무 위반 여부만 확인하면 된다고 보는 견해이다. 특정처분의무의 실체적 내용까지 심사하면 의무이행소송으로 변질될 우려가 있다고 본다. 이에 반해 실체적

182) 대법원 1990. 9. 25. 89누4758
183) 대법원 2002. 6. 28. 2000두4750

심리설은 부작위위법확인소송의 본안판단은 특정처분의무가 있음에도 불구하고 이에 대해 부작위한 위법성뿐만 아니라 특정처분의 신청에 대한 내용이 이유 있는 것인지도 심리하여 그에 대한 행정청의 처리방향까지지도 제시하여야 한다는 견해이다. 그리하여 인용판결이 나왔을 경우 판결이유에 '특정처분의 신청대로 처분할 의무'를 설시하여 행정청으로 하여금 특정처분에 대한 재처분의무를 이행하게 함으로써 국민의 권리구제에 만전을 기할 수 있게 된다고 한다. 대법원은 절차적 심리설을 취하고 있다.184)

13. 부작위위법확인소송은 이미 행해진 특정 처분의 당부를 문제 삼는 것이 아니라 아무런 처분도 하지 않고 있음이 위법하다는 것을 확인하는 것이므로 사실심 변론종결시를 기준으로 그때까지도 아무런 처분을 하지 않고 있으면 위법하다 할 것이어서 위법성 판단의 기준시는 판결시(사실심 변론종결시)로 보는 것이 통설이고 판례이다.185)

14. 부작위위법확인소송의 경우도 취소소송과 같이 각하판결, 인용판결, 기각판결이 있다. 다만, 사정판결은 준용되지 않는다. 형성력을 제외한 나머지 대부분의 효력이 부작위위법확인소송의 판결에도 인정된다. 즉, 불가쟁력, 불가변력, 기판력, 기속력, 제3자효, 간접강제 등이 인정된다. 확정된 부작위위법확인판결에 대한 기속력은 행정청의 판결의 취지에 따른 재처분의무이다(행정소송법 제30조 2항, 38조 2

184) 대법원 1990. 9. 22. 89누4758 "부작위위법확인의 소는 행정청이 국민의 법규상 또는 조리상의 권리에 기한 신청에 대하여 상당한 기간 내에 그 신청을 인용하는 적극적 처분 또는 각하하거나 기각하는 등의 소극적 처분을 하여야 할 법률상의 응답의무가 있음에도 불구하고 이를 하지 아니하는 경우, 판결(사실심의 구두변론 종결)시를 기준으로 그 부작위의 위법을 확인함으로써 행정청의 응답을 신속하게 하여 부작위 내지 무응답이라고 하는 소극적인 위법상태를 제거하는 것을 목적으로 하는 것이고, 나아가 당해 판결의 구속력에 의하여 행정청에게 처분 등을 하게하고 다시 당해 처분 등에 대하여 불복이 있는 때에는 그 처분 등을 다투게 함으로써 최종적으로는 국민의 권리이익을 보호하려는 제도이다"

185) 대법원 1990. 9. 25. 89누4758

항). 그런데 부작위위법확인소송에서 인용판결의 기속력으로서의 재처분의무의 내용에 대해서는 견해가 대립하고 있으나[186], 위에서 본 바와 같이 판례는 부작위의 위법을 확인함으로써 행정청의 응답을 신속하게 하여 부작위 내지 무응답이라고 하는 소극적인 위법상태를 제거하는 것을 목적으로 하는 것이고, 나아가 당해 판결의 구속력에 의하여 행정청에게 처분 등을 하게 하는 것까지는 인용판결의 기속력으로 보고 있다.[187]

제3절 당사자소송

1. 당사자소송이란 행정청의 처분 등을 원인으로 하는 법률관계에 관한 소송 그 밖에 공법상의 법률관계에 관한 소송으로서 그 법률관계의 한쪽 당사자를 피고로 하는 소송을 말한다(행정소송법 제3조 2호). 당사자소송은 공법상의 법률관계를 대상으로 하는 점에서 사법상의 법률관계를 대상으로 하는 민사소송과 다르다. 당사자 소송은 실질적 당사자 소송과 형식적 당사자 소송으로 구별된다. 한편, 소송물의 내용에 따라 이행소송과 확인소송으로 구별할 수도 있다.

2. 무효등확인소송은 행정행위의 공정력이 인정되지 않는 무효를 선언하

---

186) 응답의무설은 부작위위법확인판결은 부작위 자체가 위법함을 확인하는 것일 뿐이므로 재처분의무의 내용은 이러한 위법성을 시정하기 위한 행정청의 가부간의 응답의무이며, 행정소송법 2조 1항 2호의 부작위의 성립요건으로 말하는 '일정한 처분을 하여야 할 법률상 의무'와 관련하여 일정한 처분이란 특정내용의 처분을 말하는 것이 아니라 신청에 대한 가부의 응답을 말한다고 보아야 하고, 본안판단에서도 심리의 범위는 단순히 응답의무 위반 여부만을 확인하는 절차적 심리에 그침을 근거로 재처분의무도 단순히 응답의무로 보고 있다. 특정처분의무설은 부작위위법확인소송의 본안판단에서는 부작위의 위법성을 판단하기 위해서는 행정청의 처분을 구할 실체법적 권리의 당부 여부를 심사하는 것이고, 행정소송법 2조 1항 2호의 일정한 처분이라 함은 '신청에 따른 처분을 하여줄 의무'를 말하며, 부작위위법확인소송의 기속력을 응답의무로 이해하면 처분청이 다시 거부처분을 하는 것이 가능하다는 것인데, 이 경우 그 거부처분에 대해 다시 취소소송을 제기하여야 하므로 비효율적이고 소송경제에도 반하므로 부작위위법확인소송 인용판결에 실질적 기속력을 인정하는 것이 타당하다고 한다.

187) 대법원 1990. 9. 25. 선고 89누4758

는 판결이므로 당사자소송과 양립가능한 관계이다. 따라서 무효확인소송을 제기하든지 또는 당사자소송을 제기하든지 양자 모두 가능하다. 예컨대, 공무원이 부당하게 파면당한 경우 이에 대해 파면처분무효확인소송 또는 공무원지위확인소송을 제기할 수 있고, 과세처분이 무효인 경우, 이에 대해 무효확인소송을 제기할 수도 있고, 당사자소송으로서 조세채무부존재확인소송 또는 공법상의 부당이득반환청구소송(단, 판례는 이를 민사소송으로 보고 있다)을 제기할 수도 있는 것이다.

3. 실질적 당사자소송은 본래적 의미의 당사자소송으로 대등당사자 사이의 공법상 법률관계에 대한 소송을 말한다. 무효인 과세처분에 대해 이미 세금을 납부한 경우 제기하는 조세과오납금반환청구소송, 적법한 처분 등으로 손실을 입은 경우 제기하는 손실보상청구소송, 공무원의 지위·신분 확인소송, 공법상의 금전지급청구소송(연금지급청구 등), 공법상 계약에 관련된 소송 등이 있을 수 있다.[188)]

---

188) 대법원 2004. 12. 24. 2003두15195 "공무원연금관리공단의 인정에 의하여 퇴직연금을 지급받아 오던 중 공무원연금법령의 개정 등으로 퇴직연금 중 일부 금액의 지급이 정지된 경우에는 당연히 개정된 법령에 따라 퇴직연금이 확정되는 것이지 구 공무원연금법(2000. 12. 30. 법률 제6328호로 개정되기 전의 것) 제26조 제1항에 정해진 공무원연금관리공단의 퇴직연금 결정과 통지에 의하여 비로소 그 금액이 확정되는 것이 아니므로, 공무원연금관리공단이 퇴직연금 중 일부 금액에 대하여 지급거부의 의사표시를 하였다고 하더라도 그 의사표시는 퇴직연금 청구권을 형성·확정하는 행정처분이 아니라 공법상의 법률관계의 한쪽 당사자로서 그 지급의무의 존부 및 범위에 관하여 나름대로의 사실상·법률상 의견을 밝힌 것에 불과하다고 할 것이어서, 이를 행정처분이라고 볼 수는 없고, 그리고 이러한 미지급 퇴직연금에 대한 지급청구권은 공법상 권리로서 그 지급을 구하는 소송은 공법상의 법률관계에 관한 소송인 공법상 당사자소송에 해당한다."; 대법원 1996. 5. 31. 95누10617 "전문직공무원인 공중보건의사의 채용계약의 해지가 관할 도지사의 일방적인 의사표시에 의하여 그 신분을 박탈하는 불이익처분이라고 하여 곧바로 그 의사표시가 관할 도지사가 행정청으로서 공권력을 행사하여 행하는 행정처분이라고 단정할 수는 없고, … 관계 법령의 규정내용에 미루어 보면 현행 실정법이 전문직공무원인 공중보건의사의 채용계약 해지의 의사표시는 일반공무원에 대한 징계처분과는 달라서 항고소송의 대상이 되는 처분 등의 성격을 가진 것으로 인정되지 아니하고, 일정한 사유가 있을 때에 관할 도지사가 채용계약 관계의 한쪽 당사자로서 대등한 지위에서 행하는 의사표시로 취급하고 있는 것으로 이해되므로, 공중보건의사 채용계약 해지의 의사표시에 대하여는 대등한 당사자간의 소송형식인 공법상의 당사자소송으로 그 의사표시의 무효확인을 청구할 수 있는 것이지, 이를 항고소송의 대상이 되는 행정처분이라는 전제하에서 그 취소를 구하는 항고소송을 제기할 수

4. 형식적 당사자소송은 실질적으로는 처분을 다투는 것이지만 형식적으로는 처분으로 인해 발생한 법률관계를 다투는 것으로, 이 경우 행정청이 아닌 법률관계의 일방당사자를 피고로 하는 소송을 말한다. 당사자들의 관심이 처분 그 자체가 아니고 그 처분으로 인해 발생한 법률관계에 있는 경우 법률관계 그 자체를 다투게 함으로써 소송경제를 이루고 신속한 권리구제를 도모하고자 하는 것이다. 예컨대, 보상금증감소송과 관련해 원칙은 토지수용위원회의 보상금 결정에 대한 수용재결을 소로써 취소하고 위원회가 새로운 보상금을 결정하면 다시 이에 대해 불만족하면 또 다시 수용재결에 대한 취소소송을 제기함으로써 취소해야 하는데 이러한 과정은 당사자에게 전혀 도움이 되지 못할 뿐만 아니라 무용한 소송을 반복하는 것에 불과하기 때문에 이 경우 법원이 직접 다툼의 대상인 법률관계를 스스로 결정할 수 있도록 하는 것이다.

5. 형식적 당사자소송을 인정한 개별법상의 예로는 공익목적을위한토지의취득및보상에관한법률 제85조 2항의 보상금증감청구소송을 들 수 있다. 보상금증감청구소송은 실질적으로는 관할토지수요위원회의 수용재결을 다투면서 형식적으로는 사업시행자를 피고로 하기 때문이다. 이 외에도 특허법 제133조 1항에 따르면 특허무효심판 등에서 특허처분을 다투면서 피고는 동법 제187조에 의해 청구인 또는 피청구인을 피고로 하여야 한다고 규정하여 이를 형식적 당사자소송의 예로 볼 수 있다.

6. 당사자소송의 당사자는 권리주체를 가진 국가, 지방자치단체, 공공단체, 사인 등이 당사자 적격이 있다. 따라서 이 경우 행정청은 권리주체가 아니고 단순히 기관에 불과하기 때문에 피고적격이 없다. 한편, 국

는 없다."; 대법원 2013. 3. 21. 선고 2011다95564 "납세의무자에 대한 국가의 부가가치세 환급세액 지급의무는 부가가치세법령의 규정에 의하여 그 존부나 범위가 구체적으로 확정되고 조세 정책적 관점에서 특별히 인정되는 공법상 의무라고 봄이 타당하다."[당사자소송에 의해야 한다.]

가가 당사자인 경우에는 국가를당사자로하는소송에관한법률 제2조에 따라 법무부장관이 국가를 대표한다.

7. 당사자소송의 판결의 종류 역시 각하판결, 인용판결, 기각판결로 구분된다. 다만, 사정판결에 대한 준용은 없다. 한편, 자박력, 확정력, 기속력이 모두 적용된다. 다만, 취소판결의 제3자효(행정소송법 제29조), 재처분의무(행정소송법 제30조 2, 3항), 간접강제(행정소송법 제34조)는 적용이 없다. '국가를 상대로 하는 당사자소송의 경우에는 가집행선고를 할 수 없다'라고 규정된 행정소송법 제43조는 아직 폐지되지는 않았으나, 종전의 소송촉진등에관한특례법 제6조 단서의 '국가를 상대로 하는 재산권의 청구에 관하여는 가집행 선고를 할 수 없다'라는 부분이 위헌선언을 받았기 때문에(헌재 1989. 1. 25. 88헌가7) 사문화 되었다.

저자 약력

황 태 윤
- 한국외국어대학교 법학과 졸업
- 사법연수원 32기
- 전북대학교 법학전문대학원 부교수

박 우 근
- 한국외국어대학교 영어과 졸업
- 사법연수원 32기
- 대전지방법원 판사

행정소송실무의 **기초**

지은이 황태윤, 박우근
펴낸이 이남호
펴낸곳 전북대학교출판문화원

초판 1쇄 인쇄 2015.9.10
초판 1쇄 발행 2015.9.15

전북대학교출판문화원 전북 전주시 완산구 어진길 32 (풍남동2가)
기획 송덕호
디자인 이소형, 이진영
회계 · 행정 이진주
전화 (063) 219-5321~2
FAX (063) 219-5323
출판등록 2012년 8월 20일 제465-2012-000021호

값 20,000원

ISBN 978-89-98534-70-7 93360

이 도서의 국립중앙도서관 출판예정도서목록(CIP)은 서지정보유통지원시스템 홈페이지(http://seoji.nl.go.kr)와 국가자료공동목록시스템(http://www.nl.go.kr/kolisnet)에서 이용하실 수 있습니다.(CIP제어번호: CIP2015024252)